국가와 폭력: 마키아벨리의 정치사상연구

박 상 섭

서울대학교출판문화원

이 책은 1999년도 서울대학교 발전기금의 지원을 받아 이루어진 것이다.

머리말

필자가 지금까지 일관되게 관심을 두어 온 문제는 서양식 근대국가이다. 앞서 낸 책 『근대국가와 전쟁』에서는 근대국가가 오늘날 우리가 알고 있는 모습대로 성장함에 있어 결정적인 촉진제가 되었다고 여겨지는 전쟁수행과 관련된 여러 가지 문제를 중심으로 근대국가의 형성과정을 보고자 하였다. 여기에 내는 이 책도 기본적으로는 근대국가의 역사적 성격을 이해한다는 작업의 일환으로 이루어진 것이다.

잘 알려진 사실이지만 역사적으로 근대국가의 모습을 취하면서 출현한 첫 국가들로는 15세기 말의 스페인과 프랑스를 든다. 그러나 실제 이들 두 나라의 출현으로 근대국가가 갑자기 생겨난 것은 아니고 향후 5세기를 넘게 지속된 근대국가 형성과정의 단서에 불과한 것이었다. 그러한 장기간의 과정에 못지않게 중요한 사실은 그러한 변화를 새로운 국가의 개념을 통해 관념적으로 포착함으로써 스페인과 프랑스의 출현이 갖는 역사적 의미를 바로 지적해 낼 수 있는 지적 작업이 동시에 이루어졌다는 점이다.

사실 지금까지 마키아벨리에 관한 작업은 엄청나게 이루어져 왔다. 그렇기 때문에 마키아벨리에 관한 책을 또 하나 더 내는 일은 상당한 용기와 어느 정도의 뻔뻔함을 필요로 하는 일처럼 보이기도 한다. 중복이 될 가능성을 잘 알면서도 굳이 마키아벨리에 관한 또 다른 책을 내는 이유를 굳이 들라고 한다면, 앞 문단에서 지적된 사항과 관련하여 다음과 같이 말할 수 있을 것이다. 즉 마키아벨리 속에서 우리는 오늘날 근대국가라는 이름으로 부르는 새로운 국가유형의 출현에 상응하는 국가의 새로운 개념화를 위한 선구자적 작업의 시도를 발견할 수 있기 때문이다. 물론 이러한 문제가 전혀 논의되지 않은 것은 아니지만 적어도 필자가 보기에는 산발적으로만 다루어져 왔기 때문에 이 책에서는 이 문제에 초점을 맞추면서 논의를 펴고 있는데 가장 압축적 논의는 아래의 10장에서 볼 수 있을 것이다.

지금까지 마키아벨리에 대한 평가는 대단히 다양하게 이루어져 왔다. 그 중에서도 마키아벨리 속에서 근대적 국가이성사상의 발원지를 찾는 마이네케적 설명이 아마도 가장 큰 설득력 있는 논의였다고 생각된다. 또는 정치세계에서만 적용되는 고유의 독자적 윤리를 제시했다는 크로체 - 샤보의 주장도 마이네케의 논의에서 크게 벗어나는 것은 아니라고 생각된다. 이러한 논의들은 한마디로 현실주의 정치철학의 원조로서의 마키아벨리의 성격규정으로 귀착하고 있다.

물론 이러한 성격규정이 잘못되었다는 것은 아니지만 필자의 생각으로는 마키아벨리의 논의는 그보다는 더 원초적인 정치학의 기본문제, 즉 폭력과 권력의 문제를 역사상 처음으로 정치적 담론의 중심문제로 부각시켰다는 점에서 훨씬 더 중요한 의미를 갖는 것으로 보인다. 그 자체로는 정당화되기 어려운 단순한 폭력이 국가라는 공공조직에 의해 보유되고 이것이 공공의 목적을 위한 수단으로 사용됨으로써 공권력으로 변화하는 과정의 문제, 이러한 폭력적 요소의 기반 없이는 지속적으로 존재할 수 없는 국가질서의 문제 등이 당연히 중심문제가 되어야 함에도 이 문제를 다루지 않고 있는 전통적 방식의 정치이론은 한계를 갖는 것이고 따라서 마땅히 비판되어야 한다는 점이 마키아벨리의 기본논지이다. 본 필자는 이 책에서 바로 이 문제를 중심으로 다루고자 한다.

마키아벨리의 이러한 새로운 문제의식은 물론 진공 속에서 이루어진 것이 아니라 그 자신이 당시에 생생하게 경험한 새로운 정치현실을 바탕으로 생겨난 것이었다. 그 자신은 그러한 새로운 정치현실을 만들었던 주역이었다기보다는 그러한 정치현실의 피해자로서 그 현실을 경험했기 때문에 그 체험은 남다르게 더욱 절실한 것이었다. 이것은 마치 뒤에 독일 관념주의 철학의 발흥이 프랑스의 혁명을 실제로 경험하지 못한 데에서 기인한 것이라는 마르크스의 냉소적 비판을 연상케 하는 부분이다. 클라우제비츠의 국민전 이론이 자신의 경험에 바탕을 둔 것이 아니라 역시 당한 입장에서 프랑스 혁명전쟁을 이론적으로 성찰한 결과로서 나왔다는 점과 크게 다르지 않다.

정치적 현실주의자로서의 마키아벨리에 대한 성격규정은 탈도덕적 권모술수의 이론가로서 마키아벨리에 대한 세속적 평가와 짝을 이룬다. 물론 이러한 세속적 평가가 반드시 학계 바깥에서 이루어져 온 것만은 아니지만 여하튼 이러한 '왜곡된' 세속적 평가로부터 마키아벨리를 '구제' 하고자 한 노력이 그 동안 학계에서 적지 않게 이루어져 왔다. 그러한 노력의 하나로서 들 수 있는 것이 마키아벨리의 논의를 그 당대의 정치적 및 지적 환경의 맥락 속에서 이해하고자 하는, 사상의 이해를 위해서는 그 사상의 맥락을 중시해야 한다는 소위 '문맥중시론자(contextualist)' 들의 작업이다. 이들에 의해서 강조되는 마키아벨리의 중심적 모습은 자유의 가치를 주장하는 공화주의자의 모습이다. 물론 이 점이 마키아벨리의 이해에서 불가결한 측면이지만, 이들 학자들에 의해서는 마키아벨리의 논의 가운데에서 가장 흥미 있는 부분이자 또는 마키아벨리를 대단히 독창적 정치이론가로 이해하게끔 만드는 논의들, 예컨대 『군주론』 7장 및 8장의 체자레 보르자와 아가토클레스의 논의가 상대적으로 가볍게 처리되고 있다.

마키아벨리를 구제하고자 하는 노력이 결과적으로는 마키아벨리를 그에 앞선 논객들과 별로 다를 것이 없게 만들었다는 점에서 마키아벨리가 진정으로 원했던 바, 즉 전통적인 인문주의 논객들로부터 자신을 구별하고자 했던 노력을 무위로 돌아가게 만든 역설적인 결과를 낳았다. 어떤 점에서 필자가 상당히 신경을 쓴 점이 있다면 그것은 마키아벨리를 전통적 인문주의자들과는 분명히 구별되는 흥미 있는 인물로 남겨 두면서도 레오 스트라우스와 같은 '악하다(evil)' 는 평가로부터 벗어날 수 있는 계기를 발견하는 것이었다. 이러한 시도는 1990년대에 들어

와서 시도된 '대단히 유능한 수사술사(rhetorician)' 로서의 마키아벨리의 분석에 의해 큰 도움을 받았다.

본문에서 다시 부연 설명되겠지만, 근대적 정치이론가로서의 마키아벨리의 모습은 그가 국가의 문제를 다룰 때 전통적인 civitas(città) 또는 res publica(republica)의 어휘를 애써 피하고 대신 stato를 의식적으로 사용하고 있다는 점에서 잘 드러난다. 즉 그가 중요하게 다루고자 한 정치의 중심문제, 즉 권력질서의 시작과 안정된 정치질서의 조직 및 유지의 문제는 국가를 지칭하는 전통적 용어로서는 제대로 취급될 수 없기 때문에 당시로는 그렇게 널리 사용되지 않던 개념을 자신의 생각을 표출하는 중심용어로 채택한 것이었다는 점이 필자가 제시하고자 하는 핵심논지이다.

물론 마키아벨리가 새로운 개념을 사용하였기 때문에 그런 식으로 발전한 것은 아니지만 16세기 이후 유럽의 중심국가들에서 선도적으로 출현한, 중세적 정치질서의 와해와 근대적 정치질서의 조직을 둘러싸고 전개된 혁명적 대격변은 마키아벨리적 새로운 사고를 더욱 절실한 것으로 만들었다. 바로 이러한 문맥 속에서 마키아벨리의 정치사상의 의미가 제대로 이해될 수 있는 것임을 필자는 다시 강조하고 싶다.

이 책의 기본주제는 마키아벨리의 국가(stato)개념이 갖는 근대성이다. 이 문제는 자연히 이 책의 끝부분으로 가면서 점차 분명히 드러나도록 서술하였다. 전체 구성은 일반 독자들에 대한 도움을 위해 마키아벨리의 전기(1~4장)와 저술(5~7장)에 대한 상세한 소개를 앞부분에 두는 방식을 취했다. 이러한 소개는 단순한 소개를 목적으로 하는 것은 아니고, 마키아벨리의 정치사상을 제대로 이해하는 데 필수적인 부분이라고 생각하면서 시도하는 것이다. 최근에 와서 리돌피의 유명한 마키아벨리의 전기가 번역되었지만 마키아벨리에 대해 특별한 관심을 갖는 전문가가 아닌 경우라면 그의 사상을 이해하는 데 필요한 배경지식은 아마도 이 책에서 소개되는 약전(略傳)으로 충분히 얻어질 것으로 믿는다.

비록 보잘 것 없지만 이 책이 나오기까지에는 상당히 여러분의 도움을 받았다. 우선 은사이신 노재봉 선생님에게 큰 감사의 말씀을 드리고 싶다. 원래 마키아벨리에 대한 관심은 선생님께서 필자에게 전해 준 것이나 다름없다. 또한 마키아벨리에 관한 저작은 원래 선생님께서 오래 구상하신 것이었다. 그러나 여러 가지 사정으로 쉽게 실천에 옮기고 계시지 못 한 것을 보고 필자가 감히 대신 쓰겠다고 강청해서 이루어진 것이다. 물론 선생님께서 쓰셨다면 훨씬 깊이가 있는 작업이 되었을 텐데 하는 생각을 하면 여러모로 부끄러운 생각이 앞선다.

오랜 시간은 못 되었지만 선생님과는 몇 차례 마키아벨리에 대한 성격규정문제를 놓고 토론했다. 그 과정에서 약간은 서로 다른 생각을 갖고 있다는 점도 발견되어 대단히 흥미로웠다. 기왕에 나온 글인 만큼 이 책의 발간을 계기로 마키아벨리를 둘러싼 활발한 논의가 일어났으면 하는 게 필자의 희망이다.

그리고 얼마 전 정년퇴직을 하시면서 서양의 높은 수준의 학문적 성과가 우리한테는 오히려 큰 함정일 수도 있음을 통탄하시고 외래 학문의 무비판적 수용에 대해 경각심을 심어 주신 김용구 선생님께 대해서도 감사의 말씀을 드리고 싶다. 필자에게 여러 가지로 격려와 자극을 아끼시지 않으셨는데 너무 게으르고 또한 큰 재주도 없는 탓에 흡족과는 거리가 먼 작업으로 결과하게 된 것에 대해서 부끄러움을 금할 수 없다.

본의 아니게 작업을 시작한 후 너무 긴 시간이 걸리게 되어 이 책의 출판은 아는 분들 사이에서는 소문만 요란한 잔치가 된 느낌이 없지 않다. 사실 그 동안 필자의 일을 음으로 양으로 도와 주신 분들의 이름을 일일이 거명하자면 너무 길어지기 때문에 그저 고맙다는 간접적인 인사만을 드리고자 한다. 또한 기다림을 통해 필자의 작업을 축하해 준 외교학과 안팎의 동료 교수들 그리고 후배 및 제자들에게도 고마움의 뜻을 전하고 싶다.

2002년 가을

저자 씀

차 례

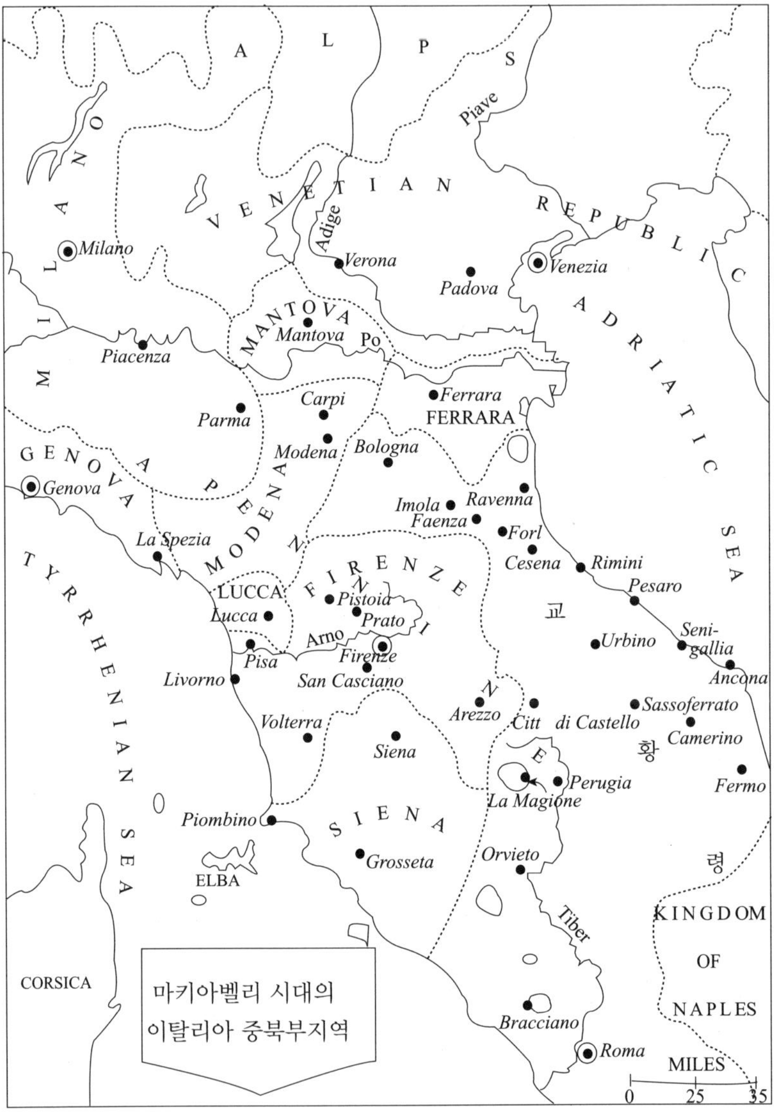

마키아벨리 시대의 이탈리아 중북부지역

제 1 장

마키아벨리의 개인적 및 시대사적 배경

출생과 교육

니콜로 마키아벨리(Niccolò Machiavelli)는 1469년 5월 3일 베르나르도 마키아벨리(Bernardo Machiavelli)와 바르톨로메아 데 넬리(Bartolomea de' Nelli)의 첫 아들로 피렌체에서 태어났다. 마키아벨리 일족은 귀족가문은 아니었지만 부유한 중인층 가문으로 잘 알려진 집안이었다. 원래 이 일족은 피렌체 시 남쪽 인근의 발디페사(Val di Pesa)라는 농촌지역을 기반으로 하였는데, 이 곳에서 상당한 자산을 보유하고 있었다.

니콜로의 아버지 베르나르도는 마키아벨리 가문의 다른 집에 비해 가난했던 것으로 전해진다. 니콜로의 조부, 즉 베르나르도의 아버지에 관한 언급은 어떤 전기에서도 나타나고 있지 않다. 다만 베르나르도의 삼촌인 토토(Totto)가 약간의 유산을 자신의 조카에게 남겨 주었기 때문에 베르나르도의 재정상황은 약간 개선되었지만 가난을 근본적으로 벗어나지는 못했던 것으로 전해진다. 그는 대학을 졸업하여 법학학위를 받은 후 변호사 겸 공증인으로 개업하였는데, 경제적 상황이 크게 나아진 것은 아니었고, 따라서 수입과 지출상황에 대해 아주 세밀히 기록하는 습관을 갖게 되었던 것으로 전해진다.

베르나르도는 1471년 9월 30일에서 1487년 8월 19일까지 자신의 주변

상황을 기록한 『비망록』(*Libro di Ricordi*)이라는 이름을 붙인 일기를 남겼는데, 이 기록의 태반은 금전출납에 관한 것으로 그의 어려운 경제상황을 여실히 반영하고 있다.[1] 이 일기를 통해서 마키아벨리의 초기 교육과 관련된 베르나르도 개인의 습관에 관해서 몇 가지를 알 수 있다.

당시 피렌체에 인쇄술이 처음 소개되어 책이 출판되기 시작한 것은 1467년이었다. 이때 출판된 책은 성경 외에 아리스토텔레스, 키케로, 리비우스 같은 고전 학자들과 르네상스 이탈리아의 인문학자들의 저술이 포함되어 있었다. 베르나르도의 유일한 취미와 관심은 도서수집이었는데, 집안을 유지하기에도 벅찰 만큼 가난했던 그는 제본되지 않은 인쇄본을 구입하여 자신이 직접 제본하여 보관하기도 하고, 그마저 어려운 경우에는 빌려 보기도 하였다. 티투스 리비우스의 『로마사』의 경우, 출판사의 의뢰를 받아 9개월에 걸쳐 지명색인을 작성한 대가로 책을 선사받아 자신의 장서로 하기도 하였다. 이러한 점을 말하는 것은 마키아벨리가 인문주의 분위기 속에서 성장할 수 있었던 환경을 일러두기 위한 것이다.[2]

베르나르도의 일기 덕분에 우리는 마키아벨리의 교육에 관해 어느 정도 알 수 있게 되었다. 그는 일곱 살 되던 해부터 교육을 받기 시작했

---

1) 이 일기는 1954년 체자레 올스키(Cesare Olschki)라는 학자에 의해 처음 발견되었다. 당시까지만 해도 마키아벨리의 청년기 생활에 관해 아무런 정보도 없었던 관계로 그의 생애 전반부에 관해서는 각종 추측만이 있었을 뿐이었다. 그러나 이 일기의 발견으로 그의 생애 초기, 특히 교육에 관한 부분이 많이 밝혀지게 되었다.

2) 마키아벨리가 아직 소년시절이었을 당시 피렌체 행정청의 제1서기장은 바르톨로메오 스칼라(Bartolomeo Scala)였는데, 그는 피렌체 대학의 인문학 교수직을 계속 유지하면서 공직임무를 수행하였다. 베르나르도 마키아벨리는 스칼라를 비롯한 인문주의 학자들과 가깝게 지냈다. 특히 스칼라는 대화형식으로 저술된 『법과 법적 판단』(1483)이라는 책에서 자신의 대화상대로서 베르나르도를 선택하고 있는데, 이 점은 당시 인문학자들 사이에서 베르나르도가 누리던 평판을 간접적으로 짐작케 해 주는 대목이다.

는데 라틴어와 산수가 포함되어 있었다. 가난했던 관계로 베르나르도는 아들을 학자로 키울 생각을 갖지 못했는데 이 점은 니콜로 자신도 마찬가지였다. 따라서 그는 당시 일급의 정통 인문주의 학자로 인정받기 위해서 필수로 갖추어야 할 그리스어 교육을 받지 못하였다. 이렇게 마키아벨리는 부친으로부터 인문주의 교육의 전통과 함께 가난도 함께 물려받았다. 한참 후인 1513년 메디치 가문의 복귀에 따라 파직당하고 정변음모에 본인도 모르게 연루되어 체포되었다가 풀려 나온 직후, 가까운 친우인 프란체스코 베토리(Francesco Vettori)에게 보낸 편지에서 "나는 가난하게 태어났고 〔재물을〕 즐기기 전에 절약하는 법부터 배웠다"고 한 토로는 바로 그러한 상황을 압축적으로 표현하는 것이다.[3)] 그는 훗날 자신이 갖고 있던 지식습득의 배경으로 "당대 문제에 관한 오랜 경험"과 함께 "옛 일에 관한 꾸준한 독서"를 말한 적이 있는데, 이 독서는 바로 그때, 즉 청년기에 집중적으로 이루어졌었다.

마키아벨리의 인문주의 교육이 그리 높은 수준이 아니었다고 하는 주장도 제기된 바 있다.[4)] 그러나 마키아벨리가 1498년 피렌체 정부의 최고기관인 시뇨리아 사무국의 제2서기장으로 임명된 것은, 물론 마키아벨리의 인문주의 지식이 당시 피렌체의 최고수준의 학자들과는 비교하는 것이 어렵지만, 그의 인문주의 교육배경이 상당히 높이 평가받았기 때문이라는 것이 일반적인 지적이다. 특히 마키아벨리의 선임자인 브라체지(Alessandro Braccesi)나 그 전임자였던 가디(Francesco Gaddi) 모두가 상당한 인문주의 배경의 인물이었다는 점을 상기할 필요가 있다. 아직도 마키아벨리가 제2서기장에 임명된 배경이 확실하게 밝혀지고 있지는 않지만, 마키아벨리가 제2서기장으로 임명될 때 제1서기장으로 임명된 아드리아니(Marcello Virgilio Adriani)는 당시 피렌체 대학에서 인

---

3) Francesco Vettori에게 보낸 편지, 1513. 3. 18, "nacqui povero et imparai prima a stentare che a godere," Letter 206, p. 222.

4) J.N. Stephens, "Machiavelli's *Prince* and the Florentine Revolution of 1512," *Italian Studies* 41, 1986, p. 49.

문주의 교수로 재직하였는데 마키아벨리도 그의 학생이었다는 얘기가 전해지고 있다. 이러한 점 등으로 미루어 보아 마키아벨리의 인문주의 배경은 크게 의심할 바가 없다고 여겨진다.[5)]

1498년 도메니코 교단의 수도사 사보나롤라(Girolamo Savonarola)의 정권이 붕괴되고 새로운 공화정이 수립되는, 말하자면 정변의 와중에서 마키아벨리는 사보나롤라 파에 속했던 브라체지를 대신하여 제2서기장으로 임명되었다. 이 이전의 마키아벨리의 행적에 관해서는 거의 알려지지 않고 있다. 한때 마페이(Domenico Maffei)라는 학자에 의해 마키아벨리가 로마 소재의 베르토 베르티 은행에서 1493년부터 1498년까지 은행원으로 근무한 적이 있다는 주장이 제기되기도 했으나 곧 반박된 후 더 이상 언급되지 않고 있다.[6)]

---

5) 인문주의자로서의 마키아벨리의 배경에 관해서는 Robert Black, "Machiavelli, Servant of the Florentine Republic," in Gisela Bock, Quentin Skinner and Maurizio Viroli(eds.), *Machiavelli and Republicanism*(Cambridge: Cambridge University Press, 1990), pp. 74-84에서 자세히 언급되고 있다. 마키아벨리의 인문주의가 당대의 최고수준의 것은 못 되지만 1375년 당시 피렌체의 대표적 인문주의 학자인 콜루초 살루타티(Coluccio Salutati)가 제1서기장으로 임명되면서부터 시작하여 1400년대 중엽에 이르러서는 피렌체 행정청 전통으로 확립된 것과 전혀 어김이 없는 것이었다고 블랙은 말하고 있다(pp. 73-74, 78). 당시의 관리들은 각종 문서작성과 특히 외교관들에 대한 훈령작성 및 외교관들과의 서신왕래의 작업을 수행하였을 뿐 아니라 외교사절의 출발과 도착일자 조정, 상주사절의 봉급지불 등의 행정업무도 담당하였고, 외국인 사절들과의 회의에서 정부 고위관직자들이 라틴어가 통하지 않으면 이들을 위해 통역의 역할도 수행하였다. 따라서 당시의 피렌체 행정청의 관리들은 상당한 수준의 인문주의 교육배경을 가졌던 것으로 이해된다. 마키아벨리가 제2서기장으로 근무할 당시 마키아벨리의 가장 친한 친구로서 그의 하급자로 같이 근무했던 부오나코르지(Biagio Buonaccorsi)도 상당한 수준의 인문주의 교육배경을 가졌던 것으로 지적된다(p. 77).

6) Domenico Maffei, *Il giovane Machiavelli banchiere con Berto Berti à Roma*(Florence: Giunti-Barbera, 1973). 이러한 주장은 상기 은행의 관련 문서에 니콜로 마키아벨리라는 이름이 나타난 점을 근거로 하여 이루어졌는데, 마르텔리는 니콜로 마

따라서 관직에 임명될 때까지 10여 년간의 행적에 관해서 많은 연구와 추측이 이루어져 왔으나 다음과 같은 몇 가지 점 외에는 거의 알려진 바가 없다. 즉 이 당시 몇 개의 시작(詩作)을 남겼고 고대 철학자인 루크레티우스(Lucretius)의 미완성 교훈시 『물성론(物性論)』(*De rerum natura*) 전체를 필사하였으며, 이외에도 많은 고전 문헌을 읽었던 것으로 전해진다.

마키아벨리가 피렌체 행정청의 제2서기장에 임명된 것은 1498년 6월 19일의 일이었다. 마키아벨리는 이미 4개월 전인 2월 19일에 브라체지가 장으로 승진함으로써 공석이 된 제2서기국의 관리직에 응모한 적이 있는데 이 때에는 거절되었었다.[7)]

4월과 5월에 벌어진 정변으로 사보나롤라 정권이 붕괴하고 사보나롤라 자신도 5월 23일 화형에 처해지게 되었는데, 사보나롤라 파로 지목된 브라체지가 파직되어 공석이 된 제2서기장 직에 마키아벨리는 다시 응모하여 경쟁자 세 사람을 제치고 선출되었다.

이때 세 사람의 경쟁자 가운데 한 사람인 가디는 이미 관직경험이 있는 피렌체 대학의 수사학 교수로 객관적 자격으로는 마키아벨리보다 더 유리한 위치에 있었지만 메디치 가문의 지지자로 알려져 있었던 관계로 배제되었다. 공증인 출신의 안드레아 디 로몰로(Andrea di Romolo)도 이

키아벨리라는 이름이 당시 그렇게 드문 이름이 아니었다는 점에서 시작하여 마페이가 말하는 니콜로 마키아벨리는 전혀 다른 사람이었음을 밝혀 내었다. Mario Martelli, "L'altro Niccolò di Bernardo Machiavelli," *Rinascimento* 14, 1975, pp. 39-100.

7) 이러한 사실은 Nicolai Rubinstein, "The Beginnings of Niccolò Machiavelli's Career in the Florentine Chancery," *Italian Studies* 11, 1956, pp. 72-91에서 처음으로 밝혀진 바 있다. 이 글은 마키아벨리의 관직임명의 전후 사정을 밝혀 낸 선구적인 작업으로 꼽힌다. 이때 마키아벨리의 신청이 거절된 것은 그가 사보나롤라와 그의 추종자들에 대해 반감을 갖고 있었던 것으로 알려졌기 때문으로 이해된다. 즉, 당시의 시뇨리아는 사보나롤라 파가 다수를 점하고 있었다고 전해진다. 이 점에 대해서는 같은 글 pp. 80-81을 볼 것.

미 행정청 관리의 경력을 가진 사람이었다. 나머지 한 사람은 개인적으로, 특히 사보나롤라의 재판과정에서 진실왜곡으로 별로 평판이 안 좋던 바로네(Francesco di ser Barone)라는 인물이었다. 당시까지 거의 알려지지 않았던 마키아벨리가 선출된 것은 그의 인문학 교육배경이 상당히 고려된 것으로 여겨지지만,[8)] 이와 함께 당시 서기국의 관리들이 정치에 깊이 관여하는 것을 배제하려고 했던 분위기와 상당한 관계가 있는 것으로도 평가된다.[9)]

청년 마키아벨리가 관직에 임명될 수 있게 된 것은 이미 지적하였듯이 정변과 직결된 일이었다. 마키아벨리가 담당했던 업무의 성격을 이해하기 위해서 우리는 일단 당시 이탈리아 도시국가의 역사적 및 정치적 성격을 이해하여야 할 필요가 있다. 이러한 이해 위에서 당시 그리 드물지 않았던 도시국가 내 정치상황과 정변을 이해할 수 있고, 이러한 바탕 위에서 비로소 다른 정치사상가에 비해 정치공학적 기술이 강조되

---

8) 지금까지 가장 뛰어난 마키아벨리의 전기로 꼽히는 *Vita di Niccolò Machiavelli*의 저자인 리돌피에 따르면, 마키아벨리보다 4개월 전에 제1서기장에 선출된 위에서 언급된 아드리아니는 자신의 강의를 들은 적이 있는 마키아벨리의 능력을 높이 평가하였고, 이것이 마키아벨리 선출에 영향을 미쳤을 것으로 추측하고 있다. 로베르토 리돌피, 곽차섭 역, 『마키아벨리 평전』(아카넷, 2000), p. 44(영역: 18-19). 바로네는 사보나롤라의 강제(허위) 자백서 작성에 큰 역할을 담당했던 것으로 전해지고 있다. 이에 관해서는 R. Ridolfi, *The Life of Girolamo Savonarola*(New York: Knopf, 1959), pp. 251-257. 블랙에 따르면 바로네는 사보나롤라 파에 속했던 것으로 지적되는데, 이것이 사실이라면 바로네는 사보나롤라의 체포 직후에 변절한 것으로 보인다. R. Black, "Florentine Political Traditions and Machiavelli's Election to the Chancery," *Italian Studies* 40, 1985, p. 6.

9) 피렌체 행정청의 이러한 전통에 관한 자세한 논의로는 Black(1985: 1-16)을 볼 것. 한편 마키아벨리가 사보나롤라 수도사의 정치활동에 대해 비판적이었다는 점도 고려된 것으로 알려져 있다. 마키아벨리가 재직중에 피렌체 내 파벌간 분규에 과연 중립적인 태도를 취했었는지에 대해서는 논쟁이 있었다. 이 문제가 중요한 것은 1512년의 정변과 함께 마키아벨리가 관직을 박탈당한 단 두 사람 가운데 하나였기 때문이다. 이 점에 대해서는 Black(1990: 84-90)을 볼 것.

는 마키아벨리의 정치사상의 독특한 성격을 이해 내지는 음미할 수 있는 것이다.[10)]

이탈리아 도시국가의 출현과 정치제도의 발전

이탈리아 르네상스 문화의 모체의 역할을 한 독립적 도시국가가 처음 출현하기 시작한 것은 11세기 말에서 12세기 초엽에 이르는 시기였다. 로마 교황령과 비잔틴 제국령을 제외한 이탈리아 중북부지역은 원래 카롤링거 제국의 일부로 남아 있었다. 카롤링거 왕조의 마지막 왕이었던 베렝가(Berengar) 1세(재위 888~924)의 즉위 때까지만 해도 비교적 잘 통합된 단일 왕국이었던 이탈리아는 그의 재위기간 동안에 지방 분권적 국가로 변질하게 되었다. 원래 카롤링거 왕조가 이탈리아에 들어온 이래 지방 유력자들의 발호로 인해 분권화 경향은 지속적으로 강화되고 있었다. 각 지방에서는 귀족들과 성직자(교구 주교) 사이의 정치적 대립이 일상적 양상이었는데, 국왕의 권위는 자신의 힘에 입각한 정치조직의 수립이 아니라 바로 이러한 대립 사이의 균형자로서의 역할에서 비롯하였다.

베렝가의 경우는 교구 주교들을 지원함으로써 자신의 지위를 강화하였다. 그러나 주교들은 왕국 전체의 질서에는 별로 관심을 두지 않았었

10) 마키아벨리의 글이 흥미롭게 읽힐 수 있는 것은 정치의 공학적 또는 기술적 측면이 아무 거리낌 없이 담담하게 다루어지고 있기 때문이다. 어찌 보면 『군주론』은 아마도 26장을 제외하고서는 전부가 급격한 정치변동 속에서 그 변동을 주도한 정치가가 살아 남는 기술적 방도를 다루고 있다고 할 수 있다. 또한 「모반(謀反)」(De Congiure)이라는 제목을 붙인 『로마사논고』 3권 6장에서는 근대적 혁명이 아직 생각될 수 없었던 상황 속에서 암살과 같은 급격한 방식을 통한 정권변동상황의 기술적인 면이 생생하게 다루어지고 있다. 이 점은 그를 전후한 어떤 정치사상가도 흉내낼 수 없는 마키아벨리만의 독특한 성격이고, 바로 이 점이 우리가 그에 대해 흥미를 갖게 만드는 중요한 원천 가운데 하나이다.

기 때문에 장기적으로 베렝가의 정책은 정치권력의 분산화 및 국왕으로부터 독립된 지방권력의 공고화에 기여하였다. 한편 900년 이래 약 반세기에 걸쳐 이루어진 마자르족의 침입에 맞서는 군사방어와 관련하여 지방 축성이 장려되었는데, 이 성들이 뒤에는 지방 귀족들의 권력의 근거지로 사용됨으로써 이들의 분권적 권력의 강화를 돕는 결과를 가져왔다. 이런 분권화 경향은 베렝가의 즉위보다 훨씬 이전에 시작된 것이지만 그의 국내외 정책으로 인해 훨씬 가속화되었고, 바로 이것이 뒤에 독립적 정치조직으로서의 도시들의 출현을 도운 결정적 요인으로 이 된다.

카롤링거 왕가의 지배가 중단된 이후 이탈리아는 공식적으로는 신성로마 제국 황제지위를 겸하고 있던 작센 - 살리아 - 호엔슈타우펜 왕가 출신의 독일 국왕의 지배하에 놓이게 되었다. 그러나 이탈리아 바깥에 권력기반을 둔 이들 군왕들이 이탈리아를 효과적으로 통치하는 데에는 기본적으로 한계가 있었다. 실제 11세기 말엽에 이르면 이탈리아 내 어떤 곳에서도 효과적 또는 안정된 정치질서는 더 이상 존재하지 않게 되었다. 동시에 당시는 성직매매제(simony) 및 성직자의 처첩(妻妾) 취득 등 교회의 타락으로 인해 종교의 권위가 바닥에 떨어져 있던 시기였다. 이렇게 확립된 권위부재상황으로 인해 각종 사적 폭력사용이 빈발할 수밖에 없었다.

이러한 공적 권위의 추락과 그에 따른 무정부상태에 가장 민감하게 반응한 것은 각 지역에서 재산과 사회적 지위를 갖고 있던 귀족 또는 당시 'cives(시민)'라는 라틴어로 불리던 도시 부유층(재산계급)의 세력이었다. 이들은 기존의 정치조직이 자신들의 기득권 및 재산을 지키는 데 도움이 되지 못함을 알게 되면서 서로 연합하여 자발적 단체를 조직하고, 이것을 바탕으로 기존의 권위조직이 제대로 수행하지 못하던 사법, 군사방어, 식량공급 등의 공적 기능을 대신 수행하고, 점차 그러한 기능에 상응하는 공적 권위를 쟁취하여 갔다. 그 결과로 나타난 것이 코무네(comune)라고 불린 자치도시들이다.

밀라노가 가장 이르게 자치도시로 바뀌었는데 1081년의 일이었다. 이 이후로 피사(Pisa), 루카(Lucca), 로마, 파비아(Pavia) 등이 1080년대에 자치도시로 되었고, 이 추세는 12세기에도 계속되어 피렌체는 비교적 늦게 1138년에 자치도시로 출발하였다. 이 자치도시들의 출발은 법적으로 중북부 이탈리아의 국왕인 신성로마 황제 - 독일왕의 군주권과 충돌할 수밖에 없었다. 1155년 로마에서 신성로마 황제로 대관식을 거행한 호엔슈타우펜 왕가의 프레데릭 1세 바바로사(Barbarossa)는 이탈리아에 여섯 차례나 침공하여 자치도시들에 대한 군주권의 재확립을 시도하였다. 이탈리아 북부 도시들은 군사동맹을 결성하여 그에 대항하였는데, 1168년의 제1차 롬바르디아 동맹에는 16개 도시들이 가담하였다. 1176년 바바로사는 동맹군에 대패하여 1183년에 콘스탄츠에서 이들 도시들과 평화조약을 체결하였다. 이 조약은 이들 도시들이 독일 왕의 종주권을 인정하는 대가로 자치권을 부여받을 것을 규정하였는데, 이후로 이 코무네들의 자치권에 대한 법적 근거가 되었다. 이렇게 되어 이탈리아 자치도시들에 대한 독일 왕의 권위는 사실상 형식적인 것으로만 남게 되었으나 그마저도 제대로 지켜지지 않았다. 이에 호엔슈타우펜의 하인리히 6세는 토스카나 지역 도시들에 대한 통제권을 공고히 하려고 했으나 그가 1197년에 사망하면서 독일에 내란이 발생함으로써 이탈리아 안에서 독일 왕의 영향은 급속히 감소하여 이 지역에서도 자치도시들이 급증하였다.

1300년에 이르면 중북부 이탈리아 지역에서 인구 2만 이상의 도시들은 모두 23개에 이르게 되고, 일정한 정도의 정치적 자치를 주장한 도시들의 수는 모두 약 400개에 이르렀다.[11] 이들의 성장은 전부가 11세기 이탈리아 지역에서의 농업생산성 및 교역의 증가를 배경으로 한다. 이들 자치도시들은 대체로 세 가지 범주로 구분될 수 있는데, 첫째 항

11) George Holmes(ed.), *The Oxford Illustrated History of Italy*(Oxford: Oxford University Press, 1997), p. 59.

구시설을 갖춘 주요 교역중심 도시로 상업 엘리트들에 의해 지배되었던 베네치아, 제노바 및 피사가 여기에 속한다. 둘째로는 수출용 상품을 생산하는 대규모 산업중심지로서 이 도시국가들에서는 산업경영자층이 지배집단으로 등장하였는데 피렌체가 그 대표로 얘기될 수 있다. 다만 피렌체의 경우에는 (양모)수출 외에 금융업도 상당히 성장했었는데, 13세기 말에서 14세기 초 이들 금융업자들의 활동은 이탈리아를 훨씬 넘어 유럽 전체에 걸쳐 이루어졌었다.[12] 한편 소규모의 상공업자 집단과 함께 활동한 지주세력이 지배하던 지역 시장중심지가 그 세 번째의 범주를 이루는데 밀라노를 대표로 꼽을 수 있다.[13]

이 자치도시들은 물론 자족적 공동체는 아니었다. 즉 식량, 노동력, 원료 등의 보급 그리고 지역 시장, 교역로, 방어시설 등을 위한 배후지로서 주변의 농촌지역에 대한 통제는 절실한 문제였다. 따라서 농촌지역으로의 세력확장은 불가피한 일이었고, 이 과정에서 인근 자치도시들과의 충돌은 당시의 모든 도시들에게 공통으로 닥친 운명이었다. 이러한 충돌과정에서 자치도시들간의 정복 - 복속관계가 발생하기도 하였다. 예컨대 지중해 무역을 놓고 제노바와 치열한 경쟁을 벌였던 베네치아는 1378~1381년 간의 전쟁을 통해 제노아의 영향력을 완전히 파괴한 후 밀라노로부터의 위협에 맞서 자신의 배후지역의 도시들인 파도바(Padova), 비첸자(Vicenza), 베로나(Verona)를 군사력으로 접수해 버렸다(1404~1405). 비슷하게 피렌체는 1384년 자신의 남동부지역에 있던 아레초(Arezzo)와 주변 농촌지역을 복속시켰다. 모직산업이 중심이 되었던 피렌체는 생산품의 수출이 경제의 사활을 결정할 정도로 중요하였다. 그러나 내륙국가였기 때문에 피렌체의 외항역할을 하던 피사의 정

12) 영 · 불 간의 백년전쟁을 시작한 영국의 에드워드(Edward) 3세의 개전 초의 재정은 피렌체 출신의 금융업자인 페루치(Peruzzi)와 바르디(Bardi)의 도움을 바탕으로 하고 있었다. 그러나 에드워드는 1343년과 1344년에 이 두 금융업자에게 채무변제를 거부하여 이 두 금융가문은 몰락하게 되었다.

13) Holmes, 1996, pp. 60-61.

치적 향배에 민감하게 반응하지 않을 수 없었다. 따라서 1406년 아예 군사적으로 점령하였다.[14)]

이러한 도시들 사이의 무력경쟁을 통해 강력한 도시들은 약한 도시들을 군사적으로 복속시킴으로써 소제국(小帝國)을 형성하기에 이르렀는데 밀라노, 베네치아 및 피렌체가 그 대표적 존재였다. 이들은 15세기 후반 전체에 걸쳐 로마 교황령 국가 및 남부의 나폴리 왕국과 함께 일종의 세력균형상태를 이루면서 상대적 안정기를 누렸다. 이러한 안정은 1494년 프랑스가 이탈리아를 침공해 오고 이에 맞서 스페인이 경합을 벌이면서 모두 파괴되었는데, 그 안정기는 뒤에 마키아벨리가 『군주론』 20장에서 "균형잡혔다(bilanciata)"라는 표현을 통해 언급하고 있다.

이러한 상황에서 도시국가들 상호간의 질투와 경쟁의식은 대단히 치열하였고, 따라서 파트리아(patria)라는 말로 부르던 자기 도시에 대한 도시민들의 강력한 애착심이 성장하였다. 예컨대 마키아벨리의 경우 당시의 프랑스나 스페인에 맞서기 위해서 단결된 이탈리아의 출현이 필요한 것으로 역설했지만 그가 보여 주었던 강한 애착심, 즉 '조국애'의 대상은 이탈리아가 아닌 피렌체였다고 지적되기도 한다.[15)]

---

14) 피렌체의 피사 점령 후 양 도시국가 관계의 여러 측면에 관한 자세한 논의로는 Michael Mallet, "Pisa and Florence in the Fifteenth Century: Aspects of the Period of the First Florentine Domination," in Nicolai Rubinstein(ed.), *Florentine Studies: Politics and Society in Renaissance Florence*(Evanton, Ill.: Northwestern University Press, 1968), pp. 403-441을 볼 것. 바로 이 피사는 1494년 프랑스가 이탈리아를 침공하여 모든 도시국가들이 혼란상태에 빠져 있는 동안 독립을 꾀해 반란을 일으켰는데, 1498년 관직생활을 막 시작한 마키아벨리의 임무는 이 도시의 군사적 탈환을 위해 프랑스의 원조를 얻는 일이었다.

15) 마키아벨리의 애착대상이 이탈리아인가 아니면 피렌체인가 하는 문제는 많은 전기작가들이 다루고 있는 문제인데, 마키아벨리의 마음은 항상 피렌체 쪽으로 향하고 있었다는 것이 일반적인 지적이다. 예컨대 1527년 4월 16일 친구인 베토리에게 보낸 편지에서 마키아벨리는 "나는 나의 영혼보다 나의 조국을 더 사랑한다"고 술회(Letter 331)하고 있는데(이러한 술회는 『피렌체사』 III-7에서도 반

자치도시들이, 공권력 부재라는 혼란상태 속에서 지켜야 할 지위와 재산을 갖고 있던 이해 당사자들이 힘을 합쳐 공권력을 수립하는 과정에서 출현하였고 또한 이 새로운 정치공동체를 무질서뿐 아니라 주변의 경쟁자와 황제의 권위에 맞서 지켜야 했던 까닭에, 자치도시들에는 물리적 폭력이 항상 사용될 수 있게끔 준비되어 있었다. 이러한 상황은 대외적으로뿐 아니라 대내적으로도 마찬가지였다.

우선 각 도시의 지배층들은 자신의 정당성을 아직 전통의 힘에만 의존할 수 있는 상황이 못 되었기 때문에 자신들에 대한 대내외적 도전의 위험에 맞서기 위해 비슷한 처지의 사람들끼리 모여 강력한 응집력을 갖는 연합체(consorteria)를 결성하였다. 이 연합체는 무장집단으로서 공공장소에서 다른 집단들과 공공연하게 유혈의 투쟁을 전개하기도 하였고, 고위 관직을 둘러싸고 심각한 투쟁이 벌어지기도 하였다.

한편 상업도시 속에서 새로 태어난 상인 및 전문인 같은 중산층들은 12세기 말에서 13세기 초엽에 이르는 기간 동안 'arte'로 불리던 동업집단(길드)을 조직하여 개인으로서는 무력한 자신들의 지위를 조직의 힘을 바탕으로 개선시켜 나갔다. 이들 길드는 많은 경우 무장하여 자신의 이익을 무력적으로 수호하기도 하였다. 길드를 통해 정치과정에서 자신의 지위를 확보할 수 있었던 이들 평민 중산층들은 집합적으로 'popolo'라는 이름으로 불리게 되었는데, 이들과 귀족들 사이의 갈등은 때로는 일종의 계급투쟁적 성격을 띠기도 하였다. 이러한 갈등은 그러나 귀족계층 자체 내의 분규와 얽힐 때 비로소 터져 나오는 것이 상례였고, 따라서 순수한 계급갈등의 성격을 지니는 갈등은 거의 나타나지 않았다.[16)]

복됨), 이러한 감정적인 애착의 대상은 두말 할 나위 없이 피렌체였던 것으로 얘기된다. 그러나 통일 같은 합리적 정치 프로그램을 얘기할 경우에는 이탈리아가 피렌체에 앞서는 것으로 이해된다. 이 점에 대해서는 Sebastian de Grazia, *Machiavelli in Hell*(Princeton: Princeton University Press, 1989), pp. 151-156에서 자세히 논의되고 있다. 이 애국심의 문제는 아래의 11장에서 더 자세히 논의된다.

16) 아래에서 자세히 언급되겠지만 귀족과 평민의 대립의 문제는 마키아벨리에 있

르네상스기 유럽에 있어 최대의 계급투쟁적 사태로 꼽히는, 1378년 피렌체에서 발생한 치옴피(Ciompi = 모직 노동자)의 난은 당시로서는 생각하기 어려운(길드조직의 보호에서 벗어나 있던) 하층 노동자들의 조직적 저항운동이었다. 그러나 이 운동의 계급적 성격은 분명하지만 지배계급 내 다양한 파벌 사이의 갈등과 연결되었을 때 발생될 수 있었다는 점도 염두에 둘 필요가 있다.[17)]

어서 중심문제의 하나이다. 그에게 있어 그러한 분열과 대립은 불가피한 것으로 이해된다. 그러나 이러한 분열은 자유와 영광(비르투)의 전제조건이 된다는 점에서 필요악이 될 수도 있다(『로마사논고』 I-4). 예컨대 로마 공화국의 경우 이러한 반목과 대립은 좋은 법, 교육 및 비르투를 낳았다고 그는 같은 곳에서 말한다. 로마에서 이러한 좋은 결과가 만들어진 것은 공화정 초기 로마 시민들이 부패하지 않았기 때문인 것으로 설명하면서(『로마사논고』 I-16), 바로 이어 말하기를(I-17) 정치의 질료(質料)가 되는 백성이 부패하지 않으면 소요나 분란은 해롭지 않다고 한다. 그러나 부패한 도시에서 계층간의 대립은 공공이익의 진작이 아니라 사리사욕의 추구로 이어진다. 이러한 지적은 뒤에 『피렌체사』(III-1)에서 로마와 피렌체를 직접 비교하면서 반복된다. 즉 그에 따르면 로마에서는 평민과 귀족의 대립은 논쟁을 통해 법률제정으로 끝났는 데 비해 피렌체에서는 싸움 끝에 망명과 죽음으로 마감지어졌다고 말한다. 로마의 경우는 항상 군사력의 강화를 가져온 데 비해 피렌체의 경우는 군사력의 파괴로 결과했다고 한다.

17) 치옴피 난(亂)의 발생배경과 진행 및 그 의의에 관한 자세한 논의로는 Gene A. Brucker, "The Ciompi Revolution," in Rubinstein, 1968, pp. 314-356을 볼 것. 이 치옴피 난과 피렌체 지배층 내분의 연결은 마키아벨리도(『피렌체사』 III-13에서) 자세히 논의하고 있다. 피렌체는 거의 끊임없이 지배층 내 파벌간의 대립과 갈등을 겪어 왔는데 1375년부터 3년간 지속되었던 교황과의 전쟁이 끝난 1378년에는 교황당의 전통을 잇고, 또한 엘리트 귀족의 이익을 대변하던 교황당 과격파의 알비치 가문과 신흥 중산층의 이익을 대변하던 리치(Ricci) 가문의 대결이 새로운 갈등의 양상이었다. 1378년 현 정부에 반대하는 알비치 일파의 쿠데타가 시도되었으나 실패하였다. 이 과정에서 귀족정 도입에 반대하는 시민들의 무력시위의 역할이 작지 않았는데 이때 기존 체제에 불만을 가진 하층민들, 특히 노동자들의 역할이 상당히 컸다. 마키아벨리의 설명에 따르면, 사태가 진정

치옴피 사건의 여파로 피렌체에서는 1378년 평민당이 한때 정권을 잡았으나 이 세력에 대한 불만도 커짐에 따라 1382년에는 알비치(Albizzi) 가문의 세력이 정권을 재탈환하였다. 이 정권은 약 반세기 동안 귀족중심의 과두제 질서를 유지해 나갔는데 1434년 메디치(Cosimo de' Medici)를 중심으로 하는 평민당 세력의 등장과 함께 종막을 고하게 되었다. 이 기간 동안 피렌체는 부분적으로 안정을 누리기도 하였으나 밀라노와 나폴리와 상당 기간 전쟁을 겪거나 전쟁의 위협을 받았다. 이러한 외부로부터의 위협은 재정 및 대외정책방향을 둘러싸고 다양한 세력간의 갈등을 증폭시켰다. 메디치 가문의 등장도 1429~1433년 사이에 벌어졌던 루카 시와의 전쟁에서의 패배를 둘러싼 정쟁의 결과로 이루어진 것이었다.

정치제도의 발전

르네상스기 이탈리아 도시국가들은 예외 없이 심각한 내부세력간의 반목과 대립을 겪었지만, 바로 이러한 상황은 다양한 세력끼리의 공생을 위한 중요한 정치제도의 발전에 큰 자극제가 되었다. 우선 상공업의 발전이 압도적이었던 대부분의 도시에서는 귀족세력이 소멸하거나 상업계층에 흡수됨으로써 '공화정'이 발전할 수 있는 사회적 환경이 마련되었다. 이러한 도시에는 볼로냐, 피렌체, 루카, 시에나, 페루자, 제노바 등이 있었고, 베네치아의 경우는 도시 내에 봉건귀족이 아예 없었다. 한편 도시 내의 상공업이 주변의 농업경제에 비해 상대적으로 취약했던 곳에서는 봉건귀족 출신의 1인 지배자(signore)에 의한 독재체제가 정착했는데 대표적인 경우로는 밀라노를 들 수 있다.

된 후 이들은 "자신들이 행한 폭력행위에 대한 처벌을 두려워했고 또한 과거보다 나은 자유와 만족을 위해", 그리고 기왕에 "지배층이 분열되어 있는" 상황을 이용하여 노동자 국가의 수립을 시도했었다.

도시들이 자치질서를 형성하여 공적 기능을 수행하고 그에 필요한 공권력을 주장하였던 당시 이러한 행위는 법적으로 지지되는 일은 아니었다. 법적으로 지배권력은 신성로마 황제에 귀속되었고, 이 권력은 각지의 행정관(知事, count)이나 교구의 주교들에게 위임되었기 때문이다.[18] 도시 유력자들의 공권력 장악은 엄격하게는 불법의 행동이었기 때문에 여기에서 오는 약점의 보완책으로서 보다 광범위한 정치기반 위에 권력체를 수립하고자 하였다.

따라서 봉건귀족이 강력하게 남아 있던 몇 곳을 제외한 대부분의 도시에서는 공화정체제가 자연스럽게 발전하였다. 물론 오늘날 우리가 알고 있는 민주주의와는 상당한 거리가 있는 과두제적 체제이지만 자치도시국가 유지에 기여하는 사회세력들이 그 기여도에 상응하는 정치적 권리를 갖고 정치과정에 참여했다는 것은 중세 상황에서는 대단히 새로운 진보적인 시도였다.

르네상스 이탈리아의 공화제 도시국가의 한 전형으로 지적되기도 하는 피렌체의 경우 정치과정에 참여할 수 있는 사람은 직책에 따라 25~30세 이상의 성인 남자로서 7개의 대길드(arti maggiori) 또는 14개의 소길드(arti minori)에 소속되어 있어야만 하였다. 이론적으로는 이들 전부가 관직을 담당할 권리가 있지만 실제 정책결정을 담당하는 고위직책에 오를 수 있는 사람은 베네치아나 피렌체 같은 큰 도시의 경우에도 600명을 넘지 않았다고 지적되는데, 이 숫자는 전체 인구의 1%에 불과한 것이다.[19] 이들은 대부분 은행, 국제무역 및 모직업에 종사하는 부

18) 1158년 두 번째로 이탈리아에 나타난 바바로사는 북부 이탈리아의 14개 도시에 각 2명씩의 법률가와 법학연구의 중심지였던 볼로냐 대학의 법학자 4인을 각 도시대표자들과의 회의에 참석하여 이탈리아 지배자로서의 자신의 법적 권리를 확인한 바 있었다.

19) Lauro Martines, *Power and Imagination: City-States in Renaissance Italy*(Baltimore: Johns Hopkins University Press, 1979), p. 148. 1500년 전후 피렌체 시의 인구는 약 5만에서 7만 사이로 추산된다. 1347~1348년 페스트 발병 전에는 거의 10만을 육박

유한 유력자 가문의 사람들로 봉건귀족은 아니지만 역시 귀족이라는 말로밖에 번역되지 않은 grandi, ottimati, nobili, ricchi, savi 등으로 불렸다.[20] 여기에 속하는 대표적 가문들로는 Capponi, Ridolfi, Guicciardini, Albizzi, Strozzi, Castellani, Rucellai, Soderini, Salviati 등이 있었는데 이들은 또한 대부분 혼인을 통해 상호 연결되어 있었다.

이렇게 표면적으로는 공화제를 유지하면서 실질적인 정치과정은 소수의 지배가문을 중심으로 하는 과두제 방식으로 운영되는 속에서[21] 이탈리아 도시국가들의 정치제도는 대단히 독창적이며 정교하게 만들어졌는데, 이 점은 르네상스 이탈리아의 미술품에 비견되기까지도 한다.[22] 관직과 관련된 일반적인 특징으로는 우선 대단히 짧은 임기와 위원회식으로 구성된 행정직을 들 수 있다. 예컨대 최고행정기구인 시뇨리아(Signoria)를 구성하는 9인의 임기는 2개월이고, 다른 기관도 3개월에서 6개월을 넘지 않았다. 이러한 제도는 원래는 각자 자신의 고유 업

했으나 그 이후로 인구의 절반 가량으로 줄었다. 앞의 숫자는 Martines, p. 168에서의 인용이고, 뒤의 숫자는 Felix Gilbert, *Machiavelli and Guicciardini* (New York: Norton, 1965), p. 20에서 인용된 것임.

20) 이들 귀족집단의 사회학적 성격에 관한 보다 자세한 논의로는 Gilbert, 1965, pp. 49-52; Gene Brucker, *Renaissance Florence*(Berkeley: University of California Press, 1983), pp. 89-127을 볼 것. 브러커에 따르면(p. 93) 이 집단의 특성으로서는 부, 고위관직, 가문의 전통 및 혼인관계를 들 수 있다.

21) 마키아벨리 자신도 이 점에 관해서는 아무런 가식 없이 "피렌체는 신뢰할 만한 기록을 남기고 있는 지난 200년 동안 진실로 공화정이라고 부를 수 있는 정체를 가져 본 적이 없었다"고 『로마사논고』(I-49)에서 술회하고 있다. 이러한 점은 몇 년 후 교황 레오(Leo) 10세(Giovanni de' Medici)의 요청을 받아 쓴 피렌체 정부 개혁에 관한 짧은 글의 첫머리에서 반복되고 있다(*CW* 101).

22) 예컨대 르네상스 국가를 예술품에 비견한 야콥 부르크하르트(Jacob Burckhardt)의 저명한 명제를 마티네스는 "르네상스 이탈리아인들의 독창성은 전적으로 예술에만 쏟아진 것이 아니라 정치에도 투여되었다"고 달리 표현하고 있다. Martines, 1979, p. 149.

종에 종사하는 시민들에게 원치 않는 행정업무를 최소한으로 부담시키고자 하는 의도에서 이루어진 것이지만, 점차 관직의 정치적 중요성이 커지게 되면서 자격 있는 모든 사람들이 가능한 한 고르게 기회를 갖게 하고, 따라서 전제정의 출현을 방지할 목적으로 단임제가 고착되었다.

단임제는 업무의 연속성을 보장하지 못하고, 따라서 장기정책의 수립을 막는다는 몇 가지의 분명한 단점을 갖고 있지만, 동시에 많은 사람들에게 고르게 관직기회를 준다는 이점도 갖고 있다. 예컨대 시뇨리아에 재직하는 사람은 1년에 54명이 되는데 이들은 퇴임 후 2년간 같은 직책에 취임하지 못한다. 따라서 시뇨리아의 멤버가 될 수 있는 사람의 수는 이론적으로 최소한 108명이 된다. 결국 장기적으로 자치도시의 운영은 지배계층 전체에게 집합적으로 독점된 작업이 되게끔 되었다.

모든 도시국가들의 구성은 최고행정기구를 중심으로 입법기구 및 자문기구와 특정 전문분야의 업무를 담당하는 집합적 의사결정기구들로 이루어져 있었다. 피렌체의 경우 시뇨리아를 보좌하는 자문기구로 12인 위원회(Dodici Buonuomini)와 16인 지구대표위원회(Sedici Gonfalonieri di Compagna)가 있었으며, 입법기구로는 처음에는 자치도시위원회(Consiglio del comune)가 생겼다가 중산층의 상업활동이 번성해지면서 시민위원회(Consiglio del popolo)가 추가로 만들어졌다(이 두 개 입법기관의 총인원은 합해서 500인 정도였음).

1434년 메디치 가문의 정권이 시작된 이후 필요에 따라 입법 및 자문기구들이 신설되었다. 그러나 1494년 공화정이 복귀된 이후 첫번째 작업으로 메디치 정권 아래에서 만들어진 입법기구들이 폐지되었고, 대신 당시 공화주의자들에 의해 이상적 제도로 숭상받던 베네치아의 대의회(Consiglio Maggiore)를 본떠 시민 - 자치도시의회(Consiglio del popolo e comune)가 설치되었다. 이 입법회의는 곧바로 베네치아와 같이 대의회(Consiglio Maggiore)라고 불리게 되었는데 위원들의 수는 약 3천이 되었다.[23)]

행정업무는 'balia'로 불리던 집단적 의사결정방식의 행정위원회들에 의해 수행되었는데, 이 기구들은 필요시마다 추가로 설치되었다. 흔히 짧게 줄여 Dieci(Ten) 또는 Dieci di balia(10인 위원회)로 불리던 '자유 및 평화의 10인 위원회(Dieci di Libertà e Pace)'가 가장 오래 되었고 또 널리 알려졌는데, 전시중의 외교와 전쟁의 문제를 전담하였다. 8인 공안위원회(Otto di Guardia)는 1378년 치옴피 난을 계기로 만들어진 기구로 치안과 사법업무가 다루어졌다. 1506년에는 마키아벨리에 의해 계속 주장되던 민병대안이 채택되면서 새로운 기구로 민병대 9인 위원회(Nove Ufficiali dell'Ordinanza e Milizia Fiorentina)가 설치되었다. 이외의 중요기관으로는 공채국(Ufficiali del Monte)이 있었다.

공직 재임기간이 대단히 짧았기 때문에 생기는 단점도 분명히 있지만, 실제로 이러한 단점은 유능한 실무행정가들의 연속적 업무에 의해 상당히 보충되었다.[24] 마키아벨리가 근무했던 시뇨리아 서기국의 경우

---

23) 상당수의 피렌체인들은(마키아벨리는 제외) 베네치아의 정치제도를 훌륭한 공화정의 전범으로 보았지만, 각기 갖는 독특한 정치적 입장에 따라 서로 다른 입장을 보였다. 1494년의 정변과 함께 대의회가 도입되었는데, 이것은 베네치아에서 행해진 실제 기능과 무관하게 구귀족세력에 대항하여 중산층의 정치적 참여를 확대시키고자 한 사보나롤라의 정치적 의도와 관련된 것으로 풀이된다. 사보나롤라는 이 대의회를 바탕으로 피렌체의 공직을 전부 선출직으로 바꾸려고 했던 것으로 이해된다. 이 대의회의 의원자격은 부친과 조부 중 어느 쪽이든 공직 피선자격을 가졌던 사람은 자동적으로 얻어지는 것으로 하였는데, 총인원은 3천을 약간 상회했다. 결과적으로 구성이나 운영 면에서 베네치아의 대의회와는 전혀 다른 것이 되었다. 이에 대한 보다 자세한 논의로는 Felix Gilbert, "The Venetian Constitution on Florentine Political Thought," in Rubinstein, 1968, pp. 477-482를 볼 것. 여하튼 이 대의회에 대한 피렌체인들의 자부심은 대단하였던 것으로 전해진다. 이 대의회를 위해 행정청 건물 안에 큰 회의장을 새로 만들고 피렌체 출신의 당대 이탈리아 최고의 예술가인 레오나르도 다빈치와 미켈란젤로에 의뢰하여 1364년 피사와의 카시나(Cascina) 전투, 1440년의 밀라노와의 안기아리(Anghiari) 전투에서의 승리를 벽화에 옮기기도 하였다. 그러나 이 벽화는 1512년 메디치가의 복귀와 함께 우선적으로 파괴되었다.

24) 행정관리들의 재임기간은 개별 경우에 따라 달랐으나 최소한 1년이 보장되었고

당시 인문주의 학자로 뛰어난 명성을 가진 인물이었거나 법률가 또는 공증인들이 선출되었다.

피렌체의 대외업무는 시뇨리아에 의해 처리되었는데 보고서나 훈령의 작성, 파견된 외교관과의 연락 등 일상적 업무의 처리는 서기국에서 처리되었다. 제2서기국은 1437년에 새로 설치되었는데, 제1서기장이 선임자로서 제2서기장을 지휘하기도 하였다.[25] 이론상 제1서기는 외국(이탈리아 내 타 자치도시 포함)과의 관계를 관장하고, 제2서기는 피렌체 영내의 도시들과의 관계를 맡는 업무분장이 이루어졌으나 실제로 업무는 중복되었다. 대외관계 정책결정은 시뇨리아의 일이었으나 전시에는 상기 10인 위원회에서 전담하였다. 이 위원회의 행정업무를 위한 관리는 별도로 채용하지 않고 시뇨리아의 행정관이 겸직하였다. 예컨대 마키아벨리는 1498년 7월 14일의 결정으로 이 위원회의 행정사항도 맡게 되었다. 그러나 마키아벨리에게 연봉이나 부하가 추가되지는 않았기 때문에 다만 그에게 10명의 상관만 새로 생긴 셈이었다. 피사와의 전쟁 중에 제2서기직에 취임한 마키아벨리가 취임 즉시 수행했던 외국파견-교섭업무는 거의 이 10인 위원회의 결정을 집행하는 업무였다.

마키아벨리의 관직임명과 관련되는 정치사적 배경

마키아벨리의 관직임명은 앞에서 자세히 지적되었듯이 1498년의 정변을 통해 그 기회가 주어졌다. 1498년의 정변은 사보나롤라 수도사의

업무능력에 따라 임기가 연장되었다. 마키아벨리의 경우 1500년부터 공직 마지막 해였던 1512년까지는 1년 임기에 매년 고용이 갱신되었다. Nicolai Rubinstein, "Machiavelli and the World of Florentine Politics," in Myron P. Gilmore(ed.), *Studies on Machiavelli*(Firenze: Sansoni, 1972), pp. 7-8.

25) 대우 면에서도 제1서기는 제2서기보다 훨씬 높았다. 제1서기였던 아드리아니의 연봉은 330소(小)피오리노(fiorini di suggello)였던 데 비해 마키아벨리의 연봉은 192소(小)피오리노였다. 리돌피, 2000, pp. 46-47(영역: 20).

신정적(神政的) 급진공화주의에 대한 반감에서 비롯된 것이지만, 기본적으로 1494년에 재도입된 공화제 자체에는 아무런 변화가 없었다. 따라서 마키아벨리의 관직임명과 관련된 정치변화를 이해하기 위해서는 메디치 중심의 과두제 및 그 붕괴가 갖는 정치적 의미를 알 필요가 있다.

메디치 가문의 등장은 앞서 언급된 바와 같이 루카 시와의 전쟁(1429~1433)을 둘러싼 주요 세력간의 논쟁의 와중에서 이루어진 것이었다. 당시까지는 알비치 가문을 중심으로 하는 과두정 체제가 지속되었으나 이에 대항하여 평민당을 구성한 메디치 가문은 전쟁에 반대하는 입장을 천명하면서 알비치 가문에 도전하였다. 이들 두 가문의 대결은 1434년 메디치가의 승리와 리날도 델리 알비치(Rinaldo degli Albizzi)의 망명으로 종결되었고 메디치 체제는 1494년까지 지속되었다.

1434년 피렌체의 새로운 실력자로 들어선 코지모 데 메디치(Cosimo de' Medici)의 강력한 정치적 영향력의 바탕은 당시 유럽 최대의 금융가로서 그의 압도적 재정능력이었다. 그는 자신의 재력을 바탕으로 국내외의 지지기반을 구축할 수 있었다. 국내적으로는 가난한 귀족이나 중산층을 상대로 저리의 부채 또는 무상의 지원을 제공하여 자신에게 충실한 지지층을 만들었고, 국외적으로는 프란체스코 스포르차(Francesco Sforza) 같은 저명한 용병대장과 친교를 맺었다. 따라서 그의 대외정책은 친밀라노 쪽으로 기울었다.

정치인으로서 코지모 메디치의 탁월한 능력은 결코 전면에 나서지 않고 막후에서 자신의 지지자들을 내세워 영향력을 행사하고 공직자의 선출과정과 정책결정과정에 은밀히, 때로는 대단히 노골적으로 개입하여 자신의 의지를 관철시키는 데 있었다. 그리고 반대자들의 제거는 반드시 무혈의 방식으로 이루어졌다. 또 그는 피렌체 시민들을 위한 무술대회나 축제 등에 거금을 희사하고, 교회나 수도원 건설에도 막대한 금액을 지원하였으며, 시내 중심가에는 자신의 거대한 저택을 건축하여 유럽 내 여러 군주들을 손님으로 맞이하는 등 자신의 부와 권력을 과시하였다. 이러한 과정에서 그가 문인 및 예술가 등을 위한 지원자 역할을 했음은 너무나 잘 알려진 사실이다.

메디치 체제는 실제로는 그 자신을 정점으로 하는 소수의 귀족가문 중심의 과두정이었지만 공화정으로서의 겉모습을 유지하는 데 상당한 신경을 썼다. 이 덕분에 피렌체는 한 번도 밀라노와 같은 독재체제를 경험하지는 않았다. 그럼에도 메디치 가문은 자신의 지위를 유지하기 위해 공직선출이나 정책결정과정에 깊숙이 개입하여 자신에게 불리한 결정이 이루어지는 경우 노골적으로 개입하여 뒤집기도 하였다. 예컨대 추첨제로 되어 있던 시뇨리아 위원 선출을 사실상의 공개투표방식으로 바꾼다거나 입법회의에서 부결된 입법을 뒤집기 위해 공개표결방식을 사용하였다는 점을 들 수 있을 것이다.

이러한 점에 대해 불만이 없었거나 항의가 이루어진 적이 없는 것은 아니었다. 예컨대 1464년 사망한 코지모를 계승한 피에로의 정치기반이 아직 공고화되기 이전인 1466년에는 메디치 진영 안에서 피에로를 축출하려는 모반사건이 발생하였으나 내부의 분열로 메디치의 승리로 끝났었다. 이때 메디치가는 밀라노의 군대의 지원을 받아 정적들을 제압하였는데, 국내 갈등상황에 외국군을 동원하는 좋지 않은 선례가 되었다. 후일 마키아벨리가 『군주론』 13장에서 용병군보다 더 해로운 존재로서 비판하고 있는 외국 지원군의 사용은 피렌체의 경우에는 메디치 지배하에서 시작되었다.

1466년의 사건 이후 메디치 가문의 전횡은 더욱 심해졌고, 따라서 시기와 질투도 커진 한편, 메디치가 때문에 입은 피해의 복수를 생각하는 사람들도 많아졌다. 이에 대해 메디치 가문의 사람들도 잘 의식하고 있었다. 마키아벨리가 『피렌체사』(VIII-2)에서 전하는 바에 따르면, 피에로의 둘째 아들 줄리아노(Giuliano)는 형인 로렌초에게 "너무나 많은 것을 얻으려고 하다가 모든 것을 잃을지 두렵다"라고 걱정을 토로할 정도였다.

이러한 두려움은 1478년 파치(Pazzi) 사건을 통해 현실화되었다. 파치 가문은 당시 피렌체에서 메디치 가문에 견줄 만한 부와 지위를 누리고 있었으나 메디치 가문의 방해로 인해 그에 합당한 공직은 주어지지 않았다. 뿐만 아니라 메디치의 지휘를 받는 공직자들은 파치 가문을 여러 가지 면에서 홀대하였다. 이에 격분한 파치 가문의 사람들은 역시 메디치 가문과 불화관계에 있었던 교황 식스투스(Sixtus) 4세의 지원을 등에 업고 당시 메디치 가문의 장자로서 피렌체의 사실상의 지배자로 군림하고 있던 로렌초와 줄리아노 형제의 암살을 포함한 쿠데타 계획을 수립하였다. 그러나 실행단계에서 줄리아노는 살해되었으나 로렌초는 암살을 면하고 반격을 가하였다. 이에 따라 파치 가문은 멸문지화(滅門之禍)를 당했고 메디치 가문의 지배는 더욱 강화되었다.

메디치 가문의 정치적 지위는 피렌체의 외교정책과 밀접히 연결되어 있었다. 앞서 얘기되었듯이 15세기 중반까지 이탈리아 도시국가들 사이의 약육강식의 투쟁이 지속되었는데 이 때에 이르러 밀라노, 베네치아, 피렌체, 로마, 나폴리 왕국 등 5개의 큰 도시국가들의 존재는 1454년 로디(Lodi)에서의 평화조약을 통해 공인되었다. 이 조약은 1494년 프랑스의 샤를 8세의 침공 때까지 이탈리아 내 국제정치의 기반으로 작용하였다. 마키아벨리가 『군주론』 20장에서 사용한 "균형"의 표현은 바로 이러한 상황에 대한 지적이었다.

로디의 평화조약은 곧 1455년 피렌체 - 밀라노 - 베네치아 사이의 '이탈리아 동맹'의 결성으로 이어졌는데, 이것은 코지모 메디치의 개인적 외교노력의 결과였다. 메디치의 외교는 각국 지배자들 사이의 개인적 유대를 바탕으로 한 것이었는데, 이 유대의 기초는 값비싼 선물과 대단히 융숭한 접대였고, 따라서 상당한 비용을 수반하는 것이었다. 물론 이러한 작업은 메디치가가 당대 제일의 부자였다는 사실과도 연결되지만 실질적인 부담은 피렌체 정부, 따라서 납세자들에게 지워졌다.[26)]

---

26) Brucker, 1983, pp. 260-261. 이에 대한 보다 자세한 논의는 L.F. Marks, "The Financial Oligarchy in Florence Italy," in E.F. Jacob(ed.), *Italian Renaissance Studies*(New

한편 메디치의 개인외교는 도시국가들의 실질적 독재자들 사이의 개인적 관계를 바탕으로 하는 것이었는데, 이들의 정치적 운명이 대단히 불안정한 것이었기 때문에 국제관계도 대단히 불안정할 수밖에 없었다. 그럼에도 로렌초 생전에 이탈리아 내에서의 상대적 안정은 유지될 수 있었다. 예컨대 파치 사태의 여파로 피렌체는 로마 – 나폴리 – 베네치아 연합군과 전쟁을 치러야만 했는데, 로렌초는 비밀리에 나폴리 왕을 방문하여 나폴리를 중립화하는 데 성공하였고, 따라서 피렌체를 전화에서 구해 낼 수 있었다.

당시의 피렌체는 형식적으로는 공화정이었지만 실질적으로는 로렌초 메디치의 독재체제로 밀라노와 크게 다를 바 없었다. 이 점을 피렌체인들은 아무도 모르지 않았으나, 위에서 언급한 바와 같은 간헐적인 반대가 있었을 뿐 대부분은 그러한 기만에 익숙하여 큰 불평 없이 60년간을 살아왔다. 이 점이 가능했던 것은 당연히 메디치 가문의 재력에 근거한 경제적 풍요의 덕이었다. 마키아벨리가 후일 『피렌체사』(VII-28)에서 기술하게 되는 부패의 상황은 비록 그가 직접적으로 언급하고 있지는 않아도 바로 메디치의 금권정치의 결과로 이해되는 그러한 것이다. 이에 시민들은 정치적으로 수동적이 되었고, 또한 물적 혜택을 제공하는 사람을 지지하는 등 정치적 부패의 길을 걷게 되었다. 이에 마키아벨리는 피렌체에서 공화정을 도입하는 일이 어려운 것은 이렇게 시민들이 부패되었기 때문이라고 보고, 과연 이러한 상황에서 공화제를 재도입하는 일이 가능한가, 만일 가능하다면 과연 어떠한 방법을 써야 가능한가 하는 점이 그의 정치저술 전체를 관통하는 기본문제로 제기되고 있는 것이다(*D* I-17).

York: Barnes & Noble, 1960), pp. 123-147을 볼 것.

사보나롤라와 마키아벨리

정치논객으로서 마키아벨리를 이해함에 있어 우선적인 중요성을 갖는 일은 어떤 연유로 그가 부패의 문제를 가장 중요하게 다루었는가 하는 점을 파악하는 것이다. 이 작업을 위해서는 그의 독특한 시대적 정치경험의 배경을 알 필요가 있다. 이러한 작업을 위해서 사보나롤라를 둘러싸고 벌어진 1494년에서 1498년까지의 4년간의 피렌체 정치사를 이해하는 것이 필수적인 것으로 보인다. 실제 이 사보나롤라의 에피소드는 너무나 격렬하게 벌어졌기 때문에 당시 피렌체 그리고 넓게는 이탈리아가 안고 있던 정치적 쟁점들을 대단히 선명하게 드러내 준다. 이 때문에 이 사보나롤라 사건은 마키아벨리의 시대적 분위기를 파악하는 일을 쉽게 해 주기도 한다.

1452년 페라라(Ferrara)에서 출생한 도메니코 교단의 수도사였던 지롤라모 사보나롤라는 이미 20대 후반부터 구약에 대한 탁월한 해석, 이에 바탕을 둔 감동적 설교 그리고 엄격한 금욕생활로 이탈리아 전역에 걸쳐 그 명성이 높았다. 외지인인 사보나롤라가 피렌체에서 설교를 시작하게 된 것은 1488년 로렌초 데 메디치의 손님으로 피렌체에 머물고 있던, 당시 이탈리아 전역에서 당대의 신동이라는 명성을 누리고 있던 인문주의 학자 피코 델라 미란돌라(Pico della Mirandola)의 추천을 받아 로렌초가 직접 개입해서 이루어진 일로 알려지고 있다. 이에 따라 사보나롤라는 1490년 6월부터 피렌체에 있는 도메니코 교단의 수도원인 산 마르코(San Marco) 사원에 배속되어 설교를 시작하였다.

사보나롤라의 기본임무는 성서의 해석이었는데, 그는 특히 구약을 현대적으로 해석하여 구약을 단순히 과거의 기록으로 그치지 않고 당시 사회의 부패와 타락을 비판하는 무기로 바꾸는 데 탁월한 능력을 발휘하였다. 그가 주로 관심을 가진 당시의 문제는 타락한 교회의 개혁과 만연했던 세속사회의 부패의 교정이었다. 특히 그는 이 두 번째의 문제를 메디치가의 독재체제와 관련시켜 비판하였다. 사보나롤라에 의하면 당시 피렌체의 독재자 또는 폭군들은 "교만하고 아첨에 귀를 기울이며 옳지 않은 방법으로 취한 것을 되돌리지 않고 세금을 자의적으로 부과하였으며 농민들을 착취하고 가난한 사람들을 억압했고 유권자를 매수하였고 세금을 도급하였고 나쁜 관리들을 선출했으며 통화가치를 떨어뜨려 가난한 사람들을 비탄에 빠지게 하였다"고 강력히 비판하였다.[27] 실제 이러한 비판은 이름만 바로 대지 않았을 뿐이지 로렌초 메디치에 대한 직접적인 공격이나 다름없었고, 로렌초를 위시한 당시 모든 피렌체인들은 이 사실을 잘 알고 있었다.

사보나롤라의 대중적 인기는 그의 예언능력과 관련하여 더욱 증가하였다. 그는 1492년부터 피렌체인들이 회개하지 않으면 신검(神劍, gladius domini)에 의한 징벌이 있을 것임을 설파하기 시작하였다. 또한 큰 홍수에 대비하여 방주를 준비할 필요가 있음을 역설하기 시작하였다. 1494년에 들어서서 이 예언은 보다 구체적인 모습을 띠기 시작하였다. 즉 그는 당시 많은 사람들이 어려울 것으로 예상하던 프랑스의 샤를 8세에 의한 이탈리아 침공을 예언하면서, 이것은 신이 내리는 징벌이라고 선언하였다.

프랑스의 이탈리아 침공은 나폴리 왕국의 국왕 페란테 1세가 1494년에 사망하자 이 왕위에 대한 앙주가의 연고권을 바탕으로 프랑스의 주권회복을 명분으로 한 것이었다.[28] 이러한 침공은 1492년 새로운 메디치의 지배자가 된 로렌초의 아들 피에로가 전통적인 친밀라노, 친불정책을 포기하고 나폴리와 비밀동맹을 체결하여 밀라노를 위협하게 되자,

27) Ridolfi, 1959, p. 41.

28) 프랑스 앙주 왕가의 샤를 1세는 1268~1282년 사이에 나폴리-시실리 왕국의 국왕으로 재위하였는데, 이를 바탕으로 비잔틴 제국을 계승하는 지중해 지역의 제국건설을 꾀한 적이 있었다. 그러나 시실리인들은 이에 저항하여 반란을 일으켜 1302년까지 전쟁이 지속되었다. 시실리인들은 독립을 유지하면서 왕위를 아라곤 왕가의 피터 3세에게 넘기었다.

이에 반발한 루도비코 스포르차(Ludovico Sforza)가 샤를 8세를 부추겨 이루어진 것이었다. 코지모 메디치 때 처음 만들어진 이탈리아 국내정치에 외국군을 불러들이는 나쁜 선례가 이때 다시 반복되었다. 피렌체는 나폴리와의 동맹조약을 맺었기 때문에 나폴리 정복을 위해 출정한 프랑스 군에게 통로를 제공할 입장이 아니었다. 따라서 프랑스의 요구에 선뜻 승낙하지 않아 샤를 8세의 분노를 자극하였다.

샤를 8세는 밀라노의 초청으로 이탈리아 침공을 시작한 것이기 때문에 이탈리아 영토로 진격할 때 거의 아무런 저항도 받지 않았다. 또한 피렌체도 아무런 군사적 대비도 갖추지 않은 상태에서 저항할 수 없었다. 바로 이러한 점을 두고 후일 마키아벨리는 『군주론』 12장에서 샤를 8세가 이탈리아를 침공했을 때 사용한 무기는 칼이나 창이 아니라 병사들의 숙소로 사용할 집을 표시하기 위한 백묵뿐이었다고 냉소적으로 기술한 바 있다. 여하튼 프랑스의 이탈리아 침공의 가능성을 믿지 않았던 피에로 데 메디치는 프랑스의 군사행동에 놀라 진격중이던 샤를 8세를 자진하여 찾아가 피렌체 내의 다른 정치인들과 아무런 상의도 없이 피사와 해안지역의 다른 요새들을 포기하는 조건으로 화평을 청했다. 피사의 양도에 격분한 피렌체 시민들은 메디치 가문에 반기를 들고 정변을 일으켜 새로운 공화정을 수립하였다.

11월 17일 피렌체에 무혈입성한 샤를 8세를 상대로 벌인 교섭을 통해 피렌체 시는 프랑스 군의 약탈을 면할 수 있었고, 프랑스 군은 28일 나폴리를 향하여 피렌체를 떠났다. 이 때의 교섭에서 사보나롤라의 역할은 지대하였다. 따라서 이 이후 피렌체 국내 정치과정에서 그의 영향은 압도적으로 커지게 되었다. 사보나롤라의 영향력 증대는 피렌체 내 계층간 갈등을 바탕으로 했고, 동시에 그러한 갈등을 더욱 증폭시키는 결과를 낳았다.[29] 사보나롤라의 행적의 파장은 단순히 피렌체 안으로만

29) 이때 나타난 다양한 파벌들은 다음과 같이 불렸다. 사보나롤라의 추종파는 Piagnoni(슬퍼하는 사람들), 쫓겨난 메디치 추종파는 Bigi(회색당) 또는

국한된 것이 아니라 이탈리아 반도 전체에 미쳤는데, 특히 교황 알렉산더 6세와 정면으로 충돌하게 되었다.

사보나롤라에 대한 알렉산더 6세(로드리고 보르자)의 분노는 두 가지의 요인이 상호 중복되어 야기된 것이었다. 우선 사보나롤라의 교회개혁에 대한 요구는 로드리고 보르자를 직접 거명한 것은 아니었지만 사실상 그에 대한 공격이었다. 이러한 공격은 교회조직 내에서의 그의 권위에 대한 도전을 의미하는 것으로 용납될 수 없는 것이었다. 다른 한편 알렉산더 6세는 1495년 3월 프랑스에 맞서 자신과 독일 황제, 스페인, 베네치아 및 밀라노 사이의 신성동맹을 구축하였다. 이 방위동맹이 제대로 기능하기 위해서는 피렌체의 가맹이 필수적으로 생각되었으나 사보나롤라가 친프랑스 정책을 고집하는 한 피렌체의 가입은 불가능하게 여겨졌다.

이에 알렉산더 6세는 사보나롤라의 정치적 무력화 작업을 시작하였다. 처음에는 사보나롤라를 로마로 소환하고자 하였으나 사보나롤라는 응하지 않았다. 다음에는 설교를 금지시켰으나 그를 대신한 다른 수도사도 사보나롤라에 못지않게 교황청을 비판하였다. 다음으로는 토스카나 지역의 도메니코 교단을 롬바르디아의 교단과 통합하여 사보나롤라의 독립적 지위를 박탈하려고 했으나 이것도 효과를 거두지 못하자 1497년 여름 교황청은 드디어 사보나롤라에 대해 파문조치를 취하였다. 그러나 사보나롤라와 그의 지지자들은 그 파문령이 잘못된 근거로 내려

Palleschi(메디치가의 문장인 공 = palle의 도당이라는 의미)로 불렸다. 한편 메디치가와 사보나롤라 파 모두에 대해 격렬히 반대하면서 귀족중심의 공화정 질서를 옹호한 그룹은 Arrabiati(격분한 사람들)로 불렸다. 사보나롤라에 대해서는 특별한 호의를 갖지 않으면서 Arrabiati보다는 더 넓은 민중적 기반의 공화정을 옹호한 그룹으로 Bianchi(백색당)가 있었다. 한편 특정한 사회적 이슈가 아니라 개인생활에 대한 사보나롤라의 간섭을 반대하여 모인 집단도 있었는데, 주로 귀족 출신의 청년들로 구성되었던 이들은 Compagnacci(못된 친구들)라고 불렸다.

진 것이므로 무효임을 선언하여 파문령은 실효를 거두지 못하였다. 이에 교황청은 1498년 3월 파문을 사보나롤라 개인에서 피렌체 시 전체에 확대하여 피렌체가 사보나롤라를 로마 교황청에 인도하지 않을 경우 우선 로마 내의 피렌체인들의 재산을 몰수할 것을 발표하였다. 이와 함께 피렌체 내에서의 사보나롤라에 대한 지지는 격감하게 되었고 그의 반대파들은 그의 체포를 모의하기 시작하였다. 사보나롤라의 체포는 4월 8일 산 마르코 사원에 대한 폭도들의 난입을 통해 이루어졌다. 이 이후 여러 차례의 고문 끝에 사보나롤라는 그 동안 자신이 행한 예언이 모두 거짓이라는 강제 자백서에 서명한 뒤 5월 23일 행정부 건물로 사용된 팔라초 베키오 앞의 시뇨리아 광장에서 그의 추종자였던 도메니코 및 실베스트리 두 수도사와 함께 교수형에 처해지고 바로 화장되어 폭풍과 같이 격렬했지만 짧았던 일생을 마감하였다.

자신의 사회적 배경과 관련시켜 볼 때 자연스러운 일이지만, 마키아벨리는 귀족정에 반대하고 공화주의의 입장에 공감을 표시하였다. 이러한 점은 예컨대 『로마사논고』 1권 5장에서 잘 나타나고 있다. 그는 모든 국가에는 평민과 귀족이라는 2개의 상이한 세력이 반드시 나타나게 마련인데 자유의 수호를 위한 업무는 평민에게 맡겨야 된다고 보고 있다. 왜냐하면 기본적으로 귀족은 지배하려는 욕망을, 평민은 지배당하지 않으려는 욕망을 갖고 있는데, 따라서 자유스럽게 살고자 하는 욕망을 크게 갖는 평민에게 자유수호의 업무를 맡기는 것이 당연하다고 주장하였다.

특히 메디치의 금권정치와 그 결과로서의 부패에 대해 상당히 비판적 견해를 보였던 그의 입장은 사보나롤라의 정치적 입장과 공감되는 부분이 적지 않다. 비록 짧은 기간의 일이었지만 사보나롤라의 강력한 정치적 영향력은 메디치로 상징되는 독재체제와 그에 따른 부패에 대한 피렌체인들의 염증을 바탕으로 하는 일이었다. 바로 이러한 점은 부패의 문제와 그 해결책으로서의 정치개혁에 대한 마키아벨리의 압도적 관심에서도 잘 표현된다. 이러한 각도에서 볼 때 '정치학자'로서의 마키아벨리의 문제의식은 개혁운동가로서의 사보나롤라의 그것과 같은 선상에 놓여 있는 것으로 볼 수 있다.

그러나 사보나롤라에 대한 마키아벨리의 언급은 상당히 모호한 구석이 없지 않다. 데 그라치아의 표현을 빌리면 "마키아벨리의 저술 가운데에서 그 평가가 모호한 채로 남아 있는 사람이 있다면 그것은 바로 사보나롤라"인 것이다.[30)]

이 수도사에 대한 마키아벨리의 첫번째 언급은 이 수도사의 문제로 로마 교황청이 피렌체 정부에 대해 대단히 큰 압력을 행사하여 사보나롤라의 체포가 임박해 있던 시점인 1498년 3월 9일 마키아벨리가 로마 주재 피렌체 대사인 베키(Ricciardo Becchi)에게 당시 사보나롤라의 활동과 그에 대한 피렌체 시민들의 반응을 보고하는 편지에서 이루어졌다(Letter 3). 이 편지에서 마키아벨리는 "사보나롤라의 언동은 시류에 영합하는 것이고, 그에 따라 그의 거짓을 윤색하는 것"이라는 부정적 평가를 내리고 있는데, 마키아벨리와 사보나롤라 두 사람 모두의 전기를 대단히 호의적으로 쓴 리돌피는 그러한 마키아벨리의 평가를 "가치 없는" 것이라고 평가하면서, 다만 아직 29세밖에 안 된 젊은이의 절반은 익살에 가까운 평가에 대해 너무 심각하게 취급할 일은 아니라고 한다.[31)]

마키아벨리의 그러한 부정적 평가는 자신의 공직취임과 관련하여 이루어진 전술적 행동으로 이해되기도 한다. 즉 피렌체 민간 정치인들의 사보나롤라에 대한 반감이 정점에 도달했던 시기에 있어 자신이 사보나롤라에 대해 전혀 공감하는 바가 없음을 밝히는 일이 대단히 중요했던 것으로 보인다.[32)]

개인의 공직취업과 관련한 전술적 고려 때문에 그러한 애매한 평가

30) De Grazia, 1989, p. 55.

31) 리돌피, 2000, pp. 30-31.

32) De Grazia, 1989, pp. 55-56.

가 이루어졌는지는 확실하지 않다. 그러나 분명한 점이 있다면 뒤에 마키아벨리는 신과 직접 대화하였다는 사보나롤라의 주장에 대해서는 직접적 판단을 유보한다고 함으로써 간접적으로 회의적인 입장을 견지하면서도, 사보나롤라의 주장이 당시 피렌체인들과 같이 상당히 교육수준이 높고 세련된 사람들에 의해서 받아들여진 것은 사보나롤라의 인품, 교육, 설교주제 등을 고려할 때 그리 이상한 일이 아니라는 점을 강조함으로써 그의 의미를 완전히 부인하는 것도 아닌 약간 애매한 태도를 보이고 있다.

아마도 가장 마키아벨리다운 평가는 『군주론』 6장에서 사보나롤라의 실패가 결국은 (국가조직을 바탕으로) 무장하지 않은 탓에 연유한 것이라는 논지에서 찾을 수 있을 것이다. 여기에서 간접적으로 이해되는 바가 있다면 '정치학자'로서 마키아벨리가 사보나롤라의 에피소드에 관련하여 갖는 가장 큰 관심은 사보나롤라의 주장이 갖는 내적 진실성 여부가 아니라 그 주장을 현실에서 관철시킬 수 있는 정치적 수단의 존재 여부였던 것으로 여겨진다.

제 2 장

공직활동기간의 마키아벨리

대외교섭업무의 시작

1494년 11월 8일 피사와 몇 곳의 요새를 시민들과 아무런 협의 없이 프랑스에 넘긴 사실에 피렌체 시민들이 격분함에 따라 신변의 위협을 느끼게 된 피에로 데 메디치는 60년간 자신의 조상들이 지배해 온 도시를 버리고 황급히 망명길에 올랐다. 바로 이 날 피사 시는 샤를 8세의 묵시적 동의하에 피렌체 총독을 쫓아내고 1406년 이후 거의 1세기에 걸친 외지인의 지배에서 벗어나게 되었다. 새로 들어선 공화국 피렌체에게는 프랑스의 협조하에 피사를 원래 상태대로 돌리는 일이 급선무였으나 프랑스는 이에 적극적으로 협조하는 자세를 보이지 않았다. 마키아벨리가 공직생활을 시작한 1498년에도 이 문제는 미결의 상태로 놓여 있었을 뿐 아니라 피렌체 대외정책의 첫번째의 현안이었다.

마키아벨리의 주요 업무는 피사 사태와 관련된 훈령이나 정책결정자들을 위한 보고서의 작성이었다. 이때 작성된 보고서의 하나로 "Discorso sulla guerra di Pisa"(「피사 전쟁에 관한 논고」)가 남아 있다. 가장 권위 있는 마키아벨리의 전기를 남긴 리돌피는 이 짧은 글에서 마키아벨리가 장차 정치분석가로 대성할 수 있는 소질을 충분히 보이고 있고, 왜 시뇨리아에 대한 그의 영향력이 매일 커져 갔는가 하는 이유가

발견된다고 말하고 있다.[1]

한편 시뇨리아의 비서관은 비용, 업무의 내용 같은 이러저러한 사정 때문에 정식으로 대사(oratore)를 임명하여 파견하기 어려운 경우 그를 대신하는 사절로서 외국에 파견되기도 하였는데, 이때 이들에게는 외국과의 조약 또는 동맹을 협상하는 임무가 부여되지 않고 단지 현지사정에 대한 관찰·보고 또는 중요성은 떨어지지만 조속한 타결이 필요한 사안에 관련된 협의, 정식 대사의 작업을 위한 사전 정지작업 등의 임무가 부여되었다. 따라서 직책의 이름도 사절(使節, mandatario)로 불렸다.

마키아벨리는 그의 공직수행 중 이 사절의 임무를 여러 차례 수행하였는데, 첫번째의 중요한 업무로는 당시 이몰라(Imola) 및 포를리(Forli) 두 도시의 지배자로서 이탈리아 전역에 걸쳐 가장 유명한 여성 정치인이었던 카테리나 스포르차(Caterina Sforza)와의 용병협상이었다(1498. 7).[2] 피렌체로서는 군대도 필요하였지만 중요한 점은 피사를 도

---

1) 리돌피, 2000, p. 54(영역: 25).

2) 르네상스 이탈리아에서 가장 유명한 여성이었던 카테리나 스포르차(1463~1509)는 밀라노의 지배가문인 비스콘티의 용병대장으로 활동하다가 비스콘티 가문의 사위가 된 후 스스로 통치자가 된 프란체스코 스포르차(Francesco Sforza)의 손녀였다. 그녀는 메디치가와 적대적이었던 당시 교황 식스투스 4세의 조카 지롤라모 리아리오(Girolamo Riario)와 결혼하였는데, 이 리아리오는 1478년 메디치 가문을 제거하고자 한 파치 모반사건의 주역 중 한 사람이었다. 이 모반이 실패로 돌아가자 교황령이었던 이몰라와 포를리의 두 도시를 거점으로 하면서 피신하여 있었다. 그러나 교황 식스투스가 사망하자 1488년 로렌초 메디치는 리아리오를 암살하는 데 성공하였다. 이 이후 12년간 체자레 보르자에 의해 정복될 때까지 카테리나 스포르차는 아들인 오타비아노 리아리오의 섭정으로서 이 두 도시의 실질적 지배자로 활동하였다. 오타비아노는 자신의 병력을 갖고서 용병대장으로 활약하였는데 마키아벨리가 맡은 첫 외교업무는 바로 카테리나 스포르차와 용병계약을 연장하는 일이었다. 카테리나 스포르차는 이탈리아 전역에 걸쳐 미모로서도 꽤 잘 알려져 있었던 것으로 여겨진다. 예컨대 마키아벨리가 첫 임무로서 카테리나 스포르차와 교섭하려고 포를리

와 피렌체에 군사적 압력을 가하려 하던 베네치아를 견제하기 위해서는 카테리나 스포르차의 아들 오타비아노 리아리오(Ottaviano Riario)를 용병대장으로 고용함으로써 카테리나를 피렌체 편에 잡아 둘 필요가 있었던 것이다. 구체적인 협상내용은 고용병력의 규모와 고용비용이었는데, 지휘관이 딸린 500명의 보병을 1년간 고용하기로 하고 비용은 절충점인 1만 2천 피오리노로 결정되었다.

한편 피렌체는 용병대장 파올로 비텔리(Paolo Vitelli)에게 명하여 피사의 탈환을 위한 작전을 8월 초부터 시작하였다. 피렌체인들의 입장에서는 작전이 잘 진전되었음에도 불구하고 비텔리는 지연작전을 선호하여 공격을 늦추는 과정에서 병사들 사이에 말라리아가 번지는 바람에 공격은 아무런 성과 없이 무위로 그치고 말았다. 이에 격분한 피렌체는 비텔리를 소환하여 약식재판을 통해 참수형에 처하였다.[3)]

를 방문했을 때 같은 사무실에서 근무하던 친구 부오나코르지(Biagio Buonacorsi)는 마키아벨리에게 그녀의 초상화를 구해 접지 않고 둘둘 말아 보관하여 가져다줄 것을 부탁하기도 했었다(1499. 7. 19, Letter 8). 카테리나 스포르차는 그녀의 미모보다는 냉혹함, 잔인성 또는 남자들보다 한 수 위로 여겨지던 대담성 때문에 유명했었다. 그녀가 남편인 리아리오의 암살자들을 속이고 결국은 복수한 얘기는 당대에는 대단히 유명했고 마키아벨리도 『로마사논고』 3권 6장에서 이 때의 에피소드를 상세히 소개하고 있다. 또한 귀차르디니도 자신의 『이탈리아사』에서 체자레 보르자에 의한 포를리 함락에 대해 다음과 같이 언급한 바 있다: "수많은 아낙네 같은 방어군 가운데에서 그녀만이 유일하게 남성다운 용기를 보였기 때문에 보르자는 성채 내부의 군인들의 비겁함 덕분에 그 성채를 곧 함락시켰다." Francesco Guicciardini, *The History of Italy*, tr. Sidney Alexander (Princeton: Princeton University Press, 1984 [1969]), p.152.

3) 파올로 비텔리의 사건의 시말은 루이 12세의 정책, 메디치가의 개입 등 여러 가지 복잡한 일들이 얽혀 일어난 관계로 정확한 파악이 대단히 어렵다. 이 전후 사정에 대한 비교적 자세한 기술은 Bayley, 1960, pp. 242-244를 볼 것. 이때 마키아벨리는 10인 위원회의 비서로서 전투현장에 파견된 감독관들과 위원회 사이의 서신교환업무를 담당했기 때문에 비텔리 사건의 전말을 잘 파악할 수 있는 위치에 있었다.

1500년 초 프랑스는 피사의 탈환을 돕기 위해 가스코뉴인 용병부대와 스위스 군을 파견하였으나 이 두 부대가 모두 전선을 이탈하였기 때문에 공격작전은 실패로 돌아갔다. 이에 피렌체는 1500년 7월 프란체스코 델라 카사(Francesco della Casa)라는 인물을 프랑스에 특사로 파견, 1498년 새롭게 즉위한 루이 12세와 그의 재상인 루앙의 추기경 당보아즈(Georges d'Amboise, Cardinal of Rouen)를 만나 작전실패의 책임이 피렌체에 있는 것이 아님을 설명하고자 하였다. 이때 마키아벨리는 부관으로서 델라 카사를 수행하였다. 이것이 마키아벨리의 첫 대외사절임무였다. 이때 프랑스는 피렌체가 군대에게 비용을 적시에 지불하지 않았던 것이 패인이었다고 주장함으로써 피렌체를 강력히 비난했고, 피렌체는 자신이 아닌 용병부대에 책임이 있음을 강조하였다. 그리고 피렌체도 어려운 재정상태 때문에 프랑스가 자신의 군대로 먼저 작전을 개시하여 피사를 탈환해 주면 소요된 비용을 갚을 용의가 있다고 응답함으로써 프랑스와 피렌체 사이에는 타협점이 발견되지 못하였다. 아무런 해결이 이루어지지 않은 상태에서 마키아벨리는 자신의 임무를 맡을 새로운 사절과 임무를 교대하고 1501년 1월 귀향하였다.

6개월간 지속된 외국, 즉 프랑스로의 첫 파견을 통해 마키아벨리는 이탈리아 도시국가의 힘이 프랑스 같은 새로운 유형의 영토국가에 비해 너무나 취약하다는 점을 교훈으로 얻게 되었다. 특히 피렌체인들이 갖고 있던 자만심은 프랑스의 입장에서 볼 때 현실감을 벗어난 일이었음을 깨닫게 되었다. 그는 시뇨리아에 보낸 보고서에서 프랑스는 "훌륭히 무장되어 있거나 또는 군비를 지출할 용의가 있는 나라들만을 가치 있게 보는데" 피렌체의 경우는 "이 두 가지를 모두 결여하고 있는 것으로" 믿게 되었다고 말하고 있다.[4)] 특히 프랑스와의 교섭과정에서 마키아벨리는 시뇨리아에 대해 빠른 결정을 요구하였으나 쉽게 결정을 내리지 못한 까닭에 마키아벨리의 프랑스 체류가 6개월씩 걸렸는데, 프랑스는

4) Quentin Skinner, *Machiavelli*(Oxford: Oxford University Press, 1998), p. 7.

피렌체 정부의 우유부단한 태도를 비웃었고 마키아벨리는 그 수모를 그대로 당할 수밖에 없었다. 바로 이 때의 교훈은 후일 그의 저술 속에서 결정지연의 어리석음, 우유부단의 위험과 반대로 전쟁과 정치에서의 과감하고 신속한 행동의 필요성에 대한 강조로 나타난 것으로 여겨진다.

체자레 보르자

1501년 4월 당시 교황 알렉산더 6세가 자신의 아들 체자레 보르자를 앞세워 이탈리아 내 통일국가 건설의 야망을 실현시켜 나가기 시작하면서 피렌체는 전혀 새로운 대외정책상의 환경에 부딪히게 되었다. 특히 체자레 보르자는 피렌체에 대하여 동맹과 자금지원을 요청하였다. 따라서 피렌체는 체자레 보르자와 직접적인 교섭을 시작하였는데 이 외교업무의 수행은 마키아벨리에게 위촉되었다.

바로 이 외교업무를 수행하는 과정에서 마키아벨리는 당대의 국제정치가 실제 돌아가는 사정을 바로 현장에서 관찰할 수 있는 기회를 가지게 되었다. 이러한 것은 또한 그가 뒷날 경세지술(經世之術, arte dello stato)이라고 말하는(주 15 참조) 당대 일급 정치가들의 정치운영방식을 익히고 또한 평가할 수 있는 좋은 기회가 되기도 하였다. 이러한 그의 관찰은 그가 파견지에서 제출한 정세보고서에서 후일 세련된 형태로 나타난 정치이론의 원석(原石)의 형태로서 나타났다.[5] 특히 이때 이루어진 관찰의 중심을 이루는 인물은 체자레 보르자인바 그는 한때 『군주론』의 모델이었다고 얘기될 만큼 마키아벨리에게 강한 인상을 남겼다. 보르자가 과연 『군주론』의 유일한 모델이었는가에 대해서는 의문의 여지가 있지만, 여하튼 마키아벨리의 이해를 위한 전제로서 르네상스 이

5) 이 정세보고서는 Sergio Bertelli에 의해 *Legazioni e Commissarie*라는 제명으로 모두 3권으로 정리되어 1964년에 『전집』(*Opere*)의 일부로 출판되었다(Milano: Feltrinelli, 1964).

탈리아의 정치상황을 이해하기 위해서 체자레 보르자라는 인물에 대한 별도의 논의가 필요하다.

체자레 보르자(1475~1507)는 스페인 출신 교황 로드리고 보르자(Rodrigo Borgia = 알렉산더 6세, 1431~1503)의 둘째 아들로 태어나, 차남은 성직자의 길을 걷도록 되어 있었던 당시의 관습에 따라 알렉산더 6세가 교황에 취임한 이듬해 추기경에 서임되었다. 알렉산더 6세는 자신의 정치적 야심을 구체화시켜 줄 군사업무를 자신의 맏아들인 페드로 루이스(Pedro Luis)에게 맡기려 하였으나 일찍 사망하여 이 임무를 삼남인 후안(Juan)에게 넘기었다. 그러나 그도 1497년 암살당하게 되자 체자레는 성직을 포기하고 군인으로서의 길을 걷게 되었다.

알렉산더 6세는 이탈리아에 침공한 샤를 8세에 대항하는 이탈리아 동맹을 구축하였으나 그가 젊은 나이에 사망한 후 그의 뒤를 이은 사촌동생 루이 12세와는 친교정책을 추진하였다. 루이 12세도 마찬가지로 밀라노 공국과 나폴리 왕국에 대한 자신의 정치적 권리를 계속 주장하고 베네치아와의 동맹을 통해 그 주장을 실천에 옮기려 하였다.

루이 12세는 선왕의 왕비였던 안느(Anne of Britanny)의 소유 영지인 브리타뉴에 대한 지배권을 원했던 까닭에 그녀와의 결혼을 절실히 희망했다. 그러나 그 결혼이 성립되기 위해서는 먼저 본부인과의 이혼이 교황청으로부터 승인되어야 했다. 이 이혼에 대한 승인의 반대급부로 알렉산더 6세는 체자레에 대한 영지 및 작위의 수여, 그리고 이에 상응하는 군사적-외교적 지원을 얻어내었다. 이때 체자레는 남부 프랑스 지역의 발랑스(Valence) 지역을 영지로 부여받았는데, 이것을 계기로 그는 발렌티노 공(il Duca di Valentino)이라는 애칭을 얻게 되었다.

이때 체자레 보르자가 루이 12세로부터 얻은 군대는 1,800명의 프랑스 기마군과 4,000명이 넘는 스위스 및 가스코뉴 보병이었다. 그는 이 병력을 바탕으로 1499년 가을부터 로마 교황령(Romagna) 내에서 사실상의 정치적 독립을 누리던 지방 행정관들을 제거하고 이 지역을 명실상부한 교황직할지로 만드는 작업을 시작하였다. 이때 첫번째의 목표가

된 것은 로마냐 동북부지역의 이몰라(Imola)와 포를리(Forli)의 두 도시 국가로서 앞서 언급된 바 있는 카테리나 스포르차가 공식적인 지배자인 아들 오타비아노 리아리오를 대신하여 통치하던 곳이었다.

체자레 보르자는 계속 승승장구하여 1502년 5월에는 로마냐 내의 두 세 곳을 제외하고서는 전부 정복작업을 마치고 있었다. 6월 4일 피렌체 영지로 로마냐와의 접경지역인 발디키아나(Valdichiana)의 중심도시 아레초가 반란을 일으켰다. 이 사건에 대해 체자레 자신은 자신의 개입이나 묵인을 강력히 부인하고, 대신 그의 부장의 일인이었던 비텔로초 비텔리(Vitellozzo Vitelli)가 자신의 친형이었던 용병대장 파올로 비텔리가 3년 전 피렌체 정부에 의해 처형된 것에 대한 사원(私怨) 때문에 일으킨 것임을 강변하였다. 그러나 이 반란 때 사용된 병력은 당시 체자레가 카메리노(Camerino)라는 도시의 공략을 위해 지휘하던 부대의 일부였기 때문에 그가 직접 명령을 내리지는 않았다고 해도 최소한 묵인한 것임이 분명했다. 한편 6월 중순 이 카메리노로의 진격을 위한 통로를 제공하고 있던 우호국 우르비노(Urbino)를 전격 공격하여 역시 이 지역의 실질적 지배자였던 몬테펠트로(Montefeltro)를 축출하였다.

자국 영토 주변에서 체자레의 강력한 군사활동에 불안해 하고 있던 피렌체에 대해 체자레는 우르비노에서의 쿠데타 직전 피렌체에게 당시의 현안을 토의하기 위해 사절을 파견할 것을 요청하였다. 그렇지 않아도 체자레의 활동에 대해 대단히 궁금해 하던 피렌체 정부는 피렌체의 당시 국가수반 피에로 소데리니의 동생으로 볼테라의 주교였던 프란체스코를 우르비노에 파견하였다. 이때 마키아벨리는 그의 보좌관으로서 동행하였다. 그러나 체자레와의 실질적인 접촉은 마키아벨리가 직접 하였고, 관련된 일체의 보고서는 비록 프란체스코 소데리니가 서명하기는 했으나 전부 마키아벨리의 손에 의해 작성되었다.

6월 22일 급히 피렌체를 떠난 마키아벨리 일행은 여행 도중 체자레에 의한 우르비노 탈취사건을 전해 듣고 정부에 보고서를 보냈는데, 이 보고서에서 체자레 보르자의 전격적인 행동에 특히 유의할 것을 경고하였다.[6] 6월 24일 저녁 때 우르비노에 도착한 이 두 사절은 저녁 후에 바로 체자레 보르자를 접견하였다. 이 회동에서 체자레는 피렌체에 대한 자신의 입장을 다음과 같이 간단히 정리하여 전달하였다: "나는 지난해 메디치가를 권력에 복귀시키거나 다른 가혹한 체제를 피렌체에 수립시킴으로써 당신들 모두에게 모욕감을 줄 수 있었지만 그렇게 하지 않았다. 당신들의 공화정부는 믿을 수 없다. 이 체제는 바뀌거나 아니면 일년 전에 약속한 3만 6천 두카트를 지불해야 할 것이다. 당신들이 정말 우리 편에 있다는 점을 보여 주어야 한다. 안 그러면 이렇게 계속 언제 줄 것인가 추측만 하고 있을 수는 없다. 만일 당신들이 내가 친구가 되기를 원하지 않는다면 내가 적으로 되는 것이 과연 어떤 것인가를 곧 알게 될 것이다."[7]

이에 대해 소데리니와 마키아벨리는 나름대로의 변명과 항의를 번갈아 하였으나 두 시간에 걸친 회담은 아무런 구체적 성과 없이 끝났다. 이때 소데리니는 피렌체와 프랑스 사이의 동맹조약을 대항카드로 제시하였으나 체자레는 피렌체인들이 프랑스에 속은 것이라고 말하면서 자신도 프랑스의 내락을 받고 행동하는 것이라고 주장하였다. 피렌체 정부가 자신의 제안에 대답하기까지 나흘간의 말미를 주겠노라고 체자레가 협박조로 말하자 마키아벨리는 본국 정부와 협의를 하기 위해 홀로 급거 귀향하였다. 이 며칠 사이 프랑스 군이 피렌체를 도울 목적으로 피렌체에 도착하게 되자 체자레는 피렌체가 자신과 맺은 용병계약을 준수해 줄 것을 요청하면서 지금까지의 자신의 요구사항을 철회하였다.

피렌체 정부는 피렌체와의 동맹조약을 지키기 위해 진주한 프랑스 군에 의지할 수 있게 되자 체자레의 요구에 응하지 않고 바로 프란체스코 소데리니와 마키아벨리를 소환하였다. 프랑스 군이 진주하자 체자레

---

6) 리돌피, 2000, pp. 88-89(영역: 48-49).

7) *LC* II, pp. 261-263; Maurizio Viroli, *Niccolò's Smile: A Biography of Machiavelli*(New York: Farrar, Straus & Giroux, 2000), p. 54.

는 발디키아나 지역을 점령한 비텔로초 비텔리에게 철수할 것을 명령하였다. 단 아레초 시만은 프랑스 군과 비텔로초 사이의 추가협상을 통해 반환되었는데, 이 과정에서 마키아벨리는 8월과 9월에 아레초 시를 세 번에 걸쳐 방문하였다. 이 때의 경험을 바탕으로 그는 1년 뒤 「반란을 일으킨 발디키아나의 예속민을 다루는 방법」(Del modo di trattare i sudditi della Valdichiana ribellati)이라는 제목의 정치논문을 작성하였는데 장차 일급의 정치평론가로서 성장하게 될 그의 첫번째 솜씨를 보여 주는 작업으로 평가된다. 이 논문에서 제시한 핵심논점은 반란을 일으킨 도시의 주민들은 대단히 관대하게 다루든가 아니면 가혹하게 다루어야 하며 어떤 중간적인 애매한 자세는 절대로 피하라도 것인데, 이러한 주장은 뒷날 그의 정치 좌우명의 하나로 남게 된다.[8)]

한편 체자레는 프랑스 국왕 루이 12세의 환심을 다시 사게 되면서 이탈리아 내에서의 자유로운 활동을 보장받게 되었다. 이러한 체자레에 대해 공포심을 갖게 된 것은 피렌체뿐 아니라 체자레의 밑에서 콘도티에리로 활동하던 장수들도 마찬가지였다. 이들은 자신들의 지리적 기반이 우르비노처럼 체자레에 의해 합병될 것을 두려워하였다. 이들은 피렌체에 대해 반체자레 연합을 제의하였으나 사태의 추이가 불확실한 한에서는 아무런 행동도 취하지 않기로 결심한 피렌체 정부는 당분간 중립을 견지하였다. 이러한 상황에서 체자레는 지난 6월 말 이후로 중단되었던 동맹회담을 재개하기 위해 사절을 당시 체자레가 주둔하고 있던 이몰라(Imola) 시에 파견할 것을 피렌체 정부에 요청하였다. 피렌체 정부는 체자레의 의도와 능력에 관해 정확히 알아야 할 필요가 있었기 때문에 이에 응해 10월 6일 이미 체자레와 구면인 마키아벨리를 단독으로 파견하였다. 마키아벨리는 이후로(1503년 1월 20일까지) 약 3개월 반 동안을 체자레 보르자 진영에 머물면서 그를 자세히 관찰할 기회를 가

8) 이 글의 핵심부분은 *CW* I, pp. 161-162에 영역되어 있다. 마키아벨리는 뒤에 *D* II-23에서 이 교훈을 로마의 예를 들어 반복하고 있다.

졌다.[9)]

마키아벨리가 이몰라에 도착한 것은 출발 다음날인 10월 7일이었다. 바로 이날 우르비노에서는 반체자레 쿠데타가 발생하였다. 도착 즉시 마키아벨리는 체자레와 접견하였는데 이 자리에서 체자레는 그 쿠데타의 배후인물이 과거 자신의 (특히 피렌체에 대해 개인적 보복을 꾀하던) 장수들이었음을 말하고 이제 이들이 자신의 진영에서 이탈한 만큼 피렌체는 더 이상 영토문제를 둘러싸고 체자레 자신을 의심할 이유가 사라졌음을 강조하면서 자신과 피렌체 사이의 동맹관계의 필요성을 역설하였다.

실제 이 당시 체자레의 병력은 그를 배반한 그의 장수들이 도로 가져갔기 때문에 얼마 안 남은 상태였다. 이들 장수들은 10월 8일과 9일 페루자 부근의 마조네(Magione) 성에서 회합을 갖고 체자레의 타도를 결의함과 동시에 그 방안을 논의하고 이 사실을 바로 공표하였다. 장수와 병력을 상실함으로써 사실상 와해상태에 몰린 체자레는 그럼에도 시치미를 뗀 채 자신의 태연한 표정을 지으면서 교황과 프랑스의 루이 12세가 자신을 지원하기 때문에 승리가 결국은 자신에게로 돌아올 것이라고 공언하고, 이들 배신자들의 상기 회합을 '패배자들의 회의(dieta de falliti)'라고 조롱하였다. 따라서 피렌체 정부는 사태의 추이를 더 관망할 필요가 없이 자신과 동맹을 바로 체결하는 것이 가장 바람직한 일임을 역설하였다. 당시 피렌체 정부로서는 체자레의 병력이 실제 어떤 정

9) 마키아벨리는 이 때에도 물론 본국 정부에 자세한 정세보고서(legations)를 며칠 간격으로 보냈다. 체자레 보르자와 관련된 이 보고서들은 대부분 *CW* I, pp. 120–160에 영역되어 있다. 이 글의 중심주제와는 직접 관련되는 것은 아니나 이 당시 체자레의 진영에는 레오나르도 다빈치가 축성업무와 관련하여 체자레의 초빙을 받아 체류중이었다. 마키아벨리가 다빈치와 조우하였는지 또는 친교관계를 맺었는지에 대해서 많은 학자들은 아무런 언급도 않고 있으나 마스터스(Roger D. Masters) 교수만은 이 점을 크게 확대해서 보고 있다. Masters, *Fortune is a River*(New York: Free Press, 1998).

도였는지 그리고 피렌체와의 동맹을 통해 그가 얻고자 하는 것이 정확히 무엇인지에 관해 궁금하였기 때문에 마키아벨리에게 더 자세한 정보를 보낼 것을 요구하였다. 이에 마키아벨리는 여러 가지 방식으로 그 점을 알아내려 하였으나 체자레는 그의 추적을 여러 가지 방식으로 회피하였다.

피렌체 정부가 체자레와의 동맹조약 체결을 주저한 데 비해 마키아벨리는 체자레의 궁극적 승리를 믿고 동맹에 대해 보다 적극적인 태도를 취했었다.[10] 11월 20일 마키아벨리는 본국 정부에 보낸 보고서에서 그 전날 있었던 체자레와의 면담내용을 자세히 적어 보내고 있는데 (*CW*, p. 135) 이 면담에서 그는 체자레가 결국은 승리할 것을 10월 초부터 예견하였음을 체자레에게 말하였다고 전하고 있다. 그러한 예견의 근거로 체자레는 혼자서 행동한 데 비해 그의 적들은 서로 동맹관계에 놓여 있었음을 마키아벨리는 제시하였다. 이 점은 체자레에게는 오히려 약점으로 작용할 수 있을 수도 있었는데, 마키아벨리는 역으로 바로 그러한 까닭에 체자레는 신속히 행동할 수 있었던 반면 그의 적들은 상호 질시하고 불신하였기 때문에 결코 효과적인 단일행동노선을 끌어 낼 수 없었다는 점을 들었다. 이 보고서에서 마키아벨리가 실제로 하고 싶었던 주장은 중립의 해악론이었다. 즉 중립을 지킬 경우 승자는 뒤에 중립국을 적국으로 간주할 가능성이 있다는 것이 그의 논지였고, 이 점은 뒤에 『로마사논고』에서 보다 일반적인 수준에서 반복되었다.[11]

---

10) 피렌체 정부가 체자레와의 동맹조약에 별로 적극적이지 않았음은 마키아벨리의 보좌역을 맡고 있던 부오나코르지가 11월 15일자로 마키아벨리에게 보낸 사신(私信)의 한 구절에서 엿보인다. 이 편지에서 그는 "니콜로, 보르자 공을 기쁘게 하기 위해 그 곳에서 무엇인가를 결말지으려고 할 모양인데 그렇다면 아마도 실망할 것일세. 만약 우리 정부가 발렌티노 공과 거래하리라고 자네가 믿는다면 자네는 멍청이야"라고 적어 보내고 있다. Letter 55.

11) 마키아벨리의 입장에서 볼 때 중립적 태도의 견지는 우유부단 또는 결정의 지연과 같은 맥락에서 다루어질 문제이다. 즉 확실한 결정이 내려지지 않은 결과

11월 하순부터 체자레에게 반란을 일으킨 장수들의 태도가 변화하기 시작하였다. 체자레를 지원하고 있던 프랑스 국왕과 교황에 대한 두려움이 큰 역할을 하였지만 사실상의 와해에도 전혀 아무런 불안의 기색을 보이지 않던 체자레의 가장(假裝)도 적지 않은 역할을 하였다. 이러한 표면적인 화해 분위기에도 불구하고 마키아벨리는 11월 20일의 보고서에서 당시의 일반적인 불신풍조를 고려할 때 체자레는 평화 분위기가 상당히 성숙해 가던 때에도 상당한 전쟁준비를 진행시키고 있을 것이라는 점을 본국 정부에 보고하였다. 또한 이들 장수들의 일부가 체자레에게 상당히 유화적인 편지를 쓴 것에 관해 말하면서 체자레는 무엇이든지 수용할 것이지만 그가 과연 어떤 길을 걸을 것인가에 대해서는 아무도 모르는 일이라고 경고하면서 "이러한 사태에 대해 어떤 의견을 말해야 한다면 최악의 사태에 대비해야 한다는 것일 뿐"이라고 적고 있다.[12)]

마키아벨리는 12월 9일 자신의 본부를 이몰라 시의 동남부에 있는 체세나(Cesena)로 옮긴 체자레를 뒤쫓아갔다. 당시 많은 사람들은 체자레의 다음 행동에 대해 궁금해 하였지만 마키아벨리는 체자레가 자신에게 해를 입힌 사람들에 대한 복수부터 시작할 것을 예측하였다. 우선 체자

가 중립인 것이다. 이 점은 『로마사논고』(II-15)에서 잘 다루어진다. "특히 걸려 있는 문제가 자신의 동맹국을 지원할 것인가의 여부에 관한 것일 경우, 느리고 마지못한 결정은 애매한 결정에 못지않게 해로운 것이다. 왜냐하면 그러한 느린 행동으로 아무도 덕을 보지 못하고 자신은 해를 입기 때문이다. 결정의 지연은 용기와 힘의 결여 또는 그 결정을 내리는 사람의 악의에서 연유한다. 이 후자의 경우 결정자는 정부의 멸망 또는 자신의 또 다른 목적을 달성하고자 하는 이기적 의도 때문에 토론이 자연스럽게 진행되는 것을 방해한다. 이에 비해 훌륭한 시민들은 여론이 해로운 쪽으로 흘러가는 한이 있더라도, 특히 위급한 사태의 경우에는 결코 결정이 이루어지는 것을 막지 않는다." 중립에 대한 마키아벨리의 비판은 중도에 대한 그의 비판과 연결된다. 이 점에 대해서는 『로마사논고』 I-38, II-22(1), II-23 등을 참조할 것.

12) 리돌피, 2000, p. 108(영역: 61)에서 인용.

레는 그가 정복한 로마냐 지역 주민들이 새 정부의 엄한 정책에 대해 갖는 여러 가지 불평을 가라앉힐 목적으로 자신을 대신하여 행정을 맡아 오던 라미로 데 로르카(Ramiro de Lorqua)를 희생양으로 삼아 12월 26일 아침 체세나의 시내 광장에 두 토막이 난 시체로 전시하였다. 이러한 조치는 기본적으로 두 가지를 노리고 이루어진 행동이었다. 하나는 가혹한 통치의 책임자로서 이 지역의 행정장관으로 체자레를 보좌하던 라미로를 지목하여 백성들의 원한을 풀어 주는 것이었다. 다른 하나는 아무리 충실한 신하라고 하여도 체자레는 자신의 뜻대로 과격한 방식을 채택하여 처형할 수 있다는 점을 보여 줌으로써 사람들에게 공포심을 들게 하여 감히 불만을 제기하지 못하도록 하는 효과를 낳는 것이었다.

더 극적인 사건은 같은 해 마지막 날인 세니갈리아(Senigallia)에서 벌어졌다. 체세나의 남동부에 위치한 이 도시는 체자레의 명령에 따라 한때 그를 배신했다가 화해한 오르시니와 비텔리에 의해 함락되었다. 그러나 체자레 본인이 아니면 성을 인계할 수 없다고 주장하는 세니갈리아 영주의 고집에 따라 비텔리와 오르시니의 초대를 받은 체자레는 자신이 직접 지휘하는 부대를 이끌고 세니갈리아에 입성하였다. 체자레는 입성한 후 자신의 용병장수들과 환담을 나누는 도중에 이들 장수들을 전부 전격적으로 체포 · 구금토록 한 후 다음날 새벽에 비텔리와 올리베로토는 교살하고, 오르시니는 뒤에 로마에서 그의 친척들을 전부 체포한 뒤에 처형하였다. 이러한 행위는 물론 범죄행위였지만 그 전격적인 결행에 당대인들은 모두 경악을 금치 못하였다. 물론 여기에는 마키아벨리도 당연히 포함된다.

사실 마키아벨리는 이 사건에 대단히 흥분하지 않을 수 없었다. 그 까닭은 당연한 얘기이지만 당시 이탈리아 정치사의 중심축을 이루고 있던 체자레 보르자와 동행하면서 당대 이탈리아 정치사의 현장에서 사건의 진행과 또한 그가 보기에 일급의 경세지술(arte dello stato; statecraft)을 관찰할 수 있었기 때문이다.[13] 마키아벨리는 체자레의 장수들이 체포된 직후 작성하여 본국 정부에 보낸 보고서에서 그들 장수들이 아마도 다음날에는 살아 있지 못할 것이라 예측하고 있는데, 이러한 일은 체자레의 행적을 잘 알고 있었기 때문에 가능한 것이었다. 다음날 마키아벨리를 부른 체자레는 자신의 성공을 스스로 축하한 후 피렌체의 오랜 적들이 사라진 만큼 피렌체는 자신에 대한 지원약속을 이행할 것을 촉구하였다. 피렌체 정부는 드디어 마키아벨리가 계속 권고해 왔던, 동맹조약의 협상을 위한 고위급 사절의 파견에 동의하여 1월 20일 야코포 살비아티(Iacopo Salviati)라는 인물을 보르자 진영에 파견하여 마키아벨리와 임무를 교대케 하였다.

르네상스 이탈리아의 정치사 가운데 가장 극적인 부분을 이루는 체자레 보르자의 행적을 현장에서 관찰할 기회를 가진 마키아벨리는 기존의 상식을 전부 깨는 듯한 체자레의 일거수 일투족에 때로는 상당히 경악해 하면서도 매료된 듯한 반응을 보였다. 그가 보르자에 대해 처음으로 작성한 인상기는 그가 1502년 6월 하순 체자레를 첫 대면한 직후인 26일 본국 보고용으로 작성한 다음 글에서 발견된다:

> 이 군주는 대단히 장려하고 당당합니다. 전쟁에 있어 그는 대단히 정력

13) 예컨대 학살사건이 있던 날 마키아벨리는 체자레와 자리를 같이하고 있었는데, 나중에 안 일이지만 체자레는 자신의 장수들의 살해계획에 관해 마키아벨리에게 미리 암시한 바 있다. 다음날인 1503년 1월 1일 저녁 때 체자레는 마키아벨리를 불러 환담하는 가운데 자신이 그 전날 결행할 바를 사건 직전에 마키아벨리에게 일부 미리 말한 바 있음을 상기시켰다고 마키아벨리는 동일자의 본국 정부에 대한 보고서에서 말하고 있다. 리돌피, 2000, p. 110(영역: 63)을 볼 것. 마키아벨리는 이 당시의 흥분감을 「비텔로초, 올리베로토 다 페르모 등을 살해할 때 발렌티노 공이 사용한 방법에 대한 기술」(Descrizione del modo tenuto dal Duca Valentino nell'ammazzare Vitellozzo Vitelli, Oliverotto da Fermo, etc.)이라는 제명의 짧은 글을 남긴 바 있다. 이 글은 원래는 그가 뒤에 저술한 『피렌체사』에 사용하기 위해 (1520년을 전후 하여) 스케치한 것으로 생각되는데, 『피렌체사』가 1492년 로렌초 데 메디치의 죽음으로 그치기 때문에 당연히 이용되지 못했다. 현재 이 글은 *CW* I, pp. 163-169에 실려 있다.

> 적이어서 그에게 작게 보이지 않는 어떤 큰 일도 없습니다. 명예와 영토를 추구함에 있어 그는 휴식도 취하지 않고 위험이나 피곤도 모릅니다. 그는 어떤 곳을 출발한 것이 알려지기 전에 이미 다른 어디엔가 도착해 있습니다. 그는 자신의 병사들 사이에서 인기가 높고 이탈리아 안에서 최선의 병사들을 모아 놓고 있습니다. 그는 특히 항구적인 행운을 덧붙임으로써 항상 승리를 하고 가공할 존재가 된 것입니다.[14]

체자레 보르자와 그에게 등을 돌린 그의 용병장수들 사이의 대립의 결과에 대해 아무런 확신도 갖지 못한 까닭에 피렌체 정부는 체자레와의 동맹에 대해 상당히 주저하였는데, 이러한 태도에 비해 마키아벨리는 처음부터 체자레의 승리를 점친 바 있음은 위에서 지적한 바 있다. 이러한 점은 바로 체자레 보르자의 뛰어난 결단력에 대한 평가에서 비롯하는 것이다. 바로 이러한 까닭에 1502년 12월 31일 그의 용병장수들이 체자레에 의해 체포되자 마키아벨리는 이들이 그 날을 넘기지 못할 것으로 보고서를 쓴 바 있는데, 이 점은 바로 체자레의 행적을 대단히 잘 알고 있었기 때문에 이루어진 정확한 예측이었다. 특히 전쟁과 외교문제에 관하여 체자레 보르자가 보여 준 지칠 줄 모르는 열정, 만용에 가까운 용감성과 사려 깊은 행동, 기밀유지, 위장술 등 마키아벨리가 이상형으로 잡고 있던 경세지술[15]의 전형을 체자레에게서 발견하였기

14) *LC* I, pp. 267-268(1502. 6. 26); 리돌피, 2000, p. 90.

15) 뒤에 다시 논의되겠지만 마키아벨리가 '경세지술(arte dello stato)'이라고 하는 말을 처음 사용한 것은 친구 베토리(Francesco Vettori)에게 보낸 1513년 12월 10일자의 서한문에서였다(Letter 224). 『군주론』 저술계획을 처음 밝히고 있고 또한 공직에서 물러난 이후의 곤궁한 생활 속에서도 고전저술의 독서를 계속 하고 있다는 점을 절실히 소개한 것으로, 아마도 제일 유명한 마키아벨리의 이 편지의 마지막 부분에서 그는 자신이 15년의 공직생활 중 '경세지술'의 공부를 게을리하지 않았고 그 결과로서 만들어진 그의 새로운 저술이 다른 사람에게도 유용할 수 있음을 자부하고 있다. 이 때의 'arte dello stato'라는 말은 마키아벨리에 의해 처음 사용된 말인데 이 말의 내용은 고전적 의미의 'politica'에 대비되는 의미로 사용되었고, 또한 당시 stato라는 말로 이해되던 바의 내용을 전제로

때문으로 보인다.

체자레 보르자에 대한 마키아벨리의 평가에 있어 특히 흥미로운 점은 체자레의 뛰어난 능력 외에 비상한 행운의 측면이 강조된다는 사실이다. 이러한 점은 위의 인용문에서 잘 드러나고 있는데 반드시 이 글 외에도 다른 곳에서도 여러 번 반복된다. 체자레를 두 번째로 방문한 10월, 2주일 정도를 그와 함께 지낸 후에 작성한 현지사정에 관한 23일의 보고서에서 "발렌티노 공의 정부는 오로지 그의 행운에만 기초하고 있다"라고 말하기도 했다.[16] 그럼에도 마키아벨리가 그를 높이 평가한 점은 그러한 행운이 자신과 같이할 것이라는 점에 대한 체자레의 신념이었다.[17] 마키아벨리에 있어서 행운에 대한 의존은 능력(virtù)의 발휘라는 적극적 자세에 대비되는 정치행위자의 수동적 자세를 의미하는 것인데 체자레 보르자의 평가에서는 행운, 즉 포르투나가 소극적 태도라는 단순한 의미를 넘는 또 다른 측면이 포함되어 있는 것으로 암시된다. 즉 자신의 행운에 대한 확실한 신념이 있었기 때문에 그가 처했던 여러 가지 시련의 상황에도 약해지지 않고 그 상황을 극복해 나갈 수 있었던 것으로 평가된다. 예컨대 1502년 10월 이후 자신의 용병장수들이 자신을 배반함으로써 정치적으로 또한 군사적으로 최악의 궁지에 몰린 상태에서도 여유 있는 태도를 보일 수 있었던 것은 바로 행운에 대한 신념으로 설명될 수 있을 것이다.

만들어진 용어이기 때문에 '경세지술'이라는 말로 번역하였다. 고전적 의미에서의 politica의 관념에서 마키아벨리적 arte dello stato의 개념으로의 변환과정에 관한 보다 자세한 논의는 제10장을 볼 것.

16) *LC* I, p. 386; *CW*, p. 128. 이 보고에서 마키아벨리는 체자레의 그러한 행운의 원인으로는 프랑스 국왕이 병사들로, 교황이 돈으로 그를 돕고 있다는 일반적인 믿음과 함께 그의 적들의 느린 행동을 들고 있다. 한편 10월 13일의 보고서에서는 다른 사람들이 믿고 있는 체자레의 행운이 중심주제의 하나로 언급되고 있다. *CW*, p. 125.

17) 이 점에 대해서는 리돌피, 2000, p. 102(영역: 57) 참조.

체자레에 대한 마키아벨리의 평가는 물론 긍정적으로 그치는 것만은 아니다. 즉 체자레의 군사적 용맹과 결단력이 대단히 탁월하다는 점을 인정하지만, 그럼에도 불구하고 그가 행운의 요소에 대해 의존하는 정도는 너무 커서 행운이 그를 배반했을 때 그의 탁월한 능력도 그것을 극복하기에 충분하지 않았기 때문에 그는 결국 정치적 멸망의 길을 걸을 수밖에 없었다는 것이 마키아벨리의 결론적인 평가였다.

1503년 8월 교황 알렉산더 6세가 말라리아로 인해 갑작스럽게 사망하였다. 그의 뒤를 이어 (체자레의 사전준비를 바탕으로) 선출된 새 교황 비오 3세가 다시 26일 만에 사망하자 알렉산더 6세의 적대자로서 그의 교황 재직시에 프랑스로 망명했던 줄리아노 델라 로베레(Giuliano della Rovere)가 새 교황에 선출되어 율리우스(Julius) 2세로 취임하였다. 취임 직후 그는 감언이설로써 여러 사람들을 안심시켰는데 여기에는 그의 으뜸가는 적인 체자레도 포함되었고 그는 이것을 그대로 믿고 미래의 대비책을 게을리하였다. 새 교황의 선출과 관련하여 10월부터 로마에 사절로 파견되어 있던 마키아벨리는 로마에서 본국으로 올린 첫 보고서에서(1503. 11. 4) 체자레는 "자신에 대한 엄청난 자신감에 빠져 있고 자신보다는 남의 말을 더 믿어 버리고 있다"고 지적함으로써[18] 그가 포르투나의 수혜자가 아닌 희생자로 되어 가는 과정의 첫 모습을 그려 내었다.

이 당시 체자레는 로마에 머물면서 교황청 직속 부대의 지휘관직의 임명을 둘러싸고 율리우스 2세와 교섭중이었다. 그러나 체자레가 로마에서 군사적 실권을 장악한다는 것이 정치적으로 대단히 위험한 일이었기 때문에 그는 배척당했고, 체자레가 정복했던 로마냐 지역의 주요 도시들에서는 그가 축출했던 과거의 지배자들이 권력지위에 복귀해 감으로써 그의 정치적 지반은 붕괴되어 가고 있었다. 이러한 몇 가지 사실을 바탕으로 새 교황은 체자레와의 교섭에 갈수록 소극적이 되어 갔다.

---

18) *CW*, p. 144(*LC* II, p. 600).

이때 체자레는 피렌체 지역의 안전통행문제를 두고 피렌체 정부와 교섭 중이었는데, 이 업무는 물론 당시 로마에 파견되어 있었던 마키아벨리가 맡고 있었다. 이때 마키아벨리는 본국 정부에 대한 보고에서 이제 체자레는 사실상 정치적으로 무력화되어 그의 태도가 큰 의미를 가질 수 없기 때문에 결과가 어떻게 나든 그를 무시하고 피렌체 정부가 가장 좋다고 생각되는 대로 결정할 것을 권고하였다(*CW*, p. 153, 154, 157). 12월 3일의 보고서에서 "이제 체자레는 조금씩 그의 무덤 속으로 미끄러져 들어가는 것처럼 보인다"고까지 말하고 있다(*CW*, p. 160).

체자레 보르자의 문제는 뒤에 『군주론』 7장에서보다 추상화된 이론적 수준에서 반복 논의된다. 이때 이 논의를 위해 사용되는 개념도구는 정치행위자 또는 정치공동체의 정치적 성공여부를 결정짓는 2개의 대립적 요소로서 하나의 축을 이루고 있는 것으로 설정되는 비르투와 포르투나의 두 개념이다. 이 곳에서 체자레는 최대의 비르투와 동시에 최대의 포르투나를 갖는 인물로서 묘사된다.

주지하듯이 체자레 보르자의 정치적 성공의 일차적 요인은 우선 그가 교황의 아들이라는 우연적 행운의 요소, 즉 귀속적 요소에서 발견된다. 마키아벨리에 따르면 국가를 창업하는 데 힘을 들이지 않은 사람은 그것을 유지하는 데 엄청난 어려움을 겪게 된다고 하는데 체자레가 그 전형적인 예로 제시된다. 그러나 그 창건자가 능력(virtù)만 갖추고 있다면 일단 국가를 창건한 후에 기초를 닦는 일이, 물론 그 창건자 자신과 그렇게 창건된 국가조직 자체에 여러 가지 난관과 불안을 가져올 것이지만, 불가능한 것도 아니라고 말하면서 앞에서 언급된 체자레 보르자의 행적을 바로 그러한 각도에서, 즉 행운에 의해 주어진 정치적 성공에 대한 현실적 기초를 마련하는 작업으로서 재조명한다.

체자레는 마키아벨리가 『군주론』의 뒤에서(15~19장) 유능한 정치가의 덕목으로 꼽고 있는 여러 가지 능력을 구현한 인물로 평가된다. 마키아벨리가 체자레를 높이 평가하는 것은 그가 자신의 행운에 의해 주어진 성공에 결코 만족하지 않고 자신의 권력지위의 한계를 극복하는 작업을 꾸준히 추진하여 왔다는 점에서이다. 마키아벨리는 이러한 체자레의 작업을 네 가지로 나누어 정리하였다. 첫째는 자신이 정복한 도시에서 쫓아낸 구지배자의 가문을 일소함으로써 이들이 권력지위로 복귀할 가능성을 원천적으로 없앴다. 둘째 로마 주변의 귀족들을 자기편으로 끌어들임으로써 새로이 등장할 교황에 대한 견제책을 마련하였다. 셋째, 추기경들을 가능한 한 자신에게 우호적이도록 만들었다. 넷째, 알렉산더 6세가 사망하기 이전에 외부의 도움 없이도 자신에 대한 공격을 막을 수 있는 힘을 준비하는 것이었다.

알렉산더 6세가 갑작스럽게 사망했을 때 체자레는 앞의 세 가지는 모두 달성하였고, 넷째의 사항도 사실상 거의 완성단계에 들어갔었다. 그럼에도 체자레가 궁극적으로 실패하게 된 것은 그의 아버지뿐 아니라 자신도 말라리아에 걸려 사실상 무력한 상태에 빠지게 되었다는 우연의 사실, 즉 나쁜 포르투나 때문이었다. 체자레가 굳이 비판받아야 할 대목이 있다면, 체자레가 알렉산더 6세와 철천지원수의 관계에 있던 줄리아노 델라 로베레가 교황이 되는 것을 막지 않고 그의 호의에 희망을 걸었던 점이라고 마키아벨리는 지적한다. 즉 이러한 그의 선택이 체자레로 하여금 그의 최후의 몰락을 가져온 원인이라는 지적으로써 그는 체자레 보르자의 장(章)을 마감한다.[19] 그러나 이러한 선택이 이루어지게 된 직접적 원인이 결국은 알렉산더 6세의 예기치 않은 죽음이었다는 점에서 결국 포르투나에 의해 성장한 체자레는 같은 포르투나의 힘에 의해 멸망한 것이라는 것이 마키아벨리의 최종적 판단이다. 이러한 점에서 체자레 보르자는 최대의 비르투를 갖추었으면서 동시에 포르투나

19) 줄리아노 델라 로베레가 교황으로 선출되던 당시의 정황을 볼 때 체자레도 어쩔 수 없었다고 지적된다. 즉 델라 로베레와 효과적으로 경쟁할 수 있는 후보로 거명된 사람은 아무도 없었다. 이런 사정 때문에 이 때의 교황선출이 역사상 가장 빠르게 이루어진 것이라고 얘기된다. 따라서 체자레가 새 교황과 협력을 모색한 것은 마키아벨리가 말한 것같이 선택의 결과는 아니었다고 보아야 할 것이다. Mallett, 1987(1969), p. 257 참조.

에 대한 의존도도 최대한이었던 인물로 평가될 수 있을 것이다.[20)]

---

20) 개혁자(innovator)는 기존의 사태를 전부 뒤집어 놓기 때문에 주위의 반감을 살 가능성이 커지고, 그러한 이유 때문에 포르투나의 영향을 최대한도로 받게 된다. 그러나 체자레 보르자의 경우 포르투나의 영향을 최대한으로 받게 된다는 것은 그러한 점 외에 그의 성장이 기본적으로는 알렉산더 6세를 아버지로 두었기 때문에 가능했다는 점인데, 이것으로부터 완전히 벗어나지 못한 상태에서 알렉산더 6세가 사망하였기 때문에 체자레의 성공의 기반이 근본적으로 뒤흔들렸다는 점에서 그는 포르투나의 영향을 최대한으로 받게 된 것이다. 이 차이에 대해 약간 신경을 쓸 필요가 있다. 개혁의 작업과 그것이 결과하는 포르투나의 활발한 작용의 문제에 대해서는 Pocock, 1975, pp. 160–167을 볼 것.

제 3 장

공직활동의 마감

시민군 조직의 창설

체자레 보르자가 야기한 위기를 겪으면서 피렌체인들은 자신들의 정치체제가 갖는 두 가지의 큰 약점을 충분히 인식할 수 있었다. 그 중 하나는 필요에 따라 언제라도 쉽게 사용할 수 있는 군대를 갖지 못했다는 점이고, 다른 하나는 대외정책 집행에 있어서의 불연속성이었다. 이 후자의 문제는 고위관직이 2~3개월이라는 짧은 임기에 따라 그 보직자가 자주 바뀌는 데에서 연유하는 것이었다. 이러한 문제의 해결을 위해 피렌체는 1502년 9월 종신 통령(gonfalonier di giustizia a vita)제를 도입하고, 그 자리에 피에로 소데리니(Piero Soderini)를 선출하였다. 이 소데리니는 이 해 6월 마키아벨리와 함께 체자레 보르자에게 파견되었던 프란체스코 소데리니의 형이었다. 피에로 소데리니는 마키아벨리의 업무수행 능력을 상당히 높이 평가한 것으로 알려져 있고 마키아벨리도 이러한 기대에 어긋나지 않게 상당히 열심히 업무를 수행하였는데, 이 점이 당시 소데리니의 반대파들에게 미움을 산 원인이 된 것으로 알려져 있다.[1)]

---

1) 마키아벨리가 1499년 7월 카테리나 스포르차를 방문하면서 본국 정부에 보낸

종신 통령으로 선출된 소데리니는 체자레 보르자와 관련된 외교위기를 겪으면서 외교정책의 기본수단인 군대를 갖지 못한 사실에 착안하여

보고서에서 시작하여 프랑스 방문, 그리고 특히 체자레 보르자의 진영에 파견되어 보낸 정세보고서들은 일관되게 높은 평가를 받은 것으로 알려지고 있다. 이러한 점은 피렌체 최고행정청에서 마키아벨리의 보좌역을 맡고 있던 비아조 부오나코르지가 마키아벨리에게 보낸 여러 서한에서 잘 기술되고 있다(Letter 8, 10). 한편 당시 피스토이아(Pistoia) 시의 책임행정관으로 파견되어 있던 니콜로 발로리(Niccolò Valori)는 체자레 보르자 진영에서 보낸 보고서에 관해 분명하고 정확하고 또한 솔직하다고 평하면서 다른 사람들도 자신과 같은 평가를 내리고 있다고 말하기도 하였다(Letter 32, 42, 45). 마키아벨리의 사태기술과 분석의 탁월성에도 불구하고, 아니면 바로 그 때문에 마키아벨리에 대해 적대감을 갖는 사람들도 적지 않았던 것으로 여겨진다. 1502년 가을부터 체자레의 진영에서 보낸 정세보고서가 상당히 높은 평가를 받은 것은 사실이지만 모두에게 동일한 평가를 받은 것은 아니었다. 특히 마키아벨리의 보고가 기대보다 덜 자주 이루어졌기 때문에 이에 대한 불만과 비난이 많았는데, 이러한 점은 부오나코르지도 사신을 통해 계속 알렸고 마키아벨리의 보고를 극찬했던 상기 발로리도 분명히 지적하였다(Letter 45). 그리고 피에로 소데리니 자신도 직접 편지를 써서 조심스럽게 이 점을 강조하였다(Letter 59, 60, 64). 이러한 점은 이미 공식 훈령을 통해서 대단히 강조되었던 것으로 여겨진다. 왜냐하면 11월 13일 이몰라 시에서 마키아벨리는 공식보고서에서 자신의 보고가 기대보다 뜸할 수밖에 없는 이유를 변호하고 있다. 즉 자신은 환상이나 꿈을 써서 보내는 것이 아니기 때문에 보고사항을 확인해야 하는데, 이 확인작업은 상당한 시간이 걸리는 관계로 기대에 걸맞게 자주 보고서를 보낼 수 없음을 말하고 있다(*CW*, p. 133). 이 당시의 마키아벨리의 보고서가 특히 흥미를 끄는 점이 있다면, 보고서는 그가 수집한 정보 그 자체에 그치지 않고 정치적 의미의 평가와 분석 그리고 정책대안까지를 포함하고 있다는 사실이다. 이러한 보고서를 환영한 사람도 있었지만 단순한 비서관의 역할을 넘어선 건방진 태도로 본 사람도 적지 않았다. 이러한 점에 대해서 부오나코르지는 10월 28일자의 편지(Letter 44)에서 마키아벨리에게 보고서를 보다 자주 보낼 것을 청하면서, 보고서에 포함된 마키아벨리의 결론과 권고안이 너무 분방하기 때문에 고위관직자들 사이에 비판이 거세다는 점을 알리고 있다. 특히 판단은 다른 사람들에게 맡기고 보고서에는 가능한 한 사실만을 담을 것을 주문하고 있다.

상비군 조직의 창설에 관심을 갖기 시작하였다. 그러나 이 문제는 기본적으로 새로운 재정부담을 의미하는 것이고 당연히 새로운 조세부과로 연결되는 일이었기 때문에 납세자들, 즉 부유층의 강력한 반발을 유발하였다. 이 조치는 새로운 법령의 통과를 필요로 하였고 이를 위해서는 의회에서 새로운 법령의 정당성이 설득되어야 하였다. 이와 관련하여 체자레 보르자의 진영에서 귀향한 지 얼마 안 된 1503년 3월 마키아벨리는 새로운 상비군의 필요성에 관련하여 의회를 설득하기 위한 논리를 제공할 목적으로 「예산확보에 관련하여 언급될 논지」라는 제명의 짧은 글을 작성하였다.[2] 마키아벨리가 국가 상비군의 필요성에 대해 평생 일관되게 역설했던 바는 이미 잘 알려진 사실이지만, 이 짧은 글이 관심을 끄는 것은 이 글이 이 문제에 관련하여 마키아벨리가 체계적으로 논의한 첫번째의 것이라는 점에서이다.

이러한 글을 쓸 수 있게 만든 직접적 경험은 무엇보다도 석 달이 넘게 체자레 보르자와 함께한 시간이었다. 특히 마키아벨리는 체자레가 사주한 것으로 여겨지는 아레초 반란사건 등을 예로 들면서 상비군의 필요성을 역설하였다. 이 글에서 제시되고 있는 그의 주장의 핵심을 요약하자면, 한 나라의 힘은 무력과 분별력(프루던스) 두 가지로 구성되는데 어느 하나도 없어서는 안 된다고 하는 점이다. 그에 의하면, 특히 피렌체는 위기시에 급한 불만 끄면 군대의 필요성에 대해 곧 잊어버리는 경향이 있는데 아직 적이 멀리 있을 때 대비해 두는 일이야말로 정말로 중요하다는 점이 강조되고 있다.

이 시기 이후에도 마키아벨리는 여전히 외교현안의 해결을 위해 외국 또는 이탈리아 내의 다른 도시로 파견되었는데, 이 가운데 1503년 가을의 로마 파견은 이미 언급된 바 있다. 한편 이 해 겨울에는 나폴리 왕국 내에서 프랑스와 스페인 사이에 전쟁이 발발하였는데 프랑스가 전

2) "Parole da dirle sopra la provvisione del denaio." 이 글은 *CW*, pp. 1439-1443에 영역되어 있다.

투에 패배하였다. 그러나 불순한 겨울날씨 때문에 전투는 소강상태에 접어들었다. 친프랑스 정책을 취하고 있던 피렌체는 불안을 느껴 자국의 안전을 위해 프랑스가 어떤 일을 할 수 있는가를 알고자 마키아벨리를 사절로 파견하였는데, 이 두 왕국이 곧 휴전하게 됨에 따라 마키아벨리도 곧 귀국하였다.

이 이후 당분간 마키아벨리는 시민군 창설문제에 전념하게 된다. 용병군의 한계와 문제점에 대한 마키아벨리의 인식은 1499년의 파올로 비텔리 사건과 그 다음해 가스코뉴 및 스위스 용병의 난 때에 이미 강력히 이루어졌었다. 용병군의 폐해와 시민군의 이점에 관해서는 피렌체에서 이미 상당히 오래 전부터 논의된 바 있었다. 예컨대 용병군의 대안으로서 제시된 시민군안의 대표격인 브루니(Leonardo Bruni, 1369~1444)의 『기사론(騎士論)』(*De Militia*)도 13세기 이래의 논쟁을 반영하고 있고, 16세기 전반까지 이어진 논쟁의 방향을 결정한 중요한 이정표의 역할을 하였다.[3)] 시민군의 효용에 관해 마키아벨리가 긍정적 생각을 갖게 만든 것은 비텔리 사건 때만은 아니었다. 1501년 5월 체자레 보르자의 군대가 토스카나 지역으로 밀려 들어왔을 때 피렌체의 10인 위원회는 급히 무젤로(Mugello)와 카센티노(Casentino)의 두 농촌지역에서 병력을 징집하여 피렌체 외곽에 배치한 경험이 있었다. 또한 마키아벨리가 1502년 가을 체자레 보르자의 진영에 머물러 있을 때 체자레로부터 징집군의 효용에 관해 배운 바가 있었던 것으로 지적된다. 10월 초 체자레의 용병대장들이 반란을 일으켜 체자레의 병력을 대부분 빼어 갔을 때 그 용병군의 병력은 비무장 주민들을 상대로 한 약탈에만 능하다

---

3) C.C. Bayley, *War and Society in Renaissance Florence: The* De Militia *of Leonardo Bruni*(Toronto: University of Toronto Press, 1961)는 부제에서 알 수 있듯이 브루니의 『기사론』의 출현배경(군사적, 국내정치적, 지성사)과 군사문제 논의의 계승(마키아벨리)에 대한 상세한 분석을 담고 있다. 또한 이 책은 『기사론』의 구성과 내용 자체에 대한 상세한 분석(6장), 브루니의 전체 저작 속에서의 위치를 담고 있을 뿐 아니라 『기사론』의 라틴어 텍스트를 수록하고(8장) 있다.

고 빈정대면서 자신이 자신의 지배지역에서 6천 병력을 동원할 수 있었다는 것을 자랑한 점에 대해 마키아벨리가 상당히 깊게 인상을 받았던 것으로 지적되기도 한다.[4)]

마키아벨리가 이 시민군의 문제를 처음 거론한 것은 아마도 1503년 가을 로마로 파견되어 있을 당시, 이때 교황선출 때문에 역시 로마로 와 있었던 프란체스코 소데리니 추기경에 대한 것으로 추측된다.[5)] 그러나 시민군 창설문제가 주변에서 호의적으로 받아들여지지 않으면서 마키아벨리는 상당한 좌절에 빠지게 되었는데, 이 점은 1504년 봄 프란체스코 소데리니와 주고받은 편지에서 잘 드러나고 있다.[6)]

이 당시에도 피사의 재정복을 위한 전쟁은 지속되고 있었는데, 피렌체의 전술은 피사와 외부와의 연락을 두절시켜 피사의 경제를 붕괴시키는 것이었다. 당시 피사의 경제는 아르노 강을 통한 해상교통에 전적으로 의존하였다. 이에 피렌체는 아르노 강 하구를 봉쇄하기 시작하였고, 궁극적으로는 아르노 강의 수로를 변경하여 피사를 외부 세계와 단절시키는 방안을 강구하였다. 또한 아르노 강의 수로변경은 피렌체의 대외무역을 피사가 방해하는 것을 막는 이점도 가져다주는 것이었다. 그러나 이 수로변경에 소요되는 막대한 예산 때문에 1504년 10월 이 계획은

4) Bayley, 1961, p. 246. 실제 마키아벨리는 『군주론』 7장의 마지막 부분에서 체자레의 공적을 나열하면서 불충실한 군대를 제거하고 새로운 군대를 창설한 점도 언급하고 있다.

5) 리돌피, 2000, p. 138(영역: 80).

6) 이 당시 편지에서 분명히 드러나고 있는 상비 시민군의 절실한 필요성에 대한 마키아벨리의 인식은 아마도 그가 이 해 가을에 완성한 「10년기」(Decennale)를 통해 달리 표현되고 있다. 전체 550행의 삼행련구(三行聯句) 형식으로 씌어진 이 서사시는 1494년 샤를 8세의 이탈리아 침공에서 1504년까지의 국제관계와 주요 국내정치적 사건을 담고 있다. 이 시에서 엿보이는 기본관심사는 독자적 무력의 확보인데, 다음과 같은 두 줄로 전체를 요약하고 있다: "군신(軍神)의 사원의 문을 다시 연다면/갈 길은 쉽고 짧아질 텐데(Ma sarebbe il cammin facil e corto/Se voi el tempio riaprissi a Marte)."

공식으로 포기되었다.[7)]

시민군안이 피렌체 안에서 별로 호응이 좋지 않았던 것은 무엇보다도 피에로 소데리니와 정치적으로 대립하고 있던 피렌체 내의 귀족계층이 이 상비군이 소데리니의 국내정치적 억압수단이 될 것을 두려워한 점 때문이었다. 이러한 점은 프란체스코 소데리니가 1504년 5월 29일 마키아벨리에게 보낸 편지에서 그러한 군대가 사적 목적을 위해 사용될 수 있다는 의심이 잘못된 것임을 강조하고 있는 구절을 바탕으로 짐작할 수 있다.[8)] 물론 이러한 정치적 이유와 전혀 별개인 것으로 여겨지는 것은 아니지만, 시민군이 당시의 복잡한 전쟁술을 고려할 때 별로 큰 전투효과를 얻을 수 없을 것이라는 기술적인 시각에서의 반대도 제기되었다.[9)]

새로 창설될 상비군은 종신 통령 소데리니와 귀족 사이의 정치적 대립이라는 맥락 외에 농촌지역의 계급갈등이라는 맥락 속에서도 상당한 위험성을 내포하는 작업이었다. 당시 상황으로 미루어 볼 때 대부분의

---

7) Masters, 1998, p. 131.

8) Letter 90. 이러한 우려에 대해 마키아벨리는 1506년의 「피렌체 군제론(軍制論)」에서 군대조직의 지휘와 관리는 통령이 아닌 새로운 조직에 의해 이루어지고, 이 조직도 전시에는 10인 위원회에 종속되게 함으로써 군대가 통령의 정치적 목적을 위해 사용되지 않는 것이 보장된다고 강조한다. H.C. Butters, *Governors and Government in Early Sixteenth-Century Florence, 1502~1519*(Oxford: Clarendon, 1985), p. 106. 실제 시민군을 관리할 새로운 조직인 9인 위원회에는 소데리니의 정적들이 임명됨으로써 위와 같은 우려는 더 이상 반복되지 않았다. Butters, 1985, p. 113.

9) Bayley, 1961, pp. 253-254. 마키아벨리는 이러한 시민군 창설작업을 로마 방식의 재현과 모방이라는 각도에서 정당화하였다. 이러한 점은 『로마사논고』 서문에서 예술분야에서는 고대를 따르면서 정치와 군사에서는 왜 따르지 않는가라는 그의 반문에서 잘 나타난다. 로마의 구제도에 대한 마키아벨리의 숭상에 대해서는 많은 비판이 따랐는데, 대표적 비판론의 하나로는 마키아벨리와 가까웠던 귀차르디니의 것을 들 수 있다. Bayley, 1961, p. 256을 볼 것.

병력의 원천은 농촌지역의 농민층이었다.[10] 당시 농민들은 대부분 소작농이었는데 지주층에 대한 이들의 반감이 작지 않았기 때문에 이들을 무장시키는 작업은 위험시되었다. 따라서 지주층은 이들을 감독할 군사경찰의 창설을 강력히 주장하였고 또한 수락되었는데, 이 경찰병력의 책임자는 한때 체자레 보르자의 오른팔로 세니갈리아 학살사건에서 그의 범죄적 행위를 대행한 것으로 악명을 떨친 바 있는 스페인 출신의 돈 미켈레(Don Michele Coreglia 또는 Don Miguel de Corella)였다.[11]

전쟁상황이 지속됨에 따라 결정적인 승리를 위해 피렌체는 주변 지역에서 용병군을 더 확보하기 위해 노력하였으나 큰 효과를 거두지 못하게 되었고, 이에 따라 시민군안에 대한 비판적 의견들이 줄어들게 되었다. 또한 피렌체가 고용한 용병군의 전투도 기대에 못 미치게 되면서 상비군안은 활기를 띠게 되었다. 1505년 말 상비군안은 80인 위원회에서 통과되어 정식으로 채택되기에 이르렀고, 이에 따라 마키아벨리는 1505/1506년 겨울 전체를 통해 농촌지역에서 병력충원작업에 전념하기에 이르렀다. 가장 어려운 문제는 새로이 동원된 농민들을 유용한 병사로 훈련시키는 일이었는데 이 작업은 상기 돈 미켈레에게 맡겨졌다. 체자레 보르자에 대한 나쁜 기억 때문에 돈 미켈레의 고용이 문제되기도 하였으나 상비군안 자체를 돌이킬 정도의 것은 아니었다. 우선 동원한

10) 마키아벨리의 주장에 따르면 피렌체 주민들은 보병으로의 복무를 피했고, 정복지역 도시의 주민들의 경우 정치적 충성심이 의심되었기 때문에 이 곳에서의 병력충원은 정책적으로 회피되었다. 따라서 자연히 가장 적합한 병력의 충원기반은 농촌, 가능하면 도시와의 연계가 적은 벽지지역이었다.

11) Bayley, 1961, p. 259. 뿐만 아니라 돈 미켈레는 마키아벨리에 의해 신병 훈련책임자로 임명되기도 하였다. 그는 체자레 보르자의 심복으로 1502년 12월 31일의 세니갈리아 학살사건 때 암살의 집행자로 악명을 떨쳤기 때문에 그의 임명은 대단히 부정적으로 받아들여졌다. 그러나 체자레를 위해 농촌에서 충원된 병사들을 고도의 훈련을 통해 유능한 병사로 만든 그의 경력이 높이 평가되었기 때문에 고용된 것이지 소데리니의 반대파의 주장처럼 어떤 불순한 정치적 의도가 있어서 고용된 것은 아니었다. 이 점에 대해서는 Black, 1990, p. 89 참조.

병력의 수는 400명이었는데, 이들은 단기 훈련을 거쳐 1506년 2월 15일 카니발 축제 때 시뇨리아 광장에서 열병식을 가졌다. 귀족들은 이에 대해 비판적이었지만 서민들의 반응은 대단히 좋았다.[12)]

주로 귀족층에서 연유하는 시민 상비군 창설에 대한 반대를 극복할 목적으로 마키아벨리는 1506년 「피렌체 군제론」(Discorso dell' ordinare lo stato di Firenze alle armi)이라는 제목의 짧은 글을 저술하여 회람하였는데, 이 글의 주요 목적은 새로 창설될 상비군이 결코 사적 목적으로 사용되지 않을 것임을 설득하는 것이었다. 이 점에 대한 가장 중요한 근거로 제시된 것은 종신 통령과 독자적으로 선출될 관련 위원회의 구성이었다. 이 글은 12월 마키아벨리에 의해 기초된 후 대의회에 제출되어 통과된 군사법령의 바탕이 되었다.

1506년 봄 이후로 시민군 창설에 대한 반대는 점차로 줄어들었으나 반대가 결정적으로 꺾인 것은 신성로마 황제 막시밀리안(Maximilian) 1세

---

12) 시민군 창설에 대한 귀족들의 비판은 소데리니 통령과 시민군 창설의 중심역할을 담당한 마키아벨리에 대한 미움으로 연결된 것으로 여겨진다. 예컨대 당시 소데리니의 대표적 정적의 일인이었던 알라만노 살비아티(Alamanno Salviati)는 공개석상에서 마키아벨리에 대해 악당(ribaldo)이라는 표현을 쓰기도 한 것으로 전해진다. 이 점은 마키아벨리의 보좌역 겸 친구였던 부오나코르지가 당시(1506년 10월 6일) 로마로 파견되어 있던 마키아벨리에게 보낸 서신에서 증언하고 있다. Letter 141. 이 살비아티는 1504년 마키아벨리가 『10년기』를 헌정한 인물이다. 마키아벨리가 자신을 부정적으로 보는 살비아티의 적대적 태도를 누그러뜨리기 위해 그 글을 헌정했는지는 분명하지 않지만, 만일 그랬다면 그 헌정목적은 달성하지 못한 셈이다. 이 『10년기』는 뒤에(1506년) 출간되었다. 이 출판은 마키아벨리의 보좌역으로 일하던 아고스티노 베스푸치(Agostino Vespucci)가 자비를 들여 1506년 2월에 이루어졌는데, 상당히 인기 있었던 것으로 전해진다. 가장 좋은 증거로는 공식으로 발간된 지 얼마 안 되어 곧 해적판이 출현했다는 사실을 들 수 있을 것이다. 베스푸치는 출판비용을 투자했기 때문에 이 해적판 발간에 대단히 민감히 반응하고 사건을 마무리지었는데, 이 사건의 전체 과정을 당시 병력의 충원을 위해 지방에 가 있던 마키아벨리에게 편지를 보내 상세히 보고하고 있다. Letter 110.

의 이탈리아로의 출병 움직임과 관련하여서이다. 1506년 12월 6일 새로운 군사법령이 대의회에서 통과되어 시민군 문제는 결국 제안자의 안대로 창설되기에 이르렀다. 이에 따라 시민군 문제를 중심으로 군사업무 전체를 관장할 새로운 행정기구로서 9인 위원회(i nove ufficiali dell' ordinanza e milizia fiorentina)가 설립되었다. 이 위원회는 8개월 임기의 선출직 9인으로 구성되는 조직으로 행정조직상에서의 서열은 10인 위원회 다음에 가는 것이었다. 상임행정직으로서 이 위원회의 비서에는 당연히 마키아벨리가 임명되었다(1507년 1월). 따라서 그는 시뇨리아 제2서기장, 10인 위원회 비서 그리고 9인 위원회의 비서직을 겸하게 되었다. 물론 이러한 겸직은 결코 적지 않았다고 평가되는 그의 명예욕을 충족시켜 주었으나 수입 면에서는 아무런 보탬이 되지는 않았다. 9인 위원회의 비서자격으로 그는 새 시민군의 병사충원, 훈련 및 지휘자 선발 등 실제 업무추진의 책임자가 되었다.

마키아벨리의 각고의 노력 끝에 만들어진 이 시민군 조직은 피사의 탈환을 위한 전쟁에서 결정적 기여를 하였다. 1494년 피렌체로부터 독립을 쟁취한 후 15년 계속된 전쟁에서 패배한 피사는 1509년 6월 4일 공식으로 항복조약에 서명하였다. 이 조약문에는 제1서기였던 마르첼로 비르질리오의 이름과 함께 제2서기 마키아벨리의 이름도 기록되어 지금까지 남아 있게 되었다.

외교업무의 지속과 베토리와의 우정

마키아벨리는 시민군 조직을 관장하는 9인 위원회 비서로서 병력의 충원과 훈련에 몰두하면서도 한편으로는 10인 위원회의 비서의 자격으로 여전히 외교문제의 중심 실무자로서 대외교섭업무를 수행하였다. 1506년 8월 교황 율리우스 2세는 교황령에 속했으면서도 교황에 대해 정치적 독립을 고집한 페루자와 볼로냐의 두 도시를 군사적으로 완전히 굴복시키기 위해 군사행동을 개시하였다. 그러나 자체의 군사력이 부족했기 때문에 우호적인 국가들에게 원조를 강청하였다. 피렌체에 대해서는 피사와의 전쟁을 위해 고용하고 있던 용병대장이 교황군의 일원으로 싸워 줄 것을 바랐으나 피사와의 전쟁노력을 중단할 수 없었던 피렌체로서는 쉽게 응락할 수 있는 일이 아니었다. 이 문제를 교황과 협의하고 가능하면 교황에 대한 지원을 늦출 수 있게끔 하는 협상을 위해 피렌체 정부는 8월 25일 마키아벨리를 교황에게 파견하였다. 당시 교황령 전체를 순행하던 교황의 일행을 따라 같이 움직이던 마키아벨리는 가능한 한 결정을 지연시키고자 하였다. 이러는 동안 페루자와 볼로냐는 결국 교황에 의해 재정복되었고, 이에 마키아벨리는 11월을 넘기지 않고 귀환하였다. 그의 귀환 직후인 12월 6일 시민군의 법제화가 이루어짐으로써 담당 정부기구인 9인 위원회 설치가 승인된 것은 위에서 말한 바와 같다.

이때 마키아벨리는 율리우스 2세와 함께 3개월 가까이 지내면서 그를 자세히 관찰할 수 있는 기회를 가졌었다. 이때 율리우스 2세는 교황으로서가 아니라 여느 세속 군주와 똑같이 군대를 이끌고 자신의 뜻에 거스르는 다른 군주들을 정복해 나가는 군주로서의 이미지가 마키아벨리에게 각인되었다. 바로 이 때의 인상이 『군주론』 11장, 즉 "종교적 군주"에 관한 논의의 경험적 기반을 이루게 된다.

1507년 봄이 되면서 합스부르크가의 황제 막시밀리안 1세는 자신을 신성로마 황제로 칭하기 시작하였다. 이와 함께 이탈리아 북부에서 프랑스 군을 축출하고 로마에 가서 제국황제 즉위식을 치르고자 한다는 소문이 퍼지기 시작하였다. 이렇게 독일 황제와 프랑스의 적대관계가 노골화되면서 피렌체의 국내정치도 복잡해지기 시작하였다. 소데리니는 전통적으로 친프랑스 정책을 견지해 왔다. 이에 비해 소데리니의 반대파들은 막시밀리안과의 공식 동맹과 대사의 파견을 주장하였다. 이러한 상황하에서 독일 황제가 과연 이탈리아로 침공해 올 것인가의 여부가 정책결정의 중요한 열쇠로 등장하게 되었다. 따라서 피렌체 정부는 사신을 파견하여 독일 궁정의 분위기를 파악할 것을 결정하였다.

소데리니는 이러한 역할에 이미 상당한 경력을 쌓은 마키아벨리를 그 사절로 지명하였으나(6월 19일), 어떠한 방법으로든지 소데리니에게 타격을 입히고자 했던 반대파 귀족들은 그와 같이 중요한 업무에는 평민이 아닌 귀족 출신을 파견해야 함을 고집하여 결정은 번복되어 그 임무는 프란체스코 베토리(Francesco Vettori)에게 주어졌다(6월 25일). 그동안 마키아벨리가 쌓아 온 경력이나 업적은 전혀 고려하지 않고 단지 그가 귀족 출신이 아니라는 점만을 문제시함으로써 마키아벨리에게는 대단히 모욕적인 처사가 행해진 것이었다. 이러한 결정에 마키아벨리가 어떠한 반응을 보였는지에 대한 직접적인 기록은 남아 있지 않으나 그에 대해 짐작케 해 주는 증거가 전혀 없는 것은 아니다. 예컨대 당시 그러한 결정에 대단히 상심해 한 마키아벨리를 위로하는 친구들의 편지를 통해 마키아벨리의 좌절감과 배신감을 읽을 수 있다.[13]

독일 황제의 이탈리아 침공의도와 능력에 대한 베토리로부터의 과장된[14] 보고가 상당한 위기감을 조성하였다. 이에 소데리니는 베토리에게 황제와의 교섭권을 새롭게 부여하면서 황제를 상대로 한 조공협상과 관련된 새로운 훈령을 보냈다. 이 새로운 훈령의 전달자로서 마키아벨리가 선택되었다. 이때 마키아벨리에게 내려진 훈령의 내용은 조공액을 3만 두카트에서 협상을 시작하여 최대 5만 두카트를 넘지 말라는 것이었다. 이에 그는 12월 17일 당시 황제가 머물고 있던 볼차노(Bolzano)를 향해 출발하여 1508년 1월 11일 베토리와 합류하였다.

마키아벨리보다 5년 아래인 베토리와 마키아벨리의 친교는 위에서 본 바와 같이 약간은 어색한 상태에서 시작될 수밖에 없었으나[15] 두 사

13) Filippo Casavecchia의 편지(1507. 7. 30, Letter 144) 및 같은 날짜의 Alessandro Nasi의 편지(Letter 145).

14) 베토리의 보고의 자세한 내용 그리고 정확한 정보수집이 지극히 어려웠던 당시의 상황에 관해서는 Rosemary Devonshire Jones, *Francesco Vettori: Florentine Citizen and Medici Servant*(London: Athlone Press, 1972), pp. 18-24를 볼 것.

15) 1507~1508년 사이 이 두 사람의 만남과 공동작업에 관해서는 Devonshire Jones,

람의 관계는 곧 상호 존경의 관계로 발전하였고, 이 관계는 사실상 마키아벨리 사망시까지 지속되었다. 특히 마키아벨리의 사상적 발전과 그의 사상의 경험적 배경을 이해함에 있어 필수적인 자료로 여겨지는 마키아벨리 자신의 중요한 진술들은 그가 관직을 물러난 1512년 이후 수년간 베토리와 교환했던 서신들 속에서 대단히 명료한 형태로 나타난다.[16] 따라서 비록 길게 지속된 것은 아니었지만 이 두 사람의 1508년의 조우는 대단히 중요한 의미를 지니는 사건으로 볼 수 있다.

독일로 파견된 두 사람의 사절과 독일 궁정관리들 사이의 조공협상은 피렌체가 지리적으로 멀리 떨어져 있어 보고서와 훈령의 교통에 소요되는 물리적 시간 때문에 상당히 지연되었다. 황제 쪽은 피렌체에 대해 6만 두카트의 조공액을 짧은 기간 내에 세 번에 나누어 지급할 것을 요청하여 사실상 거의 합의단계에 들어갔었다. 그러나 2월부터 벌어진 베네치아와의 전쟁에서 막시밀리안이 대패함으로써 신성로마 제국군의

1972, pp. 10–33에 자세히 논의되고 있다. 마키아벨리가 볼차노에 잔류하여 베토리와 같이 작업을 하게 된 것은 베토리가 본국 정부에 강력히 요청하였기 때문에 가능했다. 이때 마키아벨리는 베토리의 비서로서 본국 정부에 보낼 보고서를 같이 작성하였고, 동시에 정보수집의 작업도 겸하였다. 리돌피는 보고서 작성에서 마키아벨리가 사실상 거의 모든 일을 다 했고 베토리는 서명만 하였다고 말하고 있으나(리돌피, 2000, p. 172), 당시의 보고서의 필적에 대한 조사를 바탕으로 한 Devonshire Jones의 연구("Francesco Vettori and Niccolo Machiavelli," *Italian Studies* 23, 1968, pp. 93–113)에 의하면 베토리의 기여도 적지는 않았음을 알 수 있다.

16) 1513년에서 1515년 사이에 집중적으로 이루어진 마키아벨리와 베토리 사이의 서신교환은 단순한 문안의 수준을 훨씬 넘어 당시의 국제정치상황에 대한 대단히 높은 수준의 분석으로 구성되고 있다. 이들 가운데 상당한 부분은 『군주론』에 거의 그대로 전재되다시피 한다. 역사학자 John M. Najemy의 *Between Friends: Discourses of Power and Desire in the Machiavelli-Vettori Letters of 1513~1515*(Princeton, N.J.: Princeton University Press, 1993)은 이 서한들의 자세한 내용, 배경, 의미 등에 대한 대단히 상세한 분석으로 이루어지고 있다.

이탈리아 침공은 물거품으로 돌아갔고, 이와 함께 조공문제도 자동으로 사라지게 되었다. 앞에서 보았듯이 마키아벨리는 피렌체 정부의 대단히 느린 정치적 결정에 대해 상당히 비판적인 자세를 견지했지만, 막시밀리안과의 협상에서는 시간벌기작전이 상당한 효과를 거둔 셈이었다.

제국과 베네치아 사이의 전쟁은 6월 6일의 휴전조약으로 일단 중지되었다. 이렇게 상황이 종료됨에 따라 마키아벨리는 6월 16일 피렌체로 귀환하였다. 돌아온 직후 그는 10인 위원회에 제출할 「독일사정보고서」(Rapporto di cose dell'Alemagna)를 저술하였는데 그는 이 보고서를 바탕으로 1512년 "Ritratto delle cose della Magna"라는 제명의 글을 다시 썼다.[17)]이 글은 황제 막시밀리안 1세의 개인적 특성과 독일 주민들의 검약과 근면 및 자치공동체의 군사조직에 대한 긍정적 평가가 주된 내용을 이루는데, 특히 독일 주민에 대한 그의 좋은 인상은 당시 이탈리아, 특히 피렌체의 부패된 상황과 대조되어 뒤에 『로마사논고』에서 반복 논의되고 있다.[18)] 특히 독일문제는 공동체 주민의 착함과 공동체의 비르투가 대단히 밀접히 연결되어 있다는 점을 강조하기 위한 중심적 경험적 예로 사용되기 때문에 더욱 중요한 문제로 취급될 필요가 있을 것이다.

독일인들의 생활과 관련하여 마키아벨리에게 가장 인상적이었던 점은 이들의 가난함과 자유로운 삶이었다. 즉 이들은 개인적으로는 거지같이 가난하게 살고 빵과 고기 같은 기초적 생활필수품 외에는 어떤 낭비도 하지 않았기 때문에 대신 공동체는 대단히 부유하게 되었고, 이것을 바탕으로 훌륭한 무기와 병사를 유지할 수 있게 되었음을 강조한다. 또한 대내적인 검약은 사회가 부패할 가능성을 예방하기 때문에 모두가 습관적으로 준법하고, 바로 이러한 까닭에 국내외적으로 아무도 이들을

---

17) 마키아벨리는 이 두 개의 글 외에도 독일에 관련된 또 다른 글을 썼다. 즉 1509년 외국 사절로 파견될 사절들을 상대로 「독일사정 및 황제에 관한 논고」(Discorso sopra le cose della Magna e sopra imperatore)라는 짧은 글을 쓰기도 했다. 이 글들의 텍스트는 Martelli가 편찬한 『전집』, pp. 63-71에 수록되어 있다.

18) *D* I-55.

정복할 생각을 못한다고 그는 보고 있다. 바로 여기에서 자유로운 삶이 보장된다는 것이다. 이러한 논지는 『로마사논고』 1권 55장의 중심논의일 뿐 아니라 비르투에 관련된 그의 핵심적 논지 가운데 하나가 되는데, 이 논의를 가능케 한 경험적 기반이 바로 3개월 정도에 지나지 않았던 짧은 그의 독일 체류시의 관찰이었다는 점에서 그의 「독일사정보고서」는 대단히 중요한 의미를 지니는 문서로 취급될 수 있는 것이다.

마키아벨리의 마지막 공직활동

피사의 탈환을 기뻐할 사이도 없이 1509년의 국제정세는 피렌체에 좋지 않게 전개되어 가고 있었다. 즉 1508년 12월 막시밀리안과 루이 12세는 베네치아를 공격목표로 하는 캉브레(Cambrai) 동맹조약을 맺고 스페인과 로마 교황청을 가담시킨 후 1509년 봄 베네치아를 공격하기 시작하였다. 5월 14일의 전투에서 베네치아는 이들 동맹군에 대패하여 마키아벨리의 말을 빌면 "800년에 걸쳐 대단히 힘겹게 획득한 것을 하루의 전투를 통해"(『군주론』 12장) 잃게 되었다. 이에 따라 지난해 2월의 전투에서 막시밀리안이 패배함으로써 유야무야된 피렌체의 조공문제가 다시 제기되었고, 피사 문제에 대한 제국의 불간섭을 보장하는 대가로 피렌체는 4만 두카트를 네 번에 나누어 낼 것을 약속하였다. 이 가운데 두 번째 지불의 임무가 마키아벨리에게 주어져 그는 11월 중순 당시 만토바에 와 있던 제국 궁정을 방문하였다. 그리고 다시 전운이 감돌기 시작하던 당시의 사태를 정확히 파악하라는 지시에 따라 베로나를 방문하였다. 그러나 제국 황제와 프랑스 국왕 사이의 협조가 제대로 이루어지지 않아 베네치아와 캉브레 동맹 간의 전쟁은 소강상태에 머물러 있었다. 특별히 해야 될 뚜렷한 일이 없는 상태에서 마키아벨리는 그의 또 다른 재능으로 알려진 희극작가로서의 면모를 보이는 글쓰기 작업을 시도하기도 하였다. 이 작업은 자신이 실제 겪은 경험을 술회하는 편지의 형태로 씌어졌지만 분명히 픽션의 작업으로 인정되고 있는데, 이것은 다름 아닌 1509년 12월 8일자로 된 만토바에 머무르고 있던 루이지 귀차르디니(Luigi Guicciardini)를 수신인으로 하는 편지이다.

현재 남아 있는 역사상 저명인사들의 편지 가운데 아마도 가장 걸쭉하게 들리는, 야한 또는 상스러운 표현이 전혀 걸러지지 않은 채 그대로 기술된 이 편지는 루이지가 마키아벨리에게 보낸 자신의 애정행각에 대한 대구(對句)형식으로 작성된 것이다. 이 편지는 코미디 작가로서, 특히 만족스럽지 못한 현실에 대한 대단히 날카로운 풍자의 능력을 잘 보여 주고 있다. 동시에 보기에 따라서는 모처럼의 한가한 시간을 가져 빈둥거리면서도 자연스럽게 분출되던 각종 욕구를, 특히 성욕을 포함하여 물질적으로 별 여유를 갖지 못함으로써 해소하지 못하고 우왕좌왕하던 자신에 대한 조롱을 통해 그의 일상생활의 또 다른 모습을 잘 보여주고 있다. 어둠을 배경으로 하는 이 글의 그 내용은 피렌체 출신의 선배 문인인 보카치오(Giovanni Boccaccio)의 『데카메론』 8일째의 제4화를 분명히 연상케 하는 것이다. 글 자체는 워낙 유명하지만 점잖은 곳에서 바로 인용하기가 민망한 부분도 없지 않아 글 전체가 직접인용이 되는 경우가 비교적 드물기 때문에 이 곳에 일부를 잠시 옮긴다.

> 망할 것 같으니, 루이지, 행운의 여신이 똑같은 처지에 있는 사람들에게 이처럼 다른 결과를 낳을 수 있다는 점을 알고 있는지 모르겠네. 내가 왜 이런 말을 하는 것은, 자네라면 한 여인과의 x을 채 마치기도 전에 다른 여인과의 x을 원하면 또 할 수도 있겠지만 나는 이 곳에 온 지 사흘 되면서 혼인관계의 결핍으로 인해 그만 분별력을 상실한 결과 다음과 같은 일을 당했기 때문이야. 나의 셔츠를 세탁해 주는 늙은 여인이 있는데 그녀의 집은 반 이상이 지하이기 때문에 그 집에서 볼 수 있는 빛이라고는 출입문으로 들어오는 것밖에는 없지. 어느날 내가 그 집 앞을 지나다가 그녀를 만났는데 나를 알아보고는 대단히 반가워하더군. 그리고 자기한테 좋은 셔츠가 있는데 내가 살지도 모르니까 꼭 집으로 들어가서 보여주겠다더군. 사실은 어리숙한 겉똑똑이에 불과한 나는 그만 그 말을 곧이 믿고 따라 들어갔다네. 일단 방에 들어서면서 어둠 속에서 한 여인이

방 한구석에서 자신의 머리와 얼굴의 절반을 수건으로 가리고 애처러운 모습으로 웅크리고 있는 것을 보았네. 그 늙은 쌍년이 내 손을 잡고 그녀에게 끌고 가서 말하기를 "이것이 바로 내가 당신께 팔고자 했던 셔츠요. 우선은 맞는지 한번 입어 보고 돈은 뒤에 지불하세요"라고 하지 않는가. 알다시피 나는 워낙 수줍음이 많은지라 겁에 잔뜩 질려 버렸다네. 짧게 줄여 말한다면 그 늙은 년은 곧 나가고 방문을 닫아 버렸기 때문에 어둠 속에 그 여자와 단둘이 남게 되었는지라 우선 그녀와 한 번 x을 했지. 그녀의 허벅지는 축 늘어져 있고 xx는 축축하고 가슴에서는 약간 역겨운 냄새가 나기는 했지만 어쨌든 워낙 절망적으로 궁했던 터라 그녀와 그냥 일을 벌였다네. 일단 일을 마친 후 내가 산 물건이 어찌 생겼는지 보고 싶은 생각이 들어서 난로 속에서 타고 있던 불 붙은 장작을 꺼내 난로 위에 있던 등잔에 불을 붙였지. 불을 붙이기가 바쁘게 그만 나는 하마터면 그 장작을 떨어뜨릴 뻔했다네. 어휴. 그 여인은 너무나 추해서 나는 그만 그 자리에 머리를 박고 쓰러져 죽는 줄 알았다네. 내가 우선 본 것은 그녀의 머리 숱이었는데 일부는 희고 일부는 까매서 말하자면 희끄므레했는데 그나마도 정수리 부분은 머리털이 없어 이들이 행진하는 광경을 볼 수 있을 정도였지. 그리고 몇 가닥 안 되는 그녀의 머릿다발은 그녀의 눈썹으로 흘러내리고 있었지. 그녀의 작고 주름진 머리 한가운데에는 화상이 있어 마치 장터에서 낙인을 받은 것 같은 인상이었네. 그리고 양 눈썹의 눈 쪽 끝에는 서캐가 다발을 이루고 있었지. 그녀의 눈 한 쪽은 크고 위로 향했고 다른 하나는 작으면서 아래로 향했지. 그녀의 누관(淚管)은 눈물로 가득 차 있었고 속눈썹은 없었다네. 그녀의 코는 납작한 들창코였는데 한쪽 콧구멍은 코딱지가 가득한 채로 갈라져 있었지. 그녀의 입은 로렌초 데 메디치를 닮아 한 쪽은 뒤틀려 있었는데 이 쪽에는 치아들이 없어 나오는 침을 막을 수 없었기 때문에 계속 침을 질질 흘리고 있었지. 그녀의 윗입술 위에는 제법 길고 그러나 듬성듬성한 콧수염까지 나 있었다네. 그녀의 턱은 길고 뾰족하고 위쪽으로 약간 휘기까지 했지. 약간 털이 나기까지 한 그녀의 턱은 그녀의 목젖 부분까지 늘어져 있었지. 내가 이 괴물을 보면서 너무나 당황하고 망연자실해 하자 그녀는 이 점을 알아차리고 "어르신 무엇이 잘못되었나요"라고 말하려 했으나 말더듬이라 제대로 말도 못했다네. 그녀가 입을 열자마자 악취가 나와 나의 눈과 감각 중 가장 예민한 두 개의 문을 갖고 있는 코는 폭행을 당한 느낌이어서 나의 위장은 분기탱천하여 이 폭거를 용인할 수 없었지. 위장의 반란은 곧 시작되어 나는 뱃속의 모든 것을 그녀에게 토해 버렸지. 이렇게 현물로 값을 치른 후 나는 그 곳을 떠났다네….[19)]

만토바와 베로나에서의 일정을 마친 마키아벨리는 해를 넘긴 직후인 1510년 1월 2일에 피렌체로 귀환하여 병력충원과 피렌체 영내 지역간의 분쟁해결 등 원래 자신의 임무를 수행하였다. 그러나 이 해 중엽에 접어들게 되면서 피렌체의 정치적 운명에 결정적 영향을 끼칠 국제적 사건들이 터지기 시작하였다. 즉 교황 율리우스 2세는 이탈리아에서 프랑스를 위시한 모든 외국세력을 축출한다는 명분하에 우선 프랑스를 상대로 하는 전쟁을 준비하고 있었다. 교황이 승리할 경우 교황령으로 둘러싸여 있는 피렌체로서는 독립을 유지하기가 힘들게 되었다. 특히 이러한 교황의 움직임은 망명중인 메디치 가문과의 협조를 통해 이루어지고 있었는데, 따라서 교황의 승리는 피렌체에서의 메디치가의 복귀와 공화정의 종식을 의미하는 것이기도 하였다. 소데리니의 말처럼 교황은 "친구로서는 그렇게 유용하지는 않지만 적으로서는 상당한 해를 끼칠 수 있는" 그러한 인물이었다.

그렇다고 피렌체의 공화정부가 프랑스와의 우호관계를 희생하고 교

19) Letter 178. 이 편지가 품고 있는 의미에 대한 흥미로운 해석으로는 Wayne A. Rebhorn, *Foxes and Lions: Machiavelli's Confidence Men*(Ithaca: Cornell University Press, 1988), pp. 242-244를 볼 것. 루이지 귀차르디니의 편지는 여성의 아름다움에 대한 찬미를 싣고 있는데, 마키아벨리의 편지에 실려 있는 추한 여인의 모습에 대한 기술은 따라서 루이지의 편지에 대한 대구(對句)로서 이해되어야 할 것이다. 이러한 대구형식의 편지는 마키아벨리의 독특한 방식인바 아래에서 언급될 1512년 12월 10일의 친구 베토리에 대한 유명한 편지도 실은 그 얼마 전인 11월 23일의 베토리의 편지에(Letter 223) 대한 대구형식으로 작성되어 있음에 유념할 필요가 있을 것이다.

황을 적극적으로 지지할 수 있는 입장도 아니었다. 왜냐하면 피사의 재점령이 프랑스의 지원 없이는 불가능했고, 또한 교역 및 금융의 중심인 리용에 투자된 피렌체 상인들의 상업적 이해관계가 너무 컸기 때문이기도 하다.[20)]

교황과 프랑스의 전쟁이 발발할 경우 얻을 것은 하나도 없고 자칫하면 독립마저 상실할 위협에 처한 피렌체로서 할 수 있는 일은 프랑스와 교황청 사이에 타협을 유도해 내는 것이었다. 이 목적으로 프랑스와 교황청에 외교사절을 파견하였는데 마키아벨리는 8월 초 프랑스를 설득하기 위한 사절로 파견되었다. 그러나 로마로 파견된 피렌체의 사절을 상대로 교황은 프랑스로부터 이탈리아를 해방시키는 작업을 피렌체가 방해하고 있다고 비난함으로써 외교 중재의 노력은 수포로 돌아갔다. 그러나 마키아벨리는 프랑스가 교황을 상대로 적극적인 전투를 개시하는 것이 위험하다는 점, 그리고 피렌체의 군대가 프랑스를 돕기 위해 파견되는 것보다는 피렌체 영내에 머무는 것이 교황군을 자극하지 않는다는 점에서 오히려 프랑스에게 더 도움이 된다는 점을 설득하는 데 성공하고 10월 하순께 피렌체로 귀환하였다.

피렌체로 귀환한 뒤의 마키아벨리의 주요 임무는 새로운 병력의 충원과 훈련이었다. 그러나 실전의 경험은 물론이고 충분한 훈련을 받지 못한 이러한 군대가 전쟁에서 충분한 전투력을 발휘하지 못한 것은 어쩌면 자명한 일이었다. 이 점은 1512년의 전투에서 여실히 나타났다.

프랑스와 교황 사이의 갈등은 1511년 한 해 동안에는 주로 선전전의 양상을 띠었다. 즉 프랑스는 교황에 반대하는 프랑스 및 스페인 출신의 추기경들을 동원하여 피렌체 영내인 피사에서 반교황 공의회를 개최할 공작을 추진하기도 하였다. 그러나 자신의 영내 도시가 반교황운동의 기지로 사용될 경우에 닥칠 보복을 무서워한 피렌체는 이 회의개최를 막기에 총력을 기울였는데 이러한 작업의 실무를 맡은 것도 마키아벨리

20) Butters, 1985, pp. 28-29.

였다. 결국 이 선전전에서의 승자는 교황이었다.

교황은 이러한 승리의 여세를 몰아 1511년 10월 초 베네치아, 스페인과 함께 반프랑스 신성동맹을 결성하였고, 11월에는 영국의 헨리 8세 및 신성로마 제국을 추가로 가담시켰다. 1512년 봄부터 시작된 프랑스와의 전투에서 스페인 군과 스위스 용병군을 주축으로 하는 신성동맹군은 한때 패배하기도 하였으나 결국 프랑스 군은 패퇴하여 본국으로 철수하였다. 이러한 상황에서 피렌체의 진로는 6월 만토바에서 개최된 신성동맹 지도자들의 비밀회의에서 대충 결정되었다. 즉 소데리니를 통령직에서 사퇴시키고 공화정부는 해체시키며 대신 메디치가를 복귀시킬 것이 결정되었다.

이러한 결정과 함께 스페인 군은 아페닌 산맥을 넘어 남하하여 피렌체를 군사적으로 압박하기 시작하였다. 이 이후의 사정은 마키아벨리가 피렌체 함락 직후 피렌체가 함락되던 당시의 상황을 물어 온 이사벨라 데스테(Isabella d'Este) 부인의 질문에 대한 장문의 편지[21)]에서 자세히 설명하고 있어 잘 알려져 있다. 이 여인은 페라라의 에스테 가문 출신으로 만토바 공국의 지배자였던 프란체스코 곤자가의 부인었다. 프란체스코 곤자가는 당시 베네치아에 구금당하고 있었기 때문에 그 부인이 남편을 대신하여 만토바를 실질적으로 다스리고 있었다.

스페인 군은 피렌체에 대해 소데리니의 사임과 사인(私人)으로서의 메디치의 피렌체 귀환을 조건으로 걸면서 협상할 것을 제의하였다. 그러나 메디치의 복귀가 결국은 공화정의 종식으로 결과할 것이라는 점에 합의한 다수파는 장기간의 이동에 지친 스페인 군의 전력이 약화되었을 것이라 믿고 더 좋은 조건이 제시될 때까지 군사적으로 저항할 것을 합

---

21) 이 서한의 수신인은 공식적으로는 "어떤 귀부인"이라고만 되어 있지만 마키아벨리 서한문의 이탈리아인 편집자들은 이 귀부인이 이사벨라 데스테임을 확신하고 있다 이 점에 대해서는 *Letters*, p. 495, 편지 203의 편자 주(1)을 볼 것. 마키아벨리는 1509년 11월 18일 만토바에 파견되었을 때 이사벨라 데스테 부인을 한 번 면담한 적이 있었다. Viroli, 2000, pp. 110–111.

의하였다. 따라서 피렌체로 이르는 관문역할을 하는 병영도시 프라토(Prato: 피렌체로부터 직선거리 15km 북쪽에 위치)에 보병 3천과 중기마병 100을 주둔시켜 일단 진격을 억제케 하고 피렌체에 대부분의 병력을 집중시켰다. 이에 8월 29일 일단 진격을 중지당한 스페인 군은 식량의 보급을 조건으로 소데리니의 사임조건을 철회하고 메디치의 복귀만을 요구하였다. 소데리니는 스페인 군이 기아로 인해 자멸할 수 있을 것을 기대하고 이러한 협상에 불응하였다. 이에 기아상태로 절망상태에 빠진 스페인 군은 전력을 다해 공격한 끝에 프라토 요새를 점령하고 이곳에 주둔하던 4천 이상의 인명의 대부분을 살육하였다.

이러한 상황의 보고에도 소데리니는 여전히 금전을 매개로 한 협상을 통해 메디치의 복귀를 막을 수 있을 것으로 보고 협상을 시도하였으나 스페인 군은 응하지 않았다. 하는 수 없이 8월 30일 저녁 피렌체 정부는 스페인 군이 내건 조건하에서 협상을 시작할 것을 결정하였다. 다음날 아침 메디치가의 지지자들은 행정청 건물인 팔라초 베키오(Palazzo Vecchio)를 점령하고 신변의 안전을 보장하는 대가로 소데리니의 망명을 요구하였다. 소데리니는 마키아벨리에게 연락하였는데, 이에 그는 프란체스코 베토리를 대동하고 나타나 베토리로 하여금 소데리니를 시에나로 피신하게 하였다. 이것으로 마키아벨리가 15년 가까이 봉사하던 피렌체 공화정은 드디어 종막을 고하게 되었다.

소데리니가 망명한 후 메디치가와는 혼인을 통해 친교를 맺고 있던 조밤바티스타 리돌피(Giovambattista Ridolfi)라는 귀족 출신의 인물이 임기 14개월의 통령에 선출되고 표면상으로는 공화정이 유지되었으나, 9월 16일 메디치가는 쿠데타를 통해 친메디치 인물들을 요직에 선출한 후 군사담당의 9인 위원회를 폐지하고 공화정의 상징이었던 대의회도 철폐하였다. 이로써 피렌체는 공식적으로 메디치 가문의 지배체제로 복귀하게 되었다. 이러한 전면적인 수술의 과정에서도 행정실무자들은 대부분 그대로 현직을 유지했는데, 예컨대 정치적으로 중립적이던 제1서기장인 마르첼로 비르질리오가 그 대표적 인물로 얘기될 수 있을 것이다. 그러나 소데리니를 둘러싼 정쟁에서 항상 말썽의 대상이 되던 제2서기장 니콜로 마키아벨리는 그의 보좌관이던 부오나코르지와 함께 11월 7일자로 면직되기에 이르렀다. 10일에는 그의 신상에 관한 새로운 결정이 내려졌다. 즉 향후 1년간 피렌체의 영내를 떠나지 말 것과 그에 대한 보증금으로 1천 피오리노를 지불할 것에 대한 결정이 전달되었고,[22] 17일에는 다시 행정청 건물인 팔라초 베키오에 대한 1년 기한의 출입금지령이 내려졌다.

비록 부오나코르지와 함께이기는 하였으나 정치와는 무관한 직책에 있었던 마키아벨리의 파직은 예외적인 것으로 평가된다. 이에 대해서는 몇 가지의 이유들이 제시되고 있다.

가장 일반적인 것은 당시 피렌체 귀족들의 피에로 소데리니에 대한 혐오감이 소데리니와 가까웠던 마키아벨리에게 그대로 전달되었다는 견해이다. 1506년 독일로의 사절 파견과 관련하여 소데리니가 희망했던 마키아벨리가 취소되고 대신 베토리로 바뀌었다는 사실이나 알라만노 살비아티가 사석에서 마키아벨리를 '악당'으로 평가했다는 점, 또는 마키아벨리가 소데리니의 개인적 도구 또는 꼭두각시(mannerino)로 지목되었다는 점 등이 증거로 제시될 수 있는 사실이다.

그러나 이러한 견해에 약점이 없는 것은 아니다. 즉 마키아벨리가 자신의 공직수행에 대단히 열심히 전념하였지만, 이것이 반드시 피에로 소데리니 개인에 대한 충성 때문에 이루어진 것이라는 증거는 되지 않는다. 그의 공직수행이 당시 소데리니와 반대파 사이에 치열하게 전개되었던 정쟁에 개입한 증거로서 얘기될 수는 없을 뿐 아니라 마키아벨

22) 마키아벨리가 피렌체 행정청의 제2서기장으로 임명될 때의 연봉이 192피오리노였으니까 이 보석금은 5년치의 연봉을 넘는 큰 금액이었고, 당연히 마키아벨리의 지불능력을 넘는 액수였다. 이 돈은 마키아벨리의 친척 가운데 필리포(Filippo)와 조반니(Giovanni)의 두 사람과 프란체스코 베토리가 마련해 주었다. 이 점은 Devonshire Jones가 처음 밝혀 내었다. Devonshire Jones, 1972, p. 104의 주 130을 볼 것.

리 자신은 매년 재임용되던 자신의 직위를 지키기 위해 애써 국내의 정쟁에서 멀리 떨어져 있으려는 노력을 기울였다는 것이다.[23)]

소데리니의 반대파는 피렌체 내의 귀족집단이었는데, 사실 마키아벨리는 개인적으로 이들에 대해 적지 않은 반감을 가졌던 것으로 지적되기도 한다. 마키아벨리의 이러한 반감은 당시의 당파간의 정쟁에서 야기되었다기보다는 평민 출신으로서 마키아벨리가 체질적으로 갖고 있었던 자세로서 이해된다. 물론 공직기간 중 마키아벨리는 이러한 태도를 가능하면 억제하려고 하였으나 전적으로 감추어진 것은 아니라고 지적된다. 마키아벨리의 보좌관이던 부오나코르지를 위시한 여러 사람들이 (편지 등을 통해서 나타나고 있는) 마키아벨리에게 한 충고를 보면 마키아벨리가 당시의 정치지도자들을 비판적으로 언급한 부분이 꽤 많고, 이들 가운데 상당수는 경멸감을 동반하였던 것으로 전해진다.[24)] 바로 이러한 맥락 속에서 위에서 언급된 살비아티나 다른 귀족들에 의한

---

23) 이러한 견해는 Robert Black, "Machiavelli, Servant of the Florentine Republic," in Bock, Skinner and Viroli, 1990, pp. 71-99의 중심주제로서 펼쳐지고 있다.

24) Najemy in Bock, Skinner and Viroli, 1990, p. 103. 귀족들에 대한 불신감은 공직 재임기간에는 공공연히 표시되지는 않았으나 1512년 9월 메디치 가문의 복귀가 확실해지면서 그가 작성한 「메디치 지지자들에 대한 각서」(Ricordo ai Palleschi)라른 제목의 짧은 글에서 피에로 소데리니의 이름과 행적을 악마처럼 만드는 것이 결코 메디치에게 이로운 것이 되지 않음을 강조한다. 왜냐하면 그렇게 할 경우 이익이 돌아가는 것은 귀족가문들일 뿐이라는 것이다. 특히 마키아벨리는 귀족가문들의 집요한 당파적 자세를 격렬히 비판하면서 이것을 효과적으로 누르는 것이 메디치 가문의 성공을 위한 열쇠라는 점을 강조한다. 물론 이러한 주장의 이면에는 비록 자신이 지금까지 소데리니 정부에서 봉사하였지만 그렇다고 해서 메디치 정부에 봉사하지 못할 이유가 없다는 점을 주장하기 위한 것이라는 해석도 있다. 11월에 들어서 썼을 것이라고 추측되는 이 글에 대한 답변은 11월 17일의 파직통고서였다. 사실 마키아벨리는 1513년 베토리에게 보낸 한 편지에서 메디치가가 자신을 다시 불러 쓴다면 열심히 일할 용의가 있음을 밝힌 바도 있다. Letter 206(1513. 3. 18).

'악당' 또는 소데리니의 '꼭두각시' 라는 평가의 의미가 제대로 이해될 수 있는 것이다. 이러한 평가는 반드시 마키아벨리의 귀족들에 대한 반감 때문이라기보다는 그의 지적 자부심 또는 오만과 관련시켜서도 이해될 수 있다. 즉 리돌피에 의하면 마키아벨리의 매너는 "대담하고 때로는 익살스럽기도 하여 그는 평범한 사람들의 관점에서는 건방지게도 또는 기이하게도 보임으로써 대다수의 사람들에게는 인기가 없었지만 그를 잘 알고 그의 예의바름, 유머감각 및 재주를 아는 소수의 사람들에게는 사랑을 받았다."[25)]

이러한 지적 자부심과 독립성은 당시의 지도자들에 대한 경멸감의 원인이 되었고, 따라서 많은 사람들이 그를 오만한 인물로 별로 기분 좋지 않게 보게 된 것으로 여겨진다. 이 점은 앞의 주 1)에서 잠시 지적하였듯이 부분적으로는 마키아벨리가 외교사절로 파견되어 본국 정부에 보낸 보고서에서 '사실' 에 치중하지 않고 사태에 대한 자신의 판단과 해석 그리고 그에 대한 정책대안의 제시가 그의 직위를 고려할 때 주제넘어 보이는 경우가 있었다는 점을 생각할 때 쉽게 이해가 가는 점이다.[26)] 여하튼 마키아벨리는 정치적으로 중립적인 행정관리로서는 거

25) 리돌피, 2000, pp. 96–97(영역: 54).

26) 이 점은 1502년 10월 8일자로 부오나코르지가 마키아벨리에게 보낸 편지(Letter 44)에서 잘 드러난다. 다음과 같은 흥미로운 일화도 마키아벨리가 사람에 따라서는 지위의 고하를 무시하고 대단히 거만하게 대했음을를 잘 말해 준다. 그가 교황의 선출 및 체자레 보르자의 문제를 둘러싸고 로마로 파견되었던 1503년 11월 당시 시뇨리아의 멤버였던 아뇰로 투치라는 사람이 마키아벨리에게 개인적으로 베네치아의 정책에 관해 보고를 부탁한 적이 있었다(Letter 82, 1503. 11. 21). 마키아벨리는 이 부탁에 대해 아마 의도적인지 아니면 잊고 그랬는지는 모르지만 답장을 하지 않았다. 이 사실에 투치는 대단히 격노하여 시뇨리아에서 마키아벨리를 격렬하게 비난하였는데 부오나코르지는 이 사실을 마키아벨리에게 알리고 답장을 쓸 것을 간곡히 청하였다(Letter 84, 1503. 12. 4). 이에 대해 마키아벨리는 마지못해 답장을 하기는 했지만 내용은 대단히 심각한 모욕적인 것이 담겨 있었다(Letter 85, 1503. 11. 12). 이 내용을 요약하면 다음과 같은 것

의 예외적으로 파직되었는데 그렇게 된 것은 위에서 지적된 몇 가지 사실들이 복합적으로 작용하였기 때문으로 여겨진다.

소데리니에 대한 마키아벨리의 평가

마키아벨리는 공직생활 15년 기간을 사실상 전부 소데리니와 같이 지냈다. 마키아벨리에 대한 소데리니의 평가는 대단히 높았고 마키아벨리도 소데리니에 대해 충실했다. 따라서 소데리니의 정적들은 소데리니에 대해 직접적으로 시비를 걸지 못할 경우 마키아벨리를 두고 문제삼기도 했는데, 예컨대 1506년 신성로마 제국으로의 사절파견에 관련된 에피소드를 그 대표적인 경우로 들 수 있을 것이다.

그럼에도 불구하고 소데리니에 대한 마키아벨리의 평가는 상대적으로 혹독한 편이었다. 마키아벨리는 뒤에 소데리니에 대해 몇 차례 언급한 적이 있는데, 그러한 혹독함은 1522년 6월 13일 소데리니의 사망시 작성한 짧은 풍자시에서 대단히 훌륭하게 표현되고 있다:

> 피에르 소데리니가 죽은 날 밤
> 그의 영혼은 지옥의 입구에 다다랐다.
> 명부의 신이 외쳤다: "어리석은 영혼에게 웬 지옥인가?
> 다른 아이들과 같이 연옥에나 보내거라."[27)]

이 된다: "당신이 원하는 답은 내가 이미 공식 보고서에 다 담아 언제든지 읽을 수가 있습니다. 그러나 혹시, 내 생각에는 그렇지 않으리라고 믿습니다만, 그 보고서가 라틴어로 되어 있을지도 모르기 때문에 일상어로 말씀드리겠습니다." 이 편지를 자세히 읽으면 문서보관서에 보관되어 있는 보고서가 너무 어려울지도 모르니 쉬운 말로 보고를 다시 쓸 것이고, 혹시 라틴어로 되어 있으면 당신이 읽을 재간이 없으니 다시 쉬운 이탈리아어로 보고를 하겠다고 하는 이중의 모욕이 담겨 있음을 알 수 있다. 이러한 태도는 마키아벨리의 전형적 태도로서 이러한 점에서 마키아벨리는 적을 많이 만들었음을 미루어 짐작할 수 있다.

27) La notte che morí Pier Soerini/l'anima andò de l'inferno a la bocca;/

마키아벨리에게 지옥은 진정한 사나이들만의 배타적 클럽이었다.[28] 연옥은 죄를 범하지는 않았으나 너무 일찍 죽음으로써 세례를 받지 못한 아이들 또는 호메로스나 소크라테스 같이 이교도의 시인이나 철학자들이 가는 곳이었다. 따라서 위의 풍자시로써 마키아벨리가 말하고자 한 점은 소데리니의 정치적 순진성 또는 과감성의 부족이었던 것이다. 진정한 사나이들의 배타적 클럽에 소데리니가 낄 수 없다는 것이다. 인간으로서 소데리니는 존경을 받을 만했지만 정치가로서는 결과적으로 공화국의 붕괴를 가져온 결정을 내렸다는 점에서 부정적인 평가를 받을 수밖에 없다는 것이 마키아벨리의 기본적인 입장이었다.

이러한 점은 후일 『로마사논고』(III-3)에서 직설적으로 술회하고 있다. 마키아벨리에 의하면 정변을 통해 새로운 체제로 수립된 정권은 그것을 뒤집고 과거로 돌아가고자 획책하는 많은 사람들 때문에 항상 위태로울 수밖에 없다. 바로 이 점에서 소데리니가 실책을 범했다는 것이 마키아벨리의 논지이다.

> 사려 깊은 인물인 소데리니는 또한 행동의 필요성도 인정하였고 그에 대해 반대하는 야심 많은 사람들의 존재가 이들을 제거하는 충분한 이유가 된다는 점도 알고 있으면서 그렇게 하도록 결심하지 못했다. 왜냐하면 그는 그러한 사람들의 악의를 인내와 선행으로써 무력화시키고 보상을 제공함으로써 적대감을 종식시킬 수 있다는 생각 외에도 그 적들을 상대로 적극적인 행동을 취하고 싸워서 이기기 위해서는 비상한 권위를 확보해야 하고 시민적 평등을 해칠 법률을 도입해야 할 필요가 있다고 생각했기 때문이다. 그러한 방침과 권위는 비록 전제적으로 사용하지 않는다

Gridò Pluton: "Ch'inferno? anima sciocca,/Va su nel limbo fra gli altri bambini."

28) 마키아벨리는 『당나귀』(*L'Asino*), 『만드라골라』(*Mandragola*), 『벨파고르』(*Belfagor*) 및 몇 개의 단편시 같은 문학작품에서 지옥에 관해 적지 않은 언급을 하고 있다. 공통적으로 나타나는 지옥의 관념은 중세적 관념에서 벗어나 훨씬 부드러운, 또는 그리 나쁘지 않게 그려지고 있다. 이 점에 관해서는 de Grazia, 1989, pp. 318-325를 볼 것.

고 해도 시민들을 놀라게 하게 될 것이며, 그렇게 되면 종신 통령이 죽은 후 사람들은 다시는 소데리니의 생각에 훨씬 강화하고 유지할 필요가 있는 종신 통령제를 받아들이지 않을 것이라고 그는 믿었다.

이러한 소데리니의 생각이 현명하고 선한 것이기는 하지만 "선이 악에 의해 쉽게 압도될 수 있는 상황에서 선 그 자체에 대한 존중 때문에 악이 계속 존재하도록 허용해서는 안 된다"는 것이 마키아벨리의 생각이다. 즉 "소데리니는 그의 행동과 의도가 결과에 의해 판단될 것이라는 점을 생각했어야 했다"라는 것이다.

이러한 논의에서 우리는 소데리니와의 경험이 마키아벨리로 하여금 그의 정치이론의 핵심논지를 (부족감을 통해) 일깨우게 하는 결정적 계기가 되었음을 알 수 있다. 물론 이러한 이론적 차원에서의 평가가 소데리니에 대한 개인적 평가에 어떤 영향을 미쳤는지는 확실하지는 않으나 공화국의 붕괴 후 마키아벨리는 소데리니에 대해 강렬한 애착감을 가지지는 않았던 것으로 여겨진다. 이러한 판단은 1513년 당시 로마 주재 피렌체 대사로 있던 베토리가 마키아벨리에게 로마로의 방문을 권유한 데 대한 그의 반응에서 읽을 수 있다. 마키아벨리는 만일 로마를 방문할 경우 그 곳에 머물고 있는 소데리니 형제를 방문하지 않을 수 없을 터인데 그럴 경우 귀향 즉시 집에도 못 가고 경찰로 직행할지도 모른다는 표면적인 이유를 들어(Letter 224) 로마 방문을 완곡히 거절한 적이 있는데, 과연 마키아벨리가 단순히 정치적 위험 때문에서 그랬는지 아니면 소데리니에 대한 경멸감이 약간 섞인 서운함 때문에 그를 만나는 것을 피했는지 확실치 않다.

제4장

역사가 및 극작가 마키아벨리의 탄생과 종말

투옥과 좌절

실직과 공공사로부터의 추방으로 인해 좌절한 마키아벨리에게 더욱 강한 결정타를 가한 사건이 1513년 2월에 발생하였다. 당연한 일이지만 폭력과 외세간섭을 통해 정권이 바뀌면서 새로운 정권에 불만을 가진 사람들이 많이 생겨났고, 새 정권은 정치적 불안요소인 이들을 색출해 내는 데 혈안이 되었다. 이런 가운데 몇 사람이 반메디치 쿠데타를 꾀하고 있었는데 이들은 메디치 가문에 반감을 품을 만한 사람을 규합할 계획을 꾸미면서 이들의 명단을 작성하였다. 이 계획의 주도자 가운데 한 사람인 보스콜리(Pietro Paolo Boscoli)라는 인물은 부주의하게도 20명 전후의 이름을 적은 명단을 분실하였다. 이 중 마키아벨리의 이름이 일곱 번째로 올라 있어 그는 당국에 의해 체포되어 반메디치 쿠데타에 관하여 심문을 받기에 이르렀다.

자백이 최상의 증거로 사용되던 당시, 혐의자에 대한 심문은 처음부터 고문을 통한 자백의 강요로 이루어졌는데 흔히 쓰인 방법은 스트라파도(strappado)라는 것이었다. 이 고문은 죄수의 양 팔목을 뒤로 묶어 천장에 매단 도르래를 통해 심문관들이 천장까지 잡아당긴 후 갑자기 놓아 죄수의 몸이 바닥에 추락하기 직전까지 떨구다가 멈추게 하는 그러한 것이었다. 심문은 무조건 이 스트라파도를 4회 실시한 후 시작된다. 대부분의 경우 팔이 어깨에서 빠져 나오는데 그에 따르는 고통으로 인해 자백을 하지 않을 도리가 없는 것으로 얘기된다.[1] 마키아벨리는 이러한 자신의 처참한 모습을 『옥중가』라고도 부를 수 있을 소네트의 형식을 빌어 당시 메디치 가문의 수장의 위치에 있던 줄리아노를 상대로 쓴 호소문에서 잘 그려 내고 있는데 그 첫마디는 이렇게 시작된다.

> 줄리아노, 나는 두 다리에 족쇄를 차고 있고
> 나의 어깨에는 밧줄이 여섯 번 감겨 있네.
> 나의 다른 고통에 대해서는 말하지 않겠네.
> 어차피 이것은 시인이 대접받을 바가 아닌가.

그러나 마키아벨리로서는 자백할 일이 별로 없었던 연유로 고문을 당하면서도 자신의 죄를 인정하지 않은 상태로 이와 쥐가 들끓는, 그 자신은 "미려한 여관"으로 칭하고 있는 감옥에서 한 달 가까이 구금되어 있었다. 그가 그 곳에서 겪은 폭력에 대한 공포의 경험은 그가 그 때까지만 해도 항상 일반적 문제로서 객관적으로만 다루어 왔던 폭력의 주관적 측면에 대한 구체적 체험의 기회로 얘기될 수 있을 것이다. 3주간의 감옥생활 속에서 그를 가장 괴롭힌 부분은 새벽녘 잠결에 듣던 [형장으로 끌려 가는 사형수를 향해 하던] "너를 위해 기도하노라"라고 하는 기도소리였다고 그는 위의 소네트에서 고백하고 있는데, 이러한 진술 속에서 우리는 공포의 체험에 대한 대단히 절실한 표현을 발견할 수 있다. 뒤에 『군주론』 17장에서 제시되고 있는 "[군주에 대한] 두려움은 당신이 항상 사용할 수 있는 처벌에 대한 공포에 의해 받들어진다"고 하는 공포에 대한 일반론적 관찰은 이러한 그 자신의 실질적 체험을 바탕으로 하는 것으로 보인다.

---

1) 피렌체의 경우 이러한 심문은 현재는 국립미술관으로 되어 있는 바르젤로(경찰청) 건물에서 이루어졌는데 1498년에 체포되어 처형된 사보나롤라 수도사도 똑같은 방식으로 고문을 받은 바 있다. Ridolfi, 1959, pp. 251-254.

이 해 2월 20일에 서거한 교황 율리우스 2세의 뒤를 이어 추기경이었던 조반니 데 메디치가 새 교황(레오 10세)으로 선출되었다. 피렌체의 새로운 지배자로 갓 등장한 메디치 가문으로서는 더 이상의 경사를 생각할 수 없을 정도의 큰 영예였고, 피렌체의 상인들에게 있어서는 엄청난 새로운 영리의 기회를 제공하는 일이었다. 이러한 경사를 기념하기 위해 베풀어진 여러 행사들 가운데 하나로 사면령이 내려졌다. 당시 피렌체에서 추방되어 망명중이었던 소데리니도 사면받았고, 2월의 모반사건에 연루된 죄수들도 주모자급을 제외하고는 모두 석방되고 벌금형도 취소되었다. 마키아벨리도 그 속에 포함되어 3월 12일 석방되었다. 체포 구금된 지 22일 만의 일이었다.

비록 감옥에서 석방되었지만 피렌체의 공공생활로부터는 절연되었기 때문에 마키아벨리는 피렌체 시 남쪽 15km 지역에 위치한 페르쿠시나의 산타안드레아(Sant'Andrea) 농장에서 농부로서의 삶을, 그리고 실질적으로는 저술가로서의 삶을 다시 시작하였다. 이 당시의 그의 삶의 모습은 그가 1515년까지 2~3년 동안 친구인 프란체스코 베토리와 집중적으로 교환하였던 서한들을 통해서 잘 드러나고 있다.

이때 마키아벨리의 삶의 모습은 아마도 그가 감옥 문을 나선 다음날(3월 13일) 바로 베토리에게 보낸 편지에서 잘 나타난다. 이 당시 베토리는 로마 주재 대사직에 임명되어 있었는데 마키아벨리로서는 베토리가 메디치 가문과 잘 연결되어 있을 것으로 짐작하고 있었다. 그리 길지 않은 이 편지에서 마키아벨리가 전하고자 하는 메시지는 두세 가지가 된다.

우선 자신은 베토리 형제가 자신의 방면을 위해 행한 노력 덕분에 석방되기를 바랐으나 실제로는 조반니 데 메디치의 교황등극의 경사 덕분이었다는 점을 알고서 가볍게 실망하기도 했지만, 여하튼 그러한 노력에 대해서는 감사한다고 살짝 비꼬는 듯이 말함으로써 베토리에 대한 서운함을 간접적으로 표시하는 것이 그 하나이다. 다음 자신이 겪은 치욕에 대해서는 반복하여 얘기 않을 것이라고 말하고 이러한 상처의 원인에 대해서는 운명의 결과로 돌리겠다고 함으로써 아무도 원망치 않는다는 자세를 보인다. 끝으로 그는 성직자의 길을 택한 자신의 동생인 토토(Totto)의 교황청 취직건을 부탁하면서 혹시 메디치 교황이 자신을 기억한다면 자신도 그를 위해 봉사할 준비가 되었음을 말한다.

감옥을 갓 나온 사람으로서 감옥 속에서 겪은 고초를 채 달래지도 못한 상태에서 자신과 자신의 동생의 취업을 부탁한 것으로 보아 그의 궁핍상태가 얼마나 절박하였던가를 간접적이긴 하지만 대단히 분명히 말해 주고 있다. 그러나 마키아벨리를 진정으로 괴롭힌 일은 물질적 궁핍이 아니라 공공의 생활에서 절연되었던 점이었다. 3월 18일자로 베토리에게 보낸 편지 속에서 그는 말하기를, 혹시 메디치가의 사람들이 자신을 쓰지 않고 "길바닥에 자빠져 있게 내버려두는" 한이 있더라도 어차피 자신은 "가난하게 태어났고 [재물을] 즐기기 전에 절약하는 법부터 배웠기" 때문에 큰 문제될 것은 없다고 애써 태연함을 가장하고 있다. 여기에서 가난은 최악의 순간에 기댈 수 있는 중요한 자산이 된다. 여하튼 "견직업이나 모직업도 잘 모르고 손익계산법도 배운 바 없는" 그로서는(4월 9일자의 편지) 15년간의 공직생활을 통해 배운 일이 오로지 "경세지술(經世之術, arte dello stato)"뿐이기 때문에(12월 10일자의 편지) "침묵의 서원(誓願)을 하든가 아니면 정치에 관해 말하지 않을 수 없다"(4월 9일)고 하여 공적인 발언을 절박하게 느끼던 자신의 속마음을 토로하고 있다. 이렇게 그에게는 공직생활로부터의 절연에서 오는 박탈감이 가장 큰 좌절의 원인이었다.[2)]

2) 서양어에 있어 공공(public)의 대비어인 private이라는 말이 공직박탈을 뜻하는 privatus라는 라틴어에서 유래한다는 점에 대해 기억해 둘 필요가 있을 것이다. 이 점에 대한 보다 자세한 논의로는 Hannah Arendt, *The Human Condition* (Chicago: University of Chicago Press, 1958), pp. 58-62를 볼 것.

12월 10일의 편지

마키아벨리의 편지에 대한 베토리의 4월 21일자의 답장에서는 당시 막 체결되었던 프랑스와 스페인 사이의 1년간 휴전협정과 관련하여 당사국들의 의도와 장래 전망에 관한 상당히 긴 논의가 슬며시 끼여들었다. 마키아벨리는 마치 이 기회를 놓칠세라 당시 국제정세에 관한, 거의 한 편의 논문에 해당할 만한 장문의 분석을 실은 편지를 써서 베토리에게 답장하여(4월 29일) 정치문제에 관한 체계적 논의에 대한 자신의 강한 욕구를 대신 채우고 있는 듯이 보였다. 이 편지들이 우리에게 흥미를 갖게 하는 것은 물론 뒤에 알게 된 일이지만, 이 편지를 쓰고 있을 때는 마키아벨리가 『군주론』을 집필하던 시기였다는 점이다. 물론 추측에 불과하지만 베토리에 대한 편지는 단순히 편지로 그친 것이 아니라 『군주론』의 집필을 위한 초고작성이라는 관점에서 이루어졌을 가능성이 적지 않고, 또한 베토리는 마키아벨리가 자신의 진술을 이어가는 동안 대화의 가상적 상대로 삼았던 인물로 여겨지기도 한다. 이러한 의미에서 『군주론』은 베토리와의 대화의 연속이라고 말할 수 있을 것이다.[3] 실제 당시 스페인 국왕이었던 페르디난드 1세를 논의하고 있는 이 편지의 한 구절은(*Letters*, p. 235) 『군주론』 21장의 첫 문단에서 거의 그대로 반복되고 있는데, 이 구절은 그러한 가능성을 논할 수 있는 중요한 근거가 된다.[4] 또한 8월 26일자의 편지에서 다루어지고 있는 이탈리아의 상황에 대한 논의는 『군주론』의 마지막 장에서 그대로 반복되고 있다.[5]

---

3) 바로 이러한 점은 Najemy가 *Between Friends*(1993)에서 말하고자 하는 중심논지의 하나이다. p. 176을 볼 것.

4) 페르디난드의 문제는 『군주론』 18장의 마지막 문장에서도 논의되고 있고, 『로마사논고』 III-34에서도 유사한 언급이 발견된다.

5) 이와 관련하여 8월 26일자 편지와 『군주론』 26장의 관계 그리고 이 26장의 저술

8월 26일의 편지 이후로 약 석 달간 이 두 사람 사이에는 문통이 중단되었는데, 아마도 마키아벨리는 이 기간 동안 『군주론』 저술에 몰두해 있었던 것으로 보인다. 중단되었던 이들 두 사람 사이에 문통이 재개된 것은 그 동안 침묵을 지켜 오던 베토리가 침묵을 깨고 11월 23일자로 마키아벨리에게 자신의 근황을 제법 상세하게 전하는 편지를 보내면서였다. 마키아벨리는 이에 대한 답장을 12월 10일 보냈는데, 바로 이 편지에서 그는 현재 우리가 『군주론』으로 알고 있는 글을 쓰고 있음을 처음 밝히고 있다.

이 12월 10일자의 편지는 『군주론』의 저술을 알리는 첫번째의 신호라는 점에서 자주 인용되지만, 사실상의 유배형을 받고 있던 당시의 마키아벨리의 실제 생활상을 그대로 보여 주는 글로서 더 유명하다. 특히 그가 지극히 범상한 촌부의 주간활동을 마치고 저녁 때 서재에 들어 고전 문인 및 사상가들과 대화하는 모습을 대단히 감동적으로 그리는 글 때문에 길든 짧든 거의 모든 마키아벨리의 전기에서 항상 인용 및 언급되는 이 편지는 적지 않은 마키아벨리의 전체 서한문 가운데에서 가장 유명하다. 그러나 단순히 그러한 표면적인 묘사보다 그 편지에서는 별로 큰 일이 아닌 것처럼 지나치듯 언급하고 있지만 실상은 수신자의 베토리와 이미 공유하는 맥락을 전제로 얘기되고 있다는 점에서 대단히 복합적일 수밖에 없는 내용 때문에 이 서한문 하나만을 두고 연구한 글이 적지 않기도 하다.[6] 이러한 점 때문에 여기에서는 짧게나마 이 편지

시기 및 25장까지의 글과의 관련성에 관한 논쟁이 있었다. 이 점에 대해서는 5장을 참조할 것.

6) 가장 포괄적이고 자세한 논의로는 Najemy, 1993a, 6장을 볼 것. 이 편지에 대한 개별적인 연구들에 대해서는 같은 책, p. 222, 주 11)을 참조할 것. 한편 Najemy는 "Machiavelli and Geta: Men of Letters," in A.R. Ascoli and Victoria Kahn(eds.), *Machiavelli and the Discourse of Literature*(Ithaca, N.Y.: Cornell University Press, 1993), pp. 53-79에서도 이 12월 10일의 편지에 대해서 상세히 다루고 있는데, 이 글에서는 주로 마키아벨리가 이 편지에서 언급하고 있는 15세기 토스카나 지방

가 함축하고 있는 여러 가지 의미를 음미함으로써 마키아벨리라는 인물의 특성을 독자들이 이해할 수 있는 중요한 단서를 제공하고자 한다.

우선 이 편지는 8월 26일 마키아벨리가 베토리에게 보낸 후 석 달간 아무런 대답이 없다가 11월 23일 불쑥 답장을 보낸 베토리에 대한 답신이었는데, 따라서 이 11월 23일자의 베토리의 편지의 내용을 알아야 이 12월 10일의 편지가 제대로 이해될 수 있다는 점을 지적해야 할 것이다.

베토리의 편지는 기본적으로 자신의 로마에서의 일상생활에 대한 기록이다. 아침에는 10시경 일어나서 주 2~3회 교황청으로 가서 주요 인물들과 몇 마디를 나눈 다음 귀가하여 가솔들과 식사를 한 후 같이 놀 사람이 있으면 카드게임을 하고, 오후에는 로마 외곽으로 승마를 하고, 저녁이 돌아오면 로마의 역사를 읽는다는 것이 대체적인 내용이다. 혹시 자신이 여인들을 집으로 불러들이는지에 대해 마키아벨리가 궁금해 할지 모르겠다고 스스로 물은 후 여름날씨가 대단하여 다른 여인들과의 관계는 모두 끊었지만 용모와 언변에서 제법 괜찮은, 옆집에 살고 있는 귀족 출신의 한 여인만은 사귀고 있음도 밝히고 있다.

정확히 4년 전인 1509년 12월 8일자의(앞서 인용된 pp. 65-67에서) 유명한 편지가 루이지 귀차르디니의 편지에 대한, 그 편지를 그대로 흉내내는 듯한 답장으로 만들어졌듯이 이 12월 10일자의 편지도 베토리의 편지의 흐름을 그대로 이어받고 있어 문인적인 희롱과 아이러니를 즐기는 마키아벨리의 개성을 잘 볼 수 있어 흥미롭다.

우선 마키아벨리는 베토리의 답장이 석 달 만에 온 점에 대해 페트라르카를 인용하는 다음과 같은 약간은 비꼬는 투의 감사로써 글을 시작한다: "'신의 은총은 결코 늦는 법이 없다.' 제가 이 말을 하는 것은 제가 대사님의 호의를 잃어버린, 아니 그에서 벗어난 것으로 보였기 때문입니다." 문자 그대로 해석하자면 신의 은총에 비교할 수 있는 친구 베

의 인기 단편소설이었던 *Geta e Birria*에 관해 집중적으로 조명하고 있다.

토리의 호의는 신의 은총이 그렇듯이 결코 늦는 법이 없이 꼭 시기적절한 때에 나타난다고 하여 겉으로는 베토리의 편지에 대해 최상급의 고마움을 표시하지만, 조금 더 깊이 새기면 실제 신도 아닌 처지에 베토리의 편지가 참으로 늦었음에 대해 돌려 비판하고 있는 형국이다.[7] 그리고 첫번째 문단의 마지막에서 "같은 값으로 대사님께 갚기를 원하기 때문에 이 편지에서는 나의 생활이 어떤지에 관해서 말고는 아무 할 말도 없습니다"라고 하면서 베토리의 편지의 순서에 따라 자신의 일상생활의 모습을 그린다.

매일 아침 해뜨기 전에 일어나서는 개똥지빠귀를 잡기 위한 준비를 하는데 이러한 소일거리는 본디 자신과는 무관한 천한 일이지만 그나마도 계절이 바뀌어 이 일마저도 없어져 유감이라고 말함으로써 마키아벨리는 자신의 어려운 처지를 빗대어 전한다. 그는 매일 아침이면 산에 가서 나무를 하여 내다 파는 일에 전념한다는 소식을 전한다. 아침 느지막이 일어나 교황청에 가서 고위관리들과 잡담을 시작하는 베토리와는 대단히 대조적인 삶이 아닐 수 없다. 나무 하는 일이 끝나면 숲을 떠나 새잡이 그물을 쳐 놓은 곳을 찾는데 이 때는 단테나 페트라르카, 아니면 티불루스나 오비디오 같은 '2급' 시인(poeti minori)들의 시집을 끼고 가 그들의 사랑의 열정과 연애담을 읽거나 마키아벨리 자신의 것을 회상하면서 행복감에 젖기도 한다고 말함으로써 더운 날씨 때문에 많은 여인들을 물리치고 수려한 용모와 재치 있는 언변을 갖추고 있는 귀족출신의 여인 한 사람과만 교제한다는 베토리에 대해 대구(對句)형식으로 답하고 있다.

다음에는 동네 선술집에 들러 지나가는 여행객들로부터 지역 안팎의 소식을 전해 듣고 사람들의 다양한 취향에 대해 배우기도 한다고 그는 술회한다. 저녁때가 되면 역시 베토리와 마찬가지로 가솔들과 함께 식

7) 이러한 해석은 Najemy, 1973a, pp. 222-223에서 페트라르카의 원래 글의 문맥이 증거로 제시되면서 이루어지고 있다.

사를 하는데, 다만 식탁에 오르는 음식은 자신의 농장에서 생산되는 별 보잘 것 없는 것임을 알린다. 식사를 마친 후 다시 선술집으로 돌아가 선술집 주인, 푸줏간 주인, 방앗간 주인, 벽돌공 등과 어울려 게임을 즐기는데 대부분은 동전 한 닢을 놓고 말싸움을 벌인다고 하여 고상한 분위기 속에서 카드게임을 즐기는 베토리의 삶에 빗대고 있다.

베토리가 카드게임 후 승마를 마치면 귀가하여 로마의 역사서를 읽듯이 마키아벨리도 저녁이 되면 선술집의 북새통을 뒤로 하고 귀가하여 서재에 들어선다:

> 문지방에서 나는 흙과 먼지로 뒤덮인 일상복을 벗고 궁정의 예복으로 갈아입습니다. 적절하게 복장을 갖춘 다음 나는 숭엄한 고대인들의 궁정으로 발을 들여놓습니다. 그 곳에서 그들로부터 성의껏 영접을 받고 저만의 것이고 또 제가 태어난 이유이기도 한 [정신의] 양식을 섭취합니다. 이 곳에서 저는 부끄러움도 모르고 이들과 대화하고 이들의 행동의 동기에 관해서 묻습니다. 이들은 인간적 친절에서 저에게 대답해 줍니다. 한 번에 네 시간 가량 지속되는 이러한 대화에 아무런 권태도 느끼지 않고 그 동안 나의 모든 시름을 잊고 가난을 겁내지 않고 죽음에 대해서도 두려움을 느끼지 않습니다. 나는 그 [대화] 속에 완전히 몰입합니다.

이러한 고대 정치인, 문인, 학자들과 대화한 결과가 바로 그가 『군주론』에서 그대로 남겨 놓은 바였다. 앞의 편지의 중단된 부분을 바로 이어 그는 "단테에 따르면 사람들이 공부한 바를 잡아 두지 않으면 아무런 지식도 되지 않는다고 했기 때문에(『신곡』 천국편 5, para. 41–42) 그 대화를 통해 얻은 바들을 메모해 둔 것을 바탕으로 『군주국론』(*De Principatibus*)이라는 제목의 소책자를 썼다"고 함으로써 자신의 저술계획을 처음 밝히고 있다. 이 소책자에서 다루어질 문제는 "군주국의 정의, 종류 그리고 군주국 획득 및 유지의 방법, 상실의 이유" 등이라고 밝히고 있다. 그리고 이 책은 새로이 군주가 된 사람들에게 환영받을 것이므로 당시 메디치 가문의 수장으로서 로마에 머물고 있던 줄리아노에게 헌정하려 하는데, 마키아벨리 자신이 로마로 가서 직접 전하는 것이 나을지 아니면 베토리를 통해서 전하는 것이 나을지를 묻고 있다. 마키아벨리는 이 책을 헌정하자니 줄리아노가 읽지도 않을 것 같고, 그만두자니 자신의 처지가 너무 어려워 복직운동을 하지 않을 수 없음을 호소한다.

베토리로부터 빠른 답장을 기대했지만 답장이 없자 마키아벨리는 다른 일로 편지하는 듯하면서 그에게 답을 재촉하는 편지를 내었다. 마지못한 듯 12월 24일자로 베토리의 답장이 왔지만 기대 밖으로 마키아벨리의 제의에 미온적이었다. 답장이 늦은 이유로 드는 것이 당시 베토리의 집에 머물고 있던 두 사람의 친구가 편지 쓰는 일을 방해하였고 또한 여자문제에 정신을 빼앗겼다는 점이었다. 마키아벨리의 물음에 관해서는 문제의 원고를 자신에게 보내 주면 자신이 먼저 읽고 줄리아노에 대한 헌정여부를 결정하겠노라는 답이었다.

마키아벨리는 자신의 글을 다시 정서하여 베토리에게 보냈고 이에 대한 반응이 1514년 1월 18일자의 답장에서 있었다. 상당히 길게 쓴 이 편지에서는 당시 베토리가 크게 관심을 쏟고 있던 이웃의 귀족 출신의 여인과 그 가족의 방문에 관한 얘기가 대단히 자세하게 언급되고 있는데, 정작 마키아벨리의 원고에 관해서는 대단히 짧게 "당신의 글을 읽고 헤아릴 수 없을 만큼 마음에 들었습니다. 그러나 작품 전체를 읽은 것이 아니기 때문에 어떤 결정적인 판단을 내리고 싶지는 않습니다"라고 언급한 것이 전부였다.

이 이후로 베토리는, 이유야 어떻든, 마키아벨리의 작품을 두고 어떤 행동도 취하지 않고 그 책에 관해 한 마디도 언급하지 않았던 것으로 보인다. 결국 마키아벨리는 완전히 희망을 잃고 더 이상 이 문제에 매달리지 않을 것임을 6월 10일자의 베토리에 대한 편지에서 천명한다: "저의 봉사에 대해 기억하거나 제가 아무 일에나 훌륭히 봉사할 수 있을 것을 믿는 사람을 발견할 수 없어 이제 나는 다시 촌부들과 섞여 뒹구는 생활을 계속할 것입니다."

오리첼라리 정원 토론회의 참여와 희극작가의 탄생

『군주론』의 헌정과 관련하여 마키아벨리가 한때나마 가졌던 희망이 거품처럼 사라진 후 마키아벨리를 또 다른 기대감에 부풀게 할 수 있는 일이 만들어지다가 조용히 없어진 사건이 있었다. 알렉산더 6세 교황 때의 일로 잘 알려진 것이지만 역대 교황들의 꿈 가운데 하나는 중부 이탈리아 교황령에 교황이 직접 관장하는 국가조직을 건설하는 것이었다. 교황이 직접 나서서 이 사업을 할 수 없기 때문에 대부분 자신의 가까운 친인척 중 유능한 인물을 골라 이 작업을 위임하였는데 체자레 보르자가 아마도 그 대표적 인물로 얘기될 수 있을 것이다.

새로운 메디치 교황인 레오 10세도 이와 비슷한 정치적 야심을 갖고 있었는데 파르마, 피아첸자, 모데나, 레지오 등의 도시들을 포괄하는 새로운 국가건설의 계획이 1514년 말부터 알려지기 시작하였다. 이 계획에 따르면 교황은 자신의 동생인 줄리아노를 이 국가의 새로운 군주로 임명할 것으로 되어 있었다. 줄리아노는 이 계획이 실현될 경우 자신의 총애하던 파올로 베토리(프란체스코의 형)를 자신의 부관으로 임명할 것이 분명하다고 사람들은 말하고 있었다. 한편 그럴 경우 마키아벨리의 처지를 딱하게 여기고 또한 그의 재능을 높이 평가한 파올로가 마키아벨리를 중용할 것이라는 점이 소문으로 퍼지기도 하였다. 실제 이 계획은 무산되었다. 그러나 실행에 옮겨졌더라도 마키아벨리는 대단히 좌절하였을 것으로 보인다. 왜냐하면 뒤에 알려진 일이기는 하지만 교황청 안에서는 마키아벨리의 고용에 관한 소문이 돌았고 또한 그를 미워한 사람들에 의해서 고용이 방해될 공작이 진행되었기 때문이다.[8)]

8) 이러한 점은 리돌피가 밝혀 낸 사실이다. 리돌피, 2000, p. 261(영역: 162). 마키아벨리는 이러한 계획에 관해 이미 1월 말경에는 알고 있었다. 한스 바론은 마키아벨리가 이러한 정황을 계기로 『군주론』을 줄리아노 데 메디치에게 헌정

1515년에 들어서면서 공직생활의 복귀와 생활환경의 개선을 위한 마키아벨리의 노력은 대체로 좌절로 돌아갔다. 베토리를 상대로 쓴 편지에는 거의 감춰져 있었던 이 때의 개인적 심정은 마키아벨리가 베토리 다음으로 가장 많은 편지를 주고받았던 조카 베르나치(Giovanni Vernacci: 마키아벨리의 누이였던 프리마베라의 아들로 사업상 주로 터키에 머물고 있었음)에게 보낸 편지에서 아무런 가식 없이 잘 나타나고 있다. 예컨대 1516년 2월 15일자로 보낸 편지에서 그는 "나의 음울한 운명이 그렇게 되도록 했기 때문에 나는 나 자신에게도 가족에게도 친구에게도 쓸모 없는 존재가 되었다"고 자신의 근황을 탄식조로 그리고 있는가 하면, 자신의 편지가 자주 늦어지는 점에 대해서 이렇게도 변명하고 있다: "내가 그 동안 겪어 왔고 또 지금도 겪고 있는 역경 때문에 나는 하는 수 없이 시골에서 살게 되었다. 따라서 나는 가끔 한 달씩 나 자신에 대해 아무런 생각 없이 지내기도 한다. 따라서 내가 너한테 답장을 하는 것을 잊는다고 해서 놀랄 일은 아닐 것이야"(1517. 6. 8).

불운이 반복되던 이 당시의 마키아벨리가 느꼈을 것으로 추측되는 무력감에 대해서는 그의 전기작가들에 의해 잘 묘사되고 있지만, 아이러니를 때로는 지나칠 정도로 즐긴 것으로 전해지는 그로서는 그 역경에 대해 한숨으로써만 대응할 수는 없었을 것으로 짐작된다. 그에게 더 걸맞은 것은 한숨이 아닌 냉소인바 이 점은 산토 디 티토(Santo di Tito, 1538~1603)의 유명한 마키아벨리의 초상화(현재는 피렌체 시 팔라초 베키오 미술관에 소장)를 통해 수만 마디의 말보다 더 훌륭하게 묘사되고 있는 듯하다.

이러한 미소는 공직생활로의 복귀에 대한 희망이 거의 사라지고 있던 1517년에서 1520년 사이에 저술된 그의 풍자시와 희극작품들을 통해

할 준비를 하였고, 이와 관련하여 이때 이미 완성된 다른 텍스트와는 별도로 26장을 작성했다고 주장하였다. Hans Baron, "The *Principe* and the Puzzle of the Date of Chapter 26," *Journal of Medieval and Renaissance Studies* 21, 1991, pp. 83-102.

서 잘 드러난다. 1517년에는 자신의 고단한 삶에 대한 체념적 관조와 풍자를 노래한 미완성의 시 「당나귀」에서 자신의 눈물과 슬픔이 남에게 보다 큰 즐거움만을 줄 것이라는 점을 잘 알기 때문에 울지는 못하고 대신 쓴 미소를 짓지 않을 수 없음을 술회하고 있다.[9)]

1517년 여름부터 마키아벨리는 피렌체의 유력자인 베르나르도 루첼라이(Bernardo Rucellai) 소유의 오리첼라리 정원(Orti Oricellari)에서 개최되던 지식인 모임에 참여하기 시작하였다. 원래 이 모임은 당시 피렌체의 통령이었던 피에로 소데리니와 사이가 나빴던 베르나르도 루첼라이가 1502년 정계에서 은퇴한 후 1506년 자진 망명할 때까지 자신의 저택의 정원에서 피렌체 유력 가문의 젊은이들을 모아 놓고 문학, 역사, 철학 등의 주제를 중심으로 토론할 목적으로 만들어졌었다.[10)] 베르나르도의 망명으로 이 모임은 중단되었다가 1510년대에 들어 와서(1514년에 사망한 베르나르도를 대신하여) 그의 조카인 코지모(Cosimo)에 의해 부활되었는데 이 모임에도 역시 당시 피렌체의 젊은 지식인들이 참여하였다. 여기에는 야코포 나르디(Jacopo Nardi), 필리포 데 네를리(Filippo de' Nerli), 자노비 부온델몬티(Zanobi Buondelmonti) 같은 역사가, 루이지 알라만니(Luigi Alamanni) 같은 시인, 그 외에 철학자들이 다수 참여

9) 이 시의 저작에 관해서는 1517년 12월 17일자의 친구 루도비코 알라만니(Ludovico Alanmanni)에게 보낸 편지에서 언급되고 있다. 이 편지에서 그는 당시 『성난 오를란도』(*Orlando Furioso*)라는 제명의 서사시를 발표하여 주목받고 있던 아리오스토(Ludovico Ariosoto, 1474~1533)와 연락이 되면 그에게 시는 모두 훌륭하지만 그 시에서 열거하고 있는 시인목록에서 자신의 이름이 빠진 것에 대해서는 항의해 달라고 반 농담으로 말하고 있다. 이러한 사실로 미루어 보아 그는 시인으로서의 자신의 재능에 대해 상당한 자부심을 갖고 있었던 것으로 여겨진다. 마키아벨리와 아리오스토는 마키아벨리가 1503년 10월에서 12월 사이에 로마에 사절로 파견되어 있을 때 처음 알게 된 사이였다.

10) F. Gilbert, 1977, p. 232. 이 모임은 당시 피렌체 엘리트 계층의 자제를 위한 준교육기관의 역할도 수행하였는데 마키아벨리와의 문통을 통해 더 유명해진 프란체스코 베토리도 이들 청년 그룹에 속했었다.

했는데 마키아벨리가 참여했을 때는 그가 최연장자였다. 마키아벨리는 구체적으로 내용이 알려지지는 않고 있지만 이 모임에서 상당히 많은 도움을 얻은 것으로 보인다. 그의 『전쟁술론』은 바로 이 모임에서 벌어진 (가상적) 대화를 기록한 형식으로 저술되었다. 그리고 무엇보다도 『로마사논고』는 오리첼라리 정원 모임을 주재하였던 코지모 루첼라이와 이 모임에 적극 참여했던 부온델몬티에게 헌정되었는데, 잘 알려져 있듯이 마키아벨리는 헌정사 속에서 이 두 사람을 "군주가 될 자격을 충분히 갖추고 있는" 사람들로 극찬하였다. 이러한 점은 그가 이 모임에 대해 갖고 있던 고마운 마음의 일단을 짐작할 수 있게 한다. 이들과 마키아벨리를 묶을 수 있었던 공통점은 전제정에 대한 그들의 혐오감과 공화정에 대한 애착이었다. 1522년에 이 오리첼라리 그룹의 일부 젊은 이들, 상기 부온델몬티, 알라만니 등은 로렌초 데 메디치의 뒤를 이어 피렌체의 사실상의 지배자로 등장한 줄리오 데 메디치 추기경(뒤에 클레멘트 7세 교황)의 암살을 계획했다가 적발되었는데 아마도 이러한 공화정에 대한 염원이 바탕이 되었던 것으로 여겨진다.

1518년에는 그의 최고의 희극인 『만드라골라』가 씌어져 오리첼라리 모임에서 읽혀진 후 1520년 이후 이탈리아 각지에서 상연되어 대단한 인기를 누렸었다.[11] 이 희극에서의 웃음은 싸늘하고 조용한 냉소가 아니라 삶의 고통을 감추기보다는 떨어내기 위한 큰 웃음이다. 마키아벨리는 만일 이 희극이 "관객들을 웃기지 못하면 포도주 한 병씩을 선사하겠다"(연극이 시작되기 전에 낭송되는 변사의 프롤로그)고 함으로써 희극작가로서의 자신의 능력을 자신한다.

11) 『만드라골라』의 정확한 집필시기를 둘러싸고 많은 다른 의견이 제시되고 있지만 여기에서는 리돌피의 주장을 따르고 있다. 리돌피, 2000, pp. 542-546(16장의 미주 20)을 따른다.

역사가 마키아벨리

공직생활 복귀에 결정적으로 필요한 메디치가의 호의적 관심을 얻기 위한 노력은 친구들의 도움으로 지속되었으나 계속 거부되었다. 예컨대 1515~1516년 사이에 레오 10세는 이탈리아 중부지역에 새로운 국가건설를 추진하고 실질적인 지휘는 동생인 줄리아노에게 맡기려고 하고 있었다. 이 작업과 관련하여 줄리아노와 가까웠던 파올로 베토리는 마키아벨리를 줄리아노 밑에서 일할 수 있도록 계획을 세웠었으나 이 사정이 마키아벨리를 싫어했던 교황 측근의 인사들에게 알려져 그 계획은 수포로 돌아갔다. 어차피 줄리아노는 정치적 문제에 큰 관심이 없었고 더욱이 1516년 3월에 병사함으로써 그 계획은 처음부터 성공할 수 있는 것이 아니었다.

줄리아노가 사망한 후 그의 조카인 로렌초가 플로렌스의 명실상부한 통치자로 등장하게 되었다. 그러나 로렌초도 1519년 5월에 사망하자 레오 10세의 사촌으로 교황청에 머물고 있던 줄리오 데 메디치 추기경이 플로렌스로 파견되어 플로렌스의 정사를 관장하기 시작하였다. 줄리오 추기경은 메디치가의 다른 사람들과 달리 마키아벨리에 대해 특별히 나쁜 생각을 갖지 않았기 때문에 마키아벨리를 도우려는 사람들에 의해 두 사람의 면담이 추진되었는데 1520년 3월 10일경에 처음으로 성사되었다. 이 자리에서 줄리오 추기경은 마키아벨리에게 도울 것을 약속하고 그 구체적 방법에 대해 물어 왔다.

같은 해 9월 줄리오 추기경은 그가 수장으로 있던 피렌체 대학을 통해 마키아벨리에게 마키아벨리가 보기에 적당하다고 생각되는 시점부터 시작하는 피렌체의 역사 또는 연대기의 저술을 위촉하였다. 작업기간은 11월 1일부터 2년간으로 하고 보수는 연 57피오리노로 결정되었다. 이 금액은 그가 공직생활 때 받던 봉급의 절반을 약간 넘는 것이었지만 아무런 수입도 없이 어려운 처지에 있던 그에게는 결코 적은 것은 아니었다. 그러나 금액보다 더 중요한 것은 명예였다. 즉 당시까지 가장 저명한 피렌체 역사는, 브루니, 폿죠, 스칼라 같은 당대 최대의 인문학자로 꼽혔고 또한 이와 관련하여 모두가 피렌체 정부의 제1서기장으로 봉직했었던 인물들에 의해 저술되었다. 따라서 마키아벨리가 피렌체의 사실상의 공식 역사가로 위촉된 것은 그가 이들과 같은 반열에 드는 학자로 인정받았다는 점을 의미하는 것이고, 따라서 큰 명예가 아닐 수 없었다.

이 피렌체 역사의 저술작업은 예정보다 시간이 상당히 오래 걸렸다. 1524년에 완성되었을 때는 메디치 가문의 수장으로 이 역사책의 공식 위촉자인 교황 레오 10세는 이미 사망하였고(1521. 12. 1), 그의 뒤를 이은 아드리안 6세 교황도 역시 사망한 뒤였다(1523. 9. 14). 이 때는 마키아벨리를 교황 레오 10세에게 적극 추천했던 줄리오 데 메디치 추기경이 교황에(클레멘트 7세) 선출되어 있었던 때였다. 결국 이 새로운 저술, 즉 『피렌체사』는 1525년 5월 말 로마에서 클레멘트 7세에게 직접 헌정되었다.

『피렌체사』를 저술하는 동안 마키아벨리는 이미 『군주론』(12-14장)에서 대단히 잘 요약된 형태로 역설하였고, 『로마사논고』의 2권과 기타 여러 곳에서 누차 강조한 바 있는 보병 중심의 상비군의 문제를 『전쟁술』이라는 제목을 붙여 별도의 책으로 출간하였다. 당시 이탈리아 전역에 걸쳐 유명했던 교황군 소속의 용병대장 파브리치오 콜론나(Fabrizio Colonna)가 롬바르디아에서의 전투를 마치고 로마로 귀향하는 길에 피렌체에 들러 루첼라이 정원에서 대화하는 형식을 빌어 저술된 이 책은 마키아벨리의 주요 저작 가운데 유일하게 그의 생전에 출판된 것인데 1521년 8월의 일이었다.

마키아벨리는 이 책을 피렌체의 유력 가문의 하나인 스트로치가의 로렌초(Lorenzo di Strozzi)에게 헌정하였는데, 그는 피렌체 역사의 저자로 마키아벨리를 줄리오 데 메디치에게 적극 추천하였던 장본인이다. 이 책에서 그가 펼치고자 한 바는 보병군의 우수성에 대한 그의 종래의 주장이었는데 단순히 이론적인 논의로 그치는 것이 아니었다. 즉 9년 전 프라토에서 변변히 싸워 보지도 못하고 스페인 군에 패배한 피렌체 보병 민병대에 대한 변명이 이 책을 통해서 이루어진 것이다. 그는 그동안 친구와 적들로부터 이 문제에 대한 언급을 들었는데, 이 책을 통해 그가 말하고자 한 바는 결국 한 번의 패배를 통해 보병군의 무력성이 증명되는 것은 아니라는 점이었다. 로마와 카르타고는 여러 차례 싸우면서 지기도 하고 이기기도 하였지만 어느 누구도 이들이 갖고 있었던 군대조직의 가치를 의심한 적은 없었지 않았냐고 그는 반문하고 있는 것이다.

마키아벨리의 마지막 사랑과 마지막 좌절

마키아벨리가 자신의 『로마사논고』를 헌정했던 두 사람 가운데 한 사람인 자노비 부온델몬티를 위시하여 오리첼라리 정원에서 자주 모임을 가졌던 일단의 청년들은 1522년 6월 줄리오 데 메디치의 암살을 모의하다가 발각되어 일부는 망명길에 오르고, 일부는 체포되어 처형되었다. 따라서 오리첼라리 모임도 자연히 없어지게 되었다. 이에 따라 마키아벨리는 1512년 파직 당시에는 유배지로 사용되었던 자신의 농장을 이번에는 망명지로 스스로 선택하여 은거한 채 『피렌체사』의 저술에 몰두하고 있었다.

오리첼라리를 대신하여 마키아벨리는 1524년 초부터 벽돌제조로 대성하여 부자가 된 플로렌스의 야코포 팔코네티(Jacopo Falconetti)라는 사람이 자신의 저택에서 정기적으로 개최한 모임에 초청되어 참석하기 시작하였다. 이 모임은 오리첼라리 정원 모임보다는 여흥 쪽의 활동이 더 많았는데, 이 모임에서는 그의 『만드라골라』가 여러 차례 상연되었다. 마키아벨리는 이 모임에서의 공연을 위하여 1525년 초 고대 로마 작가 플라우투스(Plautus, 254~184 B.C.)의 희극 『카지나』(*Casina*)를 번안하여 『클리치아』(*Clizia*)라는 제명의 새 희극을 써서 공연하였다.

그는 팔코네티의 정원을 출입하면서 당시 “피렌체 여인 바르바라(Barbara Fiorentina)”라고 불리던 젊은 여가수 겸 배우를 만나 사랑에 빠지게 되었다. 이 『클리치아』의 작품도 그녀와의 약속으로 지은 것이다. 이 작품은 성숙한 여인으로 자란 자신의 양녀에게 엉뚱한 욕심을 갖는 늙은이에 대한 조롱을 주제로 한다. 마키아벨리는 자신의 희극 속에서 자신이 아는 모든 사람들을 조롱하는 데 특기를 발휘한 것으로 여겨지는데, 이 모든 사람들에는 당연히 자신도 포함된다. 이 『클리치아』에서 그가 조롱의 대상으로 잡은 것은 다른 사람이 아닌 자신, 즉 이미 50대 중반을 넘긴 젊지 않은 나이에 다시 사랑을 느끼고 그에 빠져 있던 자신이 사랑의 감정과 동시에 느끼지 않을 수 없었던 자기모순감이었던 것으로 보인다. 그의 생애 전체에 걸쳐 마키아벨리는 여인에 대한 사랑을 대단히 소중한 것으로 여겼던 것으로 거의 모든 전기작가들은 말하고 있다. 특별히 많은 수의 여인들이 등장하는 것은 아니지만 그는 여러 여인들과 사랑에 빠졌고 또 이러한 ‘악덕’을 애써 감추려고 하지 않았던 것으로 얘기된다. 그러나 여자문제에 관해서는 약간 철면피적인 측면도 갖추고 있었던 마키아벨리에게도 상당한 나이차이가 나는 여인과의 연애문제를 두고서는 자기모순감 또는 약간의 수치감을 피할 수 없었던 것으로 얘기된다.[12)]

12) 리돌피, 2000, pp. 333-336(영역: 208-210); Viroli, 2000, pp. 223-227. 한 개인으로서 마키아벨리는 다른 사람들과 마찬가지로 장점과 약점을 고루 갖춘 인물이었다. 굳이 약점으로 지적할 필요는 없겠지만 장점으로도 말할 수 없는 그의 특징의 하나는 관계의 심도 여하에 무관하게 여인들에 대해 꾸준하게 관심을 가졌다는 점이다. 앞서 우리는 1513년 12월 10일의 편지에서 단테나 페트라르카 같은 시인들의 연애담을 읽거나 “저 자신의 것을 회상하면서 행복감에 젖는다”고 마키아벨리가 술회한 점을 인용하였다. 그를 행복감에 취하게 만든 사랑의 대상이 과연 누구인지에 대해서는 추측이 있을 뿐인데, 흥미로운 점은 마키아벨리가 이와 관련하여 전적으로 회상만 한 것은 아니라는 점이다. 1515년 1월 31일자의 베토리에게 보낸 편지에서는(Letter 247) 이 연애의 문제가 대단히 상세히 언급되고 있어 비록 대단히 곤궁한 속에서도 여인에 대한 열정은 전혀 식

그의 전기작가인 리돌피에 따르면, 바르바라와의 이 연애사건은 격정적이었다기보다는 권력과 정복에 실패한 신군주가 한두 시간이나마 잠시 정복의 환상에 빠져 보는 일에 비유될 수 있는 그러한 환상을 줄 만한 정도의 것, 기본적으로는 가볍지만 때로는 고통을 주는 그러한 것이었다고 풀이한다.[13] 어차피 마키아벨리는 위선을 고통으로 여기는 시인이었다. 어울리지 않는 나이에 사랑에 빠진 자신을 비웃는 듯이 이 희극의 2막과 3막의 막간에 불리는 시에서 그는 다음과 같이 노래한다:

젊은이의 영혼에 사랑이 아름답듯
꽃다운 나이를 지난 이들에겐
사랑은 어울리지 않는 법.

지를 않고 어려운 상황에서의 그의 생명력의 원천이 되었음을 알 수 있다. 이 편지는 큐피드의 화살에 관한 언급으로 시작되는 사랑의 소네트가 실려 있는데, 나제미는 이 소네트를 단순한 개인적 경험담으로 국한시켜 이해하는 점에 대해 경고한다. 보다 자세한 논의는 Najemy, 1993a, pp. 325-328을 볼 것.

13) 리돌피, 2000, pp. 332-333(영역: 207-208). 바르바라의 본명은 Barbera Raffacani Salutati로, 마키아벨리의 『만드라골라』 공연에 여러 번 참여하는 등 관계는 여러 해 지속된 것으로 알려지고 있다. 마키아벨리의 전기를 논의할 때 빼놓을 수 없는 흥미로운 부분이 바로 마키아벨리와 여인들과의 관계이다. 마키아벨리가 관심을 두었고 또 가까이 지냈던 여인들은 여러 사람이 되지만 구체적으로 특별한 스캔들이 되었던 것은 거의 없었다. 마키아벨리가 여성편력이 잦았다고 하는 일반적인 인상은 아마도 그의 최대 연애사건이라고 지적되는 바르바라와의 관계를 두고 귀차르디니가 장난 삼아 마키아벨리를 "모든 여인의 연인"이라고 부른 것이 과장 와전된 것이라고 여겨진다. 마키아벨리가 여자관계 그 자체보다 더 흥미를 끄는 부분은 마키아벨리 자신이 아무런 숨김이나 꾸밈 없이 자신의 여성관이나 여성에 대한 높은 관심을 털어놓았던 점이다. 비록 짧기는 하지만 『로마사논고』(3권 26장)에서는 한 개의 장을 별도로 마련하여 여성문제가 나라를 망칠 수도 있음을 경고한 바도 있다. 또한 마키아벨리가 사랑에 관하여 쓴 시도 결코 적지 않다. 마키아벨리의 여성에 대한 사랑에 관한 문제는 조국에 대한 그의 사랑과 연결하여 Sebastian de Grazia가 *Machiavelli in Hell*(1989)의 6장("The Fool of Love")에서 대단히 흥미롭게 잘 분석하고 있다.

사랑의 힘은 나이의 힘과 같이 가는 것이라오.
젊은 시절에는 대단히 명예롭지만
노년에는 가치가 거의 없는 법이오.
사랑에 빠진 늙은이여 따라서 그러한 일이걸랑
열렬한 젊은이에 맡기는 것이 더 좋을 것이외다.
그 무게를 견딜 만큼 힘이 더 강한 그들이
그 주인들을 더 명예롭게 할 수 있는 법이오.[14)]

역사가, 희극작가, 비극작가의 마지막

당시의 국제정세는 스페인 – 합스부르크 왕가의 카를로스 5세와 프랑스의 프랑수아 1세 사이의 지속적 전쟁을 축으로 하면서 전개되고 있었다. 1525년 2월 파비아의 전투에서 프랑스는 패배하여 국왕 자신이 포로가 되는 수모를 겪게 되었다. 당시까지 친프랑스 정책을 일관하던 클레멘트 7세 교황은 이 전투를 계기로 친스페인 정책을 취하게 되었다. 이에 마드리드에 대사를 파견하기로 결정하고, 대사로 추기경인 조반니 살비아티를 임명하였다. 살비아티 추기경의 아버지인 야코포 살비아티는 마키아벨리의 능력에 대해 상당한 평가를 내리고 있었는데, 따라서 교황에게 조반니의 부관으로 마키아벨리를 적극 추천하였다. 그러나 어떤 이유에서인지 교황은 마키아벨리를 탐탁히 여기지 않아 이 계획은 무산되어 공직에의 복귀를 염원하던 마키아벨리에게 찬물을 끼얹은 셈

14) 이 시의 원문은 다음과 같다. “Quanto in cor giovenile è belle amore/ Tanto si disconviene/In chi degli anni suoi passato ha il fiore./ Amore ha sua virtute agli anni uguale,/E nelle fresche etati assai s’onora,/ E nelle antiche poco o nulla vale./ Si che, o vecchi amorosi, el meglio fôra/ Lasciar l’impresa a’ giovinetti ardenti, Ch’a più forte opra intenti,/ Far ponno al suo signor più largo onore.” *Tutte le opere*, p. 672. 영역문은 *CW* II, p. 838. 『클리치아』에서의 조롱대상인 늙은 니코마코가 마키아벨리 자신으로 생각될 수 있는 또 다른 좋은 증거로는 니코마코라는 이름이 니콜로 마키아벨리라는 자신의 성과 이름을 합성한 것이라는 점에서도 찾아볼 수 있을 것이다.

이 되었다. 만일 이때 마키아벨리가 당시 유럽 국제정치의 중심이던 마드리드에 파견되었더라면 그에게는 새로운 시대를 경험할 수 있는 엄청난 기회가 될 수 있었을 것이다.

바로 이 즈음에 마키아벨리의 로마 방문과 교황 알현이 이루어졌다. 마키아벨리로부터 『피렌체사』를 헌정받은 클레멘트 7세 교황은 대단히 기뻐하여 마키아벨리에게 120두카트 금화를 하사하였는데, 이 돈의 대부분은 곧 시집을 가게 될 딸 바르톨로메아의 지참금으로 사용된 것으로 전해진다. 그녀의 남편은 조반니 데 리치(Giovanni de' Ricci)라는 인물로 이 두 사람 사이에서 태어난 줄리아노는 외조부인 마키아벨리의 서한문을 잘 정리하여 보관하여 뒤에 후세인들이 마키아벨리를 보다 가까이 접하게 하는 데 결정적 기여를 한 인물로 기억된다.[15)]

마키아벨리와 접견한 교황은 당시의 국제정세에 관해 자신의 우려를 표명하였다. 이에 대해 마키아벨리는 하사금에 대한 답례로서 자신의 위기극복안을 제시했는데, 다름 아닌 로마냐 지방의 무장안이 바로 그것이었다. 이에 관해 교황은 흥미를 느끼고 실천에 옮길 수 있는 가능성을 알고 싶어했다. 이에 그는 당시 교황령의 한 도시인 파엔차 시의 행정책임자로 파견되어 있던 귀차르디니에게 그 가능성 여부를 문의하였는데, 그는 당시의 로마냐 지방 전체가 분열되어 있고 무장을 한다고 해도 교황의 뜻대로 사용할 수 있는 가능성을 높이 보지 않는다는 답을 냄으로써 교황은 이 계획안을 실천에 옮기지 않았다. 이러한 사정에도 불구하고 마키아벨리와 귀차르디니 사이의 우정은 더욱 깊어졌다. 따라서 귀차르디니는 자신의 재산문제와 관련하여 마키아벨리에게 개인적 부탁을 하기도 하고, 또한 바르바라의 문제를 두고 격의 없는 서신이 왕래되기도 하였다.[16)]

---

15) 클레멘트 7세의 하사금의 사용처에 관해서는 Viroli, 2000, p. 219를 볼 것. 줄리아노 데 리치에 관해서는 Najemy, 1993a, pp. 11-13를 볼 것.

16) 당시 귀차르디니는 피렌체 부근의 피노키에토(Finocchieto)라는 지역의 부동산을 현장도 확인하지 않고 구입하였는데 현지답사를 마키아벨리에게 부탁하였

파비아 전투에서 스페인의 포로가 되었던 프랑스 국왕 프랑수아 1세는 1526년 1월 마드리드 조약을 체결하고 이탈리아 내의 모든 이해관계에서 손을 뗄 것을 약속하고 2월에 풀려났다. 그러나 그는 약속에 무관하게 설욕을 다짐하고 교황, 피렌체 및 베네치아와 함께 코냑에서 동맹조약을 체결하였다(5월). 그리고 이 동맹국들과 함께 스페인을 상대로 1529년까지 코냑 동맹전쟁을 벌였다. 이때 교황청의 대표로 파견된 사람은 귀차르디니였다.

마드리드 조약의 체결소식을 들은 마키아벨리는 그 조약에서의 약속을 프랑스가 결코 지키지 않을 것을 예상하고 전쟁이 곧 임박함을 경고하였다. 따라서 그는 교황청을 상대로 피렌체의 재무장을 강력히 권고하였으나 신성로마 제국 황제의 분노를 걱정한 교황은 이 제안을 받아들이지 않았다. 그러나 피렌체의 군사방어문제에는 상당히 신경을 써서 성곽의 개축작업을 시작하였는데, 이 작업도 마키아벨리의 권고가 상당한 역할을 했던 것으로 전해진다. 마키아벨리는 성곽의 개보수작업을 위한 전담 관직의 설치를 주장하였는데, 그의 주장대로 이 관직이 새로이 설치되고 그 자리에 마키아벨리가 임명되었다. 이로서 마키아벨리는 1512년 관직을 박탈당한 지 14년 만에 다시 공직에 복귀하게 되었다. 마키아벨리는 이 새로운 직책에 전념하여 5월 17일자의 귀차르디니에게 보낸 편지에서 "나의 머리는 오로지 성곽의 문제로 꽉차 있어 그 외에는 아무것도 들어올 자리가 없다"고 말할 정도였다(Letter 308).

코냑 동맹군과 스페인 사이의 전투는 1526년 6월부터 롬바르디아 지

다. 마키아벨리는 이 곳을 둘러 본 후 아라비아 사막 같다고 혹평을 하였다. 이러한 혹평에 약간 기분이 상한 귀차르디니는 그 곳이 보기보다는 상당히 쓸모 있는 점도 있다고 말을 하면서, 이 점은 마치 마키아벨리의 애인 바르바라가 비록 그 이름이 잔혹 또는 냉혹하다는 뜻이기는 해도 실제의 사람은 대단히 달콤하고 친절한 것과 같은 것이라고 농을 걸기도 하였다. 이러한 평은 1525년 8월 7일자의 편지(Letter 294)에서 나오는 구절인데 반드시 이 구절뿐 아니라 편지 전체가 두 사람 사이가 절친함 또는 상호 존경의 관계였음을 잘 드러내 준다.

방에서 벌어졌는데 마키아벨리는 민병대의 조직업무와 관련하여 9월까지 계속해서 전투현장에 머물렀다. 그러나 로마에서는 교황군 병력의 일부를 이루고 있던 콜론나 가문이 반란을 일으켜 롬바르디아에서 자신의 군대를 빼내는 데 동의할 것을 교황에게 강요하는 데 성공하였다. 9월 19~20일에는 스페인 군대와 함께 바티칸을 약탈하고 교황으로 하여금 교황 군대 전부를 롬바르디아에서 철수하는 데 동의하도록 만들어 4개월간의 휴전이 동의되었다. 그러나 교황은 곧 아무런 가책도 없이 이 휴전안을 무시하고 콜론나 가문의 영지를 정복하고 합스부르크 제국에게 양도했던 나폴리 왕국에 대한 공격을 개시하였다.

이에 따라서 교황 동맹군과 제국 군대 사이의 전투가 다음해 3월까지 지속되었으나, 교황 측의 제국 군대에 대한 배상금 지불과 콜론나 가문의 사면 등을 조건으로 8개월간의 휴전이 약속되었다. 이 휴전조약에 따라 교황은 군대를 해산하였으나 제국군은 약속을 깨고 병력을 계속 보유하고 로마냐 지역을 약탈하기 시작하여 결국은 5월 6일 로마를 공격하고 약탈하였다.

전쟁수행과 관련하여 전투지역을 돌아다녀야만 했던 마키아벨리는 휴전과 함께 4월 22일 피렌체로 복귀하였다. 휴전에 이르는 과정을 통해 메디치 교황인 클레멘트 7세의 위신은 땅바닥에 떨어졌다. 이에 따라 피렌체 내의 반메디치 운동이 고개를 들기 시작하여 4월 26일에는 반메디치 소요가 일어나기 시작했고, 드디어 5월 16일에는 다시 공화국이 선포되기에 이르렀다. 이 공화국 체제복귀운동에 앞장선 사람들은 과거 사보나롤라 파에 속하던 사람들이었다. 새로이 출범한 공화국 정부는 전혀 새로운 인물들로 채워지기 시작했는데, 마키아벨리가 한때 봉직했던 비서관 직책도 새로운 인물을 임명하도록 되었다. 마키아벨리와 가까웠던 친구들은 마키아벨리의 임명 가능성을 점쳐 그를 고무하였다. 그러나 6월 10일 다른 사람이 그 자리에 임명되고 정작 마키아벨리는 클레멘트 교황에 봉사했다는 이유로 인해 복직에 실패하여 다시 한번 그리고 마지막의 좌절을 맛보게 되었다.

이 좌절스러운 사건이 있은 지 열흘 후인 6월 20일 그는 가벼운 두통 아니면 소화불량에 걸렸다. 따라서 평소대로 알로에를 기초로 만든 환약을 복용했는데, 아마도 복용량이 과다했던 까닭에 다음날에는 급성 복막염으로 짐작되는 병으로 갑자기 세상을 떠나게 되었다. 그의 임종은 자노비 부온델몬티, 루이지 알라만니 등의 소수의 가까운 친구들과 친지들이 지켜봤는데, 죽음에 앞서서도 그는 여전히 꿈 얘기를 통해 아이러니를 즐기는 자신의 원래 모습을 잘 드러내었다고 전해진다. 그는 꿈에서 한 떼의 거지들이 지나는 것을 보고 이들이 누구냐고 물었더니 축복받은 천국의 영혼들이라는 답을 받았다는 것이다. 다음에는 국사를 논하던 위엄스럽고 멋진 옷을 입은 한 무리의 사람들을 만났는데 이들 가운데에서 플라톤, 플루타르크, 타키투스 등도 발견하였다는 것이다. 이들이 누구냐고 물었더니 세속의 일을 너무 잘 알아 신의 적이 된 사람들로 지옥에 떨어졌다는 답을 들었다는 것이다. 다음으로 그는 어느 쪽으로 가고 싶은가라는 질문을 받았는데 천국에서 거지들과 같이 지내기보다는 지옥에서 위대한 영혼들과 정치를 토론하겠다고 답했다는 것이다.

마키아벨리는 1525년 10월 말일경 귀차르디니에게 보낸 한 편지에서, 자신의 서명을 하는 자리에서 자신을 "역사가, 희극작가, 비극작가(istorico, comico e tragico)"로 부르고 있다(Letter 300). 역사가는 『피렌체사』의 저자라는 점에서 그리고 희극작가는 『만드라골라』와 『클리치아』의 작가로서 쉽게 설명된다. 그러면 왜 비극작가인가. 사실 그는 비극을 한 편도 쓴 적이 없다. 그러나 만년에 자신의 생애 전체를 돌이켜 보면서 자신의 생애 전체가 한 편의 비극이었다는 탄식을 피할 수 없었을 것이다. 비극작가란 바로 그것을 말하고 있다고 여겨진다. 아마도 그런 점에서 그는 다른 무엇이기에 앞서 비극작가일 수밖에 없었다.

제 5 장

『군주론』

『군주론』과 『로마사논고』: 현실주의와 공화주의

지금까지 마키아벨리의 전기를 간략히 살펴보았다. 반드시 마키아벨리에 국한되는 일은 아니겠지만 특정 사상가의 이해를 위해서 전기 못지않게 중요하거나 아니면 그보다 더 중요한 검토대상이 저술이다. 실제 개인의 전기는 사상의 이해를 위한 배경이 되지만, 저술은 특정 사상이 펼쳐지고 있는 직접적인 수단이 되기 때문에 일단 저술에 대한 검토에 더 큰 무게가 실리는 것은 어쩔 수 없는 일이다. 그러나 저작 속에서 기술되고 있는 특정 주장이나 개념 그 자체가 자명한 것은 결코 아니다. 글을 쓰고 있는 저자로서는 너무나 자명하고 당연한 일이기에 자신이 염두에 두고 있는 독자들과는 이미 양해되고 있다고 믿기 때문에 자신의 글 속에서는 자세한 언급이 생략되고 있는 특정 논의의 시대적 또는 지적 맥락에 대해서는 후대의 독자들은 잘 모를 수밖에 없다. 이러한 점을 고려하지 않는다면 자칫 곡해하거나 오해할 가능성이 적지 않다.

따라서 특정 주장 또는 개념 그 자체의 논리적 구성에 대한 심층적 논의가 제대로 이루어지기 위해서는 그러한 특정의 문제제기, 주장 또는 개념 등이 제시되었던 배경에 대한 이해가 전제되어야 한다. 이러한 배경에는 여러 가지가 포함될 수 있겠으나 편의상 크게 두 가지로 나누어 생각할 수 있을 것이다. 하나는 특정의 주장을 제기하거나 저술을 하게 된 구체적 동기 또는 그러한 것들을 이루어지게 만든 시대적 환경을 들 수 있을 것이고, 다른 하나는 그러한 특정의 주장 또는 개념의 의미를 판독해 낼 수 있는 밑그림으로서 특정 저자가 속해 있는 지적 맥락 또는 환경이다.[1)]

앞에서 이루어진 마키아벨리의 전기적 측면이나 그의 인문주의 배경에 관한 논의는 바로 이러한 맥락적 이해를 돕기 위한 작업이다. 이로써 그의 사상에 관한 심층적 이해를 위한 예비작업으로서 그의 전기적 및 지적 배경에 관한 검토가 어느 정도 이루어진 것으로 말할 수 있다.

마키아벨리가 자신의 여러 글을 통해 제기하고 있는 문제나 주장은 다양하다. 마키아벨리가 특히 많은 사람의 흥미를 유발하고 있는 것은, 언뜻 보기에 그는 여러 글을 통해 상당히 일관된 자세를 보이기도 하지만 때로는 앞뒤가 상당히 다른 논의를 제기하고 있다는 점에서이다. 특히 많은 사람들의 관심의 대상이 된 부분은 『로마사논고』에서 강력히 부각되고 있는 공화주의자로서의 그의 모습과 『군주론』에서 나타나고 있는 정체와 무관한 정치공학자로서의 그의 모습 사이의 불일치성이다. 이 차이의 문제에 대한 어느 정도의 확실한 답을 갖기 전에는 그의 사

1) 특정 사상의 시대적 및 지적 맥락에 대한 강조는 그것이 특정 사상의 이해의 전부를 이룬다는 뜻에서 이루어지는 것은 아니다. 다만 그러한 맥락을 무시할 경우 전혀 시대착오적인 해석이 가능하다는 점에서 정치사상연구의 충분조건은 아니지만 필요조건으로 얘기될 수 있다는 것이다. 정치사상연구에 있어서 맥락의 중요성에 관한 고전적 논의로는 Quentin Skinner, "Meaning and Understanding in the History of Ideas," *History and Theory* 8, 1969, pp. 3-53. 이미 너무 유명해진 이 논문을 둘러싸고 상당히 많은 논쟁이 제기되었음은 잘 알려진 일이다. 상기의 스키너의 논문과 함께 그에 대한 비판논문 및 옹호논문들이 다음의 책에 한 곳에 모아져 있다. James Tully(ed.), *Meaning and Context: Quentin Skinner and His Critics*(Princeton: Princeton University Press, 1988).

상에 관한 어떤 확실한 그림을 그리기가 어렵다. 이러한 까닭에 이 장에서는 『군주론』과 『로마사논고』의 2개의 저술에 관한 전기적 이해를 바탕으로 한 그 구성과 사용되는 어휘의 이해작업을 마키아벨리의 사상의 이해를 위한 또 하나의 예비작업으로 시도하고자 한다.

마키아벨리의 저술활동은 그가 공직생활에서 물러난 1513년 이후에 본격적으로 시작되었다. 그가 단행본으로서의 출판을 목적으로 저술된 정치문제관련 저작으로는 네 권을 말할 수 있는데, 이 가운데에서 생전에 출판된 것은 『전쟁술론』(1521)뿐이다. 1520~1524년 간에 저술된 『피렌체사』는 앞에서 보았듯이 교황 클레멘트 7세의 의뢰를 받고 저술된 것이었다. 마키아벨리의 정치적 입장이 대단히 분명하게 드러나고 있는 글은 역시 『군주론』과 『로마사논고』이다.

흔히 『군주론』은 군주에 대한 정치공학적 기술자문가로서의 모습을 보이고 있고 『로마사논고』에서는 열렬한 공화정의 옹호자로서의 모습을 보이고 있는 것으로 이해되고 있다. 이러한 차이가 과연 어디에서 연유하는 것인가, 그러한 차이가 표면적인 것에 불과한 것인가 아니면 실질적인 것인가, 또 마키아벨리의 진정한 모습은 어떤 것인가 등에 관해 많은 학자들이 다양한 견해를 제출한 바 있다.

이 두 작품의 상호관계에 관한 첫 번째 논의는 이 두 작품의 저술시기와 관련된다. 즉 이 두 책이 상당한 시간간격을 두고 씌어졌다면 그 두 책에서 드러나는 표면적 차이는 변화 또는 발전이라는 각도에서 설명될 수 있을 것이고, 이 두 책은 상당히 다른 사상을 표현하는 것으로 볼 수 있다. 반면에 비슷한 시기에 저술된 것이라면 이 두 책에서 표시되는 차이는 표면적인 것에 불과한 것으로 취급될 수 있다. 따라서 이 두 작품의 저술시기를 확인하는 작업은 의외의 중요성을 띠는 것으로 생각된다.

이 두 책의 저술시기와 관련하여 가장 확실한 자료로는 1513년 12월 10일 마키아벨리가 베토리에게 보낸 편지에서의 언급이 있다. 그가 자신의 편지에서 "『군주정론』(*De Principatibus*)이라는 제명의 소책자"를 썼다고 말하고 있는데, 이것이 오늘날 우리가 알고 있는 『군주론』임은 두말할 나위가 없다. 그러나 그는 바로 이어 말하기를, 이 글을 "확대하고 다듬고 있다"고 말함으로써 그가 당시까지 마친 원고는 현재 우리가 알고 있는 『군주론』 전체가 아니고 일부로 여겨진다.

마키아벨리가 위의 편지에서 자신의 책이 다루게 될 주제로서 말하고 있는 "군주국의 정의, 종류 그리고 군주국 획득 및 유지의 방법, 상실의 이유"는 실제 오늘날 우리가 알고 있는 『군주론』의 1장에서 11장에 해당되는 부분으로, 아마도 12월까지 저술된 부분은 대체로 이것이 아닌가 여겨진다. 그리고 마키아벨리가 자신의 편지에서 언급한 "확대하고 다듬은" 부분은 나머지의 부분으로, 뒤에 약간의 수정이 가해졌을지는 몰라도 대체로 1513년에 저술이 마쳐진 것으로 여겨진다.[2)]

『군주론』의 저술시기와 관련하여 가장 많이 논쟁거리가 된 것은 26장의 부분이다. 25장까지의 텍스트는 때로는 냉혹할 정도로 차분하고 객관적인 분석과 권고로 일관되고 있는 데 비해 26장의 글은 '민족주의적' 또는 애국주의적 열정이 가득하고 이러한 열정적 주장의 바탕으로 동원되는 논의의 스타일은 기왕의 경험적 분석보다는 섭리론적 예언의 면이 강하다. 따라서 흔히 26장은 나머지의 텍스트와는 다른 계제에 별도로 작성된 것이라는 주장이 강력히 제기되었다.

이러한 주장에 대해 마키아벨리의 글을 수사술이라는 각도에서 읽는다면 「야만족으로부터 이탈리아를 해방시키기 위한 호소」라는 제목을 붙인 26장의 글은 25장까지의 소위 '과학적' 스타일과 완벽하게 일관되는 것이고, 더 나아가 26장이 없이는 25장까지의 글이 최종결론을 갖지 못하는 불완전한 것이 될 가능성이 크다는 주장이 강력히 제기되고 있다.[3)]

---

2) Hans Baron, "Machiavelli the Republican Citizen and Author of *The Prince*," in Baron, *In Search of Florentine Civic Humanism: Essays on the Transition from Medieval to Modern Thought*(Princeton: Princeton UP, 1988), vol. 2, pp. 130–131.

3) Victoria Kahn, *Machiavellian Rhetoric: From the Counter-Reformation to Milton*(Princeton

26장의 글이 다른 부분과 현저히 다르다는 점에 착안하여 26장의 작성이 특정한 계기와 관련되었을 것이라는 추측을 바탕으로 1513년 가을이 아닌 다른 시기를 추측하는 논의들도 있다. 가장 대표적인 것으로는 1971년에 발간된 산소니(Sansoni) 출판사의 마키아벨리의 전집을 편찬했던 이탈리아의 대표적 마키아벨리 연구자인 마르텔리의 논의가 있다.[4)]

마르텔리에 의하면 마키아벨리가 26장을 별도로 써서 이미 완성된 글에 덧붙인 것은 1518년 후반, 로렌초 메디치가 자신이 비공식적으로 지배해 오던 피렌체에서 공식적인 지배자로 등장하고자 하는 계획을 계기로 한 것이었다고 한다. 당시 로렌초의 자문관으로 활동하던 베토리가 이 사실을 마키아벨리에게 알리고 이 기회를 이용하여 기왕에 마련되어 있던 글에 26장의 글을 덧붙여 로렌초에게 헌정할 것을 권고했다는 것이다. 이러한 주장은 어떤 자료상의 근거를 바탕으로 제시된 것이 아니라, 26장의 글의 스타일이 앞부분과 너무 다르고 만일 그것이 어떤 계기를 바탕으로 새로이 씌어진 것이라면 1518년이었을 것이라는 추측을 바탕으로 하기 때문에 현재 크게 심각히 다루어지지 않는다.

다음으로 바론의 주장은 26장이 1515년 1월과 2월 사이에 씌어졌을 것이라는 것이다.[5)] 바론도 마르텔리의 경우와 마찬가지로 26장에서 드

N.J.: Princeton University Pres, 1994), p. 43; Eugene Garver, *Machiavelli and the History of Prudence*(Madison: University of Wisconsin Press, 1987), p. 45; Viroli, 1998, pp. 79–80.

4) 이러한 논지는 원래 "Da Poliziano a Machiavelli: sull'epigramma *dell'Occasione* e sull'occasione," *Interpres* 2, 1979, pp. 230–254에 그 개요가 소개되었다가 다음 글에서 확대되었다. "La logica provvidenzialistica e il capitolo XXVI del *Principe*," *Interpres* 4, 1982, pp. 262–384. 본 필자가 이용한 문헌은 Najemy, 1993, pp. 177–184에 소개되고 있는 요약이다. 특히 이 글에서는 마르텔리의 논지를 정면으로 비판한 Gennaro Sasso의 반박 요지가 함께 소개된다. Sasso, "Il 'Principe' ebbe due redazioni?" *La Cultura* 19, 1981, pp. 52–109.

5) Hans Baron, "The *Principe* and the Puzzle of the Date of Chapter 26," *Journal of Medieval and Renaissance Studies* 21, 1991, pp. 83–102.

러나는 강한 정서적 톤이 그냥 씌어진 것이라기보다는 구체적 계기를 바탕으로 분출되었을 것이라고 주장한다. 다만 마르텔리와 달리 그 계기는 1515년 초 줄리아노 메디치에 의한 중부 이탈리아 국가의 수립이 운위될 때였다는 것이다. 그러나 나제미에 따르면 이 중부 이탈리아 국가수립안은 이미 1513년 7월부터 소문으로 떠돌던 것이고 1515년 1월 31일 마키아벨리가 베토리에게 보낸 서한에서 이 계획은 상당히 비꼬는 듯한 태도를 취하면서 언급되고 있어 1515년 작성설도 별로 신빙성이 없는 것으로 말한다. 그리고 26장의 상당 부분은 마키아벨리의 1513년 8월 26일자 베토리에게 보낸 서한의 내용과 중복되고 있어 26장도 이미 1513년에 씌어졌을 것이라는 점을 나제미는 강력히 주장한다.[6)]

헌사의 저술에 대해서는 좀더 확실한 날짜를 추측할 수 있다. 1513년 12월 10일의 편지에 나와 있듯이 마키아벨리는 원래 자신의 책을 줄리아노 데 메디치에게 헌정하고자 했으나 베토리의 소극적 태도로 성사되지 않은 채 있었다. 원래 줄리아노는 정치와 군사문제 모두에 관해 그리 적극적이지 않은 데다가 그만 1516년 3월에 사망하였다. 이에 비해 현실정치에 적극적 관심을 갖고 있던 그의 조카인 로렌초 데 메디치는 1515년 5월 피렌체의 군지휘관직에 선출되었다. 그는 교황의 위임을 받아 1516년 6월에는 교황령 도시인 우르비노 시를 함락, 탈환하여 교황에 의해 우르비노 공으로 서임(敍任)되기도 하였다. 따라서 마키아벨리가 자신의 『군주론』의 헌정대상을 로렌초로 바꾼 것은 자연스럽게 여겨진다. 다만 그 시기는 확실치 않으나 리돌피에 의하면 1515년 9월과 (로렌초가 우르비노 공으로 서임되기 전인) 1516년 9월 사이의 일로 여겨진다. 한스 바론은 시기를 더 좁혀 줄리아노가 사망한 1516년 3월부터 9월 사이의 일로 잡고 있다.[7)]

---

6) Najemy, 1993a, pp. 184-185의 각주 16).

7) 리돌피, 2000, p. 265(영역: 164); Baron, 1988, II, pp. 130-131. 1516년 9월을 마지막으로 보는 것은 로렌초가 10월 초에 우르비노 공으로 서임되었는데 마키아벨리의 헌정사에는 이러한 사실을 알고 있는 흔적이 전혀 보이지 않는다고 리

『로마사논고』의 저술시기에 관한 마키아벨리 자신의 언급은 하나도 없기 때문에 그 시기를 마키아벨리 본인의 진술에 근거하여 추론하는 일은 사실상 불가능하다. 『로마사논고』에 관한 언급으로 보이는 진술이 『군주론』에 단 한 번 나타난다. 즉 2장의 첫 문장에서 "공화정에 관해서 나는 다른 글에서 길게 다루었기 때문에 그것에 관해서는 논의하지 않겠다"고 말하고 있는 부분이다. 다른 글이 과연 무엇을 말하는가에 대해서 모든 마키아벨리 연구자들이 『로마사논고』일 것임에 관해 동의하고 있다.

만일 그렇다면 최소한 『군주론』의 저술이 거의 다 되었던 1513년 말께는 최소한 『로마사논고』의 일부라도 완성되어 있었을 것이라는 점이 자연스러운 추론이다. 따라서 많은 학자들이 『로마사논고』의 저술시기를 1513년에서 1519년 사이로 잡고 있다. 마지막 기간을 1519년으로 잡는 것은 1519년에 사망한 독일 황제 막시밀리안 1세(1월)와 『로마사논고』를 헌정한 두 사람 가운데 한 사람인 코지모 루첼라이(10월)를 아직 살아 있는 것으로 취급하고 있기 때문에 아무리 늦어도 1519년을 넘지 않는다는 판단에 근거하는 것이다. 그러나 『로마사논고』에서 언급되고 있는 당대 사건들 가운데 1517년 이후의 사건들은 전혀 언급되지 않기 때문에 대체로 1517년경에 저술이 대체로 종료되었을 것으로 여겨진다.[8]

그러나 시작시기인 1513년에 대해서는 일부 의문이 제기되고도 있다. 이 점은 바론에 의해서 제기된 바 있는데 그에 의하면, '보스콜리 쿠데타' 음모와 관련하여 투옥 · 고문당했다가 석방된 마키아벨리로서는 『로마사논고』 같은 무거운 이론적인 저서를 저술할 만한 여유를 전혀 갖지 못했을 것이라는 것이다.[9] 마키아벨리는 『로마사논고』의 헌정사

돌피가 지적한다(리돌피, 2000, pp. 533-535의 주 40).

8) F. Gilbert, "Machiavelli's Discorsi," in F. Gilbert, 1977, pp. 117-118; Sydney Anglo, *Machiavelli: A Dissection*(New York: Harcourt, Brace & World), p. 84.

9) Baron, 1988, II, p. 137. 바론은 『군주론』 2장 첫 줄의 언급에 관해서는 마키아벨

에서 자신을 위해서는 이 책을 결코 쓸 수 없었겠지만 이 책의 헌정대상인 자노비 부온델몬티와 코지모 루첼라이의 강력한 권유에 따라 썼기 때문에 이들에게 감사한다는 뜻을 밝히고 있다. 이들 두 사람은 1516년을 전후하여 마키아벨리가 참석하기 시작했던 피렌체의 지식인 그룹인 '오리첼라리 정원(Orti Oricellari)' 모임에서 처음 만난 사람들인데, 이로 미루어 볼 때 『로마사논고』의 저술이 1513년까지 거슬러 올라갈 수 없을 것이라는 주장도 바론에 의해 제기된다(p. 142). 이러저러한 추론을 바탕으로 바론은 『로마사논고』의 저술시기를 1515~1517년 간으로 좁히고 있다.

바론이 정확한 저술시기의 문제에 집착하는 것은 『군주론』과 『로마사논고』의 두 작품이 (최소한 표면상으로) 드러내고 있는 현격한 차이, 즉 군주의 효과적 통치에 관심을 두는 냉혹한 정치적 현실주의와 인문주의의 영향이 짙은 공화주의적 입장의 관계를 어떻게 설명할 것인가라는 문제와 관련된다. 보다 구체적으로 『군주론』과 『로마사논고』의 집필시기 사이에는 마키아벨리의 사상적 변화가 있을 만한 시간적 간격이 있었음을 말하기 위한 것인데, 이 문제는 다시 이 두 작품이 과연 그러한 차이를 갖는 것인지 아닌지의 문제와 연결된다. 충분히 짐작될 수 있는 일이지만 바론은 마키아벨리가 『군주론』에서의 현실주의에서 『로마사논고』의 인문주의적 공화제로의 사상적 성숙과정을 거치게 되는 것으로 평가하고 있다.[10] 그러나 이 두 개의 저술이 차이점보다 공통점

리가 뒤에, 예컨대 1516년에서 1518년 사이 어떤 시점에서 원고를 필사본으로 회람시키기 직전에 첨가했을 가능성을, 물론 전적으로 추측이기는 하지만 조심스럽게 제기한다. p. 132. 케임브리지 대학 정치사상총서의 하나로 출간된 『군주론』의 영역판의 편자들도(Quentin Skinner와 Russell Price) 이 부분이 뒤에 삽입되었을 가능성을 지적하고 있다. *The Prince*(Cambridge: Cambridge University Press, 1988), p. 6, 주 a.

10) Baron, 1988, II, pp. 145-151. 이러한 입장은 에서도 길버트에서도 마찬가지로 나타난다. 즉 길버트는 "The Composition and Structure of Machiavelli's Discorsi" 에서

을 더 많이 갖는 것으로 본다면 『군주론』이나 『로마사논고』의 정확한 저술시기가 그렇게 중요한 문제로는 보이지 않는다.

물론 이 두 개의 저작이 근본적인 차이를 드러내는 작업인지 아니면 그 차이가 표면적인 것인지에 관한 문제는 그 저작들에 대한 깊은 고찰 없이 예단될 수 있는 것은 결코 아니다. 그럼에도 분명한 것은 마키아벨리 사상의 기본성격에 관한 정확한 이해는 이 두 저술 각각에 대한 올바른 이해와 그 둘 사이의 관계를 어떻게 파악하느냐에 달려 있다는 점이다. 예컨대 앞에서 언급한 바론이나 F. 길버트의 경우와 같이 현실주의에서 인문주의적 공화주의자로 발전한 것으로 본다면, 마키아벨리 사상의 기본모습은 공화주의 쪽에서 발견되어야 할 것이다. 만일 현실주의와 공화주의가 서로 배타적인 사상의 조류라고 한다면, 어떤 방향으로간에 변화와 발전이 언급되어야 하겠지만, 실상 이 두 조류는 배타적이어야 될 이유가 없다. 이러한 관점에서 볼 경우 공화주의와 현실주의를 동시에 갖는 것이 충분히 가능하다. 만일에 마키아벨리가 그 두 개의 사상조류를 동시에 갖고 있었다고 할 경우 애써 어떤 하나의 사상에서 다른 쪽으로 발전 내지 변화했다는 점을 입증할 필요도 없을 뿐 아니라 그러한 시도의 결과는 왜곡된 이해가 될 수 있다. 이 책에서는 이러한 입장에 서서 두 저술 사이의 관계에 대한 설명을 시도하고자 한다. 이러한 설명을 통해서 마키아벨리의 정치사상이 어떤 모습을 취하고 있었는가 하는 점이 자연스럽게 밝혀질 것이다.[11] 마키아벨리는 물

『로마사논고』의 저술시기를 논의하고 있는데 그의 결론은 다음과 같이 요약된다: "『군주론』과 『로마사논고』의 방법상의 차이들은 정통 인문주의를 받아들이는 쪽으로 마키아벨리가 기울기 시작한 첫번째의 신호로 생각할 수 있다. 그리고 『군주론』의 현실주의와 『로마사논고』의 정치적 이상주의 사이의 대비는 마키아벨리의 사상 속의 긴장의 표현이 아니라 그의 지적 발전의 결과로서 보인다." F. Gilbert, 1977, p. 133.

11) 앵글로는 몇 개의 기본적인 점들, 예컨대 역사연구의 실질적 목적, 고대 및 근대의 모범사례를 바탕으로 한 주장의 전개, 정치문제에서 군사조직의 우선성에

론 공화주의의 정치이상을 가졌으나 정치현실의 관찰은 엄격한 현실주의의 시각을 바탕으로 하였다. 동시에 이 두 가지가 상호 모순되어야 할 이유는, 또는 현실주의적 시각을 가졌다는 점과 나름대로의 정치이상을 갖는다는 점이 모순되어야 할 이유는 전혀 없는 것으로 여겨진다.[12)]

『군주론』의 저술목적

일반적으로 『군주론』은 전제군주가 자신의 정치적 지위를 유지하는 방법에 대한 윤리적 고려를 전적으로 배제한 기술적 또는 정치공학적 논의이고, 『로마사논고』는 공화제의 상대적 우수성을 강조하는 글로 애

대한 강조, 고대 정부와 제도의 우월성에 대한 신념, 비르투와 부패의 대립, 예외적 행동의 필요성에 대한 강조, 중간적 조치에 대한 비판, 총체적 부패의 시대에 있어서 일인의 위대한 인물만이 사회를 구할 수 있다는 점에 대한 신념, 비효과적인 국가수단으로서의 기독교에 대한 강조 등의 점들에 있어서 마키아벨리는 어떠한 변화도 보이지 않음을 강조한다. Anglo, 1969, p. 85. 한편 칸은 공화주의자 마키아벨리와 힘과 속임수의 중요성을 강조하는 수사술사 마키아벨리는 결코 분리될 수 없는 하나의 인물임을 강조한다. Kahn, 1994, pp. 10-12.

12) 월린은 마키아벨리가 '민족주의적' 열정을 갖고 있었고 정치현실의 분석에 있어서는 현실주의의 입장을 견지했다는 사실 사이에는 아무런 모순이 없음을 말하고 있다. Sheldon Wolin, *Politics and Vision: Continuity and Innovation in Western Political Thought*(Boston: Little, Brown, 1960), p. 204. 이러한 지적은 현실주의와 공화주의적 이상 사이에 모순이 없다는 점과 유사한 것이다. 그런데 이와 관련하여 지적될 수 있는 흥미로운 점을 들자면, 마키아벨리의 공화주의적 정치이상과 조국애('민족주의적' 열정)가 실제로는 동일한 사실의 다른 면임을 강조하는 비롤리의 주장을 대입하면 위의 두 가지 병행되는 대비는 단순히 유사성으로 그치는 것이 아니라 동일한 것이라고 말할 수 있다. 비롤리에 따르면 진정한 조국애는 시민들의 자유와 자발적 참여가 보장되는 정치체제, 즉 공화제 또는 법치를 전제로 하는 것이라는 점에서 자동적으로 공화정 또는 자유에 대한 사랑을 의미하는 것으로 이해되었다. 이 점에 대해서는 Maurizio Viroli, *Machiavelli*(Oxford: Oxford University Press, 1998), pp. 156-174를 볼 것.

기되지만 실제 텍스트를 읽으면 사정은 그렇게 간단하지 않음을 쉽게 알 수 있다. 특히 『군주론』은 정치공학적 논의를 중심적으로 다루고 있는 글이기 때문에 정치의 문제를 통치자의 입장에서만 다루었다는 충분히 있음직한 오해를 낳기도 했으나, 통치의 문제를 알기 위해서는 백성의 시각의 채택이 필요하다는 이 책의 헌정사의 한 구절만 읽어도 마키아벨리에 관한 많은 오해들이 대부분 마키아벨리의 글을 직접 읽지 않고 남이 하는 얘기를 그대로 전하는 데에서 근거하고 있지 않은가 하는 의심을 갖게 한다.

잘 알려져 있듯이 『군주론』은 최소한 부분적으로는 메디치 가문의 총애를 받아 자신의 정치적 지위회복이라는 대단히 현실적 목적과 관련하여 저술된 것이지만, 정치적 식견과 시국문제에 대한 입장을 펼침에 있어 그 책의 헌정대상인 메디치 가문의 수장인 로렌초의 비위를 맞추기 위해 자신의 생각을 감추고 듣기 좋은 말로만 구성된 것은 전혀 아니었다. 그보다는 그가 이 책의 마지막 26장에서 열정적인 자세로서 시도하고 있는 이탈리아 정치의 총체적 위기상황에 대한 분석과 그 대응책의 마련, 그리고 그것을 위한 정치인들의 의식제고가 『군주론』 저술의 기본목적이었던 것으로 생각된다.

당시 마키아벨리가 인식하고 있던 이탈리아 정치의 위기는 간단히 말해 한때 세계를 지배했던 로마 제국의 후손인 이탈리아가 1494년 변변한 저항 한 번 하지 못한 채[13] 정복자 프랑스에게 굴복하였다는 굴욕적 사실에서부터 시작된다. 이탈리아 내의 유력자들은 이러한 굴욕의 의미를 충분히 파악하지 못한 채 오로지 국내적으로 사분오열된 상태 속에서 서로끼리만 싸우다가 계속해서 외세에 의해 이탈리아인들의 운명이 결정되는 것을 방치하였다고 비난한다. 그 결과 1494년에 이어

13) 마키아벨리는 『군주론』 12장에서 샤를 8세가 이탈리아를 침공해 왔을 때 칼이나 창이 아닌 백묵만으로 정복에 성공했다고 경멸적으로 언명한 바 있다. 즉 아무런 군사적 저항이 없었기 때문에 그가 필요로 한 것은 병사들의 숙소로 사용할 집을 표시하는 데 사용한 백묵이면 충분했다는 야유가 섞인 지적이다.

1512년에도 또 다른 위기가 조성되었는데 이렇게 반복적으로 발생하는 위기의 원인을 어디에서 찾아야 할 것인가, 또 그 대응책은 어떻게 마련하여야 할 것인가가 바로 『군주론』에서 마키아벨리가 논의하고자 한 중심주제였다.

마키아벨리에 있어 이탈리아 위기의 가장 중요한 원인이자 그 대응책은 강력한 또는 효과적인 힘의 중심의 존재와 관련되는 것이었다. 즉 내부적으로 분열되어 있음으로써 이미 근대 영토국가로 조직된 프랑스나 스페인 같은 강력한 외세에 효과적으로 대응할 수 있는 힘의 중심이 이탈리아 안에 마련되어 있지 못하였던 점이 마키아벨리에게는 가장 큰 문제점이었다. 『로마사논고』 1권 12장에서 교황청을 비판하는 자리에서 그는 "프랑스나 스페인의 경우와 같이 하나의 공화국 또는 군주 밑에 모두가 복종하지 않는다면 어떤 국가도 통일될 수 없고 행복하지 않다"고 언명하면서 이탈리아에서 그러한 것이 가능하지 않았던 것은 오로지 교회 때문이었다고 그 이유를 든다. 즉 로마 교회는 스스로는 이탈리아를 통일시킬 수 있을 만큼 강력하지 못했으면서도 다른 어떤 세력에 의한 통일의 작업을 방해할 만큼은 강했기 때문이라는 것이었다. 여하튼 이탈리아의 기본문제는 이탈리아 전체를 단일 국가로 통일시킬 수 있을 만한 강력한 세력의 부재에서 비롯하는 것으로 그는 보았다.

이러한 논의의 직접적 상대는, 구체적으로는 그러한 힘의 중심을 조직하고 지휘할 통치자 또는 지배자이다. 효과적 힘의 중심의 조직이라는 문제를 이들의 시각에서 재정의한다면, 자신의 통치대상인 일정 지역의 백성에 대한 지배권을 어떻게 확립하고 유지 또는 확장하는가 하는 문제이다. 이때 이 일정 지역 내의 백성에 대한 지배권은 마키아벨리에 있어서는 stato라는 한 단어로 압축되는 것이었다.[14] 즉 그의 관심

14) 잘 알려져 있듯이 『군주론』의 첫 문장은 국가(stato)에 대한 정의로 시작한다. 그에 따르면 국가는 "사람들에 대하여 지속해서 명령권을 갖고 있는 영역(dominii che hanno avuto e hanno imperio sopra gli uomini)"인데, 여기에서 국가를 규

을 간단히 압축한다면 통치권을 유지하는(mantenere lo stato) 방법인바, 이 점은 마키아벨리가 베토리에게 보낸 1513년 12월 10일의 편지에서 『군주정론』이라는 이름이 붙을 자신의 책이 군주국의 수립 및 유지방법과 상실의 이유에 대해 다루고 있음을 말하고 있는 점에서 확실히 되고 있다.

이 문제에 대한 정답은 한두 마디로 요약되어 바로 주어질 수 있는 것이 아니다. 왜냐하면 고찰하고자 하는 국가가 공화정인가 아니면 군주정인가에 따라 답이 같지 않기 때문이다. 『군주론』에서 마키아벨리는 군주국의 경우에 한해 논의하는데, 그것은 그의 자문상대인 메디치(줄리아노이든 로렌초이든 간에)가 새롭게 수립된 군주체제의 군주였기 때문이고 또한 공화정의 문제는 다른 곳, 즉 『로마사논고』에서 다루고 있기 때문이기도 하다.

군주정에 논의를 국한한다고 해도 그 종류와 성격이 다양하기 때문에 한마디로 주어진 문제에 답할 수 있는 것이 아니다. 바로 이러한 까닭에 마키아벨리는 현대식으로 말하자면 '비교정부론'이라고도 부를 수 있을, 군주정의 유형론을 시도하고 있다. 이 유형론은 1장에서, 비록 오늘날 대부분의 책의 반 페이지도 안 되는 분량이지만, 압축적으로 그리고 대단히 포괄적으로 이루어진다. 우선 군주국은 세습군주국과 신흥군주국의 두 가지로 나뉘는데, 전자의 경우 유지에 있어서 어려운 문제가 거의 없기 때문에 2장에서만 간단히 논의된다.

정하는 세 개의 요소는 dominio, imperio 및 uomini로서 우리말로 옮기면 대체로 지배영역, 명령(지배)권, 사람(영역 내 주민)으로 국가에 대한 현대식 법적 정의가 제시하는 영토, 주권, 국민의 3요소와 대체로 상응하고 있음에 주의할 필요가 있을 것이다.

우연과 불확실성의 세계로서의 정치

마키아벨리의 기본적 관심은 신생군주국이다. 같은 신생군주국이라 해도 전적으로 새로운 것과 기존 국가에 의해 병합된 경우로 나누어진다. 또한 새로이 획득된 국가의 주민의 경우도 기존에 누리던 체제가 공화정인가 아니면 군주정인가에 따라, 또한 피정복지역의 주민의 언어나 종교, 풍습 등이 정복국의 그것들과 같은지의 여부에 따라 그 유지의 난이도가 달라진다. 또한 획득 당시 사용하던 군대가 자신의 것인지 아니면 남의 것인지, 또는 획득이 전적으로 자신의 능력 아니면 남의 호의나 요행에 바탕을 두는지에 따라서도 그 통치의 결과는 상이하게 나타나는 것으로 지적된다.

『군주론』에서 마키아벨리의 기본관심이 신생군주국에 두어지게 된 것이 과연 메디치가에 대한 정치적 조언이라는 현실적 필요성 때문에 생겨난 것이라고 단언하기는 어렵지만, 당시 메디치가에 의한 새로운 질서수립의 노력을 목도하면서 그 관심이 자극되었을 개연성은 적지 않다. 어쨌든 그러한 그의 개인적 주변상황의 문제와 무관하게 신생군주국의 경우가 정치이론가에게 흥미 있는 것은 그것이 정치에 있어서의 불확실성을 대표하기 때문이다. 신생군주국은 대부분의 기존 질서가 누리는 전통 기반의 정당성을 깨고 새롭게 수립되는 정치질서이기 때문에 일반사람들의 의식 속에 투영되는 정당성의 정도가 미약하다. 또한 그 새로운 질서에 의해 피해를 입는 사람들의 신질서에 대한 적대감은 확실한 반면, 그 질서로 덕을 보는 사람들의 경우 자신들이 얻게 될 이익의 전망이 불확실하기 때문에 그 지지는 대부분 미온적인 것으로 그친다(6장). 따라서 대단히 작은 충격에도 붕괴될 수 있다. 마키아벨리의 핵심문제는 바로 이러한 혁신(innovation)이 결과하는 역경의 상황을 신군주가 어떻게 극복할 수 있는가 하는 점이다. 물론 현실세계에서는 그러한 불확실성의 정도가 항상 다르게 나타나지만 기본적으로 정치학은 그러한 불확실성의 요인, 그것이 만들어 내는 정치적 사회적 동학(動學), 그리고 그것에 대한 대처방식에 관심을 갖는다는 점에서 마키아벨리가 그리고 있는 신군주의 상황은 신군주에게 국한된 문제가 아니라 이상형적 개념으로 구성되는 정치 일반의 논의로 취급될 수 있는 것이다.

마키아벨리는 정치에 있어서 불확실성의 요인을 포르투나로, 이 포르투나를 극복하는 능력을 비르투로 개념화하고 있다. 따라서 모든 정치상황은 비르투 - 포르투나의 관계로 설명될 수 있다. 세습군주국과는 달리 신생군주국의 경우는 그 존재를 위협하는 예상키 어려운 온갖 위기적 상황에 부딪히게 되는데, 비르투는 이것을 극복하는 군주의 비상한 또는 예외적 능력의 총체로 얘기될 수 있다. 여기에는 군대 또는 다른 통치기구와 같은 수단과 필요한 경우 그것을 지체 없이 사용할 수 있는 의지력과 효과적으로 사용할 수 있는 통찰력이 모두 포함된다. 마키아벨리는 비르투를 설명함에 있어 신군주 또는 정치가가 포르투나의 역작용에 맞서 자신이 다스릴 질료(materia), 즉 백성에 일정한 형상을 부여하는 능력으로 규정한다(6장).

현실의 세계에서는 당연히 비르투와 포르투나가 작용하는 정도가 시간과 장소에 따라 다르게 나타난다. 따라서 국가의 수립과 그 유지가 군주 자신의 능력, 즉 비르투에 근거하는 정도와 남의 힘이나 요행에 바탕을 두는 정도에 따라 개별 정치질서(국가)는 다른 모습으로 나타나게 되는데 이러한 문제는 6장에서 11장까지에서 다루어진다.

6장에서는 혁신가(innovator)의 이상형이 제시된다. 원론적으로 이상적인 혁신가는 자신의 통제 밖에 존재하는 상황 또는 우연적 요소, 즉 포르투나에 의존하는 정도가 거의 없는 경우를 말한다. 혁신가의 입장에서 포르투나에 더 많이 노출된다고 하는 것은 기성의 관습 및 정당성의 구조를 깨는 정도가 크다는 것을 말하는데, 따라서 포르투나의 개입이 거의 없는 이상적인 상태가 되기 위해서는 기성의 관습이나 정당성의 관념이 거의 정착되어 있지 않을 것이 필요하다. 마키아벨리 자신의 표현을 빌린다면 혁신가로서의 신군주가 자신의 비르투로써 형상을 부여할 질료가 이전에 아무런 특정의 형상을 갖지 않는 것이 중요하다.[15] 이 점은 『로마사논고』 1권 11장에서 마키아벨리 자신이 말하고 있듯이 "조각가는 다른 사람에 의해서 서툴게 쪼아진 대리석보다는 원석(原石)을 갖고 더 훌륭한 조각을 만들어 낼 수 있는 것"과 같은 것이다.

물론 이러한 이상형으로서의 혁신가를 현실세계에서 찾는 일은 쉽지 않다. 마키아벨리는 『군주론』 6장에서 포르투나가 아니라 자신의 비르투에 의해 군주가 된 예로서 모세, 키루스, 테세우스 및 로물루스의 네 사람을 들고 있다. 그러나 실상 이들은 모두가 신화나 전설적인 인물에 불과하다. 굳이 실제 역사가 아닌 전설적 인물들에서 비르투적 인물의 예를 찾고 있다는 점에서 마키아벨리가 사용하는 "가장 탁월한 인물(li più eccellenti)"이라는 표현은 이상형이라는 뜻으로 이해될 수 있을 것이다. 여하튼 이들의 뛰어난 능력(비르투)이 능력으로서 발휘되기 위해서는, 그러한 능력의 발휘를 요청하는 기회(occasione)는 필요했지만 이들은 모두 자신과 무관한 외부적 또는 우연적 요소(포르투나)의 개입 없이 목적을 달성했었다.

여기에서 흥미롭게 보아야 할 점이 있다면 비르투의 발휘는 반드시 기회가 마련되어야 한다고 하는 마키아벨리의 강조이다. 그러면 이들에게는 과연 어떠한 기회가 주어졌는가. 모세의 경우 이스라엘인들이 이집트인들에게 노예상태로 잡혀 있었다는 사실, 키루스의 경우 페르시아인들이 메디아인들의 억압하에 놓여 있었다는 사실, 테세우스의 경우 아테네인들이 국가를 이루지 못하고 사방으로 흩어져 살고 있었다는 사실 등은 모두가 이들 이상적인 비르투적 인물들에게 기회로 작용한 것들이었다. 이러한 상황들은 그들의 비르투의 발휘를 자극하였다는 의미에서 기회로 설명되지만, 동시에 그들의 국가수립행동의 결과가 그들을 포르투나의 작용에 노출시킬 수 있는 기존 질서가 없었다는 점에서도

15) 이 문제와 연관되는 추가적 논의에 대해서는 Pocock, 1975, pp. 159-160을 볼 것.

기회로 말할 수 있을 것이다.

이들은 모두 막스 베버적 의미에서의 카리스마적 지도자들이다. 따라서 베버적 논의의 맥락에서 생각하면 이들이 갖는 도덕적 권위가 자동적으로 추종자들에게 지속적 설득력을 갖는 것으로 볼 수도 있지만, 마키아벨리에 있어서는 사정이 다르다.[16] 사람들은 기본적으로 변덕스럽기 때문에 마키아벨리는 일시적으로 설득하는 것은 가능하여도 설득된 상태를 유지하는 것은 어렵다고 말한다. 따라서 일시적 설득이 아닌 지속적인 지배체제를 위해서는 충분한 강제력이 필요하고, 반면에 아무리 뛰어난 예언가라 할지라도 무장하지 않으면 반드시 실패할 것임을 강조한다. 그 좋은 예로 사보나롤라의 경우를 제시한다. 이렇게 마키아벨리는 새로운 정치질서의 수립의 결과로서 포르투나의 영향을 받는 것이 거의 없다고 생각되는 이상적인 비르투의 인물들에게도 자신들이 만든 질서의 지속성을 보장하기 위해서는 반드시 자신이 직접 통제하는 강제력 수단, 즉 군대를 가져야 한다는 점을 기회가 있을 때마다 강조한다. 따라서 11장까지의 다양한 군주국의 유형을 마친 직후 12장에서 14장까지 용병이나 원병이 아닌 군주 자신에 의해 조직되고 통제받는 군대의 필요성을 강조하는 것은 대단히 자연스럽게 여겨진다.

앞의 대리석의 비유에서 짐작될 수 있듯이 현실세계에서의 신군주들의 작업은 원석이 아니라 다른 누구에 의해서 이미 서툴게 조각된 재료를 고쳐 새로운 형태를 부여하는 작업이기 때문에 훨씬 어려운 작업이다. 이들은 모두 관습과 제2의 천성에 뿌리를 두고 있는 기성체제를 흔들기 때문에 이 체제에 근거하여 만들어진 사람들의 행동패턴을 교란시킨다.[17] 따라서 포르투나에 대한 노출을 야기한다. 즉 지속적으로 포르

16) 물론 베버도 카리스마의 지속성이 약함을 강조하고, 이것은 반드시 합리적 또는 전통적 방식의 권위체제로 전환되어야 함을 말한다. Max Weber, *Economy and Society: An Outline of Interpretive Sociology*, G. Roth and C. Wittich, eds.(New York: Bedminster Press, 1968), pp. 1111-1127.

17) 마키아벨리의 포르투나의 논의에 있어 인간본성은 대단히 중요한 의미를 갖는

투나의 간섭을 받기 때문에 마키아벨리가 혁신가의 이상형으로 제시된 네 사람의 경우보다 훨씬 더 어렵다.

여기에서 우리가 특히 주의를 기울여야 할 바가 있다면 마키아벨리에 있어서 비르투는 포르투나의 작용을 통제하는 능력으로 이해되면서 동시에 그 비르투는 포르투나의 작용을 자극하는 요인으로서도 그려진다는 점이다. 즉, 현실세계에 사는 신군주 또는 정치인들은 기본적으로 우발(contingency)의 세계에서 활동하고 있지만, 자신들의 행동의 결과로서 또 다른 새로운 우발적인 사건들이 벌어지게 된다. 즉 신군주들은 기존의 관습에 기반을 둔 정당성을 깨기 때문에 이들이 활동하는 세계는 기본적으로 기존의 법 또는 가치구조에 의한 억제가 별로 작용하지 않는 포르투나의 작용에 의한 우발적인 역경이 언제라도 발생할 수 있는 불안정한 세계이다. 이러한 세계 속에서 군주 또는 정치인들이 취해

다. 포르투나의 다양한 성격에 관해 마키아벨리는 삼행련구(三行聯句) 형식의 시로 표현하고 있다. 그에 의하면 포르투나가 거주하는 왕궁에는 여러 개의 수레가 돌아가고 있다고 말하는데(61-63행) 사람들은 그 바퀴들이 돌아가는 방향을 변경할 수는 없어도 한 바퀴에서 다른 바퀴로 옮겨 탈 수 있음으로써 정해진 운명을 피할 수 있을 가능성을 제시한다. 이 점은 포르투나의 힘을 거역할 수는 없어도 그 힘에 적응할 가능성을 말하는 것으로, 바로 중세 전반을 지배했던 보에티우스의 체념적 포르투나 관념으로부터 마키아벨리가 벗어나고 있다는 사실을 보여 주는 것으로서 하나의 중요한 변화를 획하는 일로 말할 수 있다. 그러나 그는 그러한 가능성을 조건부로만 허용한다. 즉 포르투나의 의도에 맞게 바퀴를 옮겨 탈 수 있는 것은 사람들의 성향에 달려 있는 것인데(103-104행), 성향이란 하늘에 의해 주어진 것이기에 바꿀 수도 포기할 수도 없기 때문에 수레바퀴를 옮겨 타는 동안에 포르투나는 당신을 저버릴 것이라고 한다(112-114행). 따라서 그러한 저버림을 피하기 위해 포르투나의 의도를 이해하면서 그 의도에 맞추어 바퀴를 옮기면 행운을 얻을 수 있다고 한다(115-117행). 그러나 곧바로(118행) 그렇게 할 수 있는 가능성도 "우리를 지배하는 신비한 힘에 의해" 거부된다고 말함으로써 포르투나의 변덕에 적응할 인간의 능력에 대해 모호한 태도를 취한다. 위에서 행수는 *CW* II, pp. 745-749의 영역 텍스트의 것임. 포르투나 개념에 관한 더 자세한 논의는 9장을 볼 것.

야 할 자세는 그러한 우발에 항상 대비하는 전략적인 것일 수밖에 없다.[18] 이러한 포르투나의 작용에 어떻게 대처하는가가 마키아벨리가 시도하는 군주의 유형론의 기준으로 작용한다.

우선 현실세계에서 관찰할 수 있는 혁신가 또는 신군주의 한 전형으로 제시되는 체자레 보르자는 신군주로서 할 수 있는 그리고 해야 할 거의 모든 일을 하였던 최대한의 비르투를 보유했던 것으로 마키아벨리는 평가하고 있지만,[19] 자신의 행적과는 전혀 무관한 그리고 전혀 예상치 못했던 아버지 알렉산더 6세의 사망과 자신에 적대적인 교황(율리우스 2세)의 계승 그리고 자신의 와병으로 인해 자신의 업적이 모두 수포로 돌아갔다는 점에서 포르투나에 대한 종속 정도도 최대한에 이르렀던 인물로 평가된다.

8장에서 제시되는 시칠리아의 시라쿠자의 왕 아가토클레스(Agathocles)의 예는 분명히 체자레 보르자와 대조되는 경우를 보여 주기 위해 제시되는 것으로 보인다. 아가토클레스(361~289 B.C.)는 옹기장이의 아들이라는 비천한 신분에서 시라쿠자의 왕이라는 최고지위에까지 오른 사람인데, 그 과정에서 그는 동료 시민들을 잔인하게 살해하거나 친구들을 배반하는 비인간적이고 잔인한 행동을 서슴지 않았던 인

18) Pocock, 1975, pp. 165-166 참조.

19) 마키아벨리는 『군주론』 7장의 마지막 부분에서 체자레 보르자에 대해 다음과 같은 최상의 평가를 내리고 있다: 즉 "적에 대해서는 효과적으로 방어하고 친구를 얻고 (힘에 의했든 간계에 의했든 간에) 정복을 완성하고 주민들로부터 사랑받고 또한 두려움의 대상이 되고, 병사들로부터는 복종을 받고 존경과 두려움의 대상이 되고 자신을 해칠 수 있거나 해칠 것으로 예상된 모든 사람들을 중립화시키거나 파멸시키며 구제도를 신제도로 바꾸고 엄하면서도 자비롭고 너그럽고 관대하며 충성심이 없는 부대는 해체하고 대신 새로운 군대를 조직하고 왕이나 다른 통치자들과는 동맹을 맺음으로써 자신을 기꺼이 돕거나 최소한 해로운 행동은 조심스럽게 하도록 하는 일이 자신이 새롭게 건설한 군주국에서 필요하다고 생각하는 사람이라면 [보르자]의 경우보다 더 훌륭한 예를 발견할 수 없을 것이다."

물로 알려져 있다. 따라서 그는 8장의 제목을 악행 또는 범죄적 행동으로 번역할 수 있는 「scelera(scelleratezze)에 의해 군주가 된 사람」으로 붙이고 있다. 특히 아가토클레스의 성공적 정복활동을 설명함에 있어 "포르투나나 비르투 어떤 쪽에도 도움을 받은 바가 없다"는 그 자신의 언명에서도 짐작되듯이 우리는 범죄적 행동이 포르투나도 비르투도 아닌 제3의 기준으로 마키아벨리가 제시한 것이 아닌가 하는 생각을 가질 수도 있다. 그러나 텍스트를 자세히 읽으면 비르투와 범죄적 행동은 물론 일치하는 것은 아니지만, 그렇다고 완전히 배타적인 관계를 맺는 것이 아님을 알 수 있다. 따라서 아가토클레스의 행적을 범죄적 행동으로 규정하여도 비르투가 완전히 부인되는 것은 아닌 것으로 보인다. 이러한 점은 또한 보르자의 경우에서도 추론되는 부분이다. 보르자와 아가토클레스의 행동의 배경은 상당히 다르지만, 실상 보르자가 취한 행동들이 그 자체만 놓고 볼 때 아가토클레스의 경우보다 덜 잔혹했다고 할 수 있는 부분이 많지 않다.

아가토클레스는 보르자와는 달리 권력장악의 과정에서 다른 사람의 은혜나 요행에 힘입은 바가 전혀 없었다고 마키아벨리는 말한다. 우리들의 모든 행동의 절반은 포르투나에 의해서, 나머지의 절반은 비르투에 의해 지배된다고 하는 25장의 논의에 입각해 볼 때 아가토클레스의 성공이 요행에 힘입은 바가 없다는 언명은 그를 분명히 비르투의 인물로 설명하는 것으로 보인다. 실제 마키아벨리는 아가토클레스가 "정신과 육체의 비르투를 악행과 결합하여" 시라쿠자의 최고 군지휘관직에 올라갔다고 말함으로써 비르투라는 표현을 쓰는 데 별로 주저감을 보이지 않는다.

그러나 그는 다시 군주의 지위에 오르는 과정에서 자신의 동료 시민들을 살해하고 친구들을 배반하고 잔혹한 행동을 거침 없이 행한 사실에 대해 "비르투라고 부를 수 없다"고 즉시 말을 뒤집으면서, 그러한 행동으로 권력은 얻을 수 있지만 영광(gloria)은 얻을 수 없다고 그 이유를 설명한다. 물론 아가토클레스에게 영광을 부여할 수는 없겠지만 그가 온갖 역경을 극복하는 과정에서 보여 준 비르투와 불굴의 기백을 생각할 때 그는 여전히 가장 뛰어난 장수 가운데 한 사람이라는 사실에는 변함이 없고, 다만 그가 "gli eccellentissimi uomini"라는 표현을 사용하여 지적하는 6장에서 제시된 4인의 반열에는 오를 수 없다고 말한다.

지금까지 살펴본 바와 같이 마키아벨리는 사실 아가토클레스를 비르투적 인물로 그리는 데 있어 어떻게 보면 일관성이 없는 것같이도 보인다. 즉 상당한 정도의 비르투를 가졌다고 분명히 말하면서도 다른 한쪽으로는 포르투나도 비르투도 아닌 제3의 방식, 즉 범죄적 행동을 말하고 있기도 하기 때문이다. 더욱 흥미로운 점은 체자레 보르자에게는 상당한 정도의 비르투를 인정하는데, 그 정치행동의 결과로 보아서는 아가토클레스 쪽이 훨씬 뛰어나다. 즉 수년간의 군사적 정복활동 끝에 단지 몇 개월간만 군주로서의 지위를 누릴 수 있었던 체자레 보르자와는 다르게 아가토클레스는 "오랫동안 자신의 조국에서 안전하게 살 수 있었고 외부의 적들로부터 자신의 나라를 지켰으며 시민들이 그를 상대로 모반음모를 꾀하지도 않았음"을 마키아벨리는 강조한다.

어떻게 이러한 일이 가능한가. 마키아벨리에 의하면 잔혹성도 "잘(bene)" 사용하면 긍정적 결과를 만들 수 있다고 말한다. 그 잔혹성이 자기보존 같은 합당한 이유를 바탕으로 또한 일거에(a(d) un(o) tratto)[20] 행해지고 그 후로는 그 잔혹한 행동이 반복되지 않고 가능한 한 백성의 이익을 위한 것으로 전환된다면 잔혹성도 "잘" 사용되었다고 할 수 있고, 만일 사용빈도가 시간이 갈수록 줄지 않고 늘어간다면 "잘못(male)" 사용되는 것이고 이러한 사용자는 자신의 권력을 유지할 수 없다고 부언한다.[21]

---

20) Cf. Harvey C. Mansfield, Jr., *Machiavelli's Virtue*(Chiacgo: University of Chicago Press, 1996), pp. 308-310.

21) 마키아벨리는 "잔혹함도 잘 사용되었다 할 수 있고…"라는 구절의 바로 앞부분에서 괄호 속에 "만일 그 자체가 나쁜 것(惡)을 잘(bene = 좋은)이라고 말할 수 있다면"이라는 조건절을 삽입하고 있다. 빅토리아 칸은 바로 이 대목은 실천적

마키아벨리는 아가토클레스의 경우를 잔혹함이 잘 사용된 예로 판단함으로써 결국은 그가 비르투를 갖춘 인물로 평가한다.[22] 이러한 과정에서 비르투라는 개념은 탈실체화(脫實體化, dehypostatize)된다. 즉 비르투라는 개념 자체에서는 어떤 특정한 고정된 의미가 제거되고 단지 어떤 특정 시점에서 주어진 상황에 옳게 대처하는 능력 일반을 지칭하게 된다.[23] 이렇게 비르투의 변화된 의미를 바탕으로 볼 때 범죄적 악

사유능력을 윤리적 규범에 종속시키려 한 인문주의적 입장에 대한 비판으로 이해되어야 함을 지적한다. Kahn, 1994, pp. 32, 9-10.

22) 아마도 『군주론』 전체에 걸쳐 잔혹함이 대단히 "잘" 사용된 예를 들고자 한다면 아가토클레스의 경우보다 7장에서 논의되는 체자레 보르자의 이중적 잔혹함의 경우를 들지 않을 수 없을 것이다. 체자레가 로마냐 지방에 대한 정복을 성공적으로 마친 후 이전의 지배자들이 백성을 다스리기보다는 약탈하는 데 더 힘쓴 결과 이 지역에는 절도와 반목 같은 무질서가 횡행하게 된 것을 알게 되었다. 따라서 이 지역에 평정상태를 도입하고 백성들의 복종을 확보하기 위해서는 대단히 엄한 정책의 실시가 필수적인 것을 깨닫고 잔혹함으로 평판이 높았던 자신의 부하인 라미로 데 로르카(이탈리아식 표기로는 레미로 데 오르코 Remirro de Orco)를 행정관으로 파견하여 원하던 질서와 평화를 급속히 회복할 수 있었다. 이 곳 주민들은 이 점에 대해서는 고마워하면서도 다른 한편으로는 라미로의 잔혹함에 염증과 혐오감을 느끼게 되었다. 이러한 사실을 간파한 체자레는 그를 갑자기 재판에 회부한 후 처형하고 그의 시체를 광장에 전시하였다. 이에 주민들은 만족감과 공포감을 동시에 느끼면서 체자레의 권위에 더욱 감복하게 되었다. 이러한 체자레의 잔혹성은 그것의 계산된 사용의 전형적인 경우로 아주 잘 사용된 것임을 마키아벨리는 말하고 있다. 잔혹함에 대한 긍정적 평가는 17장에서도 다시 한번 반복된다. 마키아벨리는 잔혹함 그 자체에 대해서는 그리 높이 평가하지 않으나, 만일 그것이 아니고서는 이룰 수 없는 일이 있다고 할 때 그것을 적절히 사용하는 일은 반드시 필요하다는 입장이다. 그러한 예로 마키아벨리가 들고 있는 것은 다양한 배경의 병사들로 구성되는 대규모 군대를 엄격한 기율을 바탕으로 훌륭하게 지휘하였던 한니발의 경우이다.

23) 마키아벨리는 『군주론』 25장에서 전적으로 포르투나에 의존하는 군주는 포르투나가 마음을 바꾸면 파멸하지만 시간의 성격에 자신의 행동을 조화시키는 사람은 성공할 것이라고 말함으로써 비르투가 자체로서 어떤 고정된 내용이나 실체

행과 비르투는 완전히 배타적인 것이 아닌 것이 된다.[24] 즉 비르투는 그 자체가 (올바른 행동의 기준 같은) 명사로서 표시되는 어떤 실체를 갖는 것이 아니라 어떤 행동이 의도된 목적을 달성하는 데 효과적이었는지를 부사로서 (훌륭하게, 잘) 표시하는 기준이 될 뿐이다. 이러한 의미에서 비르투는 어떤 일이든지간에 그 수행자가 발휘하는 기능상의 탁월함(functional excellence)을 의미하게 되는 것이다.[25]

비르투의 개념이 어떤 고정된 내용을 갖는 것이 아니라 항상 변화하

를 갖는 것이 아니라 변화하는 상황에 유연하게 대응하는 능력임을 강조한다.

24) 이러한 의미에서 빅토리아 칸은 비르투와 범죄적 행동을 구분하는 것처럼 마키아벨리가 8장의 초입에서 말하는 것은 그가 진정으로 이 두 가지가 구별된다고 믿었기 때문에 그런 것은 아니고 비르투가 부분적으로는 범죄적 행동을 포함하기도 한다는 아이러니를 보여 주기 위한 마키아벨리의 수사술적인 기술로 보아야 함을 지적한다. Kahn, 1994, p. 27. 그러나 마키아벨리가 아가토클레스를 도덕적으로 비난하는 것으로 보는 견해도 적지 않다. 이러한 논의의 대표적 예로는 Alfred Bonadeo, *Corruption, Conflict and Power in the Works and Times of Niccolo Machiavelli*(Berkeley: University of California Press, 1973), p. 82; J.H. Whitflied, *Machiavelli*(New York: Russell & Russell, 1965), pp. 80, 108. 이에 비해 포코크는 아가토클레스에 대한 마키아벨리의 입장은 탈도덕적(amoral)이라고 본다. Pocock, 1975, pp. 152, 167.

25) 이 비르투 개념의 탈실체화와 관련된 주요 문제는 Kahn, 1994, pp. 31-32. 칸은 마키아벨리가 비르투에 어떤 실체성을 부여하지 않는 것은 세련된 수사술적 전략의 결과로, 그 전략의 목적은 불안정한 현실정치의 세계 속에서는 그러한 동태적인 비르투의 개념이 더 효과적이기 때문에 기존의 정치적 덕(virtue)의 개념을 탈실체화 또는 탈구상화(脫具象化, dereification)하고자 하는 것이라고 지적한다. Kahn, 1994, p. 25. 탈구상화의 개념에 관해서는 Nancy S. Struever, *Theory as Practice*(Chicago: University of Chicago Press, 1992), p. 155를 볼 것. 스트루버에 따르면 비구상화의 방식은 어떤 행위의 목적이나 결과보다는 그것을 이루는 능력을 다루고, 정치적인 것에 대한 초점은 정치체를 만들어 내는 능력에 두어진다고 한다. 마키아벨리는 성공 그 자체보다는 그것을 이루어 내는 수단에 더 많은 관심을 두고 있다.

는 현실정치세계 속에서 우발적 상황에 효과적으로 대처하는 능력으로 바꾸어 이해해야 하는 까닭은 정치세계가 기본적으로 불확실성의 영역이고, 이러한 여건 속에서 정치인들이 성공적 결과를 얻기 위해(자신의 권력지위 = stato를 유지하기 위해) 취해야 할 자세는 우발에 항상 대비하는 전략적인 것일 수밖에 없기 때문이다.

정치영역을 기본적으로 우연과 불확실성의 세계로 규정하는 것은 정치행동에 있어 의도와 결과가 항상 일치하는 것이 아니라는 정치의 아이러니에 대한 그의 절실한 인식의 바탕이 되고 있다. 이러한 인식은 『군주론』 15장의 마지막 문장에서 잘 요약되고 있다: "[현실정치 속의] 모든 것들을 조심스럽게 관찰하면 미덕(virtù)같이 보이는 것을 따르면 멸망으로 결과하고 반면에 악덕(vizio)으로 보이는 다른 것은 안전과 번영으로 이어지는 것을 알게 될 것이다."

성공적 정치인의 자질

잘 알려져 있듯이 이 15장에서 18장까지 이어지는 논의는 당시 지배적인 사고방식인 인문주의에 대한 비판으로 의도된 것이다. 마키아벨리의 입장에서 볼 때 불확실성과 아이러니로 점철되는 정치세계 속에서 성공적으로 살아 남기 위해서는 그러한 불확실성과 아이러니를 역으로 이용하여 자신이 얻고자 하는 바를 성취할 수 있는 전략적 자세를 갖추는 일이 비르투의 핵심으로 이해된다. 이러한 점에 대한 이해가 성공적인 정치인이 되기 위한 핵심인데, 당시의 지배적인 인문주의 사상은 모든 문제를 도덕적 관점에 종속시켜 파악하기 때문에 성공적 결과가 궁극적 판단기준이 될 수밖에 없는 정치적 행동을 위한 올바른 기준을 제공하지 못한다는 것이다. 따라서 올바른 정치의 이해와 합당한 전략적 행동원칙의 도출을 위해서 해야 할 첫번째의 작업은 인문주의의 도학자적 자세로부터 정치의 논의를 해방시키는 일이었다.[26] 이 문제는 당시 이탈리아가 반복적으로 겪고 있던 정치적 위기의 원인을 제대로 진단하고 올바른 대응책의 도출을 위해 반드시 취해야 할 첫번째의 일로서 『군주론』을 통해 마키아벨리가 하고자 했던 핵심적 작업으로 얘기될 수도 있을 것이다. 15장의 서두에서의 다음과 같은 술회는 바로 이러한 점에 대한 지적이었다:

> 이 주제[자신의 백성과 동맹국들에 대한 군주의 행동방식]에 대해 이미 많은 사람들이 글을 썼다는 점을 알고 있기 때문에 내가 이 주제에 대해 다시 논의하는 일이, 더욱이 그들의 주장을 반박하려 한다는 점 때문에 주제넘는다고 여겨질까 두렵다. 그러나 나는 그러한 문제들에 대해 이해력이 있는 독자들에게 무엇인가 유용한 것을 쓰기를 원하기 때문에 상상을 통해 만들어진 것보다는 사안(주제)의 유효한 진실(verità effettuale della cosa)을 추구하는 것이 더 나은 일이라고 여겨진다.

여기에서 마키아벨리가 반박하려고 하는 대상은 직접적으로는 그 자신과 동일한 『군주론』이라는 제목으로 글을 썼던 플라티나, 파트리치, 폰타노 등의 동 시대의 인문주의 학자들이지만,[27] 그가 기본적으로 문제삼고 있는 것은 도덕적 선(honestum)과 이익(utile) 사이의 조화에 대

---

26) 칸에 의하면 마키아벨리와 기존의 인문주의자 사이의 가장 큰 차이는 강제력을 설득의 수단으로 보고 있는지의 여부에서 발견된다. 즉 마키아벨리는 강제력을 설득과 동의에 반대되는 것으로 보지 않고 진정으로 유연한 정치적 수사술에는 기존에는 배제되었던 폭력 같은 범죄적 자원도 포함될 수 있음을 말함으로써 당시의 인문주의자들을 비판하고 있다는 것이다. 이럼으로써 마키아벨리는 정치에 있어서의 수사술의 적용범위를 확장한 것으로 칸은 지적한다. 이렇게 강제력의 사용을 수사술의 일부로 봄으로써 강제력의 사용 자체의 효과를 설득과 동의에 연결시키는 결과를 낳아 강제력에만 통치기반을 둔다고 생각되던 전제정(僭主政)도 궁극적으로는 시민적 동의를 바탕으로 하지 않으면 안 되는 것으로 이해되게끔 하는, 말하자면 전제정에 대한 내재적 비판을 제공하였다고 칸은 지적한다. Kahn, 1994, p. 36.

27) 이들에 대한 자세한 논의로는 Quentin Skinner, *The Foundations of Modern Political Thought*, vol. 1: *The Renaissance*(Cambridge: Cambridge University Press, 1978), pp. 113-128을 볼 것. F. Gilbert, 1977, pp. 99-100도 참조.

한 키케로적 관념이었다. 특히 도덕적 옳음과 효용성은 항상 양립 가능한 것이고, 따라서 이 두 가지 가치를 동시에 추구할 수 있다고 보는 키케로적 - 인문주의적 입장에 대한 반박이 마키아벨리가 기본적으로 의도한 바였다. 그에 따르면 "인간 삶의 조건은 단순히 그러한 일을 허용하지 않기 때문에 일반적으로 좋은 것이라고 생각되는 자질들을 모두 갖거나 정직하게 지키는 것은 불가능하다. 따라서 군주는 악덕을 행한다는 불명예 때문에 국가를 상실할지도 모를 일을 피할 방법을 강구해 둘 필요가 있다." 그러나 "그러한 악덕을 행하지 않고는 자신의 국가(권력지위)를 지키는 일이 어렵다면 그러한 불명예에 부딪히는 일에 대해 크게 유념할 바 아니라"는 것이 그의 충고이다. 즉 지배자는 자신의 국가를 유지하는 데 필요하다면 "비도덕적으로 행동할 준비를 해 두어야 한다"는 것이다:

> 군주는 실제로 내가 열거한 모든 자질들을 가질 필요는 없다. 그러나 그것들을 갖추고 있는 것처럼 보이는 것은 많이 필요하다. 실제 나는 그러한 자질들을 갖추고 있는 것처럼 보이는 것의 효용성이 있지만 그것들을 갖추고 있거나 그것들을 항상 존중하는 것이 위험하다는 점에 대해서 감히 주장하고자 한다. 자비롭고 신의가 있고 인간적이며 정직하고 종교심이 깊게 보이거나 또 실제 그러한 것은 유용한 일이다. 그러나 이러한 자질들을 가질 필요가 없을 경우 그 반대로 바꿀 수 있는 능력과 지식을 가질 수 있어야 한다는 점에 대해서는 잘 알고 있어야 한다. 군주, 특히 새로운 군주는 일반적으로 사람들의 평판을 좋게 만드는 그러한 자질들을 모두 실행할 수 없다는 점을 알고 있어야 한다. 자신의 지배권을 유지하기 위해서는 신의, 자비심, 인간성 및 신앙심에 반대되는 행동을 하지 않으면 안 되는 경우가 자주 있기 때문이다. 따라서 군주는 포르투나의 바람과 상황의 변화에 따라 변할 수 있는 융통성 있는 정신을 필요로 하는 것이다. 이미 말했듯이 군주는 가능하다면 선으로부터 벗어나지 않아야 하겠지만 필요할 경우 어떻게 악을 행할 수 있는가에 대해서 알고 있어야 한다(*P* 18).

가능하면 감추는 것이 바람직하지만 악덕을 행하고 그 결과로서 발생하는 불명예의 문제는 정치의 세계 속에서는 부차적인 문제일 수밖에 없다는 점이 마키아벨리를 키케로적 전통 위에 서 있는 인문주의 논객들과 구별지어 주는 핵심적 주장이다. 15장에서 18장에 이르는, 현대의 독자들에게도 상당히 자극적인 것으로 들리는 몇 가지 충고들은 자세히 살펴보면 대부분 키케로가 『의무론』에서 제시하고 있는 충고사항들을 정면으로 뒤집는 작업이다. 키케로의 『의무론』은 중세와 르네상스 시대에 가장 많이 읽혔던 라틴 문헌으로 꼽히고 있고, 여기에서 제시되는 윤리적 권고사항들은 그 자체로서 또한 기독교 윤리와 함께 가장 권위있는 고전적 윤리이론이었다. 따라서 키케로의 『의무론』이 피렌체 시민적 인문주의자의 에토스 형성에서 중심적 역할을 한 것은 전혀 이상스러운 일이 아니었다.[28] 이런 관점에서 볼 때 마키아벨리가 자신의 글에서 키케로의 권고사항을 정면으로 논박하려는 시도는 상당한 관심을 자극할 수 있는, 말하자면 고도의 수사술적인 효과를 노린 계산된 작업으로 볼 수 있다.

15장에서 일단 문제를 제기하고, 16장에서 다시 받아 상세히 논의하는 관후(寬厚)함(liberalità)과 인색의 문제는 『의무론』 1권 14장 42절에서 18장 59절 사이에서 다루어지는 주제이다. 너그러움을 가르치는 키케로와 달리 마키아벨리는 군주의 너그러움은 반복되면 불가피하게 방만한 소비로 이어지고, 이것은 다시 궁핍과 그에 따른 국민에 대한 보다 무거운 세금의 부과를 결과함으로써 탐욕적이라는 관후함의 원래 의도와는 정반대의 평가를 낳을 수 있음을 강조한다.[29]

『군주론』의 전체 26개장에서 아마도 가장 유명한 17장에서의 논의,

---

28) 중세 및 르네상스 이탈리아에서 키케로의 『의무론』이 차지하고 있던 중심적 역할에 관해서는 Marcia L. Colish, "Cicero's *De Officiis* and Machiavelli's Prince," *Sixteenth Century Journal*, 9-4, 1978, pp. 82-84를 볼 것.

29) 사실 이러한 위험은 키케로도 『의무론』 II-15, para. 52-55에서 이미 경고하고 있는 사항이다.

즉 군주가 백성으로부터 두려움과 사랑 중 어떤 쪽을 받는 것이 나은가라는 물음도 역시 키케로의 논의에서 출발하는 것이다. 키케로의 논의는 사람들이 다른 사람의 권위에 복종하게 되는 동기라는 보다 일반적인 차원에서 이루어지는데, 사랑과 공포는 다양한 동기들의 양 극단을 대표하는 두 가지이다. 여하튼 키케로에 따르면 두려움의 무게에 눌려 만들어지는 권력은 결코 지속적이지 못하며 애정은 권력을 안전하게 지속시키는 것으로 믿을 수 있다는 것이다(II-7, para. 23-25).

이에 대한 마키아벨리의 반론은 다음과 같다. 군주라면 당연히 백성으로부터 사랑받기도 하고 또한 두려움의 대상이 되는 것을 바라겠지만 실제 두 가지를 다 갖는 것은 어렵기 때문에 하나만을 선택해야 하는데 두려움을 받는 쪽이 훨씬 안전하다는 것이다. 그러한 이유로 들고 있는 것이 바로 이기적 인간성에 대한 마키아벨리의 이해인데, 아마도 성악설적인 인간관으로 제시된 논의 가운데에서 가장 통렬한 것이 아닌가 여겨진다. 즉 그에 따르면:

> 사람들은 일반적으로 배은망덕하고 변덕스럽고 또한 거짓말쟁이이며, 위험은 피하면서 이익은 열심히 좇습니다. 당신이 그들을 돌보고 있는 동안에는 그들은, 그래야 할 필요가 멀리 있는 한에서는, 그들의 피와 소유물과 목숨과 그리고 자기 자식까지도 바치려 함으로써 그들은 모두 당신의 것입니다. 그러나 당신이 어려운 사정에 몰리면 그들은 돌아설 것입니다. 사람들의 말에만 전적으로 의지하여 자신의 방어를 게을리하는 통치자는 멸망할 것입니다. … 사람들은 두려운 통치자보다 사랑하는 통치자를 해치는 데 훨씬 덜 주저합니다. 왜냐하면 사랑은 의무감의 고리에 의해 유지되는데 사람들은 악하기[이기적이기] 때문에 자신들에게 이익이 된다고 생각하면 언제라도 그 고리를 끊는 데 비해 처벌의 공포에 의해 유지되는 두려움은 결코 당신을 저버리지 않을 것입니다.

사랑과 두려움의 문제에 관해서는 마키아벨리 자신이 이 17장의 결론 부분에서 대단히 훌륭히 요약하고 있다. 사랑은 사랑하는 사람의 마음에 의해 주어지기도 하고 탈취되지만, 두려움은 두려움을 만드는 사람의 수중에서 결정된다. 따라서 사랑은 군주 또는 지배자의 수중에서 통제되는 변수(수단)가 아닌 데 비해 두려움은 지배자의 수중에 있는 변수이다. 따라서 통치하는 사람은 자신이 갖고 있는 수단으로 통치해야지 남이 보유하고 있는 수단을 사용하려고 한다면 반드시 실패하기 마련이라는 것이 마키아벨리가 말하고자 하는 핵심논지이다.

18장에서 사용하는 여우와 사자의 비유 또한 키케로의 논의에 대한 정면 반박으로 기도된 것으로 보인다. 키케로는 『의무론』 I-11, para. 34에서 I-13, para. 41까지 분규해결방식을 둘러싸고 논쟁과 힘에 의존하는 두 가지 방식을 논의한 후 전자는 사람에게, 후자는 짐승에게 적합한 것이라고 지적한다. 특히 힘에 의한 방식은 기만과 폭력 두 가지 방식으로 구분하는데 전자는 여우, 후자는 사자에게 합당한 것이라고 말한다. 바로 이 논의를 정면으로 받아 마키아벨리는 통치자는 여우와 사자를 모두 포함하는 짐승과 같이 행동하는 것을 배워야 한다고 강조한다.

아마도 마키아벨리가 시도하는 키케로에 대한 가장 중요한 반박은 가장과 위선의 필요성에 대한 강조일 것이다. 키케로는 자신이 지적하는 여러 가지 덕성들은 유익한 것이기에 다른 사람들한테 항상 보일 필요가 있고, 따라서 널리 광고되어야 함을 강조한다. 그러나 실제로 갖고 있지 않은 덕성을 갖고 있는 것처럼 가장해 봤자 곧 알려지게 된다는 것이 키케로의 핵심적 주장이다(II-12, para. 43). 그러나 마키아벨리의 생각은 다르다. 군주들이 덕성을 갖고 있다는 평판을 듣는 것이 대단히 유리하다는 점에 대해서는 그도 인정한다. 그러나 현실의 정치세계 속에서 그러한 덕성을 모두 갖는 일은, 특히 기존의 가치체계를 깨야만 하는 신군주의 경우는 더욱 어렵기 때문에 그러한 것을 갖고 있는 것처럼 위장하는 일이 중요한 책략으로 제시된다. 마키아벨리에 따르면 사람들은 대부분 사물의 실체보다는 외양을 보고 판단하는 일이 더 잦기 때문이다.

앞서 잠시 지적하였듯이 마키아벨리의 키케로 비판은 수사술적 효과를 노린 위악(僞惡)의 면이 강하다는 인상이 짙다. 왜냐하면 『군주론』

속에서도 부분적으로는 키케로에 공명하는 주장이 눈에 띄고, 특히 다른 저술 속에서는 키케로에 공명하는 부분이 더욱 커지기 때문이다. 예컨대 군주는 두려움를 살 필요는 있지만 결코 증오의 대상이 되어서는 안 된다고 하는 대목은(17장) 아리스토텔레스로부터 직접 영향을 받은 것처럼 보이지만 전체적으로 키케로의 분위기와 일맥상통한다. 아리스토텔레스는 그의 『정치학』에서(1311a-b) 말하기를 통치자는 백성의 재산이나 여인의 명예를 범하게 되면 증오를 받게 되고 이렇게 되면 정변이 일어날 가능성이 크다고 언급한 바 있는데, 마키아벨리는 이것을 그대로 받아 두려움의 대상이 되더라도 미움을 사서는 안 될 것임을 애써 강조한다. 재산의 중요성을 강조하는 대목에서는 이것이 "아버지의 죽음보다 더 사람들의 마음을 상하게 할 것"이라는 충격적인 발언으로써 마키아벨리의 '악마적' 인 면모를 보이는데, 이 역시 위악을 통한 독자들의 관심제고라는 수사술의 측면에서 이해하여야 할 대목으로 생각된다.

이 증오의 문제는 경멸의 문제와 함께 19장에서 상당히 길게 논의된다. 이 두 가지는 모두가 백성 또는 부하들에 의해 모반을 일으키게 하는 원인이 되는 것들인데, 이 모반의 문제에 대한 마키아벨리의 관심은 『로마사논고』에서 제일 긴 장인 3권 6장에서 대단히 상세히 표출되고 있다. 여하튼 여기에서 특히 기억해 두어야 할 점은 훌륭한 정치를 통해 백성들의 신뢰를 쌓는 일이 통치자의 안전을 위한 최선의 방법이라는 다소 마키아벨리와는 거리가 있고 오히려 키케로에 가까운 듯한 주장이 일반적으로 '마키아벨리즘' 의 상징처럼 지적되는, 15장에서 18장까지에서 제시되는 '반도덕강좌' 의 뒤를 바로 이어서 전개된다는 사실이다.

여하튼 이러한 마키아벨리의 논의는 당시의 인문주의자들이 훌륭한 군주가 되기 위해서는 키케로적-기독교적 윤리적 명령에 우선 따라야 한다는 주장에 대한 비판으로 시도된 것이었다. 마키아벨리의 입장에서 볼 때 이 인문주의 정치이론의 가장 큰 문제는 정치에 기본적으로 내재하는 윤리적 딜레마에 대해 무감각하다는 점이고, 이것을 무시하는 한에 있어서 권력지위의 유지라는 기본적인 문제를 갖는 정치에 관한 옳은 이론이 도출될 수 없다는 점이었다.[30)]

30) 흔히 이 문제는 "정치영역의 독자성"이라는 말로 요약될 수 있고, 마키아벨리의 기본목적은 이 "정치의 독자성"이라는 명제의 정당성을 입증하는 데 있으며, 이 점이 그의 가장 큰 독창적 기여점이라고 지적되어 많은 사람들이 지지하기도 했다. 이러한 논의를 처음 제시한 사람은 이탈리아의 철학자 Benedetto Croce, *Politics and Morals*(New York: Philosophical Library, 1954)였고, 이를 널리 전파하는 데 기여한 사람은 Federico Chabod, *Machiavelli and the Renaissance*(New York: Harper, 1958)였다. 이 논지는 오늘날에 와서는 평가절하되고 있다. Skinner, 1978, I, p. 134. 벌린 교수는 마키아벨리의 공적을 도덕으로부터 정치의 독립이라는 관점에서가 아니라 전통적인 기독교 도덕과는 별개의 도덕체계와 기독교적 도덕체계의 대립이라는 관점에서 보아야 한다고 주장한다. Berlin, 1972, pp. 169-172를 볼 것.

제 6 장

『로마사논고』

『로마사논고』의 저술목적

앞서 지적하였듯이 『군주론』의 저술동기는 물론 당시 개탄할 만한 이탈리아의 정치상황에서 비롯되었지만, 다루고 있는 문제는 기술적인 것으로 상당히 제한되고 있다. 『로마사논고』의 저술동기도 어찌 보면 『군주론』과 크게 다르지 않다. 그러나 『로마사논고』에서 다루고 있는 문제는 기술적인 것을 훨씬 넘어 정체의 변동과 서로 다른 정체들의 상대적 이점, 군사체제의 문제와 같은 정치 일반의 문제들이 중심주제로서 다루어지고 있다. 이러한 문제를 다룸에 있어 마키아벨리는 그가 전범으로 삼고 있는 로마 공화국의 정치제도와 관행을 기준으로 당시 피렌체의 제도와 관행을 평가하고, 문제점을 지적하고, 추구되어야 할 정책방향을 제시한다.

국가의 위대성을 달성하는 것이 르네상스 인문주의자들과 마키아벨리의 공통관심사였음은 이미 앞에서 지적된 바 있다. 작은 도시국가로 출발한 로마가 위대한 세계제국으로 성장한 점에 압도되었던 이들에게 있어 로마 공화국은 국가의 위대성을 달성하는 문제와 관련하여 전범이 되지 않을 수 없었다. 따라서 마키아벨리가 『로마사논고』를 저술한 것은 로마 공화국의 성장과정을 연구하여 위대한 제국으로 성장할 수 있게 만든 요인과 방법을 찾기 위한 것이었다.

이러한 작업을 시도하게 된 이면에는 로마의 성공이 결코 우연적으로 이루어진 것이 아니며, 따라서 성공할 수밖에 없었던 필연적 요소를 발견할 수 있다는 그의 신념이 강하게 작용하였다. 로마의 성공이 우연적 요소(포르투나)에 의한 것인지 아니면 제도의 우수성 같은 자신의 능력(비르투)에 근거한 것인지에 관해서는 이미 여러 사람이 의견을 제시한 바 있었는데 적지 않은 수의 사람들이 우연적인 요소를 강조하였다. 마키아벨리의 작업은 이러한 우연론에 대한 자신의 비판적 응답으로 볼 수 있을 것이다.

마키아벨리는 이 문제를 2권 1장에서 정면으로 다룬다. 예컨대 플루타르크에 따르면 로마의 군사적 성공의 요인으로 로마가 동시에 두 개의 전쟁을 치르지 않았어도 되었던 우연적 요소를 강조한 데 비해(이 점에 대해서는 리비우스도 비슷한 생각을 가졌던 것으로 보인다고 마키아벨리는 조심스럽게 추가한다), 마키아벨리는 이를 반박하면서 이것은 로마가 동시에 두 개의 전쟁을 치르지 않도록 대단히 조심했다고 하는 외교정책상의 분별력(프루던스) 덕분이었음을 강조한다. 마키아벨리가 2권 1장에서 이 문제를 제기하는 까닭은 2권 전체에서 로마 공화국의 대외확장과 관련된 외교정책 및 전쟁수행방식을 집중적으로 다루고 있기 때문이다.

로마 공화국의 성공요인에 관해 마키아벨리가 로마의 군사적 우수성만을 생각한 것은 아니다. 군사정복을 통해 획득한 것을 잘 유지하게끔 만든 것은 로마 창건시의 초기의 입법자들에 의해 만들어진 국내정치제도에 힘입은 바 있음을 역시 같은 곳(II-1)에서 강조한다. 이렇게 로마가 세계제국으로 성장할 수 있었던 국내 제도적 배경에 관한 집중적 논의가 이루어지는 부분이 전체 60장으로 구성된 『로마사논고』의 1권이다.

이렇게 로마의 정치적 군사적 경험을 모범으로 삼으면서 자신의 시대의 현실을 비판하고 대안을 모색하는 방식에 대해 마키아벨리는 1권의 서문에서 “전인미답(前人未踏)의 길로 들어서는” 일임을 자부한다. 마키아벨리는 이러한 일에 대해 당시 막 진행되기 시작했던 미지의 대륙의 탐험만큼이나 위험한 일로 말한다. 왜냐하면 사람들은 본성적인 질투심 때문에 남이 하는 일에 대해서 칭찬보다는 비난을 더 쉽게 하기 때문이다. 이러한 위험에도 불구하고 만인의 공동이익이 되는 일이라면 꼭 해야만 하는 자신의 욕구 때문에 누가 존경하지 않아도 그 작업을 하는 것이라고 그는 말한다.

사법적 분규나 의술의 문제가 생기면 사람들은 고대 선인들의 교훈에 의존하는 일이 많은데, 이에 비해 국가를 만들고 유지하고 왕국을 다스리고 군대를 조직하고 전쟁을 치르는 등의 문제에 이르면 사람들은 과거의 예를 존경만 하면서 따르려고는 하지 않는 점에 대해 그는 그저 놀랍고 가슴이 아플 뿐이라고 한탄한다. 이러한 일이 벌어진 것은 기독교의 탓이라기보다는[1] “사람들이 역사에 관해 진정한 이해를 결여하고 있기” 때문이라고 그는 말한다. 바로 이러한 잘못을 고치기 위해 그는 티투스 리비우스(Titus Livius)의 『로마사』에 관한 글을 쓰기로 작정했다고 그의 저술목적을 밝힌다. 그의 목적은 역사의 연구를 바탕으로 국가의 창건과 유지를 위한 교과서, 즉 ‘정치학’을 쓰겠다는 것이다:

> 법전이란 옛 법관들에 의해 내려진 판결들을 오늘날의 법률가들에 대한 교육을 위해 일정한 틀을 갖추어 집성해 놓은 것에 불과하다. 의학도 오늘날의 의사들이 자신들의 진단의 기초로 쓰기 위해 준비한 옛 의사들이 수행했던 실험의 기록에 불과하다. 그럼에도 공화국을 창건하고 국가를 유지하고 왕국을 다스리고 군대를 조직하여 전쟁을 수행함에 있어, 또한 속국을 다루고 제국을 확장하는 일에 있어 옛 사람들의 모범에 의지하는 공화국이나 군주국을 아직 발견하지 못했다.

1) “기독교의 탓이라기보다는”이라고 하는 마키아벨리의 말에서 우리는 반대로 기독교에 대한 그의 기본적인 반감뿐 아니라 기독교에 대한 당시의 일반적인 비판적 태도를 엿볼 수 있을 것이다. 이 점에 관해서는 뒤에서 다시 논의할 것임.

살루스트(Gaius Crispus Sallust, 86~35 B.C.) 및 타키투스(Cornelius Tacitus, c. 56~c. 115)와 함께 3대 로마 역사가의 한 사람으로 꼽히는 티투스 리비우스(69/64 B.C.~A.D. 17)는 로마의 창건에서 아우구스투스 제정의 시작기인 A.D. 9년까지의 기간을 포괄하는 『로마사』의 저술을 통해서만 후세에 알려져 있지만, 그의 『로마사』는 18세기 역사학에까지 영향을 미쳤을 정도로 높이 평가를 받았다. 이미 전기 부분에서 지적하였듯이 마키아벨리의 아버지는 지명색인 작성의 대가로 이 책 한 질을 출판사로부터 받아 마키아벨리는 일찍부터 이 책의 내용에 친숙했던 것으로 알려져 있다.

총 142권으로 구성된 『로마사』의 대부분은 망실되어 마키아벨리 당시(그리고 현재)까지 남아 있는 것은 1~10, 21~45권뿐인데 45권 이후의 내용은 요약된 형태로 전해지고 있다.[2] 마키아벨리는 리비우스의 책에서 제기되는 문제를 받아서 자신의 의견을 말하고 있는데, 일부에서

---

2) 리비우스의 『로마사』가 총 142권으로 되어 있는데 마키아벨리의 『로마사논고』의 구성도 142개장으로 되어 있다. 이러한 일치에 대해 자신이 존경하던 고대 역사가의 책의 모습을 모방하고자 한 의도에서 이루어진 일이라고 추측할 수도 있겠지만, 실은 현재 우리가 알고 있는 『로마사논고』 자체가 저자의 의도를 그대로 반영한 것인지 확실치 않기 때문에 그러한 일치에 대해 필요 이상의 의미를 부여할 필요는 없을 것으로 보인다. 한편 레슬리 워커의 1950년도 『로마사논고』 영역판을 1975년 재판으로 발간하면서 이 재판에 새로운 서론인 "Father Walker's Presentation and Translation of Machiavelli's Discourses in Perspective"을 붙인 클러프(Cecil H. Clough)는 아마도 출판자들이 그렇게 만들었을 가능성을 언급한다. *The Discourses of Niccolo Machiavelli*, vol. 1(London: Kegan Paul, 1975), p. xxviii. 이러한 일치를 언급하고 있는 다른 학자인 스트라우스는 그 일치를 당연히 마키아벨리의 작업으로 보면서 전혀 다른 의미를 부여한다. Leo Strauss, *Thoughts on Machiavelli*(Glencoe, Ill.: Free Press, 1958), p. 88. 한편 영어로 book 또는 이탈리아어로 libro 등으로 표시되는 권(卷)은 고대 당시의 책의 형태인 파피루스 두루마리를 말한다. 당시 책의 길이는 이 파피루스 두루마리의 길이에 따라 규정되었는데, 두루마리 하나가 한 권으로 표시되었다.

지적되는 것처럼 단순한 주석 또는 논평(commentary)을 의도한 것인지에 대해서는 학자들 사이에 견해를 달리한다.

예컨대 마키아벨리의 저술내용을 리비우스의 책과 자세히 비교하고 있는 F. 길버트에 의하면, 마키아벨리의 원래 의도는 정치에 대한 체계적인 논구(論究)가 아니라 리비우스의 글 가운데 남아 있는 부분인 첫 10권에 대한 순차적인 논평이었고, 뒤에 가서 전체 작업을 주제별로 세 부분으로 나눈 뒤에 서론과 결론을 붙임으로써 어떤 체계적인 모습을 부여한 것이라고 평가된다.[3)]

그러나 마키아벨리의 작업이 단순한 코멘터리는 아니었다는 주장도 나름대로의 설득력을 지닌다. 우선 마키아벨리 자신은 리비우스에 관해서 글을 쓴다고 했을 뿐 코멘터리라는 말을 직접 하지도, 암시하지도 않고 있다. 또한 일반적으로 마키아벨리의 『로마사논고』의 원제목이 『티투스 리비우스의 첫 10권에 관한 논고』(*Discorsi sopra la prima deca di Tito Livio*)라고 알려져 있는데, 실제로 이 제목은 필자 자신이 붙인 것이 아니라 마키아벨리의 사후 그의 유고를 정리했던 가디(Gaddi)라는 사람이 1531년 출판을 위해 출판사에 넘길 때 붙인 제목으로 알려져 있다.

마키아벨리가 직접 쓴 1권의 서문에는 "시간의 악의(惡意)에 의해 중

---

3) F. Gilbert, 1977, p. 124. 『로마사논고』를 기본적으로 리비우스의 글에 대한 코멘터리로 보는 대표적 학자로서는 F. 길버트를 들 수 있다. 그의 기본적 논지는 1953년의 논문(1977년 재판, pp. 115-133)에서 개진되었고, 이에 대한 여러 학자들의 비판에도 불구하고 입장을 바꾸지 않았다. 길버트의 논의에 반대하는 클러프는 길버트의 '오류'의 근거를 앞에서 인용된 *Discorsi*의 1975년판, pp. xxxiv-xxxix에서 잘 요약 · 정리하고 있다. 길버트는 상게 논문, pp. 120-21에 일람표를 만들어 『로마사논고』의 전체 142개장에서 언급되고 있는 리비우스의 저술부분을 정리하고 있다. 길버트는 리비우스의 첫 10권에서만 이용부분을 찾고 있다. 이에 비해 워커의 『로마사논고』 번역판 재판 2권 말미에 클러프는 길버트보다 더 상세한 인용표를 만들어 마키아벨리의 리비우스 이용이 첫 10권에 한정되는 것이 아님을 보이고 있다. *The Discourses of Niccolò Machiavelli,* vol. 2 (London: Kegan Paul, 1975 (1950)), pp. 323-327의 표를 볼 것.

간중간이 파괴되지 않고 남은 티투스 리비우스의 책 전부에 관해 글을 쓰기로 하였다"고 언급되고 있는데, 이 점이 1권에서 10권만을 다루겠다는 의사의 표현으로 보는 사람도 있는가 하면 그렇지 않다고 보는 사람도 있다. 여하튼 마키아벨리가 실제 이용하고 있는 리비우스의 텍스트는 처음 10권에만 국한되는 것이 아니기 때문에 원래 마키아벨리가 의도했던 제목은 그냥 『티투스 리비우스에 관한 논고』(*Discorsi sopra* [su] *Tito Livio*)였을 가능성도 제기되고 있다. 그러나 실제 1권에서 10권까지가 압도적으로 많이 이용되고 있기 때문에 이 논쟁의 의미를 확대해석할 필요는 없을 것이다.

마키아벨리가 리비우스의 텍스트를 사용한 방법은, 그가 코멘터리라는 말을 직접 사용했든 안했든 간에, 리비우스의 글 전부를 원래의 순서에 따라 논의하는 것은 아니었다. 그보다는 그 글 속에서 실질적 교훈이 된다고 여겨지는 정치적 비르투의 기본원리의 부분을 골라서 추출 집성하여 일람표를 만들어 정치인들이 항상 쉽게 이용할 수 있도록 한다는 것이다. 이러한 점은 그가 앞에서 의학이나 법학에 관해서 말하고 있는 바를 정치학과 관련해서도 동일하게 보고 있다는 점을 보이는 것인데, 이러한 방법은 "사람들이 역사에 관해 진정한 이해를 결여하고 있다"는 당시 인문주의자들에 대한 간접적 비판에 이은 자신의 대안으로 제시된 것이었다.

과거에 대한 당시 사람들의 잘못된 이해방식은 미술품의 복사에서 잘 나타나고 있다고 마키아벨리는 지적한다. 즉 고대 조각품은 한 조각이라도 비싸게 거래되고 따라서 자신의 집을 빛내기 위해서는 고대 미술품을 열심히 복사하지만, 과거에 있었던 정치적 비르투의 행동은 칭찬은 하면서도 모방하려고 하지 않을 뿐 아니라 작은 행동 하나하나에서도 회피되어 흔적도 찾을 수 없게 되었다고 한탄한다.

결국 의학이나 법학의 방법을 정치학에도 그대로 적용할 수 있고 또한 적용하겠다는 것이 마키아벨리가 『로마사논고』에서 의도하는 기본 목적이다. 즉 이러한 작업은 구체적으로는 국가건설과 유지, 전쟁의 수행과 제국의 확장 등과 관련하여 발휘된 비르투적 행동의 요체(기본원리)를 발견하고 독자들로 하여금 이 원리로 돌아가게 만드는 것이다. 마키아벨리가 이러한 작업을 위해 로마사의 독서를 택한 것은 그가 보기에 로마처럼 국가가 부패해질 경우 정기적으로 시작의 상태(또는 원리적 상태)로 돌아갈 수 있었던 역사적 예는 달리 없었기 때문이었다. 로마사를 다시 읽고 그 속에서 당시 부패된 피렌체 시민들이 취해야 될 비르투적 행동의 원리를 일깨워 그 곳으로 돌아가게 하는 마키아벨리의 작업은 필요한 경우 정기적으로 시작의 상태로 돌아갈 수 있었던 로마의 능력에 비유될 수 있는 것으로 그 스스로 믿었던 것으로 보인다.[4)]

우선 시작 당시의 로마는 어떠했는가? 마키아벨리의 시각에서 볼 때 공화국 시기의 로마는 역사상 가장 많은 비르투를 보유했던 공동체였다. 그렇기에 세계제국을 건설할 수 있었던 것이다. 그의 관심은 그러할 수 있었던 비결을 연구하여 피렌체에서 부활될 수 있도록 하는 것이었다. 『로마사논고』 1권 1장의 첫 문장은 바로 이렇게 시작된다:

> 로마의 시작이 어떠했고 어떤 입법자들에 의해 어떻게 조직되었는가[에 관한 역사]를 읽게 되면 그 도시(국가) 속에서 여러 세기 동안 많은 비르투가 유지되었고 뒤에는 그 공화국에서 제국이 자라나게 되었다는 사실에 별로 놀라지 않을 것이다.

로마 공화국에 대한 마키아벨리의 존경심은 로마가 가장 많은 비르투를 보유했다는 점보다는 그 비르투가 감소하고 대신 부패가 증가할 때마다 비르투의 상태로 되돌릴 수 있었던 능력에 기초한 것이었다. 그에 따르면(『로마사논고』 III-1), 모든 조직체는 큰 변화 없이 오래 지속

4) 이 점에 대해서는 Kahn, 1994, p. 48 참조. 이러한 점은 『군주론』 8장에서 아가토클레스를 내세워 비판함으로써 바로 앞의 7장에서 길게 논의된 체자레 보르자에 대한 자신의 긍정적 평가에 대한 독자들의 불안감을 씻어 내면서, 동시에 보르자의 긍정적 평가는 그대로 둘 수 있게 한 마키아벨리의 수사술적 능력에 비유될 수 있는 것으로도 여겨진다.

하게 되면 부패하기 마련이다.[5] 따라서 의식적으로 시작의 상태로 돌아간다는 의미로 새롭게 해야 된다고 주장한다. 이때 새롭게 한다는 것은 문자 그대로 in-novare하는 것을 의미한다.

국가를 시작의 상태로 돌려 놓는 혁신이란 일반적으로 국가가 시작될 때 빈번히 나타나는 처벌의 공포를 사람들의 기억 속에 다시 불러일으키는 것을 말한다. 그럼으로써 부패의 원인이 되는 사람들의 야망과 오만을 견제할 수 있는데, 공화국 당시의 로마가 훌륭했던 점은 그러한 주기적 혁신을 할 수 있는 제도가 마련되어 있었고 또한 그 제도에 생명력을 불어넣어 실제 기능케 할 수 있었던 비르투를 갖춘 인물들이 계속해서 배출되었던 점에 근거하는 것이라고 말한다. 그러한 제도의 구체적인 예로 마키아벨리는 호민관(tribune)과 풍기를 감독하는 감찰관(censorship) 등을 들고 있다.

계급갈등의 효용

귀족으로부터 평민을 보호할 목적으로 설치된 호민관제도 도입의 기원에 대해 마키아벨리는 다음과 같이 설명하고 있다(I-3). 로마 왕국의 마지막 왕인 타르퀴누스(Tarquinus)가 그의 아들에 의한 귀족 부인 루크레치아의 겁탈사건에서 발단된 혁명으로 쫓겨나면서 로마는 공화국으로 바뀌게 되었다. 왕이 존재할 때 귀족들은 국왕을 견제하기 위해 평민들에 대해 우호적인 태도를 취했으나, 왕이 없어진 후 더 이상 두려워할 상대가 없게 되자 평민에 대한 기존의 우호적 태도가 적대적으로 바뀌게 되었다. 이에 여러 가지 혼란을 겪게 되고 그 타협점으로 호민관제도가 설치되어 귀족의 횡포가 예방될 수 있었다.[6]

5) 이 점은 『피렌체사』 V-1에서 다시 반복되고 있는 마키아벨리 나름의 역사철학으로 볼 수 있는 논지이다.

6) 마키아벨리는 이 호민관제도 도입의 배경을 논의하는 자리에서 "사람들은 네체시타에 의하지 않고는 아무런 좋은 일도 하지 않는다는 점의 증거가 된다. 따라

이러한 귀족과 평민 사이의 불화는 물론 여러 가지 소란을 낳기도 했으나 동시에 그 불화는 로마를 자유롭게 그리고 결국에는 강하게 만든 제일의 원인임을 마키아벨리는 강조한다(I-4). 그에 따르면 모든 국가에는 어차피 평민과 귀족이라는 두 가지 세력이 있게 마련인데 자유에 도움이 되는 모든 법은 이들 사이의 불화에서부터 야기된 것이라고 한다. 또한 그러한 법이 있었기 때문에 실제 소란도 생각처럼 큰 것이 아니었다는 것이다. 즉, 로마가 공화국으로 바뀐 이후 300년간 귀족과 평민의 불화로 인해 추방된 사람은 10명 정도였고 사형에 처해진 사람은 더욱 적었으며 재산형에 처해진 사람도 그보다 많지 않았음을 강조한다.

마키아벨리의 논의에 따르면 결국 이러한 계급간의 불화와 내분에서 좋은 법률이 만들어지고, 이 법률에서 좋은 교육이 만들어지며, 이 훌륭한 교육은 모범적 비르투를 생산한다. 때문에 이렇게 훌륭한 비르투를 만들어 내는 공화국을 무질서한 국가라고 부르는 것은 결코 옳은 일이라 할 수 없다는 것이다. 따라서 "내분의 결과를 잘 검토하면 내분은 공공선에 해로운 추방이나 폭력을 결과하는 것이 아니고 공공의 자유에 이로운 법률과 질서를 만들어 내는 것"임을 알게 될 것이라고 그는 결론적으로 말한다.

르네상스기의 지배적 정치사상이었던 인문주의의 입장과는[7] 정반대

서 기아와 곤궁이 사람들을 부지런하게 만들고 법이 사람들을 착하게 만든다고 얘기되는 것이다. 법이 없이도 스스로 일이 잘 이루어지면 법은 필요 없다. 그러나 좋은 관습이 없는 경우 즉시 법이 필요하게 된다"라고 말한다.

7) 당시 인문주의자들의 합의(consensus)이론에 관해서는 Victoria Kahn, *Rhetoric, Prudence, and Skepticism in the Renaissance*(Ithaca, N.Y.: Cornell University Press, 1985)를 볼 것. 인문주의자들에 의한 합의의 중요성에 대한 강조의 현실정치적 배경에 관해서는 John M. Najemy, *Corporatism and Consensus in Florentine Electoral Politics, 1280–1400*(Ithaca, N.Y.: Cornell University Press, 1982), 특히 "Introduction"과 "Epilogue" 및 Najemy, "'Arti' and 'Ordini' in Machiavelli's 'Istorie'," in *Essays Presented to Myron Gilmore*, vol. 1; *History*, ed. Sergio Bertelli and Gloria Ramakus (Florence: La

였던 이러한 갈등의 효용설은 마키아벨리다운 분방하고 과감한 사유방식을 대단히 잘 드러내고 있지만, 한 국가 내의 파벌간 갈등에 대해서 부패상황의 대표적 경우로서 지극히 비판적이었던 마키아벨리의 원래 입장과는 쉽게 조화되지 않는 것으로 보이기도 한다. 그가 들고 있는 파당과 파벌 간 갈등의 대표적인 역사적 예로는 로마 공화정 말기의 귀족당과 평민당 사이의 대립(*D* I-28, 37; III-8, 24)과 14세기 후반 피렌체에서 나타났던 교황당(the Guelphs)과 황제당(the Ghibellines) 사이의 갈등을 들 수 있다(*FH* III-5). 마키아벨리에 의하면 파당이 발생하는 것은 사람들이 공공이익을 추구하려는 노력보다는 자신들의 사적 이익을 확장하거나 유지할 목적에서 연유하는 것으로 보고 있다.

마키아벨리에 있어서 당파(sette = faction)는 공공선과 무관한 또는 그것에 배치되는 특정 개인들의 사적 이익의 달성을 위해 형성되는 집단으로 규정된다. 따라서 그는 당파 또는 당파주의의 존재를 사회의 부패의 원인이자 동시에 부패된 사회의 징표로 봄으로써 지극히 부정적인 견해를 보이고 있다. 로마에서도 계급간의 이해갈등이 당연히 존재하였고 또 그러한 점이 공식적으로 인정되었지만 이러한 갈등이 자유와 공화국 확장의 원동력이 되었다고 주장하는 것은 (귀족당과 평민당의 대립이 나타난) 공화국 말기에 이르기까지 당파의 형성이 없었음을 말하는 것인데 이러한 점이 『로마사논고』의 (숨은) 목적 가운데 하나라고 말할 수 있다(Kahn, 1994, p. 50).

마키아벨리가 로마 공화국을 존경한 것은 이 곳에서는 계급갈등(마키아벨리의 표현으로는 불화 = disunione)이 사적 이익의 실현을 목표로 하는 당파주의의 융성으로 이어지지 않았을 뿐 아니라 그러한 사적 이익이 공공선의 형태를 취하지 않으면 안 되게끔 만든 구조 또는 제도(예컨대 호민관제)를 만들어 이것을 바탕으로 궁극적으로는 사회의 분열이 아니라 시민의 자유와 국가의 위대성을 신장시킬 수 있었기 때문

Nuova Italia, 1978), pp. 167-168을 볼 것.

이다. 물론 이러한 점이 가능했던 것은 로마가 아직 부패하지 않았다는 사실에 바탕을 두는 것이다. 그러나 부패하지 않았다고 해서 바로 로마식의 발전이 가능한 것은 아니다. 이러한 점을 말하기 위해 마키아벨리는 로마와는 다른 식의 발전방식을 채택했던 스파르타 및 베니스 공화국과 로마를 비교의 관점에서 논의한다(I-5).

정치참여의 개방성과 국가의 성장방식: 로마 대 스파르타/베니스

고대의 스파르타와 마키아벨리 당대의 베니스는 로마 공화국과는 다른 공통점을 갖춘 것으로 마키아벨리는 보고 있는데, 그 공통점은 평민들의 정치참여요구를 억누르고 귀족중심의 제한참정권을 바탕으로 한 공화정이었다는 점이다. 대외적 확장보다는 체제의 내부적 안정을 더 중요하게 여기면서 동시에 더 오랜 기간 대외적 독립을 누렸다는 관점에서 본다면 스파르타나 베니스가 더 바람직한 체제로 볼 수 있을 수도 있다고 그는 말한다. 내부적 안정은 공화정을 항상 시끄럽게 만드는 평민들의 요구를 막을 수 있었기 때문에 가능했다고 마키아벨리는 말한다(I-5).

평민들의 정치참여요구를 막는 대신 귀족들은 평민들이 그러한 요구를 제출할 수 있는 계기를 원천적으로 봉쇄하였다. 즉 평민들을 전쟁에 동원하지 않았고, 특히 스파르타의 경우는 귀족과 평민 사이의 경제적 불평등은 그리 심하지 않았다. 스파르타에서는 정치적 불평등이 평민들에 대한 부당한 대우를 결과하는 것을 막는 데 지배자들이 조심했기 때문에 평민들은 정치적 참여를 욕구하지도 않았고 귀족의 지배를 두려워하지도 않았던 것이라고 마키아벨리는 설명한다(I-6). 그 결과 스파르타나 베니스는 내부적으로는 안정을 유지했지만 대외적으로는 현상을 유지했었다.

이에 비해 로마는 평민을 전쟁에 적극적으로 동원 사용하였고 외국인의 이주를 적극적으로 장려하여 평민의 세력을 크게 했다. 이에 따라

소요도 자주 발생하였다. 그 결과는 국가권력의 사회적 기반이 확대되었고 따라서 제국으로 성장하는 데 밑거름이 되었던 것이다.[8)] 따라서 국가를 창건할 때 국가권력을 확대할 것인가 아니면 좁기는 하지만 이미 주어진 국토를 지키는 것으로 그칠 것인가에 대해 먼저 결정을 해야 한다고 마키아벨리는 말한다. 만일에 확대 쪽으로 결정한다면 내부적 불화가 잘 처리될 수 있는 장소가 마련되어야만 한다. 왜냐하면 국가가 대외적으로 확장되기 위해서는 잘 무장된 대량의 인구가 필요하기 때문이다. 반대로 대규모의 인구, 즉 무력기반이 없다면 대외적 확장은 독약이 될 뿐이기 때문에 무슨 수를 쓰더라도 회피되어야 할 것임을 마키아벨리는 강조한다. 예컨대 그리스의 전역을 정복한 스파르타는 몇 개의 국가들이 반란을 일으키면서 정복지는 물론 자신의 원래 기반도 상실하게 되었고, 베니스의 경우도 무력 없이 돈과 기민한 외교만으로 상당한 지역을 차지할 수 있었으나 그 힘이 시험되면서 한 번의 전투로 거의 모든 것을 잃게 되었음이 그 적절한 예로 제시된다.

결국 스파르타와 베니스와의 비교에서 드러나는 로마의 우수성은 계급갈등을 제도적으로 수용하여 국가의사에 반영 또는 대표될 수 있게 함으로써 국내 자원이 내부갈등으로 소진되지 않고 확장적인 대외정책의 힘의 기반으로 사용될 수 있게 한 능력에 바탕을 두는 것으로, 이것이 바로 로마 공화국의 비르투의 핵심인 것이다. 또한 새로 정복된 지역의 인구자원을 다시 활용하여(시민권의 부여와 병력자원으로서의 이용) 자신의 힘을 키웠기 때문에 비르투는 로마의 대외정책의 원인이었고 동시에 결과가 되기도 하였던 것으로 그는 보고 있다. 이러한 의미에서 로마의 성공은 내부갈등이 공개적으로 토론되는 것을 허용하는 정

8) 이러한 논의는, 권력자원의 확대와 권력관계의 수직적 양상의 완화 사이의 변증법적 관계에 관한 최근의 역사사회학 분야에서의 논의의 핵심이 되는 사항이다. 이러한 문제에 관한 최근의 논의에 관해서는 Michael Mann, "The Autonomous Power of the State: its Origins, Mechanisms and Results," in M. Mann, *States, War and Capitalism*(Oxford: Blackwell, 1988), pp. 1-32를 볼 것.

치체제의 승리를 의미하는 것으로, 빅토리아 칸이 "정치에 대한 수사술적 및 변증술적 접근법(a rhetorical and dialectical approach to politics)"의 승리로서 부르는 것은[9] 바로 이러한 개방체제의 상대적 우월성을 지적하는 것이다.

마키아벨리는 국가의 창건자는 먼저 확장적인 대외정책과 현상유지적 대외정책 중 택일의 필요성에 관해 말했다고 앞서 언급한 바 있다. 그래야만 그에 따른 국내 정책의 방향이 결정되기 때문이다. 그런데 역시 마키아벨리답게 그는 뒤에서 자신의 말을 완전히 뒤집는다. 즉 필요하다고는 했지만 그러한 선택이 실제로는 가능한 일이 아니라고 말한다. 인간의 만사는 정지상태에 있을 수 없고 항상 유동적이기 때문에 융성하든가 아니면 쇠퇴하기 마련인데, 따라서 계산에 의해 선택을 하지 않더라도 상황적 압력(necessità)에 굴복하여 선택을 강요당하는 일이 더 잦다고 말한다.[10] 따라서 현상유지적 정책을 목표로 하면서 국가를 창건해도 상황이 불가피하여 확장정책을 취하지 않을 수 없게 되는 경우가 있게 되는데, 만일 그러한 압력에 따르지 않으면 그 국가의 기초는 붕괴되고 따라서 멸망에 직면하게 된다고 경고한다. 다행히 전쟁을 겪지 않게 되더라도 그래서 생기는 나태 때문에 나약해지고 내부적으로 당파가 발생하며, 이 두 가지는 각자대로 또는 합쳐져서 역시 붕괴의 원인이 된다고 경고한다. 그의 초지일관된 주장처럼 확장과 현상유지 중간의 균형된 입장을 취한다는 것은 불가능하기 때문에[11] 국가를 창건할 때에는 사태의 강박에 의해 확장할 수밖에 없는 경우에 대비하

---

9) Kahn, 1994, p. 53.

10) 마키아벨리는 사람들의 행동결정은 선택보다는 필요(또는 강박)에 의해 더 자주 이루어짐을 항상 강조한다. 따라서 아리스토텔레스의 논의에 반대되는 것이다. 아리스토텔레스와 마키아벨리 사상의 차이에 대해서는 Mansfield, 1996, pp. 11-16을 볼 것.

11) 중간 방도(middle way)에 대한 마키아벨리의 경멸은 잘 알려진 바인데 또한 여러 곳에서 개진되고 있다. *D* I-6, 26, II-23; III-2, 21, 40; I-27도 참조할 것.

여 보다 명예로운 역할을 수행할 수 있을 가능성을 고려해야 한다고 말함으로써 결국은 스파르타나 베니스가 아닌 로마의 방법이 당연히 선택되어야 할 정책방향임을 그는 강조한다. 계급갈등이 빚어 내는 혼란은 한 사회가 위대성에 도달하기 위해서는 마땅히 겪어야만 할 하나의 불편으로 생각되어야 할 것이라고 마키아벨리는 잘라 말한다.

공화정의 효용과 도입의 조건

마키아벨리의 '정치학'의 궁극적 목적은 피렌체 나아가서는 이탈리아가 옛 로마 공화국에 비견할 만한 영광과 위대함을 되찾기 위한 것이었다. 그에게 있어 '정치학'의 작업은 기본적으로 의학이나 법학과 다를 것이 없었다. 즉 의학이나 법학이 옛부터의 경험을 원리를 중심으로 일목요연하게 정리된 새로운 세대의 의사들과 법률가들의 교육을 위한 교범이듯이 '정치학'도 새로운 세대의 정치인들을 위한 교범이고, 구체적으로 가르치게 될 내용은 국가의 창건과 유지 등에 관련된 것들이다.

위대한 국가의 창건을 위해 로마의 경험에서 배워야 할 가장 중요한 점은 한 국가가 포함하고 있는 서로 갈등관계에 놓여 있는 계급간의 대립을 효과적으로 극복하고, 이들의 힘이 국가 전체를 위해 합쳐질 수 있게 만드는 일이었다고 마키아벨리는 보았다. 이러한 까닭에 마키아벨리는『로마사논고』첫머리부터 바로 평민과 귀족 사이의 대립문제를 다룬 것으로 여겨진다. 마키아벨리의 시각에서 볼 때 로마의 위대성, 즉 로마 제도의 비르투는, 잘못 되면 국가를 완전히 무력화시킬 수도 있었을 계급대립이 적절한 제도의 설치를 통해 국가 속에서 서로 다른 계급의 이해관계가 모두 반영될 수 있게 하고 각 계급의 힘이 모두 국가의 힘의 기반으로 작용하게 만들었던 점에 있었다. 이 힘은 모두 로마의 확장적 대외정책을 위한 기반이 되었음을 그는 강조한다. 이것이 바로 평민과 귀족 사이에 벌어졌던 논쟁(controversie)의 효과였다고 그는 특히 강조한다(I-6).

당연한 일이지만 이러한 효과가 있기 위해서는 평민과 귀족 모두가 존중되어야 하는데 이러한 일은 공화정에서만 가능하다. 마키아벨리의 목적은 바로 피렌체에 이러한 공화정을 도입하는 일이다. 그러나 그러한 작업이 그렇게 간단한 일은 아니다. 공화정이 도입되어 로마 공화국에서와 같은 효과가 발휘되기 위해서는 무엇보다도 국가의 질료가 되는 백성들이 착해야 할 것이 필요하다. 이 점은 마치 조각가의 의도대로 쉽게 조각될 수 있기 위해서는 대리석 원석이 연해야 되는 것에 비유될 수 있는 일이다.

인성(人性)에 대한 마키아벨리의 생각은 "사람들은 타고날 때부터 악하다"는 의미에서 성악설로 말하기는 어렵지만 일정한 강제가 없어도 자발적으로 착해질 수 있는 것으로 여기지 않는다. 이러한 견해가 가장 극적으로 표시되는 것은 앞에서 인용된 『군주론』 17장이다. 이 곳에서처럼 극적으로 표현되고 있는 것은 아니지만 『로마사논고』의 첫 장에서 그는 사람들이 부패하지 않고 비르투적인 행동을 하는 것은 선택보다는 강박(necessità)에 의한 것임을 분명히 하고, 따라서 정치가는 백성들이 착한 행동을 할 수 있도록 하는 강박의 수단을 준비해야 함을 다른 무엇에 앞서 강조하는 것이다.

사람들을 부패하지 않게 만드는 강박이란 달리 말하면 처벌의 공포를 말하는 것이고, 보다 구체적으로는 법과 종교 두 가지가 제시된다. 법은 사람이 만든 처벌의 공포를, 종교란 신(神) 같은 초월적 힘에 의한 처벌의 공포를 말한다. 이 두 가지 가운데에서 마키아벨리는 당연히 후자가 더욱 중요한 것임을 강조한다. 신에 대한 두려움이 제대로 서 있지 않으면 법률도 제한된 힘밖에 발휘하지 못한다. 따라서 종교가 있는 곳에서는 군대를 보다 쉽게 만들 수 있지만, 군대만 있고 종교가 없는 곳에서는 종교를 새로 도입하기가 어렵다고 그는 말한다. 이러한 까닭에 그는 로물루스를 이은 로마의 2대 왕인 누마 폼필리우스(Numa Pompilius)를 한 번도 비르투적 인물이라고 말하지 않으면서도 로마는 로물루스보다는 누마에게 더 큰 빚을 지고 있다고 말한다. 왜냐하면 로마에 종교를 도입한 것은 누마였기 때문이다. 이러한 점들을 고려할 때 로마의 번영의 첫번째 원인은 누마가 도입한 종교였다고 그는 말한다. 좋은 종교는 좋은 제도를 만들고, 좋은 제도는 좋은 포르투나를 만들며, 이것에서 좋은 작업결과가 나온다는 점이 마키아벨리의 기본신조였다(I-11).

그러나 마키아벨리 당대의 이탈리아에 대해서 그는 지극히 비관적으로 보았다. 즉 이탈리아의 쇠망의 원인은 종교심을 잃게 된 데에서 연유하는 것인데, 아이로니컬하게도 그 가장 큰 책임은 로마 교회가 져야만 한다는 것이 마키아벨리의 의견이다. 그가 보기에 이탈리아에서의 종교가 쇠퇴했다는 점의 가장 좋은 증거는 바로 로마 교회에 가까이 있는 사람들일수록 종교심을 덜 가졌다는 사실이었다(I-12).

그럼에도 불구하고 사람들은 종교가 있는 곳에서는 모든 것이 다 잘되어 가는 것으로 생각하기 때문에 로마 교황청이 보여 준 여러 가지 나쁜 본보기로 인해 사람들이 종교적 헌신감을 상실한 것이라고 마키아벨리는 말한다. 특히 로마 교황청은 정치세력이 되어 이탈리아의 통일을 방해하였다는 점이 마키아벨리의 입장에서는 더욱 큰 문제였다. 그는 같은 곳에서 당시의 프랑스나 스페인 같은 통일된 영토국가의 존재가 대단히 중요한 것임을 강조하면서, 로마 교황청은 스스로 이탈리아를 통일할 만큼은 강하지 못하면서 또 다른 국가가 통일하는 것은 막을 수 있을 만큼은 강했다는 것이 기독교가 이탈리아에 정치적으로 나쁜 작용을 하게 된 또 다른 그리고 더 큰 요인이었음을 강조한다.

여하튼 이탈리아는 오랫동안 부패한 정치 속에서 살아왔다. 마키아벨리가 제시하는 문제는 이러한 부패한 상황에서 공화정에서만 가능한 비르투를 회복할 수 있을 것인가, 가능하다면 그 방법은 어떤 것일까 하는 것이었다. 보다 간단히 말한다면 부패한 상황 속에서 공화정의 도입이 가능한가, 가능하다면 어떤 방법으로일까 하는 것이었다.

만일에 가능하다고 해도 이 작업은 마치 다른 서투른 사람이 조각하다가 중단한 대리석을 원석으로 하여 새로운 조각품을 만드는 것과 마찬가지로 어려운 일이라고 마키아벨리는 말한다(I-11). 이러한 부패된 상황 속의 사람들의 태도에 대해 마키아벨리는 오랫동안 예속상태에서 살다가 갑자기 풀려난 야수와 같다고도 본다. 즉 사납기만 할 뿐 그러한 야수는 혼자서는 음식도 숨을 장소도 마련하지 못해 다시 사람한테 잡힐 수밖에 없다고 한다(I-16).

결론부터 말한다면 부패한 상황에서는 공화정의 도입이 어렵거나 거의 불가능하다고 본다(I-18). 로마가 오랫동안 공화정을 유지할 수 있었던 것은 그 구성원들이 부패하지 않아서였기 때문인데, 그 구성원이 부패했다면 정반대의 질료에 동일한 형상이 있을 수 없는 일이기 때문에 공화정은 불가능하다는 것이다(I-18). 이러한 의미에서 그는 "그 질료의 부패 때문에 쇠퇴한 국가가 다시 일어난다면 그것은 한 개인의 비르투를 통해서이지 좋은 질서를 유지하는 국가 전체의 비르투 때문은 아니다"라고(I-17) 단언한다.

이러한 주장은 국가의 창건작업은 비상한 능력을 갖춘 어떤 한 사람에게 맡겨야 한다는 주장(I-9)과 일관되는 것이다. 국가의 창건작업은 대체로 급격한 제도의 변혁을 수반하는 일인데, 한 사회에서 부패를 제거하기 위해 제도를 일순에 바꾸는 일은 국가의 창건작업과 동렬(同列)의 작업이다. 사회는 이미 너무 부패했기 때문에 그러한 작업을 통상적인 방법으로 처리하기는 불가능하다. 대신 폭력 같은 비상의 수단이 필요하며, 다른 무엇에 앞서 자신의 방식에 따라 마음대로 행동할 수 있는 군주가 되지 않으면 안 된다는 것이 마키아벨리의 논점이다(I-18).

마키아벨리에 의한 부패는 불평등과 직결되어 있다(I-17, 55). 불평등은 노동과 경작을 하지 않고 토지수입으로 사치하는 귀족(gentiluomini)의 존재와 직결되는데 이러한 사회적 존재를 제거해야만 불평등이 제거될 수 있다. 따라서 무위도식의 계층을 견제하는 일이 필요한데, 이 작업은 법률만으로 되지 않고 법을 뒷받침해 줄 강력한 힘의 수립이 요청된다. 즉 귀족의 야망과 부패를 견제하기 위해서는 절대적이고 탁월한 힘을 갖는 군주의 손이 필요한 것이라고 마키아벨리는 말한다(I-55).

그러나 문제는 그리 간단하지 않다. 어떤 탁월한 군주가 나타나서 부패를 제거하고 개혁을 시도한다고 해도 장기간에 걸쳐 관습과 때로는 천성의 일부로 정착된 부패상태의 제거에는 상당한 시간이 걸린다. 대개의 경우 그 시간은 한 개인의 생애보다 길다. 따라서 그 비르투를 가진 개혁가의 삶이 끝나게 되면 사회는 원래의 상태로 돌아간다. 왜냐하면 "장기간 부패한 도시를 착하게 만들 만큼 오래 사는 개인은 없기 때문이다"(I-17). 따라서 마케도니아의 필립과 알렉산더의 예에서 보듯이 비르투를 갖는 두 사람의 군주가 연속적으로 나오면 세계를 획득하는 데에도 충분할 정도라고 말한다(I-20). 공화국이 좋은 이유는 이렇게 우수한 비르투를 갖는 지도자의 계승을 보장하기 때문이다. 여기에서 우리가 알 수 있는 점은 공화정의 우수성을 마키아벨리가 강조할 때 군주정체가 의미하는 일인통치의 폐해를 제거하기 위한 것이기보다는 공화정이 부패상태 교정에 필요한 비르투 또는 절대적이고 탁월한 힘을 갖는 개인의 지속적 공급을 보장하는 체제이기 때문이다. 따라서 공화정은 군주정의 대안이기는 하지만 군주정에 반대하는 것이 아니라 군주정에서 가능한 탁월한 일인에 의한 지배를 지속시키는 방안으로 고안된 것으로 볼 수 있다. 이러한 점에서 마키아벨리의 공화주의를 윤리적 관점에서만 그 의미를 파악하는 것에는 약간의 무리가 따르는 것으로 보인다.[12)]

---

12) 마키아벨리의 공화주의 또는 자유의 가치의 중심성을 전적으로 전략적 또는 실용적 관점에서만 보는 견해에도 문제가 전혀 없는 것은 아니지만 마키아벨리를 전적으로 공화주의의 내재적 가치, 즉 자유의 옹호자로서만 볼 경우 마키아벨리는 그 이전의 인문주의 전통 속에 함몰됨으로써 그의 지적 독창성의 부분이 지워지는 의도치 않은 결과를 가져올 수 있다. 특히 마키아벨리의 의의를 인문주의 전통에서 제기된 문제를 계승하고 있으면서 이 문제를 현실정치 속에서의 실현 가능성이라는 차원에서 새롭게 규정하고 있다는 점에서 찾고 있는데, 단순히 인문주의와의 연계성만 강조해서는 그의 특성이 제대로 살아나지 않는다

마키아벨리는 부패된 국가에서 개혁의 작업이 뛰어난 개인의 존재를 필요로 하는 일임을 말하면서도 동시에 한 사람의 역할만으로는 부족하다는 점을 지적함으로써 탁월한 개인에 의한 개혁작업의 어려움을 지적했다. 뛰어난 한 개인의 역할에 대한 기대가 갖는 난점은 그것으로 그치는 것이 아니다. 과연 그 개인이 옳은 일을 한다고 기대할 수 있는지 확실하지 않다:

> 공화정을 위한 국가조직의 개편은 착한 사람을 전제로 하고, 폭력을 통해 군주가 되는 일은 악한 사람을 전제로 하기 때문에 비록 그의 목적이 훌륭한 것일지라도 착한 사람이 악한 방식으로 군주가 되는 일은 대단히 드물다. 그리고 어떤 악한 인물이 군주가 되고 나서 훌륭하게 일을 하기를 바라는 일이나 악한 방식으로 획득한 권위를 훌륭하게 사용하려는 마음이 생겨나는 일도 대단히 드물다(I-18).

이러한 까닭에 부패한 상황에서 공화정의 도입은 어렵거나 거의 불가능하고, 따라서 구성원들의 비르투를 확보하기는 대단히 어렵다. 결국 로마 공화국에서와 같이 내부적 불화를 활용하여 국가적 힘을 확대한다는 일은 부패된 상황에서는 불가능한 것이다. 그렇다고 해서 가만히 앉아서 사태를 방관만 하고 넘어갈 수 있는 일도 아니다. 이러한 연유로 국가는 오래 살아 남기 위해서는 주기적으로 시작의 상태로 돌아갈 필요가 있음을 강조하는 것이다. 즉 주기적 개혁의 필요성을 강조한다(III-1).

는 어려움이 있다. 이러한 논의의 대표적인 경우로는 Skinner, 1978, I, pp. 156-158을 볼 것. 이러한 입장을 정면으로 문제삼고 마키아벨리의 공화주의의 전략적 성격을 부각시키는 대표적 논의로는 Mark Hulliung, *Citizen Machiavelli*(Princeton: Princeton University Press, 1983)를 볼 것. Pocock(1975)의 논의는 그 중간에 위치지을 수 있으나 Hulliung의 논의 쪽으로 기울고 있다.

주기적 혁신의 필요성

마키아벨리가 공화정 체제에 대해 거는 기대는 국가조직이 아직 부패하지 않았다는 전제를 바탕으로 하는 것이다. 그러나 그의 궁극적 관심대상이 되고 있는 이탈리아, 좁게는 피렌체의 상황은 이미 부패에 물들어 있었다고 믿었기 때문에 공화정의 도덕적 우월성에 대해서만 말하고 그것이 과연 현실적으로 의미 있는 주장 또는 권고인지의 여부에 대해서는 관심을 두지 않는 도덕군자적 태도를 마키아벨리는 용인할 수 없었다.

마키아벨리에게는 공화정의 우월성 자체보다는 그 우월성이 실현될 수 있는 전제조건의 확보, 즉 부패의 제거가 더 중요한 문제로서 취급된다. 바로 이러한 점에서 『로마사논고』 3권의 첫 5개의 장에서는 개혁 또는 혁신이 불가피하게 수반하게 될 공포상황의 활용에 대해 심도 있게 논의한다.

그가 특히 관심을 갖는 것은 종교단체나 국가 같은 조직체의 생명주기이다. 종교기관이나 국가는 모두가 처음 만들어질 때에는 그것들이 굳이 만들어질 필요가 있었기 때문에 생명을 갖게 되는데, 시간이 지나면서 매일 무엇인가가 그것들에 첨가되어 원래의 정신이 감추어지고 부패하게 마련이라고 그는 말한다.[13] 그러한 조직들을 되살리는 길은 그 조직들이 처음 만들어질 때 갖고 있었던 명성을 다시 얻는 것인데, 그러기 위해서는 그 조직을 시작상태로 되돌아가게 하는 것이 필요하다고 말한다. 이렇게 시작의 상태로 되돌리는 일은 그 조직체가 새롭게 만들어진 상태로 되돌리는 것을 의미하는데, 이런 뜻에서 그는 그러한 작업에 혁신(다시 새롭게 만들기 = rinnovare)이라는 이름을 붙인다.

---

13) 『로마사논고』 III-1의 이러한 논의는 『피렌체사』 V-1에서 보다 일반화된 개념으로 재론된다.

시작상태로의 복귀는 원리(原理)로의 복귀라는 의미도 포함한다. 이러한 시작으로의 복귀는 외부적인 우연적 사건에 의해서도 이루어질 수 있고 또는 내부적으로 갖추어져 있는 분별력(prudenza)에 의해서도 이루어질 수 있는데, 마키아벨리는 외부적 사건에 의한 것은 너무 위험하기 때문에 결코 바랄 것은 못 된다고 강조한다.

마키아벨리에 의하면 어떤 조직체가 시작의 상태로 돌아가기 위해서는 가끔씩 자신의 상태를 검토해 보는 일이 중요한데, 내부적 요인에 의해 그런 일을 수행한다는 것은 조직체의 상태를 주기적으로 검토하게끔 하는 법제도를 설치하든가 아니면 특정 개인의 비르투에 의존하는 것을 말한다.

제도에 의한 시작상태로의 복귀의 예로는 로마 시대의 호민관이나 감찰관제도를 들고 있다. 그러나 이 제도가 생명력을 갖기 위해서는 그러한 제도를 무시하려는 사람에 용기 있게 맞서 그 제도가(법이) 집행되도록(esguire, execute) 노력하는 개별 시민의 비르투가 필요하다고 한다. 그러한 법이 집행되어 범법자를 처형한(esecuzione, execution) 역사적 예를 들고 있는데, 이러한 처형의 준엄성은 부패로 인한 범법행위가 일어날 때마다 사람들을 원래의 자리에 돌아가게 만드는 역할을 한다고 강조한다. 실제로 그러한 범법행위가 발생하지 않는 경우에도 그러한 처벌의 기억을 사람들의 뇌리 속에 다시 일깨울 필요가 있음을 말한다. 그러기 위해서는 5년마다 국가를 다시 시작하는 일, 즉 국가의 창건 때마다 필연적으로 수반되는 폭력과 공포를 다시 불러들임으로써 부패하지 않게 하는 일이 필요하다고 그는 말한다. 종교나 정치조직을 시작의 상태로 돌아가게 함으로써 긴 생명을 보장한다고 하는 것은 바로 이러한 의미에서인데 이것이 바로 그가 말하는 혁신, 즉 새롭게 하는 작업이다.

마키아벨리는 앞서(I-9) 정체의 유형을 논의한 뒤에, 이미 창건된 국가를 돌보는 데에는 여러 사람의 공동작업이 필수적이지만 국가를 새로 창건하거나 아니면 구제도를 개혁하는 일은 한 사람에 의해서 이루어지지 않으면 훌륭한 결과를 낳을 수 없음을 강조하였다. 물론 그러한 작업을 할 사람은 공익을 먼저 생각해야 한다든지, 자신의 권위를 다른 사람에게 유산으로 넘겨 주어 남용되는 일을 하지 않는 등의 깊은 사려와 비르투를 갖추어야 한다는 점을 강조하지만 국가창건의 작업에 여러 사람이 개입하게 되면 다양한 이견(異見)으로 인해 최선의 방책을 찾는 일이 불가능하기 때문에 어떤 한 사람만이 그 작업을 전담해야 한다는 것이다. 그러나 일단 만들어진 국가를 돌보는 일은 여러 사람이 해야 한다고 그는 말하는데, 그 까닭은 서로 다른 의견을 가진 사람들이 모일 경우 그 의견의 다양성 때문에 이미 만들어진 국가를 방기하자는 점에 대해서도 합의가 이루어지기 어려울 것이라는 역설적인 이유 때문이다.

여하튼 국가의 창건업무는 어떤 한 사람에 의해 수행되는 것이 바람직한 것인데 이런 관점에서 동생인 레무스를 살해한 로물루스의 행위는, 특히 그 행위의 좋은 결과를 고려할 때 비난보다는 칭찬받아 마땅한 것으로 그는 평가한다. 만약에 그가 자신의 개인적 야심을 위해 폭력을 사용했다면 당연히 비난받아야 하겠지만, 정치상황을 정상적으로 만들기 위해 폭력을 사용했기 때문에 비난은 합당치 않다는 것이다.

이렇게 국가창건은 어떤 한 사람에 의해 주도되는 것이 바람직하고 바로 그러한 이유 때문에 (즉 경쟁자를 제거하는 과정에서) 폭력과 공포가 수반될 가능성이 커지는데, 혁신의 작업에서 우리가 성공적 결과를 기대할 수 있는 것은 (시작상황이라는 이유를 근거로 하여) 도덕적 제한에 구속받지 않으면서 폭력의 공포를 이용하여 사람들의 행동을 바람직한 방향으로 유도해 나갈 수 있기 때문이다.

행동유발의 기반: 필요와 선택

한 국가가 강성하게 되기 위해서는 공화정의 채택이 필요조건이지만, 공화정이 의도대로 기능하기 위해서는 구성원들이 부패하지 않아야 한다는 조건이 다시 따른다. 부패되어 있는 현실을 고치는, 즉 혁신하는 일이 먼저 있어야 공화정이 수립되더라도 그 속에 내포된 여러 가지 장점들이 살아날 수 있는 것이라고 마키아벨리는 보고 있다. 이러한 논의전개의 바닥에서 사람들이 어떤 행동을 취하게 만드는 추동력에 관한 마키아벨리 자신의 독특한 관점을 발견할 수 있고, 이 점은 그의 논의 전체에 걸쳐 일관되게 나타나고 있다.

이 문제에 관한 자신의 입장은 『로마사논고』 1권의 1장에서 천명되고 있는데, 이 점으로 미루어 보아 자신의 논의 전체에 일관될 기본개념으로 삼겠다는 의도를 밝히고 있는 것으로 볼 수 있을 것이다. 그에 따르면 사람들이 어떤 일을 하는 것은 '필요' 또는 '선택'에 의해서인데, 필요를 바탕으로 하는 작업의 결과가 더욱 큰 비르투를 만든다. 한편 국가창건자의 비르투가 발견될 수 있는 부분은 국가건설의 장소선택과 법제(法制)의 구성 두 가지를 들고 있다. 마키아벨리의 관심은 주민 전체가 보다 많은 비르투를 생산할 수 있도록 하는 국가창건방식인데, 우선 도읍지의 선택과 관련하여서는 사람들이 보다 열심히 일하지 않으면 안 되게끔 만드는(일할 필요를 느끼게 만드는) 장소가 바람직한 것으로 말한다. 그가 제시하는 두 가지 선택지(選擇枝)인 척박한 땅과 비옥한 땅 가운데에서 전자가 더 바람직한 것으로 추천된다. 그 이유는 그래야만 사람들이 게으름을 멀리하고 더 근면하게 일하려고 노력하기 때문이다.

그러나 실제 이러한 선택은 한 국가가 자신의 수입에 만족하고 남을 지배하려고 하지 않을 경우에는 가능한 것이지만, 현실의 세계에서는 자신이 남을 침략하지 않더라도 남의 침공으로부터 자신을 지켜야 할 경우도 생기기 때문에 마키아벨리는 비옥한 땅을 고르라고 권고한다. 그래야만 남으로부터 자신을 지킬 수도 있고 자신의 위대성을 실현하는데 방해가 되는 세력을 꺾을 수도 있다는 것이다. 비옥한 땅을 선택했을 때 생기기 쉬운 사람들의 게으름은 법을 통해서 막을 수 있다는 것이 마키아벨리의 주장이다.

이러한 논지는 그가 『군주론』 17장에서 사람들이 어떤 행동을 취함에 있어 의무감보다는 이익이나 처벌의 공포가 더 크게 작용한다고 한 언명과 상통하는 주장이다. 사람들은 이러한 공포를 피하는 반면, 이익은 열심히 좇아다닌다고 그는 같은 곳에서 말한다. 앞의 명제에서 지적되고 있는 점은 사람들의 행동을 유발하는 요인으로서 원리적인 도덕적 명령 그 자체는 강제력이나 물적 이해관계에 비해 훨씬 작은 역할밖에 수행할 수 없음을 지적하는 것이다. 두 번째의 명제에서 우리는 마키아벨리가 인간성을 관찰할 때 항상성을 발견하고 있음을 알 수 있는데, 이러한 항상성은 사람을 상대로 하는 전략 또는 정책수립의 근거가 되는 합리적 계산의 기초를 이루는 것이다. 또 이러한 논의는 현대 사회과학에서, 그 원천에 근거하여 제시되는 권력의 두 가지 유형론에 관한 논의 속에서 거의 그대로 이어지고 있는데 아마도 가장 근접한 모습을 띠고 있는 논의로는 막스 베버의 경제적 권력과 정치적 권력에 관한 논의를 들 수 있을 것이다.[14)]

14) Weber, 1968, p. 943.

제 7 장

『피렌체사』

마키아벨리가 『피렌체사』를 쓰기 시작한 것은 1520년의 일이었다. 이 작업은 앞에서 설명되었듯이 3년 뒤에 교황(클레멘트 7세)으로 선출된 줄리오 데 메디치 추기경의 위촉에 의한 것이었다. 물론 마키아벨리는 그 동안 메디치가의 호의를 사기 위해 많은 노력을 기울여 왔지만 메디치가의 실질적 수장인 줄리오 추기경에 의해 피렌체 역사의 저술이 위촉되었다는 점에 대해 아무런 딜레마의 감정 없이 고맙게만 생각할 수 있는 일은 아니었다.

마키아벨리에게 있어 고대 로마 공화국이 이상형의 비르투의 정치를 표상하는 것이라면 그의 시대의 피렌체는 그와 정반대의 현실, 즉 부패 상황을 대표하는 것이었다. 그리고 그러한 부패의 정치를 결과하게 된 데에는 메디치 가문의 역할이 결정적인 것으로 믿던 터였다. 그런데 그 메디치 가문의 수장인 줄리오 추기경의 위촉에 따라 피렌체 역사를 저술하게 된 마키아벨리로서는 위촉자를 욕되게 할 수도 없고, 그렇다고 자신의 생각을 뒤집는 글을 쓸 수 있는 것은 더욱 아니었다. 이러한 고민은 그가 이 『피렌체사』를 거의 마무리짓고 있던 1524년 8월 30일 귀차르디니에게 보낸 편지에서 자신이 어떤 사실을 과장하거나 아니면 축소함으로써 너무 공격적인 자세를 취하는 것이 아닌지 알기 위해 귀차르디니를 돈을 주고 고용이라도 하고 싶은 심정이라고 토로한 점에서 잘 나타난다(Letter 285).

사실 어떻게 생각하면 마키아벨리가 『로마사논고』에서 이상형적 정치모델의 정반대의 예로서 간접적으로만 언급하던 피렌체의 문제를 주제로 별도의 책을 쓴다는 것은, 굳이 별도의 위촉이 없이도 한번 시도해 봄직했음 만한 작업으로 보인다. 실제 마키아벨리가 굳이 로마의 장점에 대해 길게 얘기한 근본적인 이유 자체가 피렌체에 대한 그의 애정어린 걱정 때문이었음을 우리는 잘 알고 있다. 이러한 고차원적인 이유 말고도 당시 경제적으로 적잖이 어려움에 처해 있던 그에게 결코 적지 않은 금액의 사례비가 따르는 저술작업을 위촉받았다는 것은 그에게는 정말로 다행한 일이 아닐 수 없었다. 그러나 메디치 가문에 대해 결코 호의적으로만 쓸 수 없었던 그는 결국 메디치에 대한 비판적 태도를 고집하였다. 그리고는 이러한 비판적 자세가 메디치 교황의 요청에 따라 이루어진 것처럼 말함으로써 자신의 입장을 변호한다. 즉 위촉된 원고가 완성되었을 당시 이미 교황이 된 줄리오 메디치에 대한 헌정사에서 마키아벨리는, 그가 여러 곳에서 적고 있는 메디치 가문에 대한 부정적 기록은 선조들에 대한 아첨을 가능한 한 피하라는 줄리오 추기경의 각별한 요청을 어길 수 없었기 때문에 할 수 없이 한 것이라고 말한다. 더욱이 그러한 부정적 기록은 자신의 의견이라기보다는 메디치 가문에 적대적인 인사들의 의견에 불과한 것이라는 점을 보이기 위해 그가 인용한(그러나 실제로는 그가 상상력을 바탕으로 지어낸) 연설문을 통해서만 소개된다.

비록 위촉에 의해 저술되기는 하였지만 『피렌체사』에서 마키아벨리는 자신이 하고 싶었던 얘기를 아무런 감춤도 없이 그대로 모두 전하고 있다. 즉 『로마사논고』가 로마인들의 성공비결로서 비르투를 주제로 하고 있음에 비해 『피렌체사』에서는 피렌체의 정치적 실패요인으로서 부패를, 그리고 그 부패의 직접적 요인으로서 당파투쟁(factionalism)의 문제를 이 책의 중심문제로서 다루고 있다.

인문주의 수사(修辭)적 역사

형식의 면에서 마키아벨리의 『피렌체사』는 그가 서문에서 비판적으로 언급하고 있는 레오나르도 브루니 또는 폿죠의 작업과 크게 다르지 않다. 브루니나 폿죠가 썼던 피렌체 역사는 마키아벨리의 경우와 달리 제3자의 위촉에 의해 저술된 것은 아니었고 피렌체의 최고관직 보유자로서 피렌체에 대해 경의를 표하기 위해 자발적으로 이루어진 것이었다.[1] 이들 인문주의자들이 의도한 역사는 오늘날 우리가 이해하는 역사, 즉 역사적 사실에 기초하는 객관적 기술이 아니고 그들이 주제로 삼고 있는 문제에 관련된 사건들을 고전 역사가들 속에서 발견되는 규칙에 따라 서술하는 것으로 그들이 '진정한 역사'라고 여기던 바를 창조하는 것이었다. 이러한 '진정한 역사'는 대부분 정치사로서 그것을 읽는 독자들의 정치적 자부심과 도덕적 용기를 강화하게끔 중요한 사건들을 인상적 형식으로 재현시켜 제시하는 것이었다. 따라서 명예로운 일들은 영구화되었지만 그렇지 못한 것은 삭제되었다. 결국 중요한 것은 사실기술의 완결성이나 디테일의 정확한 재현이 아니라 서술의 양식 또는 형식이었다. 이러한 역사의 기술을 위해 사용되는 사실은 기존의 연대기 또는 그와 유사한 자료에서 취해졌고, 역사가의 과제는 서술될 중요한 사실들을 선택하여 그것들을 훌륭한 양식으로 진술하는 것이었다.

대체로 이 당시의 인문주의적 역사서들은 이러한 점 말고도 다음과 같은 공통된 특성을 갖고 있었다. 즉 전체는 몇 개의 권으로 나뉘어 서술되는데, 각 권은 역사를 이해하는 데 필요한 고려사항에 대한 일반적 논의로 시작된다. 특히 기억해 두어야 할 점은 역사서술이 곳곳에서 역

1) Donald J. Wilcox, *The Development of Florentine Humanist Historiography in the Fifteenth Century*(Cambridge, Mass.: Harvard University Press, 1969), p. 3; F. Gilbert, 1977, p. 137.

사의 주인공들이 행하는 연설문으로 장식되고 있다는 점이다. 이 연설문은 실제 기록의 정확한 재현이 아니라 역사가에 의해 제작되었는데, 이 연설문을 통해 논의될 행동과 사건들의 의미가 광범위한 철학적 또는 도덕적 문맥 속에서 음미될 수 있도록 저술되었다. 이러한 역사는 대단히 독특한 성격의 것으로 "수사적 역사(rhetorical history)"라고 불리기도 했는데 도덕적 또는 정신적 가치의 진작과 독자들에게 올바른 행동을 고취시키는 데 주된 관심이 있었다.[2)]

이러한 인문주의적 관행으로서 수사적 역사의 한 전형으로 들 수 있는 것이 마키아벨리 자신이 쓴, 13세기 루카(Lucca) 출신의 무인 카스트루초 카스트라카니의 전기였다.[3)] 줄리오 추기경에 의해 『피렌체사』의 저술위촉이 막 될 무렵인 1520년 8월경에 완성된 이 짧은 글은 당시 얘기가 진행되던 『피렌체사』 저술위촉을 염두에 두면서 이 작업이 어떤 형식으로 이루어질 것인가와 관련하여 사람들이 자신의 작업내용과 수사적 역사기술의 능력을 예측할 수 있도록 한 작업이라는 주장이 설득력 있게 제시된 바 있다.[4)] 여하튼간에 마키아벨리는 이 글에서 그의 수사적 역사서술의 능력을 유감 없이 발휘한 것으로 오리첼라리 정원 모임의 동료들에 의해 높이 평가되었다. 특히 부온델몬티는 "역사서의 모델"이라고까지 극찬하였는데, 이것은 물론 객관적 역사적 사실의 발굴이라는 오늘날의 학문적 기준에서가 아니라 문체의 양식 및 형식에 대한 당시의 수사술적 관심을 바탕으로 한 평가였다.[5)]

이 글의 백미는 카스트라카니가 사망하기 직전 병상에서 행한 감동적인 연설부분인데 사실 그 연설문의 내용은 대부분 고대 이래의 저명한 현인들의 교훈들로서 카스트라카니가 한 말처럼 마키아벨리가 꾸민

---

2) F. Gilbert, 1965, p. 203–226; Wilcox, 1969, p. 204.

3) *The Life of Castruccio Castracani*(*Vita di Castruccio Castracani*), in *CW* II, pp. 533–560.

4) 리돌피, 2000, p. 293(영역: 181); Viroli, 2000, pp. 196–197.

5) 부온델몬티의 평가는 마키아벨리에게 보낸 1520년 9월 6일자의 편지(Letter 263)에서 이루어진 것이다.

것이다. 이 점에 대해서는 많은 사람들이 알고 있었지만, 그것은 큰 문제가 아니었다. 중요한 것은 마키아벨리가 카스트라카니라는 인물을 통해 전하고 있는 여러 경구(警句)들의 질이었다.

『피렌체사』

『피렌체사』의 원제목은 *Istorie Fiorentine*인데 영어로는 흔히 *Florentine History*로, 즉 단수로 번역되지만 원래의 책에서는 Istorie라는 복수로 표기되고 있다.[6] 앞 절에서 보았듯이 인문주의적 맥락에서 역사는 수사적 역사를 의미하는 것이었는데 역사를 복수의 형식으로 표기하는 것은 역사서 저술방식에서 여러 개의 권으로 나누고 각 권의 머리에는 해당 주제와 관련된 일반적 문제에 대한 논의가 제시된다는 점과 전혀 무관한 것으로 보이지 않는다. 원래 고전 그리스어적 의미에서 history는 오늘날과 같은 의미의 역사보다는 영어로는 inquiry라는 단어로 표기되는 탐구 내지 조사의 의미가 더 강했던 것인데, 다른 인문주의 학자들과 마찬가지로 마키아벨리가 자신의 책을 모두 8권으로 나누어 서술한 것은 각 권에서 별도의 주제를 탐구한다는 의미를 포함하고 있는 것으로 보인다. 이미 앞서 지적했듯이 각 권의 첫 장들은 연대기적 사건의 기록이 아니라 각 권에서 다루고 있는 특정 주제에 관한 일반론적 고찰로 구성되어 있다. 실제로 마키아벨리는 이 각 권의 서론부분에서 자신의 생각을 자세히 밝히고 있다.

앞에서 지적하였듯이 형식 면에서 마키아벨리의 『피렌체사』는 완벽히 인문주의의 역사서와 일치한다. 그러나 『군주론』이나 『로마사논고』에서 그러했듯이 내용적으로는 인문주의 방식에 대한 비판 또는 공격을

6) 예컨대 Allan Gilbert의 번역(*CW* III); Skinner, 1980, p. 78 ff. Anglo(1960) 등. 이러한 점에 관련하여 Mansfield와 Laura Banfield의 새로운 번역 *Florentine Histories*(Princeton University Press, 1998)의 "Introduction"에서는 이 점을 환기시키면서 굳이 복수로서 표기되는 이유를 설명한다.

염두에 두고 있다. 이 점은 책 전체의 서론부분에서 간접적으로 이루어진다. 그에 따르면 그는 원래 자신의 책을 메디치 가문이 피렌체 정치의 주인공이 된 1434년부터 시작하려고 했다. 왜냐하면 인문주의의 대선배격인 레오나르도 브루니와 브라촐리니 폿죠가 이미 자신들의 피렌체 역사에서 그 이전의 부뷴을 다루었기 때문이다. 그러나 자세히 검토해 보니 이들 두 선배는 공화국의 위대성을 너무 강조한 나머지 어두운 구석이라고 할 수 있는 내부적 분열 또는 정파간의 갈등에 대해서는 너무 소략하게 다루고 있어 이 부분을 알고자 할 때에는 별로 큰 도움이 안 된다고 판단했기 때문에 아예 처음부터 다루기로 결정했다는 것이다.

따라서 1권에서는 피렌체 역사의 분수령이 되는 메디치 가문의 정권장악이 이루어지는 1434년 이전까지의 이탈리아 역사전개와 관련된 모든 중요한 외부 사건들이 개관되고, 2권에서 4권까지는 1434년까지의 피렌체 국내정치의 전개 그리고 이와 직접 관련되는 대외적 사건들이 서술된다. 5장부터는 국내문제와 대외문제가 함께 다루어지는데 7권 6장까지에서는 외부 사건들이 국내 사건의 전개와 관련되는 것으로 전제되면서 별도로 서술되는 데 비해 7권 7장부터는 이 두 가지가 아예 함께 논의된다. 따라서 일관성 있는 또는 체계적 서술양식이 결여되고 있다는 인상을 주고 있다.

마키아벨리에 있어 가장 중요한 국내정치의 문제는 다양한 사회계급 및 정파 사이의 분열과 단결의 문제이다. 따라서 한 나라의 역사를 논의할 경우 당연히 이 주제가 으뜸가는 문제로서 다루어져야 한다고 그는 보고 있다. 왜냐하면 진정으로 유용한 논의는 국가 내의 정파들 사이의 미움과 투쟁의 원인을 밝혀 줌으로써 그것을 피할 수 있는 방도를 찾게끔 해 주는 것이어야 하기 때문이다.

마키아벨리가 볼 때 피렌체는 어떤 한 종류의 당파투쟁이 아닌 여러 개의 갈등을 지속적으로 겪어 왔다는 점에서 로마나 어떤 다른 국가들에 비해서도 대단히 독특한 국가였다. 예컨대 로마의 경우 군주정이 끝난 후 귀족과 평민 사이에 갈등이 생겼었는데 이 한 종류의 갈등이 로마 공화국의 멸망 때까지 지속되었다. 이러한 점은 아테네나 당시의 다른 공화국에서도 마찬가지였다. 이에 비해 피렌체에서는 처음에는 귀족들 사이의 파쟁이 있었고, 다음에는 귀족과 중산층(popolo) 사이에, 끝으로 이 중산층과 하층민(plebe) 사이에 파쟁이 벌어졌었다.

약간의 역설적 표현이 사용되고 있기는 하지만 바로 이 점이 피렌체의 활력이 가장 잘 드러나는 부분이고 피렌체 시민들의 위대성이 가장 잘 표현되는 부분이라고 마키아벨리는 말한다. 왜냐하면 다른 국가 같았으면 그러한 복잡한 내부갈등을 겪었으면 몇 번이고 멸망했을 터인데 피렌체는 오히려 더 훌륭하게 성장해 왔으니 시민들의 능력이 그러한 파쟁의 악영향을 이길 정도로 대단하였다고 하지 않을 수 없다는 것이 그의 논지이다.

『로마사논고』에서 이루어지는 공화국 로마에 대한 칭송은 자신의 조국이었던 피렌체의 정치현실에 대한 강한 비판과 동전의 앞뒷면을 이루는 것이었다. 『로마사논고』에서는 간헐적이고 간접적으로만 이루어졌던 피렌체의 정치현실에 대한 비판은 이제 『피렌체사』의 저술을 통해 전면에 체계적 형태로 나타나게 된 것이다. 『로마사논고』에서 다루어지고 있는 로마사의 연구는 따라야 할 바를 알기 위해서, 그리고 피렌체사의 연구는 그 반대로 회피하고 제거해야 할 바를 알기 위해서 하는 것이다(*FH* V-1).

마키아벨리의 정치이론에 있어 가장 기초적인 사실의 하나는 한 사회 안에는 귀족과 평민이라는 두 개의 상반된 세력 또는 계급이 있게 마련이라는 점이다. 귀족들은 기본적으로 지배하고자 하는 자연적 성향을 가지고 있고, 이에 비해 평민은 지배당하지 않으려고 하는 성향을 지니고 있기 때문에 이 두 집단 사이의 불화 또는 반목은 필연적인 일이라고 보는 점에 대해서는 이미 앞에서 언급된 바 있다(*D* I-4).

『로마사논고』에서 마키아벨리가 말하고자 한 바는 로마의 위대성과 자유는 바로 그러한 계급간의 불화를 딛고 있다는 점이다. 그러나 피렌체의 경우는 같은 계급간의 반목이 로마와 정반대의 결과를 낳았다. 그에 따르면 로마에서의 이러한 반목이나 불화는 논쟁으로 끝나 결국은 법의 제정으로 마감되었고 대외적으로도 군사력의 증강으로 결과하였다. 국내정치적으로는 시민들간의 평등상태가 큰 불평등 쪽으로 변한 것이 로마의 경우였다. 이에 비해 피렌체에서의 계급간의 적대관계는 실제 싸움으로 번져 많은 시민들의 유배나 죽음으로 마감되었고 이로 인해 군사력은 오히려 궤멸되었으며 사회관계는 큰 불평등에서 괄목할 만한 평등 쪽으로 변했다고 마키아벨리는 말한다(*FH* III-1).

왜 그러하였는가 하는 점이 마키아벨리가 바로 『피렌체사』에서 정면으로 다루고자 하는 문제였다. 마키아벨리에 따르면 위에서 막 지적된 고대 로마 공화국과 그의 피렌체 사이에서 나타나는 차이는 양국에 있어서의 평민의 성향차이에서 연유하는 것이다. 로마의 경우 평민의 욕심은 제한된 것이었기 때문에 이들이 귀족에 끼친 상해는 견딜 만한 것이었다. 따라서 귀족은 무기에 호소하지 않고 쉽게 양보하였고, 얼마간의 토론 뒤에 평민도 만족하고 귀족도 여전히 공직에 간여할 수 있는 법의 제정에 합의하였다. 그러나 피렌체의 경우 평민(상업 엘리트 계층)의 욕심은 해롭고 정의롭지 않아서 귀족은 자신을 지키는 데 보다 큰 힘을 사용해야만 하였고, 그 결과는 유혈과 유배였으며, 제정된 법은 공동의 이익을 위해 마련된 것이 아니라 승자에게만 이익이 되도록 작성되었다.

로마의 경우는 평민이 귀족과의 싸움에서 승리한 후에 귀족과 평민이 같이 정치에 관여하였기 때문에 평민은 귀족만이 갖고 있던 군사적 비르투와 통치의 기술을 익힐 수 있었다. 따라서 국가 전체의 비르투, 따라서 국가의 권력은 증가하였다. 피렌체의 경우는 평민이 승리한 후 귀족들은 관직에서 축출되었고, 더 나아가 귀족도 평민의 생활양식을 모방한 결과 한때 귀족이 보유하던 군사적 비르투와 담대한 기백은 완전히 파괴되었다. 그 결과 피렌체는 더욱 취약하고 비열한 모습으로 바뀌어 갔다.

마키아벨리에 의하면, 지배계급이 군사업무를 직접 관장하지 않고 개인적 부의 증진을 위해 전쟁을 업으로 삼는 용병대장들에게 그 업무 전체를 일임시킨 것이 15세기 중엽까지 이탈리아 내 대부분의 국가들이 군사적 무능의 상태로 들어가게 된 원인이었다. 특히 이러한 사태는 피렌체의 경우 더욱 심각하였는데 이 점은 평민당과 귀족당 사이의 장기간에 걸친 파쟁 끝에 '상업에 길들여져 있던 사람들', 즉 평민당이 승리한 후 군사업무를 천직으로 삼던 귀족세력을 완전히 섬멸하고 국가 밖으로 내몰았기 때문에 결과한 것이라고 마키아벨리는 분석하고 있다(*FH* I-39).

이탈리아의 군사적 나약함의 원인을 『로마사논고』에서는 기독교의 전래에서 찾던(*D* II-2) 마키아벨리는 『피렌체사』에서는 이렇게 논의의 수준을 달리하여 메디치 가문을 필두로 하는 평민당의 승리와 상업과두정의 출현, 즉 귀족의 정치적 몰락에서 그 원인을 찾고 있음을 알 수 있다. 원래 『로마사논고』에서는 귀족에 대해서 "이들을 완전히 제거하지 않고서는 공화국을 수립하는 일이 불가능하다"고 할 정도로(*D* I-55) 대단히 부정적 견해를 보였던 마키아벨리로서는 상당한 변화가 아닐 수 없다. 특히 강력한 군주와 그의 관리들이 귀족을 적절히 견제할 수 있는 프랑스 같은 대국이라면 모르겠지만, 피렌체와 같은 작은 도시국가에서는 귀족의 무절제한 행동을 용인할 수 있는 공간이 없는 것으로 그는 지적하였었다. 그러나 귀족만이 보유하는 군사적 비르투와 담대한 기백이 대단히 아쉬운 자산이라고 평가되면서 귀족에 대한 평가를 바꾸지 않을 수 없었던 것으로 여겨진다.

귀족의 군사적 자질 또는 용맹성에 대한 마키아벨리의 긍정적 평가는 그 자체로서보다는 새로운 주도세력으로서 상업과두정에 대한 그의 실망의 반작용이라는 각도에서 이해되어야 그 의미가 제대로 파악될 것으로 생각된다. 상업과두세력에 대한 부정적 평가는 평민당의 집권(메디치 가문의 등장) 이후 지속된 당파투쟁과 관련된다.

새로운 과두정을 이끈 상업세력은 귀족이 지니고 있던 군사적 비르투는 이어받지 못했으면서도 귀족의 야심과 오만만은 물려받았다고 마키아벨리는 말한다(*FH* III-5). 이들 상업과두정 세력은 귀족 대신에 자신이 최고의 지위를 차지하고자 노력했는데, 불화를 통해 그러한 지위를 얻는 방법 외에 달리 아무런 방도가 없었기 때문에 이들은 곧 피렌체를 다시 분열시켰다고 마키아벨리는 언명한다.

이러한 사태는 11세기 말에서 12세기 초 사이 이탈리아가 신성로마제국의 지배를 벗어나 중북부지역에 새로운 도시국가들이 만들어질 때의 상황에서 연유하는 것으로 풀이된다. 이 당시 각 도시국가 내에 존재하던 부패상을 견제할 만한 강력한 세력이 존재하지 않았기 때문에 부패가 그대로 온존한 채, 즉 사적 이익만을 추구하는 노력들이 그대로 방치된 상태에서 국가들이 수립되었다. 따라서 각종 악과 무질서가 나타나게 되었는데 이러한 상황에서 시민들 사이의 유대는 조국이나 타인들을 상대로 나쁜 일을 꾸미는 경우에 국한되어 만들어졌다고 마키아벨리는 말한다.

원래 착한 사람들은 자신이 나쁜 일을 하지 않았기 때문에 굳이 자신을 옹호해 줄 사람을 찾지 않는 데 비해 악인들은 정반대이다. 따라서 착한 사람들은 무방비상태에 놓이게 되는데 이러한 사태에서 결과하는 불이익을 피하기 위해서는 착한 사람들도 파당을 만들 수밖에 없어 결국 악인들은 욕심과 야심 때문에, 착한 사람들은 필요성(necessità) 때문에 붕당을 만들어 사회 전체는 당파투쟁에 휩싸일 수밖에 없음이 지적된다.

마키아벨리는 피렌체가 다른 어떤 국가들보다 더욱 심각하게 이러한 무질서에 오염되어 있다고 보고 있다. 왜냐하면 그가 보기에 피렌체에서는 법과 질서의 수립이 자유로운 체제의 보존을 위해서가 아니라 지배권력을 장악한 특정 파당의 야망을 유지하기 위해서 만들어지기 때문이다. 이러한 체제에서는 어떤 하나의 파당이 쫓겨 나가 하나의 분열요인이 제거되면 다른 것이 곧 이어 발생한다고 그는 말한다. 즉 국가 자체의 유지가 법이 아닌 파당간의 대결을 통해 이루어지기 때문에 어떤 하나의 파당이 아무런 반대 없는 상태 속에 그대로 두어지면 국가의 안전유지마저 어려워질 정도가 되기 때문에 곧 새로운 파당이 만들어지는 것이 피렌체의 일반적 상황이었다고 마키아벨리는 주장한다.

마키아벨리는 피렌체에서 귀족세력의 퇴조와 상업과두세력의 등장에 대해 비판적 견해를 보였으나 어떤 한 쪽의 입장에 동조하고 있는 것은 아니다. 그가 이상적으로 보는 체제는 선량하고 현명하며 또한 강력한 시민들에 의해 법이 수립되어 이것을 바탕으로 귀족과 평민 모두가 억제되어 나쁜 일을 행하지 못하게 되는 그러한 체제이다. 이러한 경우를 자유로운 국가로 부를 수 있다고 그는 말한다. 물론 이러한 것은 아주 드물게만 나타나는 것으로 말하는데, 이렇게 되기 위해서는 상당한 행운이 따라야 한다고 보고 있다(*FH* IV-1).

대부분의 경우는 이러한 행운이 따르지는 않는다. 즉 현실의 세계에서는 귀족이 득세하거나 평민이 득세하게 된다. 후자가 득세하면 방종의 상태가 나타나고, 귀족이 지배하면 예속상태가 나타나는데 이것을 결코 자유와 예속 사이의 왕복으로 보아서는 안 된다고 마키아벨리는 누누이 강조한다. 그에 따르면 선량한 사람들은 예속상태를, 그리고 현명한 사람들은 방종상태를 견디지 못한다. 예속상태를 낳는 오만한 귀족들의 지배인 전제정에서는 악이 쉽게 행해지고, 어리석은 자들이 주인공이 되는 방종한 체제하에서는 여간해서는 좋은 일이 쉽게 행해지지 않는다고 마키아벨리는 지적한다. 따라서 이러한 체제들 속에서 자유롭고 동시에 안정된 국가가 태어날 수 있기 위해서는 뛰어난 비르투와 포르투나를 모두 갖춘 어떤 개인을 필요로 하는데, 설령 이러한 사람이 나타난다고 하더라도 죽음이나 질병으로 안정된 체제유지의 노력은 실패로 돌아갈 가능성이 많은 것으로 말한다(*D* I-17 참조).

역사철학

앞에서도 여러 번 지적하였듯이 현재 현실로서 경험하고 있는 부패된 정치상황으로부터, 그것이 방종상태이든 아니면 전제정이든 간에, 빠져 나와 자유롭고 안정된 정치체제를 회복하는 방법을 모색하는 일이 마키아벨리의 기본관심이다. 그러면서도 그는 여러 곳에서 — 대표적인 것의 하나로서 방금 언급된 『로마사논고』 1권 17장을 들 수 있을 것이다 — 이러한 작업이 대단히 어렵다는 점을 강조함으로써 비관적인 입장을 일관되게 보이고 있다. 그러나 그가 그러한 희망을 완전히 포기한 것은 아니다. 사물의 역설적 측면을 포착함에 있어 남다른 능력을 보이는 마키아벨리에게 있어 현실이 절망적일수록 우리는 더욱 희망을 가질 수 있다.

이러한 점은 우선 『군주론』에서 '기회(occasione)'의 문제를 논의하는 자리에서 잘 엿보인다. 그는 6장에서 모세 같은 완벽한 비르투를 갖춘 이상형적 지도자 네 사람을 논의하는 자리에서, 그들의 그러한 비르투가 발휘되기 위해서는 기회 또는 계기가 마련되어 있어야 했을 필요성을 말하고 있다. 예컨대 모세의 비르투가 발휘되기 위해서는 당시 이스라엘 백성이 이집트에 의해 노예처럼 억압받아야 했고, 로물루스가 로마의 왕이 되기 위해서는 알바에서 출생하자마자 곧 발각이 되어 로마로 도망쳐 나올 필요가 있었으며, 키루스가 페르시아의 영웅이 되기 위해서는 당시 페르시아인들이 메데스 왕국의 지배를 받고 또한 이에 대해 불만을 가질 필요가 있었고, 테세우스의 탁월한 비르투가 과시되기 위해서는 당시 아테네 사람들이 통일을 이루지 못하고 흩어져 살고 있어야만 했다는 식의 논의가 그것이다. 그러한 계기가 주어지지 않았다면 그들의 비르투는 그냥 허비되는 수밖에 없었다고 그는 말한다. 즉 그러한 뛰어난 지도자들이 자신들의 비르투를 발휘할 수 있기 위해서는 그들의 조국이 대단한 난국에 처해 있어야 할 점을 그는 말하는데, 이 점은 비르투의 발휘를 위해서는 네체시타의 작용이 필요하다는 그의 독특한 관점을 잘 보여 주는 그의 특이한 논의방식이다.

이러한 독특한 관점은 조국 이탈리아의 해방을 간곡히 호소하고 있는 『군주론』의 마지막 장에서 다시 반복된다. 오히려 이 마지막 장에서 국내외적으로 수모를 당하고 있던 이탈리아에게 희망이 있음을 말하기 위해 의도적으로 6장에서와 같은 역설적인 논의방식을 도입했는지도 모를 일이다. 여하튼 마키아벨리가 보기에 당시 이탈리아의 상황은 모세 당시의 헤브라이 백성, 키루스 때의 페르시아, 테세우스 당시의 아테네보다 훨씬 어려웠지만 그것은 어디까지나 탁월한 비르투의 주인공이 나타나 이탈리아를 구원할 수 있도록 기회를 마련하는 일에 불과하다는 일종의 섭리론적 역사관이 나타난다.

이러한 역사관은 『피렌체사』 5권 1장에서 잘 나타나고 있다. 그는 국가의 역사는 영고성쇠(榮古盛衰)의 순환과정을 겪는 것으로 보고 있다. 이러한 과정을 겪는 것은 세상사를 정지상태에 머물러 있지 못하게 하는 자연의 힘에 의한 것이다. 그의 뒤에 나타나는 대부분의 정치이론가들이 자연법을 설명의 기본도구로 하는 것과 달리 자연법에 관해 전혀 아무런 언급도 하지 않는 마키아벨리가 자연에 대해 언급하는 대단히 드문 경우로 말할 수 있다. 여하튼 그에 따르면 모든 나라들은 질서상태에서 무질서로, 그리고 무질서에서 질서로 가게 되어 있다. 즉 안 좋은 상황에서 좋은 쪽으로 옮겨갈 때 정점(궁극적 완성의 단계)에 도달하여 더 이상 오를 수 없게 되면 하강할 수밖에 없고, 반대로 일단 하강하여 최저점에 도달하면 필연적으로 상승할 수밖에 없는 것이다.

이러한 과정의 정점은 한 나라가 최대치의 비르투를 확보하는 단계를 말한다. 그리고 필연적으로 겪게 되는 하강의 과정은 다음과 같은 단계를 거친다. 첫 단계는 정적(quiete)이다. 이것은 다시 나태(ozio)를 낳고, 이것은 무질서(disordine)를, 무질서는 다시 영락(零落, rovina)을 낳는다. 반대로 상승국면에 접어들게 되면 영락상태는 질서로 옮겨가게 되고, 질서는 비르투를 낳고, 이것은 다시 영광과 행운으로 이어진다.

마키아벨리에 있어서 한 나라의 비르투는 훌륭한 군사력을 바탕으로 한다. 이러한 무력으로 얻어진 승리는 정적을 낳게 된다. 그러나 문예보다 비르투, 즉 무력을 더 숭상하는 분위기가 유지된다면 안일이 끼여들 일은 없다. 그러나 문예는 훌륭히 무장된 정신력도 부패시킬 수 있는 능력을 갖고 있다. 오늘날에 와서는 르네상스 이탈리아의 문예가 대단히 높게 평가되지만, 정작 그 시대의 아들인 마키아벨리는 문예의 부흥 때문에 이탈리아 내 여러 국가들의 군사력이 약화된 점에 대해 대단히 우려하는 태도를 보이고 있음에 유의할 필요가 있다. 예컨대 로마공화국 말엽에 카토가 풍속의 타락을 우려하여 외국인 철학자의 로마 방문을 금지한 사실에 대해 마키아벨리는 주의를 환기시키고 있다.

1434년에 이르는 국내외 사건들을 4권까지 마친 후 메디치가의 등장을 처음 다루게 되는 5권의 머리글에서, 마키아벨리는 자신의 작업의 목적이 알프스 이북의 야만인들에 의한 이탈리아의 피침(被侵)의 연유를 메디치가의 세도정치 60년간의 역사에서 찾는 것임을 밝힌다. 마키아벨리가 특히 주목하고 있는 점은 이 기간 동안 이탈리아 내 도시국가들 사이에 형성되었던 전쟁도 평화도 아닌 어중간한 상태 속에서 비르투가 전부 증발하게 되었다는 점이다.

이러한 점은 상업과두정의 출현과 관련되는 것으로 해석되고 있다. 이 점은 곧 메디치가를 중심으로 한 이탈리아 내 외교체제의 구축에 대한 비판을 의미하는 것이다. 이 덕분에 군사준비가 전혀 되지 않아 1494년 프랑스가 침공해 왔을 때 완전히 속수무책상태로 남아 있을 수밖에 없었다는 점이 마키아벨리에게는 통탄스러운 일이었다. 다른 나라에서는 평화를 누리느라고 비르투를 잃게 되었지만, 이탈리아에서는 전쟁을 가장한 평화 또는 평화를 가장한 전쟁이라는 비겁한 태도 때문에 비르투가 사라졌다는 것이다. 특히 마키아벨리가 기가 막힌 일로 여긴 점은 그 얼마 안 되는 무력으로 인해 귀족의 역할이 철저히 봉쇄되었다는 점이다. 여기에서 그의 역설의 독설은 다시 이어진다: "상업과두세력의 국내외 정책을 로마의 비르투를 판단할 때와 같은 존경심을 갖고 볼 수는 없지만 그 형편없는 무력으로 다수의 귀족들을 잘 견제한 점을 볼 때 생기는 존경심은 결코 그에 뒤지지 않는다."

이러한 논의는 『군주론』이나 『로마사논고』에서 일관되게 주장되는 각 국가들이 자체적으로 조직한 상비군을 준비해야 한다는 그의 주장을 다시 강조하기 위해 이루어지는 것이다. 이 문제는 바로 『피렌체사』 6권의 머리에 다루어진다. 그의 문제제기는 대단히 간단하다. 전쟁의 목적은 자신을 부유하게 만들고 적을 가난하게 만드는 것이라고 마키아벨리는 간명하게 말한다. 부를 획득하는 것의 목적은 강하게 되는 데 있다. 그런데 승리를 통해 부를 획득하지 못하고 오히려 약해진다면 이것은 당연히 피해야 할 일이라고 그는 말한다.

이러한 역설적인 상황은 마키아벨리가 지어낸 것이 아니고 용병군의 사용이 가져온 결과에 대한 그의 담담한 기술이다. 고대 로마의 경우 전쟁에서 승리하면 전리품으로 국고가 채워지고 백성들에게도 선물을 나누어 줄 수 있었는데, 용병군으로 싸우던 당시 이탈리아의 경우 전쟁에 이겨도 전리품은 군인들의 소유가 되기 때문에 그 군대의 고용주인 군주는 승리를 유지하기 위해 필요한 새로운 병사의 충원을 위해 새로운 돈을 필요로 하게 된다. 따라서 새로운 세금을 부과하여야 하기 때문에 승리는 백성들에게 새로운 부담을 안기는 결과를 낳게 된다는 것이다.

무해(無害)한 분열과 유해(有害)한 분열

『피렌체사』 전체에 걸쳐 일관되게 토론되는 문제는 다양한 정치세력 또는 사회세력 사이의 이해갈등이다. 그런데 이러한 갈등은 효과적으로 이용만 될 수 있다면 국가를 위해 대단히 유익한 것이 될 수 있어 반드시 나쁜 일로 평가되어야만 하는 것은 아니라는 것이 마키아벨리의 주장이다. 예컨대 로마 공화국이 그러한 갈등이 효과적으로 잘 이용된 경우로 얘기될 수 있을 것이다. 그러나 피렌체는 그렇지 못했다고 그는 보고 있다. 왜 그러한 차이가 만들어지는가에 대한 마키아벨리의 설명에 대해서는 이미 앞에서 논의되었다. 그 답은 귀족세력을 꺾고 새로운 정치의 패자(覇者)가 된 평민세력의 성격의 차이에서 찾아졌는데, 마키아벨리는 7권에서 이 문제를 다시 다루면서 보다 일반적인 수준에서의 설명을 피하고 있다(*FH* VII-1).

그는 우선 "공화정이 단결을 가져올 것을 기대하는 사람은 헛된 희망에 속고 있는 것"이라고 말함으로써 사회세력 사이의 갈등이 전혀 없는 완벽한 통일은 불가능한 것으로 보고 있다. 그러나 모든 분열이 다 해로운 것은 아니라고 본다. 예컨대 앞서 본 바와 같이 로마 공화국 시절의 분열은 그렇지 않았다. 그러한 이유는 로마의 경우 사회세력간의 갈등이 당파(sette; factions)[7]의 출현을 수반하지 않았기 때문이었다고 그는 보고 있다. 따라서 공화국을 새롭게 창건하는 사람은 공화정 안에서 자연스럽게 생기는 분열을 막지는 못해도 당파가 형성되는 것은 막아야 한다고 말한다. 당파의 출현을 수반하지만 않으면 사회세력간의 분열과 대립은 해롭지 않으나, 만일 그것이 수반되면 해로운 것이 되기 때문이다.

어떤 경우에 당파가 출현하고, 어떤 경우에는 그렇지 않은가? 마키아벨리는 이 점은 시민들이 국가 안에서 명성을 얻는 방식과 관련되는 것으로 보고 있다. 시민들이 대외 전쟁에서 승리를 획득하거나 또는 새로운 지역을 정복하는 등의 작업을 통해 공적인 방식만으로 명성을 얻고자 한다면 당파는 생기지 않는다고 그는 보고 있다. 물론 공적인 방식으로 명성을 얻고자 하는 시민들 사이에도 분열이 발생하지만, 그러한 분열이 사적 이익을 추구하는 과정에서 생기는 것이 아니기 때문에 아무런 문제가 되지 않는 것으로 본다. 더욱이 이러한 대결은 공화국의 지위를 고양시키는 경쟁으로 이어지고 또한 서로가 행동의 한계를 넘지 않는지 감시하기 때문에 공화국에 오히려 도움이 된다고 말한다. 반면에 사적인 이익 때문에 명성을 추구하는 사람들은 여러 가지 방식의 뇌

7) 마키아벨리는 sètte라는 말을 써서 당파를 표기하였는데, 원래 이 sètte는 교회 내 조직을 의미하는 것이었다. 영어로 옮길 경우 대부분 직역에 해당하는 faction을 많이 사용하지만 맨스필드에 의하면 분파라는 일반적 의미로 사용하는 경우에도 항상 기독교와 연결되는 것임을 강조한다. Mansfield, 1996, pp. 138, 329-330의 주 1.

물을 사용하게 되는데, 바로 여기에서 당파들이 발생한다고 마키아벨리는 말한다. 로마 공화국과 달리 피렌체에서의 분열과 대립은 항상 당파를 동반하는 것이었다고 마키아벨리는 지적한다. 승리한 파당도 반대의 파당이 활동하는 기간을 제외하고서는 단결한 적이 없었다고 한다. 패배한 당파가 제거되면 승리한 파당은 더 이상 적을 견제할 필요가 없어지게 되므로 그 자신도 곧 여러 개의 파당으로 갈라지게 된다고 말한다.

제8장

마키아벨리 사상의 지적 기반: 시민적 인문주의

마키아벨리 사상의 역사적 맥락과 독창성

마키아벨리가 우리 시대에 와서도 문제되는 것은 당연히 그의 사상 또는 주장이 갖는 독창성 때문이고, 또한 이 독창성은 우리 문제와 관련한 적실성의 근거가 되기 때문이다. 그 자신이 살던 시대의 통상적인 지적 전제 또는 통념에서 자유로운 사람은 실제 거의 없다. 그러나 마키아벨리는 항상 그러한 시대적 구속을 벗어나고자 노력하였고, 그 자신도 이 점에 대해서는 크게 자부하고 있었던 것으로 여겨진다. 예컨대 『로마사논고』 1권의 서문 첫 문장에서 그는 이 책의 저술을 통해 "전인미답의 길을 걷기로 결정하였음"을 자부하고 있다. 약간 다른 맥락에서 이기는 하지만 군주의 자질을 논의하는 『군주론』 15장에서도 그 동안 같은 문제를 논의한 많은 선인들에 의해 남겨진 교훈으로부터 벗어날 것을 과감히 선언한다.[1)]

---

1) 이러한 새로운 작업이 다른 사람들에게 곱게 비쳐지지 않을 것에 대해 마키아벨리는 잘 의식하고 있다. 이러한 새로운 길이나 방법을 찾는 일은 새로운 바다나 미지의 대륙을 탐험하는 것에 못지않은 위험을 수반하는 일로 지적되는데, 그 까닭은 마키아벨리에 따르면 다른 사람의 행동을 칭찬하기보다는 흠잡기를 좋아하는 인간의 본성 때문이다. 마키아벨리에 따르면 새로운 지적 작업이 수

이 독창성은 바로 근대의 시작을 알리는 신호로서 이해되기도 한다. 이와 관련하여 그러면 과연 마키아벨리의 어떤 부분이, 어떤 점이 그의 독창성 또는 근대성을 나타내는 것인가 하는 문제에 대해 명확한 답을 주는 일이 중요한 문제로 제기된다.

일반적으로 중세를 지배하던 스콜라 철학과 르네상스 초기의 인문주의 조류에 대한 거부라는 관점에서 마키아벨리의 독창성 또는 사상사 흐름에서의 개혁이라는 역사적 의의가 평가된다. 그러나 이러한 명제는 마키아벨리의 사상과 그가 딛고 있는 논의의 전통을 검토할 때 생각처럼 간단하게 얘기될 수 있는 것은 아니다. 어떤 사상가의 경우도 마찬가지이겠지만 마키아벨리의 경우도 그 주제 면에서나 방법 면에서 그가 살던 당시의 지배적 지적 전통, 특히 인문주의 전통과 생각보다 훨씬 긴밀히 연결되어 있다. 따라서 마키아벨리 사상의 독특성을 밝히기 위해서는 우선 그의 사상과 인문주의의 관계를 검토하는 일이 중요하다. 그리고 그 다음 어떻게 이 인문주의의 전통을 벗어나고 있는 것인가를 밝히는 일이 필요하다. 인문주의 비판은 동시에 인문주의가 딛고 있던 키케로-세네카 등의 스토아 학파와 스콜라 철학 비판, 따라서 아리스토텔레스 전통의 비판을 의미하는 것이다. 이런 점에서 보면 마키아벨리는 당시까지 유럽의 지배적인 사상조류에 대한 전면적 비판과 혁명을 의미하는 것으로 보아야 할 것이다.

이미 지적되었듯이 마키아벨리는 당대의 일급 인문주의 학자로서 얘기되기는 어렵겠지만, 그의 인문주의적 배경은 대단히 탄탄한 것으로 이해된다. 그가 피렌체 행정청의 제2서기장으로 발탁된 것은 바로 이러한 인문주의 교육배경 때문이었다고 하는 점은 앞서 지적된 바 있다. 마키아벨리의 대표적 저술인 『군주론』, 『로마사논고』, 『피렌체사』 그리고 『전쟁술』 등에서 다루어지고 있는 주제, 기본관심사, 그 밑에 깔려

반할 위험은 마치 개혁군주 또는 신생군주들이 처하게 될 수밖에 없을 위험에 비유된다.

있는 기본가치 등에서 그의 인문주의적 배경이 잘 드러난다. 여기에서 우리가 당연히 가져야 할 관심은 과연 그의 글 어떤 부분이 인문주의 전통을 잇고 있는가 하는 점이다. 이러한 의문에 대한 답은 일단 이탈리아 인문주의 전체를 개괄할 때 쉽게 발견된다. 따라서 이 장의 앞에서는 이탈리아 인문주의에 대한 개괄적인 검토를 시도하고, 뒤에 마키아벨리의 저술의 구체적인 부분을 논의하는 자리에서 그의 사상과 인문주의의 연결이 보다 자세하게 다시 다루어질 것이다.

인문주의의 출현배경

인문주의(humanism)라는 말은 14세기 중반에서 16세기 중반에 이르는 약 두 세기 동안 이탈리아 내에서 융성했던 고전 그리스 및 로마의 문예 및 학문에 대한 연구 또는 고전을 바탕으로 하는 교육이상을 지칭하는 것이다. 이 인문주의라는 용어 자체는 19세기 초 독일 학자들에 의해 처음 만들어져 사용되었는데,[2] 이 말은 키케로 같은 고대 저술가들에 의해 문예교육이라는 일반적 의미로 사용된 인문학(studia humanitatis)이라는 용어를 바탕으로 한 것이다. 인문학은 14세기 초부터 대학교육에서 상당한 영향력을 발휘하기 시작하였는데, 첫 반세기 동안 문법, 수사술, 시학, 역사 및 도덕철학을 포함하는 독자적 분과학으로서 자리잡아 당시까지 대학의 중심적 과정이었던 신학, 형이상학, 자연철학(과학), 의학, 수학 등과 어깨를 나란히 하게 되었다. 이 때를 전후하여 이탈리아 학자들 사이에는 수사술 등의 인문학의 교수나 연구자들을 인문주의자(umanista)라고 지칭하게 되었다.

인문주의자들은 15세기에 들어서면서 스콜라 철학에 대하여 비판적 자세를 취했고, 이러한 비판적 자세에서 자신들의 정체성을 확립하여

2) Paul O. Kristeller, 진원숙 역, 『르네상스의 사상과 그 원천』(대구: 계명대학교 출판부, 1995), p. 41.

갔으나, 인문주의 운동이 애초부터 기존의 지배적 철학인 스콜라주의에 대한 대안적 철학으로 출현한 것은 아니었다.[3] 그보다는 문법과 수사술 연구에서 출발점을 찾는 일이 온당하게 보인다. 초기의 인문주의자들은 소수의 예외를 제외한다면 대부분 도시국가의 관리 또는 대학의 문법/수사술 교사의 직업을 가진 사람들이었는데, 이들은 중세의 수사학자들로 얘기될 수 있는 서한문 작성교사(dictatore)의 후예였다. 이 서한문 작성술(ars dictaminis)은 처음에는 볼로냐 대학을 중심으로 법률가의 양성목적과 관련하여, 즉 법학교육의 일부로서 발전되었다. 서한문 작성술보다 약간 뒤늦게 발전한 설교 작성술(ars praedicandi)과 연설문 작성술(ars arengandi)의 전통도 수사술이 인문주의 발흥에 미친 영향력의 한 몫을 하였다.

서한문 작성술과 연설문 작성술이 결합되면서 수사술의 교육과 수사학자들의 자기상(自己像)은 점차로 공적이고 정치적인 색채를 띠게 되었다. 이렇게 하여 수사술 연구는 정치적 내용을 담게 되었다. 한편 13세기 중엽부터 수사학자들이 보다 공개적으로 프로파간다의 맥락에서 자신들의 모범 서한문과 연설문을 사용하면서 서한문 작성술은 정치문제에 대한 직접적 논평의 기술로 바뀌게 되었다. 이러한 분위기 속에서 새로운 양식의 정치적-사회적 저술이 출현하게 되었는데, 사실상의 독립적 정치단체로서 도시들의 역사서술과 정치가 또는 고위 행정관들을 상대로 하는 조언서(advice-book)가 그 대표적 두 가지로서 얘기된다. 이러한 글의 대표적인 예로서는 1220년대 초로 추정되는 저자 불명의

3) 초기 인문주의와 스콜라 철학의 밀접한 연결에 관해서는 르네상스의 대표적 연구자의 한 사람인 Paul Oskar Kristeller의 저명한 논문인 "Humanism and Scholasticism in the Italian Renaissance"에 의해 잘 밝혀진 바 있다. 이 논문은 원래 1944년의 강연논문이었으나 뒤에 그의 논문집인 *Studies in Renaissance Thought and Letters*(Rome: Edizioni di Storia e Letteratura, 1956), pp. 553-583에 수록되었고, 뒤에는 *Renaissance Thought and Its Sources*(New York: Columbia University Press, 1979)에 재수록되었다. 국역은 Kristeller, 앞의 책, 1995, pp. 115-138.

『목자(牧者)의 눈』(*Oculus patoralis*), 비테르보의 조반니(Giovanni da Viterbo)가 1240년대에 완성한 『도시(국가) 정부론』(*Liber de Regimine Civitatum*)이 언급되는데 브루네토 라티니(Brunetto Latini)가 1266년에 쓴 백과사전식의 조언서인 『보석의 책』(*Livres dou Trésor*)도 이러한 계열에 속하는 작업으로 평가된다.[4] 특히 이 조언서들은 뒤에 대부분의 도시국가들이 일인 독재체제로 변화하면서 군주를 상대로 하는 귀감서(龜鑑書, mirror-for-princes)의 형태로 변형 · 발전하였다. 마키아벨리의 『군주론』은 내용적으로는 상당히 혁명적이기는 하지만 형식 면에서는 이 군주용 귀감서의 모습을 그대로 담고 있는 것이었다.

전문 수사학자들의 가장 큰 관심사는 능변(eloquence)이었는데 이들은 고전문헌의 모방이 그 능변의 이상을 달성하는 최선의 방법으로 보았고, 따라서 고전 라틴어 저술가들의 작품(시, 웅변, 역사)을 집중적으로 연구하여 이상적 문체를 찾고자 하였다. 이러한 고전 중시의 분위기는 이탈리아가 아닌 프랑스에서 먼저 발생하여 뒤에 이탈리아로 수입되어 널리 유포되기 시작한 것은 13세기 후반의 일이다.[5] 이러한 과정에서 중세사회에서 거의 잊혀졌던 고전 로마 저술가들의 작품들이 재발굴되었을 뿐 아니라 이들에 대한 텍스트 비판과 역사적 해석의 기술이 완성되었다. 한때는 단순히 서한문 작성술에 지나지 않았던 중세 이탈리아의 수사술이 인문학으로 성장하게 된 것은 바로 이러한 고전 문예 전통이 프랑스로부터 유입된 이후의 일이었다.

수사술의 교육이 고전문헌연구의 바탕 위에서 이루어지게 되면서 이탈리아 대학 내에서는 새로운 지적 경향이 생겨나기에 이르렀다. 즉 지금까지 시, 웅변술 또는 역사 같은 고전문헌은 단지 수사술상의 관점에서만 읽혀졌지만, 점차로 이러한 문헌들은 문체 때문이 아니라 그 내용

4) Skinner, 1978, I, pp. 31-33; Skinner, "Machiavelli's Discorsi and the Pre-Humanist Origins of Republican Ideas," in Bock, Skinner and Viroli, 1990, pp. 124-125.

5) Kristeller, 1995, pp. 127-128; Skinner, 1978, I, p. 35.

자체가 모방과 연구의 가치를 갖는 것으로 다루어지기 시작하였다. 이러한 작업을 최초로 시작한 것은 직업교육상 수사술의 훈련을 집중적으로 받았던 14세기 초엽의 법학자들이었는데 이들이 최초의 진정한 인문주의자들로 지적된다.[6] 이들에 의해서 자주 인용되거나 탐구대상이 된 고전 문장가들에는 플라톤, 세네카, 살루스트, 유베날리스 그리고 키케로가 포함되어 있었다. 이 중에서도 키케로의 영향은 다른 누구보다도 컸기 때문에 르네상스 인문주의를 키케로주의의 시대로 얘기될 정도였는데 그것은 키케로가 철학과 수사술의 결합, 또는 지혜와 웅변의 결합이라는 인문주의자들의 이상을 상징하였기 때문이다.[7]

키케로에 의해 상징되는 철학과 수사술의 결합의 작업을 되살림으로

---

6) 인문주의 발생과 관련하여 법률가와 공증인 집단이 가장 두드러진 직업집단이었던 사실은 이들이 성직자를 제외하고서는 문자와 가장 가까운 집단이었다는 점과 관련된다. 이러한 사실은 또한 당시의 이탈리아의 경우 정부 업무와 민간 상업활동에서 공증인들이 중심적 역할을 차지했던 점에서 유래하는 것이다. 15세기 초엽에 이르러서 행정부의 중급수준에 이르는 거의 모든 관리는 법학교육을 받은 공증인이었다. 예컨대 페트라르카 이후 가장 대표적인 인문주의자로 꼽히는 브루니나 대표적 선인문주의자(先人文主義者, pre-humanist)로 불리는 로바토 로바티(Lovato Lovati, 1241～1309)나 알베르티노 무사토(Alberto Mussato, 1261～1329)도 모두 공증인 출신이었다. Skinner, 1978, I, p. 37.

7) Kristeller, 1995, p. 49; Jerrold E. Seigel, "'Civic Humanism' or Ciceronian Rhetoric? The Culture of Petrarch and Bruni," *Past and Present* 34, 1966, pp. 32-34. 페트라르카에 의한 키케로의 재발견은 여러 가지 면에서 이루어졌지만 특히 중요한 점은 교육의 고유목표로서 제시되고 있는 덕성(virtus), 즉 남자다운 남자(vir virtutis)의 양성을 부각시켰다는 사실에 있다고 지적된다. Skinner, 1978, I, p. 87. 이러한 덕성, 즉 탁월성의 획득을 위한 노력으로서 교육에 대한 강조는 인간이 자신의 노력에 의해 완성된 상태에 도달할 수 있다는 관념을 정착시켰다. 이러한 사상은 인간의 본성은 기본적으로 타락하였고 오로지 신에 의해서만 구제될 수 있다는 성(聖)아우구스티누스적 인간관에 대한 정면적인 부정의 의미를 지니는 것이다. 이러한 페트라르카의 입장은 15세기 인문주의자들에 의해서 계속 이어졌고, 마키아벨리에 의해서도 반복된다.

써 능변의 추구를 목적으로 하는 수사술을 일반 문화에 접근하는 문호의 역할을 하게 만든 최초의 인문주의자로서는 일반적으로 페트라르카를 꼽는다.[8] 단순한 서한문 작성술로서의 중세 이탈리아의 수사술에 고전문학의 뿌리를 접목시킴으로써 수사술이 키케로적 이상처럼 인문교육의 출발점이 되게끔 만든 것은 바로 페트라르카의 공적이라는 것이 일반적 평가이다. 그의 후배 인문주의자였던 레오나르도 브루니(Leonardo Bruni)는 뒤에 페트라르카에 대해 "인문학이 이미 멸종할 단계에서 그것을 회생시켰으며 인문주의자들의 학습방법을 보여 주는 길을 열었다"고 말한 적이 있는데,[9] 아마도 이러한 지적이 그의 역사적 의미에 대한 가장 핵심적 평가인 것으로 말할 수 있을 것이다.

르네상스 '시민적 인문주의자'의 출현

이탈리아 인문주의의 발전과정 중 가장 눈에 띄는 변화의 하나는 1400년을 전후로 하여 피렌체를 중심으로 일단의 뛰어난 인문주의자들의 출현이다. 여기에는 피렌체에서 31년간 서기장을 지낸 살루타티(Coluccio Salutati, 1331~1406)를 필두로, 역시 피렌체 서기장을(1427~1444) 지낸 브루니(Leonardo Bruni, 1370?~1444)와 폿죠(Poggio Bracciolini, 1380~1459), 베르제리오(Pietro Paolo Vergerio, 1370~

8) 페트라르카는 수사술이 진리를 위해 봉사해야 한다는 키케로적 이상을 중세 이래 처음으로, 그리고 키케로보다 더 명백하게 밝힌 인물로서 평가된다는 의미에서 그가 최초의 인문주의자로서 평가된다. 이 점에 대해서는 J.E. Seigel, "Ideals of Eloquence and Silence in Petrarch," *Journal of the History of Ideas* 26, 1965를 볼 것. 시겔은 페트라르카의 의의를 패러다임적 변화라는 말로 설명하고 있다. Seigel, 1966, p. 40. 그러나 동시에 인문주의의 보급에 있어 일반적으로 선인문주의자(pre-humanist)로 불리는 파도바의 법률가 로바티와 무사토(1261~1329), 피렌체의 시인 겸 수사학자 라티니(Brunetto Latini, 1220?~1294) 같은 시인 또는 법률가 또는 학자들의 기여에 대해서도 기억해 둘 필요가 있을 것이다.

9) Seigel, 1966, p. 17에서 인용.

1444/5) 등의 인물들과 다음 세대의 알베르티, 마네티, 발라, 팔미에리 등의 인물들이 포함된다. 이들은 전 세대의 인문주의자들에 비해 정치문제 또는 윤리문제에 압도적 관심을 쏟았다.

14세기의 학자들에 비해 새로운 세대의 인문주의자들의 경우 당시 이탈리아 도시국가들의 자유의 문제를 중심으로 하는 정치문제에 보다 큰 관심을 쏟았던 특징 때문에 이탈리아 인문주의 연구의 대표적 학자의 한 사람인 바론(Hans Baron)은 이들에게 '시민적 인문주의자(civic humanist)' 라는 이름을 붙였다. 이러한 새로운 명명은 전 세기 페트라르카를 중심으로 하는 문예운동으로서의 인문주의와 구별 지우기 위한 것이었다.[10)]

바론에 따르면 1400년 이전의 인문주의자들의 이상은 사회와 떨어진 채 연구와 저술활동에 전념하는 것을 이상으로 삼았던 데 비해 15세기의 인문주의자들은 공민으로서의 위치에 대한 자각을 바탕으로 중세적 금욕주의 경향에서 인문주의를 해방시켰는데, 이러한 작업은 피렌체에서만 가능했던 것으로 보고 있다. 그 연유는 피렌체에서 오랫동안 보존되었던 공화제 전통과 관련되어 설명된다. 이 공화제 전통의 부활을 계기로 명상적 삶(viva contemplativa)에 더 높은 가치를 부여했던 초기 인문주의는 퇴조하고 대신 참여적 삶(viva activa)에 대한 가치가 더 높이 평가되기 시작한 것으로 바론은 말한다. 공동체 생활에 대한 적극적 참여를 높이 평가하는 추세가 강해지면서 인문주의자들의 도덕적 태도가 전반적으로 변하게 되었는데, 예컨대 과거에는 빈곤을 높이 평가하였지만 15세기에 와서는 시민적 활동의 기초가 되는 부에 대한 평가가 긍정적으로 바뀌었다고 주장된다. 바론은 이러한 변화를 세 가지로 요약한다. 첫째는 보다 적극적인 사회적 참여(명상적 삶에서 참여적 삶), 둘

10) Hans Baron, *The Crisis of the Early Italian Renaissance*, in two vols. (Princeton: Princeton University Press, 1955). 이 책은 1966년 한 권으로 묶인 개정판으로 재출판되었다.

째는 자기중심의 역사관을 바탕으로 하는 새로운 역사의식, 그리고 셋째는 고전 문예와 제도의 일방적 존경에서 자신의 문화에 대한 자부심 증가(라틴 문학의 쇠퇴와 자국어 문학의 흥성) 등이 그것이다.[11)]

이러한 변화를 자극한 요소는 무엇인가? 이 점에 대한 설명이 바론의 시민적 인문주의 이론의 핵심내용을 이룬다. 즉 바론에 의하면, 그러한 변화를 가져오게 한 계기는 독재체제를 유지해 온 밀라노와 공화제 피렌체 사이의 오랜 적대적 관계였다. 특히 밀라노의 지배자 잔갈레아초 비스콘티(Giangaleazzo Visconti)는 1399년 피렌체를 섬멸할 목적으로 전쟁을 시작하였는데 피렌체의 군사력이 밀라노를 당할 수 없어 피렌체 공화국은 풍전등화의 위기에 몰리게 되었다. 그러나 밀라노 군대 안에서 번지기 시작한 역병으로 인해 비스콘티가 갑작스럽게 사망하면서 밀라노의 침공군이 와해됨에 따라 피렌체 공화국은 독립을 유지할 수 있게 되었다. 이후에도 양국의 적대관계는 1454년 코지모 데 메디치에 의한 교섭이 성공하여 평화체제가 도래할 때까지 지속되었다.

바로 이러한 위기를 극복하는 과정에서 피렌체의 '시민적' 인문주의자들의 중심적 논의, 즉 공화제적 자유의 이상과 시민의 적극적 정치참여를 기본주제로 하는 정치논의가 급속히 성장한 것으로 바론은 풀이한다. 특히 바론은 "비스콘티에 맞서 독립을 지킨 일이 피렌체인들의 공화제적 감성을 강화하는 데 심대한 영향을 미쳤다"고 주장함으로써 1402년의 위기를 "피렌체인들의 정치적 - 역사적 전망에 있어서의 혁명"의 원인으로 취급하고 있다.[12)]

이러한 바론의 주장은 상당한 논쟁을 야기하였다. 그를 옹호하는 입장에 서는 마르티네스는 "시민적 인문주의의 탄생이 대체로 피렌체인들이 겪은 잔갈레아초 비스콘티와의 대결경험의 함수"이었음을 바론이 보여 주었다고 주장하였다.[13)] 또한 베커도 "문화적 발전과(시민적 정치

11) Baron, 1966, pp. 459-461.

12) Baron, 1966, pp. 445, 448, 459.

질서를 바탕으로 하는) 피렌체의 공공생활" 사이에 관한 바론의 주장이 상당히 설득력 있는 것임을 주장한 바 있다.[14]

이러한 바론의 논지에 대한 반론도 만만치 않은데,[15] 그에 대한 비판점은 대체로 두 가지로 나누어 생각할 수 있다. 하나는 밀라노의 피렌체 침공이라는 특정 사건이 '시민적 인문주의'라는 사상의 변화를 낳게 했다는 인과연관에 관한 것이고,[16] 다른 하나는 바론이 말하는 두 단계의 인문주의가 과연 그가 주장한 정도로 큰 차이를 갖고 있었는가 하는 점에 관한 것이다.

바론의 '시민적 인문주의'의 논지에서 중심인물로 지목되는 사람은 레오나르도 브루니이다. 그의 대표적인 저서는 『피렌체 시 찬양문』

---

13) Lauro Martines, *The Social World of the Florentine Humanists*(Princeton, N.J.: Princeton University Press, 1963), p. 272. 그러나 마르티네스는 1979년의 *Power and Imagination*(p. 203)에서 "이탈리아 인문주의는 사건들의 충격에 대한 반응이 아니었다"라고 말함으로써 이러한 입장을 약간 완화하고 있다. 인문주의의 시민적 문화는 200년이 넘는 기간 동안 서서히 형성되었음을 강조한다.

14) Marvin Becker, "The Florentine Territorial State and Civic Humanism in the Early Renaissance," in N. Rubinstein(ed.), *Florentine Studies*(Evanston: Northwestern University Press, 1968), p. 109. 베커의 글은 바론의 주장에서 제시되는 전쟁의 변수 대신에 국내정치 및 경제의 변수를 바탕으로 시민적 인문주의의 등장을 설명하는 시도이다.

15) *Past and Present* 34호에 게재된 시겔의 논문에 대한 반박("Leonardo Bruni: 'Professional Rhetorician' or 'Civic Humanist'?")은 같은 학술지 36호, 1967, pp. 21-37에 실려 있다.

16) 사실 이 특정 사건과 사상 사이의 인과관계에 관한 이 문제는 누구라도 쉽게 의심할 수 있는 점인데 이에 대하여 바론 자신도 예상하고 있고 미리 답을 만들었다. 즉 전제정치의 위기는 1400년을 전후한 수년으로 그치지 않았고, 또 위험의 소재는 밀라노로 멈추지 않았던 분위기 속에서 '시민적' 인문주의의 사상은 장기간에 걸쳐 서서히 형성되었음을 지적한다. Baron, 1966, pp. 453-454. 바론은 또한 이 책의 마지막 100여 페이지를 구성하는 5부(16~18장)는 바로 그 문제를 답하기 위하여 씌어진 것이라고 말한다.

(*Laudatio Florentinae Urbis*)과 『이스트라의 피에트로(Pietro Paolo Vergerio)와의 대화록』(*Dialogi ad Petrum Histrum* I & II)이었는데, 당시까지는 1402년 전에 저술되었다는 것이 통설이었다. 이에 비해 바론은 『대화록』 1권을 제외한 나머지는 1402년의 사건을 경험하고 난 이후 작성된 것임을 주장하였다. 특히 흥미 있는 일은 『대화록』 1권과 2권에서는 상당히 대조되는 견해가 피력되고 있는데, 바론은 그 차이가 비스콘티의 침공과 관련된 브루니의 입장변화의 증거라고 주장하고 있다. 따라서 바론의 중요한 주장의 하나는 밀라노의 침공이 있었던 1399~1402년 간의 위기가 인문주의자들로 하여금 전혀 새로운 오리엔테이션 또는 문제의식, 즉 공화제적 자유라는 정치적 문제에 관한 새로운 의식을 갖게 하는 결정적 계기가 되었다는 것이다.

이러한 점에 대해서는 여러 가지 각도에서 반론이 제기되었다. 우선 기술적인 문제로 브루니의 상기 저작들의 저술시기와 관련하여 바론의 주장이 틀렸고 기존의 지식이 옳았다는 비판이 야기되었다.[17] 시겔이 브루니의 저술시기에 관한 바론의 수정안에 대하여 비판을 제기하는 것은 브루니의 저술동기를 특정 사건에 연관시켜 미시적으로 설명하는 데 무리가 따른다는 점을 강조하기 위한 것이었다. 시겔에 따르면 시민적 정치참여의 가치를 높게 평가하는 브루니의 저술은 당시 인문주의자들이 공유하고 있던 수사학적 기반과 관련하여 설명되어야 한다는 것이다. 즉 르네상스 인문주의 일반과 마찬가지로 브루니의 저술의 성격도 수사술과 능변을 중심으로 하던 독특한 성격의 문화가 만들어 낸 생산품이라는 점에서 이해되어야 함을 그는 강조한다.[18]

17) Seigel, 1966, pp. 8-11, 19-23. 이에 대한 바론의 반론으로는 Baron(1967)을 볼 것.

18) Seigel의 상기 논문, p. 10. 이러한 점은 같은 저자의 *Rhetoric and Philosophy in Renaissance Humanism: The Union of Eloquence and Wisdom, Petrarch to Valla* (Princeton: Princeton University Press, 1968)의 기저에 깔린 기본논지로 되고 있다. 이러한 논지는 Pocock, 1975, pp. 58-62에서 잘 요약되고 있다. 『대화록』 1편과 2편에서 상반되는 것처럼 나타나는 점은, 시겔에 의하면 어디까지나 수사학자

브루니의 저술의 시간과 관련된 기술적 문제를 둘러싼 논쟁의 이면에는 바론이 '시민적 인문주의'로 명명한 15세기 인문주의를 인문주의 전체의 역사에서 하나의 단절 또는 혁명적인 변화로 볼 수 있는 것인가에 관한 보다 중요한 논쟁이 놓여 있다. 이 점은 바로 바론에 대한 비판의 두 번째 측면에 관한 것이다. 이탈리아 인문주의에 대한 전문 학자들의 연구에 의하면, 14세기 인문주의와 15세기 인문주의 사이에는 탐구대상에서 상당한 공통성을 나타내고 있어 바론이 주장하듯이 공화제적 자유에 대한 시민적 의식이 '시민적 인문주의자'들의 전유물로 말하기 어려운 부분이 많이 있다.[19]

공화제적 자유

바론의 주장을 한마디로 요약하면 브루니에 의해 '시민적 인문주의'가 천명되기 이전 14세기까지 공화정의 체제를 옹호하기 위한 정치 이데올로기의 발전은 없었거나 미미했다는 것이다. 이에 대한 시겔의 반론은 '시민적 인문주의'를 대표하는 브루니의 논의를 굳이 새로운 시민적 의식의 출현으로 볼 것이 아니라 수사학자의 전통을 드러내는 논의로 보아야 한다는 것이다. 이러한 주장에 덧붙여 공화제적 자유에 대한 주장은 15세기 인문주의자들이 처음 제기한 것이 아니라 이미 수사학자들과 스콜라 철학자들에 의해 상당한 정도 강조되었다는 논지가 스키너

들의 독특한 논지전개방식에서 연유하는 것에 불과하고 실제 이 두 대화록은 일관된 내용을 지니는 하나의 작품으로 보아야 한다고 주장한다. pp. 11-19. 브루니는 1435년에 아리스토텔레스의 『정치학』의 새로운 번역을 완성하였는데 이 번역의 목적은, 시겔의 설명에 따르면, 아리스토텔레스의 저작들은 능변이라는 관점에서 키케로가 칭찬한 바 있지만 1260년대의 뫼르베크의 윌리엄(William of Moerbeke)에 의해 이루어진 첫 번역에서는 그 점이 불명료하게 되어 있어 이것을 고치기 위해서였던 것으로 이해된다.

19) 예컨대 Skinner, 1978, I, pp. 77-79를 볼 것.

에 의해 설득력 있게 제기되었다.[20]

이 장의 앞에서 잠시 언급되었듯이 공화제적 자유에 관한 논의는 13세기부터 수사학자들에 의해 상당한 심도를 갖고 이루어지기 시작하였다. 원래는 자신들이 수련하던 수사술의 기술을 현실문제에 적용한다는 문제의식에서 이러한 작업이 시작되었지만, 여하튼 이러한 작업은 정치적 독립을 누리고 있던 각 도시(국가)의 역사서 작성과 지배자를 상대로 하는 조언서의 형태를 띠면서 출현하기 시작하였다.[21] 독립적 도시(국가)의 역사서의 최초의 예로 지적되는 것으로는 본콤파뇨 다 시냐(Boncompagno da Signa)의 『안코나의 포위』라는 제명의 책이 있다. 이것은 1173년 독일 황제 바바로사의 이탈리아 침공을 그린 글인데, 이 글에서 사용된 서술방법이나 동기 면에서 서한문 작성술의 교사로서 그의 배경이 그대로 드러나는 글이라고 지적된다.[22] 이러한 글은 곧 다른 사람들에 의해 모방되어 계속 이어졌는데 마키아벨리의 『피렌체사』도 바로 이러한 전통을 잇는 것이고, 르네상스 이탈리아의 최고 역사가로 손꼽히는 귀차르디니도 『피렌체사』를 썼다는 사실도 바로 이러한 맥락과 연결시켜 그 의미가 이해되어야 할 것이다.

공화제적 자유의 문제는 이미 13세기 말부터 논의되기 시작하여 부침을 겪다가 15세기 인문주의자들에 의해 다시 중요하게 다루어진 주제였다. 이때 자유란 구체적으로 도시국가의 독립과 공화제 자치정부의 유지를 의미하는 것으로 이미 13세기 말부터 논의되기 시작하였는데, 자

20) Skinner, 1978, I, pp. 27-65. 이러한 점은 시겔에 의해서도 지적된다. 브루니가 『피렌체 시 찬양문』에서 높이 평가하고 있는 자유에 대한 사랑과 전제정치에 대한 혐오 등은 당시 피렌체 시민들의 자기상으로 확립되어 있던 점들이라고 지적된다. Seigel, 1966, p. 23. 스키너는 또한 브루니 저작시기의 문제와 관련하여 바론의 주장이 옳다고 하더라도 브루니 글의 내용에서 특별히 새로운 내용이 담긴 것은 아님을 강조한다. Skinner, 1978, I, p. 73의 주 1).

21) Skinner, 1978, I, pp. 28-34.

22) Skinner, 1978, I, pp. 31-32.

유라는 주제의 논의는 많은 도시국가에서 공화제가 붕괴되고 Signore라고 불리던 참주들에 의한 일인 지배체제가 수립되던 상황을 배경으로 하는 일이었다. 이러한 논의는 단순히 공화제적 자유의 가치를 주장하는 것으로 그치지 않고 그 취약성의 요인과 영속화를 위한 방법 등에 관한 논의를 포함하고 있었다.[23)]

이러한 논의를 펼친 대표적 인물들에는 앞서 대표적 선인문주의자로 언급된 알베르토 무사토와 브루네토 라티니 등이 포함된다. 이들은 모두 공화제가 귀족정이나 군주정보다 나은 체제임을 역설하고 공화정이 약화되는 이유를 논의하였다. 여기에는 당파주의의 형성과 개인적 부의 증가가 포함되었다. 공화제를 위협하는 요인에 대한 논의는 자연히 공화정의 유지방법에 대한 논의를 수반한다. 이들의 답은 일단 개인으로서의 시민들의 특수이익과 도시국가의 일반이익의 합치에 관한 논의 속에서 추구되었는데, 여기에서 다루어지는 중요한 공화주의의 전통적 주제가 바로 부패(corrozione)의 문제이다.

이탈리아 중세 수사술의 전통에서 이루어진 부패의 논의는 그 원인을 정부제도보다는 정부제도를 운영하는 인간, 즉 지배자 또는 백성들의 정신에서 찾는 마키아벨리와 몽테스키외에 의해 대표되는 이론전통과 연결되는데, 물론 그 사이에는 15세기의 '시민적 인문주의자들'이 포함된다. 특수이익과 일반이익의 조화문제에 대한 토론은 곧 공동선의 달성방법에 관한 토론으로 이어지는데, 당시 급진적 논객들에 의해 공통적으로 주어지는 방안의 하나는 지도자의 선출과 관련하여 전통적인 귀족을 무시하고 어떤 특정 파벌의 이익에 반대할 수 있는 원대한 비전을 가질 수 있는 사람이라면 계층에 관계없이 사회 전체에서 찾아야 한다는 주장이었다. 이러한 주장은 또한 뒤에 마키아벨리에 의해서도 대단히 분명하게 제기된 바 있다.[24)]

---

23) Skinner, 1978, I, p. 41.

24) 귀족에 대한 마키아벨리의 반감은 잘 알려져 있다. 이러한 점은 『로마사논고』

군주용 귀감서

한편 정치가와 고위관리들을 상대로 하는 조언서와 군주를 직접 상대로 하는 군주용 귀감서도 13세기 중반부터 출현하기 시작하였는데, 여기에서 다루어지는 기본주제는 군주들이 가져야만 할 덕성의 문제였다. 이러한 장르의 글은 자치도시의 역사서와는 전혀 다른 종류의 글이기는 하였지만 역시 기존의 서한문 작성술의 관행을 그대로 잇고 있는 것으로 이해된다. 이러한 조언서 또는 귀감서의 전통이 중단된 적은 없지만 인문주의 초기단계 때에는 별로 중시되지 않다가 뒤에 15세기 후반에 와서는 인문주의 저술활동의 중심무대를 차지하기까지 되었다.[25)] 물론 마키아벨리의 『군주론』도 양식 면에서는 그 전통을 계승하는 것이었음은 이미 지적된 바 있다.

잘 알려져 있듯이 마키아벨리는 『군주론』 15장에서 19장까지 군주의 덕목에 관해 논의한다. 물론 마키아벨리의 의도는 15세기 후반 인문주의 정치담론의 중심을 이루고 있던 군주의 덕목론을 비판할 목적으로 아이러니와 패러독스를 대단히 즐긴 것으로 소문난 마키아벨리답게 이

에서 잘 드러난다. 그러나 『피렌체사』에서 마키아벨리는 귀족의 몰락과 상인계층의 정치적 상승을 진정한 정치지도력의 상실요인으로 말함으로써 반귀족적 태도를 완화하고 있다. 이 점에 대해서는 이 책의 7장을 참조할 것.

25) Felix Gilbert, "The Humanist Concept of the Prince and *The Prince* of Machiavelli," in F. Gilbert, 1977, p. 93. 이 글은 원래 *Journal of Modern History* 11, 1939, pp. 449-483에 게재되었던 것이다. 인문주의자들의 관심이 정치문제로 쏠리게 된 배경으로는 일반적으로 교황과 황제의 정치적 세력이 이탈리아 반도에서 퇴조하고 다수의 독립적 도시국가가 출현한 데 따른 지적 재정향의 필요성이 언급된다. 이러한 정치적 변화에 대해서는 앞의 1장 1절에서 간단히 언급된 바 있다. 그러나 15세기 중반에 와서 '군주용 귀감서'들이 많이 출현하게 된 배경은 이탈리아 도시국가들에서 공화제가 사라지고 일인 지배체제가 융성하게 된 것이었다. 보다 자세히는 pp. 94-95를 볼 것.

들이 즐겨 쓰던 글의 형식을 그대로 모방하는 것이었다. 이러한 군주의 덕목에 관한 논의는 15세기 후반 『군주론』이라는 라틴어 제명의 책을 썼던 플라티나(Bartolomeo Platina)와 폰타노(Givanni Pontano) 그리고 파트리치(Francesco Patrizi) 등의 저작에서 전형적인 모습으로 나타났었다.[26] 이들 인문주의자들의 군주론은 군주의 개인적 자질의 문제가 중심적 관심사로 나타나는데, 따라서 군주가 갖추어야 할 덕목의 리스트가 제시된다.

이러한 군주의 덕목에 관한 표준적 논의로는 중세 사상가인 에지디오 콜론나(Egidio Colonna)의 이상적 군주상에 관한 논의가 언급된다. 에지디오의 경우 중세 사상가로서 기독교적 색채가 강하지만 이 종교적 요소를 제거할 경우 이상적 군주상을 확립하려고 한 인문주의 사상가들과 상당한 정도의 공통점을 갖는 것으로 지적된다. 이들이 공통적으로 그려 내고 있는 이상적 군주의 자격으로는 국내 평화와 정의의 수호, 현명한 조언자들의 유지, 준법정신 등이 제시되는데 여기에서 아리스토텔레스와 키케로의 강력한 영향이 읽혀진다.[27]

---

26) 이들 외에도 다른 여러 학자들이 포함되는데 전체적으로 비슷한 경향을 띠는 것으로 지적된다. 보다 자세히는 Gilbert, 1977, pp. 99-100을 볼 것.

27) 아리스토텔레스가 중세 유럽에 처음 다시 소개된 1250년대 이후 기독교적 정치이론과 아리스토텔레스의 이론의 결합을 시도한 최초의 사상가로 꼽히는 에지디오 콜론나(일명 Giles of Rome)의 정치사상 일반에 관해서는 Charles H. McIlwain, *The Growth of Political Thought in the West*(New York: Macmillan, 1932), pp. 338-343을 볼 것. 그는 대표작인 『군주정론』(*De Regimine Principum*)에서 군주가 가져야 될 4개의 기본적 덕목으로서 사려(prudentia), 공정성(justitia), 용맹성(fortitudo), 절제(temperamentia)를 들고 있다. 이러한 논의는 후일의 인문주의자들 사이에서는 일종의 표준으로 확립되어 파트리치, 플라티나, 폰타노 등에 의해 전통으로서 이어지게 되었다. 이들 논의에서 공통되게 강력히 드러나는 점은 정치문제가 제도보다는 지배자의 개성적 측면에서 주로 논의되고 있다는 점인데, 마키아벨리가 『군주론』 15~19장에서 시도하고 있는 점은 이러한 논의가 갖는 한계성 또는 무용성을 폭로함으로써 인문주의 일반이 갖는 이데올로기적

이외에도 1250년대에 저술활동을 하였던 브루네토 라티니와 비테르보의 조반니 등도 도시국가의 최고행정관을 상대로 하는 정치가의 자질 또는 덕목의 문제를 논의하였는데, 에지디오의 경우와 같이 당시 갓 번역되었던 아리스토텔레스의 윤리학으로부터 강한 영향을 받았던 것으로 전해진다. 또한 뒤에 마키아벨리에 의해 유명해진 물음, 즉 군주는 사랑받는 것이 나은가 두려움의 대상이 되는 것이 나은가라는 물음도 이미 비테르보의 조반니에 의해 이미 던져졌는데 실상 이 문제는 이미 키케로에 의해 처음 제기된 것이었다. 키케로는 『도덕적 책무론』[28]에서 다른 사람에 대한 권력을 수립하고 유지하는 최선의 수단을 얘기하면서 공포를 쫓아내고 사랑에 매달리는 것이 영향력을 유지하는 최선의 수단으로 주장하였다. 이 이후 마키아벨리가 뒤집을 때까지 모든 논객들은 거의 예외 없이 이 문제를 논의하면서 키케로를 그대로 받아들였다.[29]

스콜라 철학

위에서 본 이탈리아 중세 수사술 전통 외에도 프랑스 파리 대학을 중심으로 발전한 스콜라 철학도 르네상스 정치철학, 특히 시민적 인문주의 사상발전에 상당한 영향을 미친 것으로 지적된다. 스콜라 철학은 잘 알려져 있듯이 기독교, 특히 아우구스티누스적 교부철학에 아리스토텔레스의 정치이론을 접목시킨 결과로 나온 사회-정치이론으로서 성토마스 아퀴나스가 가장 뛰어난 이론가로서 지목된다.

이러한 스콜라 철학을 통하여 아리스토텔레스의 사상은 이탈리아로

한계를 비판하는 것이다. 이 점에 관해서는 아래에서 다시 상세히 취급될 것이다. Gilbert, 1977, pp. 99-100, 475.

28) *De Officiis* II-7, para. 23-24.

29) Allan H. Gilbert, *Machiavelli's Prince and Its Forerunners: The Prince as a Typical Book de Regimine Principum*(Durham: Duke Univesity Press, 1938), pp. 98-117에 따르면 이 문제는 당시 군주정 문제를 다루는 문헌에서 전형적으로 토론되던 것이었다.

전파되기 시작하였는데, 아리스토텔레스적 입장 위에 서는 가장 뛰어난 정치철학자로서는 파도바의 마르실리우스가 꼽힌다. 1324년에 완성된 그의 대표작인 『평화의 수호자』(*Defensor Pacis*)에서 그는 교회의 간섭으로부터 도시공화국의 자유를 옹호하는 한편, 도시공화국의 내부작용을 기술하면서 도시공화국들이 만성적으로 겪는 약점을 진단하고 또한 아리스토텔레스에 근거한 주권재민설을 개진하였다.

이렇게 스콜라 철학은 거의 비슷한 시기에 성장하여 이와 경쟁관계에 놓여 있던 수사술의 전통과 유사한 정치적 독립과 공화제적 자치정부의 이상을 견지하고 있었다. 이러한 정치적 입장은 마르실리우스뿐 아니라 스콜라 철학의 영향을 받은 볼로냐 대학의 로마법 학자들에서도 잘 나타났는데, 대표적인 학자로는 삭소페라토의 바르톨루스(Bartolus of Saxoferrato)가 지목된다. 그는 군주정을 최선의 제도로 보았던 성토마스를 비판하고 공화정이야말로 최선의 체제임을 강조하면서 자신이 봉직하고 있던 페루자(Perugia)를 예로 들어 공화제 덕분에 성장하고 번영하였음을 역설하였다.

마르실리우스나 바르톨루스는 도시공화국의 자유를 위태롭게 하는 요인에 관해 관심을 가졌는데, 이들이 공통적으로 지적하는 점은 도시 전체의 이익에 앞서 자신의 특수이익만을 먼저 생각하는 파벌간의 대립이었다. 이러한 논의과정에서 공동선의 개념은 대단히 중요하게 부각되었다. 뒤에 마키아벨리에 의해서도 대단히 절실한 문제로 제기되었던 도시국가 내 부패의 가장 중요한 원인으로서의 당파주의에 대한 경고, 그리고 그 밑바닥에 흐르는 공화주의 사상은 13세기 이탈리아 중북부지역에서의 도시국가들의 부침과 함께 스콜라 철학에서도 대단히 강력하게 제출되었음을 알 수 있다.

이탈리아 르네상스와 인문주의

앞에서 잠시 검토하였듯이 밀라노와 피렌체의 전쟁이 15세기 피렌체의 '시민적 인문주의'를 낳게 한 직접적 요인이 되었다는 한스 바론의 주장이 옳든 아니든 간에 피렌체에는 살루타티를 위시하여 그의 제자들로 구성되는, 그 이전의 인문주의자들과는 몇 가지 면에서 분명히 구별되는 일단의 인문주의자들이 출현하였다. 이들은 거의 법학훈련이라는 공통된 교육배경을 가진 사람들인데, 이 점은 수사술이 법학교육의 핵심이었다는 점에서 설명된다. 이들은 대체로 대학에서 수사술 교수로 재직하거나 아니면 도시국가의 비서직 행정관리로서 봉직하였다.[30)]

정치문제에 관한 이들 피렌체 인문주의자들은 공화제적 자유의 이상의 문제를 집중적으로 다루고 있다는 점에서 그 전 세대의 수사학자들과 같은 전통에 속하는 것으로 말할 수 있다. 그러나 이들 사이에는 차이점도 적지 않게 있는 것으로 지적된다. 예컨대 수사학자들 사이에서 큰 문제로 부각되던 파벌간의 갈등은 인문주의자들에게서는 덜 크게 부각된다. 이 점에 대해 스키너는 1378년의 치옴피 사건 이후 1430년대에 이르는 기간 동안은 피렌체가 상대적인 안정을 누렸기 때문인 것으로 설명한다.[31)] 살루타티나 브루니 같은 새로운 인문주의자들이 활동했던 것은 바로 이 기간이었다. 이들은 당시 사회적으로 상승중이던 상인계층의 역할에 큰 기대를 걸고 있었는데, 이들이 근면하게 자신의 이익을 추구하는 것이 공화국 전체를 위해 결국은 유익한 결과를 낳을 것이라는 낙관적 견해를 표명하였다. 이러한 '개명된' 이기주의(스키너의 표현)에 대한 긍정적 태도는 개인적 부의 축적에 대한 긍정적 평가를 수반하였다. 이 점 또한 14세기 인문주의나 그 이전의 수사학자들과 차이를 드러내는 부분이다. 흥미로운 일은 살루타티 - 브루니류의 인문주의 이후 세대에 속하는 마키아벨리나 귀차르디니의 경우 개인적 부와 관련된 문제에 관해서는 수사학자들과 맥을 같이하고 있다는 점이다.

---

30) 이 시기 피렌체 인문주의자들의 사회적 배경에 관해서는 Lauro Martines, *The Social World of the Florentine Humanists, 1390–1460*(Princeton, N.J.: Princeton University Press, 1963)에서 대단히 상세히 조사되고 있다.

31) Skinner, 1978, I, p. 73.

15세기 인문주의자들이 전 세대의 인문주의자들과 달리 더 크게 우려한 점은 자신의 공화정 체제의 대외적 방어에 있어 점차로 용병군에 의존하는 정도가 커지고 있다는 사실이었다. 이러한 용병군의 폐해가 커지면서 1300년대 중반부터 이 점에 대한 우려가 표면화되기 시작하였다. 이미 페트라르카에 의해서도 이 용병의 폐해가 명백히 언급된 바 있고 살루타티도 이 문제를 거론하였다. 그러나 이 문제에 대한 최초의 체계적 논의는 레오나르도 브루니에 의해서 시도되었다. 1422년에 완성된 『기사군』(*De Militia*)에서 브루니는 정치체제의 유형, 군사복무유형 그리고 시민정신 사이의 밀접한 관계에 관한 사회학적 논의를 바탕으로 공화정이 유지되기 위해서는 국가의 요구에 응해, 그리고 재물이 아니라 명예를 위해 군복무를 할 준비가 되어 있는 시민적 덕성이 필요함을 역설하였다. 그에게 있어 이상적 시민은 정치가, 전사 및 철학자를 겸한 인물이었으며 역사적 실례에서는 키케로에서 발견될 수 있었다. 브루니에게 있어 인문학의 목적은 개인의 도덕적 및 지적 형성과정에서 이러한 정신을 불어넣는 데 관심을 두는 작업이었다.[32)]

뒤에 마키아벨리에 의해 재삼 강조된 시민군의 이상은 마키아벨리 자신의 개인적 경험을 반영하는 것이기도 하다. 그러나 부분적으로는 브루니에 의해 처음으로 체계적 모습을 갖추고 제시된 시민군 사상이 15세기 피렌체 인문주의자들의 논의를 거쳐 굳어진 인문주의적 전통을 잇는 것이라는 점도 기억해 둘 필요가 있을 것이다.[33)]

도시(국가)의 위대성과 자유

브루니의 다양한 논의 가운데에서 가장 독창적이고 후일에 큰 영향

---

32) Bayley, 1961, pp. 196-200.

33) 브루니와 마키아벨리 사이의 인문주의자들에 의한 시민군 문제의 논의에 대해서는 Bayley, 1961, pp. 219-240을 볼 것.

을 미친 것은 자유와 도시(국가)의 위대성 사이의 상호 관련성에 관한 주장으로 지적된다. 이 주장은 그가 쓴 1428년 밀라노와의 전투에서 사망한 피렌체 군의 장수 스트로치(Nanni degli Strozzi)에 대한 추도사에서 대단히 선명히 부각되었다. 브루니의 주장에 따르면, 모든 사람들이 법 앞에서 평등하고 공직에의 참여가 허용되는 피렌체 같은 자유로운 도시 국가만이 강력하고 효과적 국가체제를 만들어 낼 수 있다. 왜냐하면 이러한 자유로운 체제에서만 모든 사람들이 도시(국가)의 명예를 획득하기 위해 자신의 재능을 개발하는 데 모든 노력을 기울이기 때문이다. 그렇지 않은 곳에서 사람들은 게을러지고 따라서 능력을 낭비하게 된다고 그는 주장하였다.[34)]

바론은 도시의 위대성이라는 주제에 대한 강조는 브루니를 중심으로 하는 15세기 인문주의자들에 의해서 시작된 것임을 말하고 있으나, 스키너는 이미 이러한 전통은 선인문주의자들에 의해서 시작된 것임을 강조한다. 브루니는 그 전통의 시조라기보다는 그러한 전통의 정점을 이루는 것으로 평가되고 있다. 스키너에 따르면 인문주의자들이 13세기에 새로 발견된 아리스토텔레스로부터 압도적인 영향을 받고 있음에 비해 이들 선인문주의자들은 이러한 도시국가의 위대성 문제를 로마의 공화국 말기의 로마 역사가 살루스트(Gaius Sallustius Crispus)와 부분적으로는 키케로로부터 큰 영향을 받고 있음을 강조하고 있다.[35)]

살루스트로부터의 영향은 도시(국가)의 위대성(magnalia)과 영광(gloria)에 대한 강조에서 잘 드러나는데, 앞서 언급된 바 있는 익명의 『목자의 눈』이나 비테르보의 조반니에서 그 전형을 발견할 수 있다.[36)] 한편 13세기에 들어와 라틴어가 아닌 이탈리아어 저술가들이 등장하면서 라틴어에는 없는 위엄과 거대함을 합친 표현인 grandezza라는 말이

34) Baron, 1966, p. 419.

35) Skinner, 1990, pp. 122-123.

36) Skinner, 1990, p. 126.

만들어져 유포되기 시작하였다. 도시(국가)의 위대성에 관한 논의는 자연스럽게 그 달성방안에 관한 논의로 이어졌다. 이에 관련하여 여러 가지 의견이 제출되었지만 모든 논객들 사이에서 공통적으로 지적된 바가 있다면 그것은 국내정치상의 화합이었다. 이 화합의 강조는 살루스트에서 유래하는 것인데, 그 달성방안으로서 공동선의 중요성에 대한 강조는 키케로에서 유래하는 것이었다.[37)]

앞서 지적하였듯이 국가의 위대성 문제와 자유의 주제를 연결하여 본 것은 브루니의 독창적인 면으로 지적되는 부분인데, 바로 이 연결은 마키아벨리에 의해서 다시 대단히 선명하게 부각되었다. 마키아벨리는 『로마사논고』의 첫 장에서 바로 자신의 관심사가 (도시)국가의 위대성(grandezza)에 있다고 천명하고 있다. 한편 마키아벨리는 한 국가의 위대성 여부는 일단 그 국가의 발단에서 결정되는 것으로 본다. 즉 그 발단이 주민들의 자유의사에 의해서 이루어졌는지 아니면 외부의 군주에 의해 하향적으로 만들어졌는지에 따라 그 국가가 크게 성장할 수도 아닐 수도 있다고 말한다. 전자의 예로는 아테네와 베네치아가 지적되고 있고, 후자의 경우로는 로마 제국이나 마케도니아 제국의 식민도시들이 언급되고 있고, 피렌체의 경우는 후자에 포함된다. 즉 마키아벨리는 한 국가의 위대성 여부의 문제는 기본적으로 각 국가가 갖고 있는 정체의 성격에서 결정된다고 말하고 있다.

마키아벨리는 아테네와 베네치아의 예로부터 논의를 시작하지만 그의 중심적 관심사는 로마이다. 어떻게 작은 도시국가로 출발한 로마가 후일에 그 "위대성(grandezza)을 획득할 수 있었는가"를(I-1), "그 궁극적인 위대성에 다가갈 수 있었는가"를(I-20), 또한 "[로마]가 획득한 위대성에 도달할 수 있었는가"를(I-6) 보고자 하는 것이 『로마사논고』 1권 전체에 걸쳐 반복되는 기본과제이다. 로마의 군사정책을 분석하는 2권의 경우에서도 결국은 우수한 전쟁의 기술 덕분에 위대성을 달성할

37) *De Officiis* I-25, para. 85, Skinner, 1990, p. 130.

수 있었다고 보기 때문에 군사문제가 관심의 대상이 된다. 3권의 목표도 특정 개인들의 행동이 어떻게 로마를 위대하게 만드는 데 기여하였는가를 살펴보는 것이다.

이러한 마키아벨리의 논의에서 자유와 위대성의 긴밀한 관계에 대한 인문주의자들의 사고의 틀을 충실히 계승하고 있다는 점을 발견할 수 있는데, 국내정치상의 화합과 공동선이 위대성을 달성하는 데 결정적으로 중요하다는 점에 대한 강조도 역시 같은 맥락에서 읽을 수 있다. 이러한 점은『로마사논고』2권 2장에서의 다음과 같은 그의 단호한 언명에서 잘 드러난다: "도시(국가)를 위대하게 만드는 것은 공동선의 추구이다." 마키아벨리에게 있어 이러한 공동선의 추구를 보장하기 위해서는 공화제를 채택해야만 한다. 왜냐하면 "공동선의 이상은 공화제에서만 제대로 고려되기" 때문이다(II-2).

이와 관련된 문제들은 아래에서 보다 자세히 논의되겠지만, 우선 여기에서는 그의 관심사, 정치적 가치관 그리고 논의방법 등이 기본적으로는 당시까지의 이탈리아의 지적 세계를 지배하던 인문주의적 사고틀 속에서 규정되었음을 보이기 위해 요약적 형태로 토론되었다. 물론 보다 중요하고 흥미 있는 점은 마키아벨리가 단순히 인문주의의 틀 안에 안주하는 것이 아니라 어떻게 그것에서 벗어나고 있고 따라서 자신의 고유한 색채를 보이고 있느냐 하는 점이다. 마키아벨리가 지속적 관심의 대상이 되는 연유는 바로 그러한 점에서 유래하는 것이다.

제 9 장

마키아벨리 담론의 기초개념: 비르투, 포르투나, 부패, 네체시타

마키아벨리 담론의 특성: 간결성과 혼란성의 혼재

우리는 지금까지 마키아벨리의 개인적 삶의 모습(1~4장)과 그의 저술의 저작배경 및 과정을(5~7장) 통해 그를 이해하고자 시도하였다. 아래에서는 그의 논의에서 중심개념으로 사용되는 용어들을 분석하는 한편 그의 논의에서 제기되는 주요 쟁점들과 이러한 논의가 갖는 역사적 의의, 즉 그의 사상의 독창성, 혁신성 또는 근대성의 근거를 밝힘으로써 그의 사상을 정면으로 검토하고자 한다. 마키아벨리의 사상을 검토하는 우리의 작업에서 기본적으로 갖는 의문은 왜 아직도 그가 계속 문제되는가 하는 점이다. 말을 바꾸어 정치사상가로서의 마키아벨리의 중요성이 시간이 갈수록 전혀 줄어들지 않고 여전히 활발한 토론의 대상이 될 뿐 아니라 새로운 관점에서 계속 새롭게 해석되는 이유를 밝히는 것이 이 책 전체를 관통하는 기본목적임을 말해 두고자 한다.

마키아벨리는 대부분의 다른 정치사상가들과 달리 문필활동에 전념할 환경에 놓여 있지 않았다. 따라서 그가 남긴 저술의 분량도 별로 많지 않아 그와 비견되는 다른 일급 사상가들이 남긴 많은 저작의 양에 비하면 상대적으로 초라하다고 할 정도에 지나지 않는다. 마키아벨리는 시인으로서의 자신의 능력을 인정받고 싶어했지만 오히려 산문 문장가로서의 능력이 훨씬 높은 평가를 받고 있다. 그럼에도 정치철학적 주제에 대한 추상적, 논리적 탐구에 있어서는 아리스토텔레스나 플라톤에서 볼 수 있는 체계성은 발견할 수 없고 대신 다소 산만한 인상을 주기도 한다. 또한, 예컨대 토마스 홉스에서 볼 수 있는 엄밀한 개념정의와 엄격한 논리적 진술을 바탕으로 한 이론구성의 노력도 보이지 않는다. 심지어는 마키아벨리의 저술들이 표방하는 역사적 방법, 즉 고대 역사의 독해를 바탕으로 한 그의 시대문제의 검토도 실제는 외양에 불과할 뿐이라는 주장도 상당히 설득력 있게 제기되었다.[1] 그럼에도 그의 논의가 계속 중요하게 다루어지고 있는 까닭은 행동영역으로서 정치현실에 대한 그의 기술이 명쾌하고 또한 그 이전 및 그 이후의 어느 누구보다도 가장 진실에 근접하고 있기 때문인 것으로 여겨진다. 아마도 이러한 점에서 그가 『군주론』 15장에서 자신의 목적이 '사물의 유효한 진실(verità effettuale della cosa)'을 추구한다고 하는 그의 말이 무엇을 의미하는가 하는 점을 잘 이해할 수 있을 것으로 보인다. 그가 다른 누구에 비해서도 정치현실의 핵심에 더 가까이 접근할 수 있었던 것은 당연히 그의 천재성이 뒷받침된 것이지만, 무엇보다도 그가 외교관으로서 또한 공무원으로서 15년 가까이 정치권력의 핵심부에서 정치권력의 과정을 직접 관찰할 기회를 가졌던 데에서 비롯되는 일이라고 여겨진다.

이러한 작업, 즉 정치현실에 관한 '사물의 유효한 진실'을 추적하는

---

1) Anglo, 1969, pp. 254-255, 269. 앵글로와는 달리 마키아벨리에 대해 전적으로 우호적인 입장을 취하는 벌린(Isaiah Berlin)도 소위 마키아벨리의 방법에 관해서는 다음과 같은 흥미로운 평을 내리고 있다: "과학시대 이전의 의술과 같이 관행에서 유도된 규칙, 관찰, 역사적 지식, 일반적인 명민함 등의 혼합물이 그의 방법이다. 비록 그 자신이 영구히 타당한 일반적 법칙을 발견했다고 주장했지만 그의 논의는 교훈, 유용한 격언, 실질적인 조언, 서로 연결되지 않는 성찰들로 꽉차 있다. 그에게 있어서는 당시 점차 일반화되고 있던, 귀차르디니에 의해 선도되던 역사적 분석보다는 고대 세계에서의 성공과 실패의 예나 어떤 고대 작가에 의한 인상적 발언이 더 무게가 나가는 것이었다." Berlin, 1972, p. 165.

작업은 단순히 그 자신의 작업으로서만 그치는 것이 아니었다. 이 작업은 '유효한 진실'을 파악하지 못하고 있다고 그가 판단한 당시까지의 주도적 정치이론을 뒤집는 작업을 수반하는 것이었다. 마키아벨리에 있어 가장 중요한 본원적 사실은 정치질서의 수립과 유지에 수반되는 폭력의 문제였다. 그가 볼 때 이 문제를 빗겨 가는 어떤 정치의 논의도 사태의 핵심을 건드리지 않는 것이었다. 당위가 아니라 현실을 논의하고자 하는 그의 이러한 작업계획은 불가피하게, 그 자신의 표현을 빌어(*P* 15), '상상된 관념'에 바탕을 두고 이루어지는 정치논의에 대한 비판을 수반하는 것이었다.

'사물의 유효한 진실'을 말할 때 마키아벨리가 염두에 두고 있던 점은 상상력을 바탕으로 인위적으로 만들어진 사물의 관념(imaginazione)과의 대비였다. 이 대비를 통해 그가 의도한 바는, 실제로 존재하지도 않았던 공화국이나 군주국을 상상해 낸 많은 사람들에 대한 비판적 언급이다. 이러한 비판에는 우선 우연적 현상의 세계와 대비되는 이상 또는 본질의 세계를 상정하는 플라톤적 실재론(essentialism)에 대한 거부가 포함된다.[2] 이러한 비판적 태도는 신의 세계를 상정하는 기독교적 사유에 대한 부정과도 연결된다. 또한 흔히 현실정치의 대안으로서 제시되는 이상적 질서의 관념이나 아리스토텔레스 또는 플라톤에서 발견되는 목적론도 그에게서는 찾을 수 없다.

마키아벨리에서는 궁극적 또는 절대적 가치가 아닌 현세적 가치가 추구되고 있다. 보다 구체적으로는 정치적 자유, 즉 자의적 전제정으로부터의 자유와 한 나라(patria)가 다른 나라의 속박을 받지 않는 상태라는 정치적 가치가 추구되어야 할 최고의 현세적 가치로 제시되고 있

2) 이러한 차이에 대해 월린은 다음과 같이 말하고 있다: "플라톤이 명료한 실재(essences)의 세계로 탈출을 시도한 데 비해 [마키아벨리의] 신과학은 정치적 환상의 본질을 보다 자세히 분석하기 위해 [현상의 세계에] 그대로 남기로 결정했다." Sheldon Wolin, *Politics and Vision: Continuity and Innovation in Western Political Thought*(Boston: Little, Brown, 1960), p. 212.

다.[3] 따라서 그의 관심은 자연히 건강한 정치공동체의 구성과 유지의 문제에 집중되었고, 이러한 점에서 기독교 전파 이전의 로마 공화국 시대의 대표적 정치이론가들, 즉 키케로나 리비우스의 논의에 공명하는 바가 컸던 것이다. 또한 이렇게 전통적 형이상학 또는 기독교적 신학으로부터 완전히 자유로운 태도가 바로 당대의 인문주의자들과 구별되는 점인데, 바로 이러한 태도가 마키아벨리를 근대적 사상가로 보이게끔 하는 근거가 된다. 지적이든 정치적이든 일체의 기성 권위를 그대로 받아들이기를 거부하는 마키아벨리의 반항아적 자세는 자유를 최고의 가치로 보는 그의 정치적 입장의 바탕이 되고 있다고 하겠다.

마키아벨리가 그대로 승복하기를 거부하는 지적 권위에는 플라톤에서 세네카 또는 키케로에 이르는 고전 철학의 전통, 서양의 중세 전체를 지배한 기독교 사상 그리고 공화제적 자유와 공동선의 이상과 기독교 사상의 조화를 추구하던 르네상스기 이탈리아의 인문주의 사상이 모두 포함된다. 결국 그가 의도한 작업은 당시까지 전통으로 확립되어 온 서유럽의 주류 정치이론 전부를 공격대상으로 하는 대단히 야심적인 것이었다. 이러한 작업은 엄청난 반격을 초래할 수 있다는 점에서 대단히 위험한 것일 수밖에 없었고, 그 위험에 대해서는 그 자신 대단히 잘 알고 있었다. 즉 『로마사논고』 1권의 서문에서 마키아벨리는 이러한 일이 전인미답의 작업임을 밝히고 있고, 이러한 작업은 사람들이 본성적으로 갖고 있는 질투심 때문에 새로운 대륙탐험에 못지않은 위험을 수반하는 일이라고 말함으로써 그가 제기한 비판이 야기할 사회적 파장에 대해 대단히 잘 의식하고 있음을 알 수 있다. 실제 바로 이러한 점, 즉 일체의 권위에 대한 도전적 자세에서 우리는 마키아벨리의 혁신성, 독창성 및 근대성의 원천을 발견할 수 있는 것이다.[4]

3) 마키아벨리의 자유(libertà)개념의 다양한 말뜻에 관해서는 Marcia L. Colish, "The Idea of Liberty in Machiavelli," *Journal of the History of Ideas* 32-3, July/September 1971, pp. 323-350을 볼 것.

마키아벨리의 이러한 혁신적 사상은 의외로 적은 수의 개념을 중심으로 펼쳐지고 있다. 이 가운데에서 그의 사상을 대표하는 가장 핵심적인 개념을 들라고 한다면 별다른 이론(異論) 없이 비르투(virtù)가 지적될 것이다. 마키아벨리에 있어서 이 비르투의 개념은 그 자체의 논의로서 그치는 것이 아니라 한편으로는 포르투나와 다른 한편으로는 부패의 개념과 짝을 이루면서 논의된다. 비르투 - 포르투나 그리고 비르투 - 부패라는 두 개의 짝개념 또는 이분법 개념은 마키아벨리의 논의의 틀을 구성하는 기본골격으로 얘기될 수 있을 것이다. 이런 뜻에서 비르투 및 그와 관련되는 몇 개의 기본개념들을 이해하는 작업은 그의 사상을 심도 있게 이해하는 작업의 첫 걸음이 되는 것이다.

위에서 지적한 것처럼 정치문제에 대해 마키아벨리가 자신의 의견을 펼칠 때 사용하는 개념은 소수에 지나지 않고, 그 가운데에서도 비르투가 중심적 지위를 차지한다.[5] 그가 사용하는 용어의 수가 적다고 해서 그의 사상이 단순한 것은 결코 아니다. 비교적 복잡한 문제를 비교적

---

4) 유능한 수사술사로서 마키아벨리는 정치분석 그 자체보다는 효과에 더 관심을 가졌던 것으로 지적되기도 한다. 따라서 그는 사람들의 기성 관념을 흔들고 관심을 사로잡는 그러한 극적 표현을 대단히 즐겼던 것으로 얘기된다. 이러한 주장은 보는 관점에 따라서 수긍될 수도 또는 비판될 수도 있을 것이다. 분명한 점은 그가 관행적 지식을 결코 그대로 받아들이지는 않았다는 사실인데, 이러한 태도는 일체의 기성 권위에 도전하고자 한 마키아벨리의 습관적 태도의 기초가 되었던 것으로 여겨진다.

5) 마키아벨리의 전체 저술 속에서 비르투라는 용어가 갖는 중심적 지위는 그 사용빈도에서 우선 잘 나타나고 있다. 프라이스라는 학자가 조사한 바에 따르면 virtù 및 그 형용사인 virtuoso, 부사인 virtuosamente의 어휘는 『군주론』에서 70회, 『로마사논고』에서 248회, 『피렌체사』에서 101회, 『전쟁술론』에서 63회, 희곡 및 기타 문학작품에서 37회, 기타 정치논문들에서 17회, 『카스트루초 카스트라카니 전기』에서 10회, 서간문에서 8회, 그리고 대정부 보고서에서 48회로 총 602회가 사용되었는데 이 수치는 그가 사용하는 다른 용어에 비해 볼 때 단연 압도적인 수치이다. Russell Price, "The Senses of Virtù in Machiavelli," *European Studies Review* 3-4, 1973, p. 316.

소수의 개념을 통해 논의하고 있기 때문에 그 용어들은 다양한 의미로 사용된다. 이 점은 비르투에서 가장 단적으로 나타난다.

이러한 개념의 사용법에 대해 우리는 긍정적 그리고 부정적인 두 가지 모든 입장에서 생각해 볼 수 있다. 우선 부정적인 것으로는 그의 논의의 의미를 명확히 파악하기 어렵다는 점을 들 수 있다. 그러한 일이 가능한 것으로 보이지도 않지만, 여하튼 마키아벨리는 비르투에 대한 어떤 일반적 정의도 시도하지 않았고 그 말을 사용할 때마다 독자들을 위해 그 때의 독특한 의미를 애써 밝히지도 않았다. 특히 그가 부여하고 있는 다양한 의미들이 주관적이고 감정적인 연관을 갖는 경우가 적지 않았기 때문에 그의 정확한 의도를 파악하는 일은 더욱 어려워진다. 어떤 의미에서 엄밀한 정의는 처음부터 그의 의도와는 거리가 먼 일처럼 보이기도 한다. 왜냐하면 자신의 글이 독자들한테 주는 충격을 즐겼던 그의 입장에서는 독자들이 겪는 혼란마저 즐겼을 가능성이 충분히 있었다고 짐작되기 때문이다.

이러한 까닭에 마키아벨리의 비르투의 개념을 통해 어떤 특정의 일관된 이론 또는 사상을 찾으려는 노력 그 자체를 큰 의미 없는 작업으로 보는 견해도 있다.[6] 그러나 자세히 살펴볼 경우 마키아벨리 자신은 비르투라는 말을 다양한 의미로 사용하고 있지만 전혀 엉뚱하다고 할 정도로 서로 무관한 것들을 언급한 것은 아니었다. 그보다는 서로 연관되는 다양한 사항들을 비르투라는 하나의 개념 속에 묶음으로써 자신의 논지를 간결하고 그리고 강력하게 전달하고자 했던 것으로 이해할 수 있다. 마키아벨리의 담론이 갖는 힘의 원천은 엄밀한 개념정의와 탄탄한 논리적 구성력을 바탕으로 하는 체계적 논의라기보다는 약간 과장되기는 하나 오해의 소지가 전혀 없는 명확하고 인상적인 논지전개에서

---

6) 예컨대 1950~1960년대 영국의 대표적 마키아벨리 연구자였던 휫필드 교수는 바로 이러한 사정과 관련하여 "마키아벨리 속에는 비르투의 이론(doctrine)이 없다"고 잘라 말하기까지 하였다. John H. Whitfield, *Machiavelli*(New York: Russell & Russell, 1966〔초판 1947〕), p. 95.

발견되는데, 비르투 및 그와 연관되는 수삼 개의 개념을 중심으로 그의 관심사를 간결하게 표출하는 작업이 바로 그러한 인상적 논지전개에 더 잘 부합하는 일로 여겨진다.

이러한 긍정적인 평가가 옳든 그르든 간에 비르투라는 하나의 단어를 갖고 많은 문제를 다루었기 때문에 때로는 서로 상반되는 여러 가지의 해석이 결과하였고, 따라서 그의 의도와는 달리 많은 혼란이 야기된 것도 부인할 수 없는 사실이다. 다양한 논의들로 인해 혼란만이 결과된 것은 아니었고 오히려 마키아벨리의 사상이 갖는 풍부하고 다양한 면모가 잘 드러나게 되었다는 점도 말할 수 있을 것이다. 이러한 점에 특히 유의하면서 이 장에서는 마키아벨리가 그의 저작 속에서 비르투라는 단어를 어떻게 다양하게 사용하고 있는가를 집중적으로 검토함으로써 그의 사상의 폭과 깊이를 가늠해 보고자 한다.

마키아벨리 이전 시기의 비르투

마키아벨리가 비르투라는 말을 폭넓게 사용하여 그의 사상을 전개하고 있음은 위에서 지적된 바 있지만, 이 비르투 개념이 그의 사상을 이해함에 있어 중요성을 갖는 데는 또 다른 이유가 있다. 비르투는 원래 고대(그리스 · 로마의) 도시국가적 정치상황에서 발전된 정치사상의 중심개념의 하나로 르네상스기 이탈리아의 인문주의 학자들에 의해 복원 · 사용되었는데, 마키아벨리는 이것을 그대로 이어받아 사용함으로써 그 자신의 논의도 일정한 지적 연속선상에서 이루어지고 있음을 분명히 드러내고 있다. 그럼에도 불구하고 그는 비르투라는 말을 자신이 딛고 있는 지적 전통으로부터 벗어나는 방식으로도 사용함으로써 그 전통과 구별되는 자신만의 독특한 문제의식과 생각을 밝히고 있다. 바로 이러한 점에서 우리는 마키아벨리의 독창성의 면을 발견할 수 있는데 이 독창성의 의미와 맥락을 충분히 알 수 있기 위해서는 마키아벨리 이전에 통용되던 비르투라는 말의 뜻에 관해서 살펴볼 필요가 있다.

마키아벨리가 즐겨 사용하는 비르투라는 말은 비르투스(virtus)라는 라틴어의 단어를 특별히 추가 또는 삭제된 의미 없이 그대로 이탈리아어 식으로 바꾼 것임은 잘 알려진 일이다. 남자라는 뜻의 vir를 뿌리로 하고 있는 비르투스는 사전적인 의미로는 남자다움, 그리고 남자다움과 관련되는 여러 가지의 성격이나 자질, 예컨대 용맹, 과감성 등을 지적하는 말로 원래는 건국 초기 로마의 정치적 군사적 지배계급의 에토스였다고 지적된다.[7)]

고대 로마에 있어서 비르투스는 운(요행)의 여신으로 섬겨지던 포르투나(fortuna)가 상징하는 불확실성 또는 예측 불가능성에 대항하는 인간적 · 남성적 힘으로 그려짐으로써 비르투스 - 포르투나의 짝개념이 생겨나게 되었는데 이러한 용례는 키케로의 시대, 즉 공화정 말기에 이르면 이미 상당히 진부한 것이 되었었다.[8)] 그런데 포르투나의 앞에서 비르투스의 역할은 항상 제한적이었고, 따라서 여신 자체에 대한 통제보다는 인간의 자기통제를 의미하는 것이었다.

비르투스는 로마에 그리스 철학이 도입된 후 그리스의 아레테(ἀρετή)의 개념에 동화되어 이 말의 개념적 변화를 그대로 공유하게 되었다. 이 아레테라는 말은 어떤 기능의 수행에 있어서 드러나는 탁월성

---

7) Pocock, 1975, p. 37.

8) Thomas Flanagan, "The Concept of *Fortuna* in Machiavelli," in Parel, 1972, p. 131. Fortuna는 많은 경우 '운명'으로 번역되고 있으나 정확하지 않은 것으로 여겨진다. 운명은 fate(라틴어의 fatum, 이탈리어의 fato)의 번역어에 해당된다. 이 두 가지가 보에티우스적 전통에서는 비슷하게 취급되기도 하지만 고대적 전통과 마키아벨리에서는 분명한 차이가 있고 때로는 그 차이가 중요한 의미를 지닌다. Fatum의 경우 고정된 것을, 즉 한자어의 명(命)에 해당되는 것이고 fortuna는 운(運)에 해당되는 것으로 미리 확정된 것이 아니라 예측 불가능하고 따라서 신축성이 있는 경우는 인간의 노력 여하에 따라 변경이 가능한 것으로 여겨진다. 마키아벨리가 포르투나를 비르투에 대비시키는 진정한 의도는 인간의 노력을 통해 포르투나의 영향을 통제하는 데 있는 만큼 번역어의 선택이 대단히 중요하게 여겨진다.

또는 우수성(excellence)을 의미하는 것으로 그리스 윤리사상의 중핵개념의 하나인 것은 잘 알려진 일이다. 폴리스를 바탕으로 하는 시민생활과 관련하여 가장 중요한 덕목으로 제시되고 있는 이 아레테는 시민적 탁월성, 즉 지도력과 권위를 낳는, 따라서 다른 시민들의 존경을 받게 되는 일정한 자질을 의미하게끔 발전되어 결국에는 시민의 자격을 결정짓는 도덕적 선으로서 이해되기에 이르렀다.

시민적 탁월성을 의미하는 그리스의 아레테 개념을 계승한 비르투스 개념은 키케로에 의해 잘 요약되었다. 『투스쿨룸의 대화』(*Tusculanae Disputationes*)에서 교육의 이상을 논의하면서, 그는 교육의 목적은 단지 일정한 정도의 기술을 배양하는 것이 아니라 다른 모든 것을 무색케 하는 단일 비르투스를 개발하는 것이어야 한다고 말하였다. 그는 비르투스란 단어가 vir에서 유래되었음을 말하면서, 비르투스란 단순히 비르투스의 소유자임을 증명하기 위해서뿐 아니라 남자이기를 원할 경우에 획득하고자 하는 특별한 자질이라고 역설하였다. 모든 교육의 기본적 목적은 남자다운 남자(vir virtutis)의 개발에 있는 것이라고 하였다. 진정한 남자는 무엇보다도 지혜를 갖춘 사람인데 이 지혜는 시민으로서의 자신을 완성시키는 데 있음을 말하고, 이런 맥락 속에서 수사술의 중요성이 강조되었다. 이렇게 하여 그 진행방향을 알 수 없는 운으로부터의 구제책으로서 제시된 비르투스의 구체적 내용은 용기와 합리적 지혜의 개발, 감정의 통제, 공공적 의무에 대한 헌신으로 이어지게 된 것이다.[9)]

이렇게 하여 아레테와 비르투스는 똑같이 (1) 도시정치적 맥락 속에서 개인 또는 집단이 효과적으로 활동할 수 있게 하는 힘, (2) 어떤 개인의 개성을 결정하는 본질적 특성, (3) 국가 또는 우주 안에서 개인이 지향해야 할 바의 도덕적 선을 의미하게 되었다.[10)]

---

9) Howard R. Patch, *The Goddess Fortuna in Medieval Literature*(New York: Farrar, Straus and Giroux, 1974), p. 13.

10) Pacock, 1975, p. 37.

기독교가 전파된 이후로도 이 비르투스라는 말은 보에티우스가 세속적 삶에서의 불안정성을 상징하는 포르투나에 대비되는 개념으로 사용하면서 비르투스라는 말이 갖고 있는 로마적, 플라톤적 및 기독교적 함의를 부각시켰고, 이로써 포르투나 및 비르투-포르투나의 양극성적(兩極性的) 개념은 중세 아우구스티누스적 기독교 세계에서도 로마적 정치관념을 영속시키는 결과를 낳게 되었다.[11]

군주의 개인적 자질로서의 비르투의 문제가 처음으로 논의되기 시작한 것은 1400년대 르네상스 이탈리아에서였다. 중세 때에도 군주의 자질에 관한 논의는 있었지만 대부분 군주의 기능의 종교적 함의에 대한 논의로 그쳤었다. 이러한 경향은 13세기 말 아리스토텔레스의 정치이론의 영향과 혼합되어 개인 및 제도로서의 군주, 그의 궁정 및 국가의 구성 그리고 행정 및 군사문제가 종합적으로 다루어지기 시작하였는데, 그 대표적 인물로는 에지디오 콜론나가 지적된다.[12]

아직 기독교적 입장에서 연역적 논의방식을 사용했던 에지디오 콜론나와 달리 1400년대의 인문주의자들은 사례(史例)를 바탕으로 귀납적 논의를 전개하였는데, 이들은 이상적 군주라고 얘기될 수 있는 구체적 인물들의 개인적 자질로서의 비르투의 목록을 만드는 작업에 열중하였

---

11) Anicius Malius Severinus Boethius(470-475?~524)는 로마 귀족가문 출신으로 당시 이탈리아를 지배하고 있었던 오스트로고트족 출신 국왕인 테오도릭 밑에서 최고위관직에까지 올랐던 철학자 겸 정치가였다. 국왕의 총애를 입어 최고위직에까지 올라갔지만 종교적 분쟁과 비잔티움 제국과 관련되는 역모사건에 연루되어 갑작스럽게 투옥되었다가 처형되었다. 투옥기간 중에 자신의 갑작스런 삶의 변화를 설명하는 노력의 일환으로 『철학의 위안』(*De consolatione philosophiae*)을 저술하고, 인간에 의해 예측도 통제도 되지 않는 삶의 방향을 결정짓는 중요한 요소로서 포르투나의 개념을 제시하였다. 보에티우스의 포르투나 개념은 마키아벨리의 경우와는 달리 신의 섭리의 다른 표현으로 이해된다. 이에 관련된 자세한 논의로는 Pocock, 1975, pp. 36-44를 볼 것.

12) Felix Gilbert, "The Humanist Concept of the Prince and *The Prince* of Machiavelli" [1939], in F. Gilbert, 1977, pp. 97-98 및 p. 475의 주 17을 볼 것.

다. 이때 이들이 주요하게 다룬 덕성은 너그러움, 자비심, 신앙심, 겸손, 중용적 태도, 정직 등으로[13] 이들 전부는 마키아벨리가 『군주론』 15~18장에서 군주들이 진정으로 실천할 경우 오히려 파멸을 가져올 것이지만 그래도 위선적으로 따를 필요가 있다고 한 것들이다.

비르투와 포르투나

마키아벨리의 비르투의 개념이 바로 위에서 언급된, 당시 인문주의자들에 의해 제시된 이상적 군주의 개인적 자질과 거리가 멀다는 점은 『군주론』 15~18장에서 한치의 오해의 여지도 없이 잘 드러난다. 이미 앞에서도(5장) 지적되었듯이 마키아벨리가 이 곳에서 노린 것은 도덕적 선과 효용성이라는 두 가지 가치 사이의 조화 가능성에 대한 키케로적 관념을 반복하고 있던 당대 인문주의자들에 대한 비판이었다. 이 비판을 효과적으로 하기 위해 동원된 수사술적인 기술의 과도한 사용으로 인해 위악(僞惡)의 면이 강조되었던 것이라는 점도 이미 앞서 지적된 바 있다.

마키아벨리에 있어서도 비르투는 기본적으로 정치지도자의 개인적 자질이다. 다만 당시까지 지배적이던 기독교적 또는 키케로적 도덕적 자질과는 성격을 달리한다. 마키아벨리에 있어서 지도자의 자질은 정치지도자로서의 역할을 효과적으로 수행할 수 있는 실질적 능력과 관련되는 것이다. 그 능력은 우연과 불확실성의 세계로서 규정되는 현실 정치 속에서 살아 남아 안정된 정치질서를 조직하고 지휘할 수 있는 능력을 말한다. 이러한 능력은 기존의 기독교적 도덕과 일치할 수도 모순될 수도 있지만 정치의 관점에서는 그것이 별로 큰 문제가 될 수 없다. 마키아벨리에 따르면 정치지도자들에게는 안정된 정치질서를 효과적으로 유지하는 것과 관련하여 기성 도덕체계와는 별도의 덕목이 요구되어야

13) Skinner, 1978, pp. 113-128; Gilbert, 1977, pp. 99-100 참조.

한다. 그런데 이 덕목은 권력수단의 효과적 사용—사자에 비유되는 폭력적 위협과 여우에 비유되는 기만적 설득—과 관련되는 것이기 때문에 기성 도덕체계와 배치되는 경우가 많다. 기성 도덕체계에 배반되는 행동은 일반적으로 경멸과 비난의 대상이 됨으로써 권력자의 권력지위를 약화시킬 수 있다. 바로 이러한 까닭에 마키아벨리는 가능한 한 이러한 불명예스러운 평판은 피할 것을 정치인들에게 권고한다. 특히 안정된 정치질서의 유지를 위해 요구되는 덕목은 많은 경우 기성 도덕과 충돌되기 때문에 정치인들은 기성 도덕의 계율을 위반하면서 그렇지 않은 것처럼 가장해야 할 필요가 있음을 마키아벨리는 강조한다. 이러한 위선의 권고 이면에는 기성의 도덕체계를 위반하는 행동을 하는 것이 그리 쉬운 일이 아니고, 따라서 애써 배울 필요조차 있다는 점에 대한 강조가 놓여 있다는 점에 유의할 필요가 있다. 기성 도덕을 위반하는 것을 굳이 배워야 하는 까닭은 모두가 악을 행할 준비가 되어 있는 그러한 환경 속에서 착한 행동을 할 경우 파멸을 자초하기 때문이다.

결국 마키아벨리가 요구하는 정치지도자의 덕목, 즉 비르투는 기본적으로 현실 정치에서 불가피하게 나타나는, 포르투나라는 말로 상징되는 우연과 불확실성을 극복·통제하는 능력이다. 이렇게 마키아벨리에서는 비르투의 문제는 기본적으로 포르투나와 짝을 이루면서 취급될 수밖에 없다. 비르투와 포르투나는 서로 반비례의 관계를 이룬다. 즉 사람들이 비르투를 많이 갖고 있으면 포르투나의 활동여지는 적어지는 반면, 비르투를 거의 갖지 않고 있는 경우 포르투나는 활발하게 활동하는 것으로 마키아벨리는 말한다(*D* II-30).

비르투-포르투나의 짝개념을 바탕으로 세상의 변화를 설명하는 방식은 물론 마키아벨리에서 처음 나타나는 것은 아니고 상당히 오랜 전통을 갖는 것이다. 따라서 그러한 논의의 전통을 살펴보고 마키아벨리가 그러한 전통을 어떻게 잇고 있는지를 검토함으로써 마키아벨리의 비르투 개념이 갖는 다양성과 특성을 살펴볼 필요가 있다.

비르투를 행운의 여신인 포르투나와 대비시켜 이해하는 것은 이미 고대 로마 때부터의 사고관습이었다. 고대 로마인들이 섬기던 제신(諸神) 가운데 하나인 포르투나(Fortuna)는 행운의 여신으로 섬겨졌는데, 이것은 그리스 신화에서 행운의 여신 티케(Tyche)에 상응하는 것이었다. 어원적으로 '가져온다'를 뜻하는 ferre(to bear, bring)에 뿌리를 두고 만들어진 행운을 뜻하는 fors(chance)의 형용사형으로 출발한 이 포르투나라는 말은 현재 이해되는 우연의 의미보다는 어떤 불가해한 힘에 의해 이루어지는 어떤 성취 또는 획득을 뜻하는 것이었다.[14] 이러한 포르투나는 번영을 상징하는 풍요의 뿔피리, (인간의 운명을 결정하는) 키(방향타) 그리고 운수의 부침 또는 영고성쇠(榮古盛衰)를 상징하는 수레바퀴의 세 가지의 상징물로 표시되었다.[15] 포르투나와 관련된 관념은 민간신앙에 깊이 침투하였고 또한 철학, 문학, 역사 및 예술 같은 고급문화 전반에 침투하여 인간의 능력을 지칭하는 비르투스와 신의 은총을 지칭하는 포르투나의 역할에 관한 논쟁은 상당히 일상적인 것이 되었다.[16)]

이러한 포르투나의 관념은 인간사의 모든 것이 섭리로 설명되는 기독교 교리와 어긋나기 때문에 성아우구스티누스는 포르투나의 관념을 비판하였다. 그러나 전혀 예측치 못한 상태에서 황제의 은총을 잃고 나아가서는 자신의 생명까지 잃게 된 보에티우스는 이러한 자신의 운명을 설명하기 위해 사형을 기다리면서 저술한 책 『철학의 위안』 속에서 포르투나의 관념을 사용치 않을 수 없었고, 이 이후로 르네상스 시대에 와서 고전사상이 다시 발견될 때까지 이탈리아의 관념세계를 지배하게 되었다. 고대 로마인들에 의해 원래는 선한 여신(bona dea)으로서 이해되던 포르투나는 예배를 통해 비위를 맞추면 인간에게 이익을 가져다줄 수 있는 인물로 그려졌었다. 이 때만 해도 포르투나는 성취와 불확실성

14) Flanagan, 1972, pp. 129–130.

15) Flanagan, 1972, p. 130; Robert Orr, "The Time Motif in Machiavelli," in Martin Fleischer (ed.), *Machiavelli and the Nature of Political Thought*(New York: Atheneum, 1972), p. 198.

16) Flanagan, 1972, p. 131.

의 두 가지를 지칭하는 상징물이었다. 그러나 보에티우스 이후로는 신의 섭리를 집행하는 대리인, 즉 준엄하고 침울한 인물로 바뀌게 되었고 성취의 상징은 사라진 채 체념의 상징으로서만 남게 되었다. 포르투나의 세 가지 상징물 가운데 인생의 영고성쇠를 상징하는 수레바퀴만이 남게 되고 다른 두 가지는 사라지게 되었다. 이러한 관념은 단테(Alighieri Dante)와 페트라르카(Francesco Petrarca)의 시기, 즉 인문주의가 등장하기 시작한 중세 말까지 지배적인 것이 되었다.[17] 이 비르투-포르투나의 주제는 마키아벨리를 전후한 이탈리아 르네상스의 인문주의자들에 의해 철학적 논의의 주제로 진지하게 다루어졌는데,[18] 대체로 이 때에 이르면 보에티우스적 숙명으로서의 포르투나의 관념이 퇴색하고 불확실성으로서의 고대 로마적 개념이 부활되었다고 지적된다. 보에티우스적 관념에서 고대 로마적 관념으로의 이동과정은 마키아벨리에서 잘 드러난다.

포르투나 관념의 변화과정은 마키아벨리의 『포르투나에 대한 3련구(聯句)』에서 잘 드러나고 있다. 여기에서 포르투나는 기본적으로 인간의 운명을 결정하는 수레바퀴의 움직임을 주재하는 여신 또는 여왕으로 그려지고 있다. 그는 인간을 해치는 '무자비한 여신'으로서 인간을 '광포하게' 다스리는 것으로 그려지고 있다.[19] 포르투나는 사납고 부드러운 두 개의 얼굴을 가진 늙은 마녀로서 이 세상에 나오는 사람은 조만간에 그녀의 힘을 느끼게 된다고 그는 말한다(55, 25~26행). 포르투나는 약속을 잘 하지 않지만 한다고 해도 지키는 법이 없다. 그리고 국가를 자기의 뜻대로 뒤집고 착한 사람의 것을 빼앗고 악인에게는 관대히 주기도 한다. 자격 있는 사람도 결코 얻을 수 없는 왕좌를 자격 없는 사

17) Flanagan, 1972, pp. 130–131; Orr, 1972, p. 198.

18) Klaus Heitman, *Fortuna und Virtus: eine Studie zu Petrarcas Lebensweisheit*(Köln: Boehlau, 1958), p. 21; Pitkin, 1984, p. 142에서 인용.

19) Machiavelli, "Tercets on Fortune," in *CW* II: 745, 19–24행. 아래에서의 이 시의 인용은 행수로만 밝힐 것임.

람에게 가져다주기도 하는 이 변덕의 여신은 아무런 동정심도 없고 법이나 정의도 모른다(28~38행). 궁극적으로 포르투나는 거북이를 자신의 발톱으로 낚아채어 고공으로 비상하여 떨어뜨려 몸을 부순 후 그 고기를 먹는 독수리와 같은 존재로 그려지기도 한다(178~179행).

그러나 마키아벨리는 보에티우스 이래의 체념적 포르투나의 관념을 반복하는 것만은 아니다. 앞서 포르투나의 세 가지 상징물 가운데 보에티우스 이후로는 수레바퀴만 남았음을 지적하였다. 마키아벨리는 포르투나가 거주하는 왕궁에는 여러 개의 수레가 돌아가고 있다고 말하는데(61~63행), 사람들은 그 바퀴들이 돌아가는 방향을 변경할 수는 없어도 한 바퀴에서 다른 바퀴로 옮겨 탈 수 있다고 말함으로써 정해진 운명을 피할 수 있을 가능성을 제시한다. 이 점은 포르투나의 힘을 거역할 수는 없어도 그 힘에 적응할 가능성을 말하는 것으로, 바로 중세 전반을 지배했던 보에티우스의 체념적 포르투나 관념을 마키아벨리가 벗어나고 있다는 사실을 보여 주는 것으로서 하나의 중요한 변화를 획하는 일로 말할 수 있다.[20] 그러나 그는 그러한 가능성을 조건부로만 허용한다. 즉 포르투나의 의도에 맞게 바퀴를 옮겨 탈 수 있는 것은 사람들의 성향에 달려 있는 것인데(103~104행), 성향이란 하늘에 의해 주어진 것이기 때문에 바꿀 수도 포기할 수도 없으므로 수레바퀴를 옮겨 타는 동안에 포르투나는 당신을 저버릴 것이라고 한다(112~114행). 따라서 그러한 저버림을 피하기 위해 포르투나의 의도를 이해하면서 그 의도에 맞추어 바퀴를 옮기면 행운을 얻을 수 있다고 한다(115~117행). 그러나 곧바로(118행) 그렇게 할 수 있는 가능성도 "우리를 지배하는 신비한 힘에 의해" 거부된다고 말함으로써 포르투나의 변덕에 적응할 인간의 능력에 대해 모호한 태도를 취한다.

이러한 모호한 태도에도 불구하고 그는 중세를 지배한 체념적 관념에서 벗어나고 있음이 뚜렷이 엿보이는데, 이러한 점은 포르투나에 관

20) Pitkin, 1984, p. 146 참조.

해 가장 분명한 논의가 이루어지는 『군주론』 25장의 첫머리에서 분명히 나타나고 있다.

> 세상사가 포르투나와 신에 의해 지배를 받아 인간의 분별력(prudenza)에 의해서도 고쳐질 수 없고, 아니 아무런 구제책이 없다고 많은 사람들이 믿어 왔고 또 믿고 있다는 점을 나도 모르는 바는 아니나. 따라서 그러한 일에 땀을 흘리는 것은 쓸데없는 일이고 그저 운명이 정하도록 내버려두어야 한다고 판단할지도 모른다. 이러한 의견은 그 동안 발생하였고 또한 지금도 일어나고 있는 인간의 추측을 넘어서는 커다란 사태의 변전 때문에 우리 시대에 더욱 많이 신봉되고 있다. 이러한 점에 대해 생각할 때 나도 가끔 부분적으로는 그러한 의견에 기울어지곤 한다. 그럼에도 인간의 자유[의지]가 배제되지 않기 위해서 나는 포르투나가 우리들 행동의 절반에 대한 재결자(裁決者)라고 판단하지만, 포르투나는 나머지의 절반 또는 그것에 가까운 부분을 우리들 스스로 결정하도록 남겨 둔다고 생각한다.

이러한 불확실성으로서의 포르투나는 미래에 대한 사려 깊은 준비 또는 저돌적인 행동을 통해 극복되어야 한다고 말함으로써 극복의 가능성을 보다 강하게 말하는 것이 상기 25장 전체의 주제로 되고 있다. 사려 깊은 준비를 말할 때는 범람하는 강의 비유를, 저돌적일 정도의 과감한 행동을 권유할 때는 여자의 비유를 들고 있다. 중요한 것은 이 두 가지의 대책은 항상 시간과 정황의 변화에 따라 유연하게 선택되어야 한다는 점이다. 이러한 대비책이 마련되어 있지 않으면, 즉 그의 말을 그대로 인용하여 "포르투나에 대항할 잘 조직된 비르투(ordinata virtù)가 없는 곳에서 포르투나는 자신의 힘을 보이는" 것이다.

포르투나는 극복될 수 있다는 그의 강한 주장은 물론 당대의 이탈리아 군주들의 군사적 무능, 즉 비르투의 결핍을 비판하기 위해서 제기된 것이다. 『군주론』의 바로 앞 장인 24장에서 그는 "이탈리아의 군주들이 왜 자신의 국가를 상실하게 되었는가?"라는 물음을 제목으로 달면서 그들의 군사적 약체성과 일부 주민들, 특히 귀족들로부터의 적대의식 때문이라고 단언한다. 따라서 포르투나가 아닌 그들의 나태함이 비난받아야 함을 지적한다. 평상시 앞으로 닥칠 변화를 예상하고 그에 대한 대비책을 마련해 놓았어야 한다는 것이다. 즉 "당신 자신과 당신의 비르투에만 의존하는 방어만이 효과 있고 확실하며 지속성 있는 것"이라고 그는 말하고 있다. 전적으로 요행(포르투나)에만 의존하는 군주는 멸망할 수밖에 없다는 것이 그의 핵심적인 논지인 것이다.

전사적 자질로서의 비르투

이제 보았듯이 비르투를 논의할 때 마키아벨리가 주로 염두에 두고 있었던 문제는 이탈리아 도시국가들의 군사적 능력의 문제였다. 이러한 관심이 반영된 결과로 여겨지는바 마키아벨리는 비르투를 논의할 때 주로 포르투나를 극복할 수 있는 개인적 자질 또는 능력이라는 관점에서 다루고 있고 그것도 특히 군사적 맥락에서, 즉 전사로서의 자질이라는 각도에서 논의하는 빈도가 상당히 높다.

우드(Neal Wood)는 사용맥락의 빈도라는 각도에서 비르투의 중심적 의미를 찾고 있는데, 그에 따르면 마키아벨리가 비르투를 인정하고 있는 53인의 인물 가운데 마르쿠스 아우렐리우스(Marcus Aurelius)나 솔론(Solon) 같은 현인(賢人) 또는 철인(哲人)을 제외하고서는 거의가 군지휘관 또는 장수 같은 전사에 속하는 사람들이다.[21] 물론 마키아벨리는 비르투라는 말을 선견지명, 자제력, 지조, 정신력, 견인불발(堅忍不拔), 결심, 과단성, 단호함, 남자다움, 고감성, 정력(精力) 등의 다양한 의미로 쓰고 있지만 이 모든 뜻은 전부가 전사의 자질 또는 전투중의 군인에 의해 전형적으로 발휘되는 행동양식과 관련된다는 점에서 통일성을 지니는 것으로 그는 말하고 있다.[22]

21) Neal Wood, "Machiavelli's Concept of *Virtù* Reconsidered," *Political Studies* 15-2, 1967, pp. 159-172. 비르투를 갖춘 인물 53인의 명단은 p. 161에 기재됨.

그러나 물론 마키아벨리의 논의는 단순히 전사의 자질 그 자체로 그치는 것이 아니다. 그가 전사의 자질로서 비르투를 말할 때 대부분의 경우는 국가(stato)[23]의 창건(또는 새로운 정권의 시작), 확장 또는 유지와 관련하여 언급된다. 마키아벨리가 『군주론』 6장에서 비르투를 갖춘 인물 가운데 가장 탁월한 사람으로 꼽고 있는 모세, 키루스, 로물루스 및 테세우스는 모두가 자신의 비르투만을 기반으로 하여 여러 가지 방해작용을 극복하고 새로운 국가를 창건한 인물들이다. 이러한 점에서 마키아벨리의 비르투를 이해할 때 그것이 기본적으로는 전사의 자질과 관련된다는 점을 잊어서도 안 되겠지만 동시에 거기에 그쳐서도 안 될 것이다.[24]

---

22) Wood, 1967, p. 170. 이러한 점은 비르투의 어휘가 텍스트의 어떤 맥락에서 나타나고 있는가를 자세하게 검토하는 헥스터도 동의하고 있는바, 앞에서 든 자질들은 전부 성공적인 군사지휘관과 관련되는 것이라고 강조한다. J.H. Hexter, *The Vision of Politics on the Eve of the Reformation: More, Machiavelli, and Seyssel*(New York: Basic Books, 1973), p. 190.

23) 마키아벨리에 관련되어 사용되는 '국가'라는 말은 물론 그가 사용하는 stato라는 말의 번역인데, 이 말의 의미가 현대적 의미의 국가라는 말에 비해 대단히 한정적으로 사용됨으로써 정권 또는 정권으로써 장악되는 일정한 영역과 그 안의 주민을 의미한다는 점에 대해 유의할 필요가 있을 것이다. 특히 강조되어야 할 점은 이때 영역이든 주민이든 주체로 취급되지 않고 오직 획득, 탈취(상실)의 대상으로서 다루어진다는 점이다. 이 점에 대해서는 Hexter, 1973, pp. 151-167을 볼 것. 더 자세한 논의는 아래의 10장을 볼 것.

24) 바로 이 점이 우드의 상게 논문에 대하여 하나포드가 이의를 제기하는 초점이 되고 있다. I. Hannaford, "Machiavelli's Concept of Virtù in *The Prince* and *The Discourse* Reconsidered," *Political Studies* 20-2, 1972, pp. 185-189. 한편 프라이스는 우드가 마키아벨리가 이해하던 비르투라는 말의 의미와 그가 가장 관심을 갖고 있던 비르투의 종류를 혼동하고 있다고 비판한다. Price, 1973, p. 335. 또한 프라이스는 우드의 연구가 『군주론』과 『로마사논고』만을 대상으로 하고 『피렌체사』를 빼놓았기 때문에 마치 마키아벨리가 당대의 인물들에 대해서는 (실제로는 그렇지 않은데) 상대적으로 저평가한 듯한 오해를 낳고 있음도 지적한다. 만

마키아벨리가 예컨대 『군주론』 12장에서 14장 또는 『전쟁술론』에서와 같이 순수하게 군사문제만을 다루는 예외적인 경우를 제외하고서는 전사의 자질로서의 비르투의 논의는 대부분 새로운 국가(또는 정권)의 창건이나 유지에 관한 논의로 이어진다. 마키아벨리는 국가의 창건이나 유지의 문제를 자신의 기본적 관심사로 삼고 있지만, 그 관심은 일반론적인 것이라기보다는 국가의 창건과 관련하여 전사적 자질로서의 비르투의 발휘가 중요시되는 특수한 상황으로 초점이 맞추어진다. 예컨대 『군주론』에서 군주국의 종류를 논의하면서 세습군주국(2장)의 경우 지배자가 (굳이 비르투라는 이름을 붙일 필요가 없는) '보통의 부지런함과 능력(ordinaria industria)'만 갖춘다면 예외적이고 불가항력적으로 강력한 힘에 의하지 않는 한 정권의 안전은 확실한 것이기 때문에 새로운 국가를 세우는 경우에 비해 세습군주국에게 닥칠 어려움은 훨씬 작은 것이라고 말한다. 이에 비해 신생군주국은 진정한 어려움을 겪게 된다고 말하면서(3장) 따라서 그러한 어려움이 없는 세습군주국의 경우는 굳이 자신의 관심사가 되지 않음을 시사하고 이어지는 논의에서는 더 이상 언급하지 않는다. 이러한 점으로 미루어 보아 비르투가 기본적으로는 전사적 자질을 지칭하는 것이지만, 이 비르투 개념을 사용하는 기본적인 목적은 그러한 특수한 자질의 동원이 필요시되는 한계적 정치상황을 논의하기 위한 것임을 기억할 필요가 있다.

이러한 논의는 물론 『로마사논고』에서도 이루어지지만 역시 집중적으로 다루어지는 것은 『군주론』에서이다. 『로마사논고』에서의 비르투의 논의는, 아래에서 다시 다루어지겠지만, 비단 군주국뿐 아니라 공화정의 경우도 포함하고, 또한 군주나 지도자 같은 개인뿐 아니라 시민집

일 『피렌체사』를 포함시킨다면 93인이 되어야 한다고 그는 말한다(pp. 343-344). 마키아벨리가 virtuoso와 유사한 자질로 말하고 있는 animoso 또는 gagliardo라는 어휘로 수식되는 인물들을 우드가 배제한 점도, 마키아벨리의 엄격하지 않은 용어사용습관을 고려할 때 동감할 수 없다고 비판된다(p. 343, 주 148).

단 전체의 자질도 포함하는 다양한 맥락 속에서 이루어진다. 이에 비해 『군주론』의 문제는 『로마사논고』에서 다루어지는 여러 문제들 중에 아마도 마키아벨리에게 있어서는 가장 중요한 것으로 여겨졌던 것으로 짐작되는, 국가의 창건 또는 정권의 획득과 관련되는 비상한 사태가 집중적으로 논의된다. 물론 정치문제를 논의함에 있어 국가의 창건 또는 획득 같은 일은 흔히 있는 일이 아님을 그 자신도 잘 알고 있었다. 그러나 『군주론』 1장의 첫 구절에서 제시하는 정의에서 지적하고 있듯이 국가의 문제가 기본적으로는 '사람들에 대한 지배권(imperio sopra uomini)'의 문제이고 이것의 효과적 확보에 관련된 문제가 정치에 관련된 '사안의 유효한 진실'인 한에서는 정치에 관한 모든 논의는 일단 이 점에서 시작되어야 한다는 것이 그의 주장으로 여겨진다.[25]

국가의 창건에 관련하여 전사적 자질을 필요로 하는 특수한 상황이 마키아벨리의 기본 관심사가 된다는 점 그 자체는 특별히 이상한 일은 아니지만 실제로 그러한 상황은 자주 생기는 것은 아니다. 만일 정치의 문제를 다룸에 있어 그러한 문제에만 관심을 갖는다고 한다면 다른 많은 상황, 즉 평상시의 상황은 논의에서 제외된다. 따라서 자신의 특정한 관심을 고집하여 더 빈번한 평상시의 문제를 배제한다면 정치이론가의 책임을 다하는 것이라고는 말할 수 없을 것이다. 그러나 마키아벨리는 평상시의 문제를 등한히 다루는 것이 아니라 바로 평상시의 문제를 깊이 생각하기 때문에 비상시의 사태에 대해 관심을 갖는다. 즉 일상적 상황에서 필연적으로 발생할 부패의 문제를 고쳐야 한다는 문제의식에서 비상한 치유책이 제시되는데, 이것은 바로 국가의 창건 같은 특별한 상황에서나 나타나게 될 비르투의 발휘를 말하는 것이다.

25) 이 점과 관련하여 헥스터는 다음과 같이 강조하고 있다. "효과적 진실, 가치 있는 진실, 『군주론』 속에서 마키아벨리에게 문제시되는 유일한 진실, 군주 자신에게 문제가 되어야 할 유일한 진실은 군주가 국가(lo stato)를 획득하고 이미 얻은 것을 유지하느냐 아니면 잃거나 이미 가지고 있던 것을 상실하느냐 하는 것이다." Hexter, 1973, p. 162.

이러한 논지는 『로마사논고』의 3권 1장에서의 논의를 바탕으로 하는 것이다. 이 곳에서 마키아벨리는 (공화제)국가와 같은 조직체는 큰 변화 없이 오래 지속되면 부패하게 되는데 이를 막기 위해서는 새롭게 해야 할 필요가 있음을 강조한다. 이때 새롭게 한다는 말의 뜻은 시작으로 돌아간다는 것을 의미하는 것인데, 이 말은 그에게 있어서는 국가가 시작될 당시의 처벌에 대한 공포감을 사람들에게 다시 상기시킨다는 것을 의미하는 것이다. 이렇게 말함으로써 그는 국가의 시작은 폭력적인 현상임을 당연한 것으로 말하고 있다. 따라서 국가의 창건은 전사적 자질로서의 비르투가 작용하는 대표적 맥락으로 말할 수 있다.[26)]

이러한 관점에서 살펴볼 때 전사적 자질의 비르투를 갖춘 특정 개인, 즉 '군주'의 문제를 집중적으로 다루는 『군주론』이 정치의 일반적 상황을 포괄적으로 다루는 『로마사논고』와 대조되는 논의가 아니라 그것을 잇는 논의라고 볼 수 있고, 그러한 연결은 '부패(corruzione)'의 개념을 통해서 이루어진다.

공동체의 집합적 능력과 시민적 덕성으로서의 비르투와 부패

『로마사논고』에서는 정치 전반에 관한 문제가 비교적 포괄적으로 다루어지고 있지만 그의 기본적 관심사는 한때 로마 제국을 통해 이탈리아인들이 누렸던 영광을 어떻게 회복할 수 있는가 하는 점이었다. 특히 프랑스나 스페인 같은 주변 강국에 의해 자율성을 상실한 상황에서 이 문제는 더욱 절실한 것이었다. 마키아벨리는 이러한 문제를 국가가 갖는 비르투라는 각도에서 이해하고자 하는데, 이 점은 『로마사논고』 2권

26) 『군주론』은 바로 이러한 맥락, 즉 세습이 아닌 '탈취'에 의한 새로운 국가(또는 정권)의 수립이라는 특수한 또는 한계적 상황이라는 제한된 주제를 집중적으로 다루는 논의로 취급되어야 하는 것이다. 이렇게 본다면 『군주론』은 『로마사논고』의 3권 1장에서 새롭게 가지를 치고 있는 논의로 볼 수 있는데, 필자는 이 점에서 이 두 개의 저술이 유기적으로 연결되는 것으로 이해한다.

의 서문에서 잘 드러난다. 즉 세상의 비르투는 아시리아와 메디아에 있다가 페르시아를 거쳐 이탈리아, 특히 로마로 모아졌었으나 이 비르투를 담아 둘 로마 제국이 멸망한 이후 다시 프랑크 왕국 및 터키에 흩어져 있다가 현재(즉, 그의 당대)는 독일 민족들에 의해 보유되고 있다고 그는 말한다. 마키아벨리에 있어서 비르투를 가장 많이 보유했던 공동체의 경우는 무엇보다도 로마, 특히 공화정 시기의 로마였다. 도시국가로 시작한 로마가 많은 비르투를 누릴 수 있었고 그 결과 세계제국을 건설할 수 있었던 비결을 연구하여 그것을 어떻게 자신이 살던 이탈리아, 특히 피렌체에 부활시킬 수 있는가 하는 문제가 바로 『로마사논고』의 기본주제였다. 이 점은 『로마사논고』 1권 1장의 첫 문장에서 잘 드러난다:

> 로마의 시작이 어떠했고 어떤 입법자들에 의해 어떻게 조직되었는가[에 관한 역사]를 읽게 되면, 그 도시(국가) 속에서 여러 세기 동안 많은 비르투가 유지되었고 뒤에는 그 공화국에서 제국이 자라게 되었다는 사실에 별로 놀라지 않을 것이다.

이러한 관점에서 보면 비르투는 개인의 자질로 그치는 것이 아니라 공동체의 자질 또는 능력으로 그 의미가 확대되고 있음을 알 수 있다. 이때 비르투란 어떤 국가 또는 공동체가 여러 공동체들 사이에서 자신의 위치를 확보할 수 있는, 나아가서는 로마와 같이 제국으로 성장하여 다른 공동체들 위에 군림할 수 있는 능력을 말하는 것으로 짐작된다. 이러한 능력을 확보할 수 있는 방법의 모색이 그의 주요 관심사로 말할 수 있는바, 군사의 중요성이 그의 모든 논의에서 항상 강조되고 있는 사실도 바로 이러한 관점에서 이해될 수 있다.

시민들 사이의 정치적 경제적 이해관계에 따른 정쟁과 갈등이 항상 주요 문제로 제기되던 르네상스기 이탈리아 도시국가적 상황을 배경으로 정치문제를 논의하던 마키아벨리에 있어서 한 국가 또는 공동체의 비르투의 문제는 시민들의 자질의 문제와 직결되는 문제였다. 즉 시민들이 공공이익과 사적 이해관계 가운데 어떤 쪽을 더 중시하느냐에 따라 공동체의 운명이 결정되는 것으로 보았다. 이러한 점에서 그에게는 그가 공공정신의 붕괴로서 이해하는 부패의 문제를 중시하지 않을 수 없었던 것으로 여겨진다. 이 문제는 『군주론』이 아닌 다른 글, 특히 『로마사논고』와 『피렌체사』에서 집중적으로 다루어지고 있다.

어떤 도시(국가)가 보유하는 비르투에 관해서 공동체 또는 국가로서의 능력으로 이해될 수 있다고 위에서 말했지만, 마키아벨리 자신은 그 말의 의미에 대해서 분명히 말하고 있지는 않고 있다. 그러나 추론이 전혀 불가능한 것은 아니다. 『피렌체사』 5권의 1장의 첫머리에서 한 도시(국가)의 흥망성쇠에 관하여 그는 일종의 순환론적 역사관을 전개하고 있는 부분에서 우리는 그 말의 뜻을 짐작할 수 있다. 즉 어떤 한 나라가 비르투를 갖고 일정한 업적을 성취하게 되면 평온의 상태로 들어가게 되는데, 이 평온의 상태가 지속되면 나태가 생겨나고 이것은 다시 무질서와 궁극적으로는 파멸로 이어지게 된다고 그는 말한다.

마키아벨리에 있어서 부패는 나태와 그것이 결과하는 무질서의 상태를 의미하는데, 이 말은 전적으로 정치의 질료(materia)로서 시민의 자질을 지칭할 경우에만 사용된다. 그것은 자율체제를 지킬 수 있는 시민의 의지와 능력에 관한 문제이다. 시민이 부패되었다는 말은 한마디로 자율성을 누릴 수 있는 의지와 능력, 즉 공공정신을 상실하게 되었다는 것을 의미한다. 부패는 나태에서 비롯한다. 이 나태는 포르투나가 자신의 힘을 발휘할 수 있는 기회를 만들어 준다. 나태는 평온한 상태가 지속되기 때문에 앞으로 닥칠 어려운 상황을 예견하지 못하고 그 대비를 게을리하게 되는 것을 의미한다. 대비를 게을리한 결과가 부패이고, 이 부패는 포르투나의 활동을 위한 최적의 조건이 된다. 부패를 제거하고 시민적 덕성, 즉 공공정신을 함양하는 일은 바로 포르투나의 활동을 최소화시키는 작업인데 바로 여기에서 부패와도 그리고 포르투나와도 대비되는 비르투는 결국 하나의 동일한 자질임을 알 수 있다.

이렇게 부패는 마키아벨리에 있어서는 전적으로 자유를 누릴 수 있는 정치체제를 유지하는 데 있어 필요한 시민적 자질의 결핍이라는 관점에서 다루어지고 있다. 그는 부패한 시민을 오랫동안 우리 안에 갇혀 살면서 스스로 먹이를 구하거나 숨을 장소를 찾을, 즉 자유와 자율의 능력을 잃음으로써 결국에는 사람들에게 다시 잡히고 또한 그래야만 생존할 수 있는 야수에 비유하기도 한다(『로마사논고』 1권 16장). 이러한 비유는 "부패한 백성은 자유롭게 되어도 그 자유를 유지하기란 대단히 어렵다"라는 다음의 17장의 제목으로 되고 그 핵심내용을 이루게 된다:

> 군주 밑에서 살고 있는 부패한 도시는 비록 그 군주와 그 가계가 모두 제거된다 해도 결코 자유로운 도시로 될 수 없다. 반대로 한 군주가 다른 군주를 제거하는 일만 일어날 뿐이다. 비르투를 함께 갖춘 어떤 개인의 선(善)에 의해 그 국가가 자유롭게 만들어지지 않는 한 새로운 지배자를 만들지 않고서는 문제는 전혀 가라앉지 않는다(*D* I-17).

그러면 왜 그러한 부패가 발생하는가? 마키아벨리는 이 점에 관해 여러 가지로 설명하고 있다. 우선 시민집단 내에서 발생하는 두 개의 세력으로서의 평민과 귀족의 기본적 성향과 관련시켜 이 문제를 다루고 있다. 『로마사논고』 1권 40장에서 그는 기원전 451~449년 간의 10인 위원회(Decemviri)의 통치가 독재체제로 변질했던 사건을 예로 들면서, 과도한 자유를 원했던 평민과 과도한 지배욕을 가졌던 귀족의 기본적 성향[27] 때문에 10인 위원회가 독재체제를 수립·유지하기 위해 시민을 부패시켰던 술책에 모두가 말려들어 갔던 것으로 말한다. 이 사건의 함

27) 귀족과 평민의 이런 대조적 욕구는 당시의 상황만을 그리는 것이 아니라 마키아벨리에 있어서는 시대에 무관한 일반적 성향으로 취급되고 있음에 유의할 필요가 있다. 이 점은 『로마사논고』 1권 4, 5장과 『군주론』 9, 19장에서 언급하고 있다. 『로마사논고』 1권 4, 5장에서는 그러한 갈등적인 욕구에서 비롯하는 분란(紛亂)이 오히려 국가를 건강하게 하는 것이라고 말하는데, 1권 16장에서 이러한 내분의 긍정적 효과는 시민들이 아직 부패하지 않음으로써 자신들의 욕구를 일정한 한계 안에서 추구하는 경우에 국한된다고 말한다.

의를 요약하고 있는 42장은 아예 "사람들이 얼마나 쉽게 부패될 수 있는가"라는 제목을 달면서 일단 야심에 눈이 가려지면 본성이 아무리 착해도, 또 교육이 아무리 훌륭해도 별 소용이 없다고 잘라 말한다.

시민들이 부패했다는 말은 구체적으로는 행정관을 선출함에 있어 자질이나 능력이 아니라 개인적 이해관계를 기준으로 삼는다는 점을 의미한다. 이러한 점은 "부패한 도시 안에서 자유로운 국가(uno stato libero)는, 만일 그러한 것이 있다면, 어떤 방식으로 유지될 수 있는가, 만일 그러한 것이 없다면 어떤 방식으로 조직할 수 있는가"라는 제목을 붙인 『로마사논고』 1권 18장에서 집중적으로 다루어지고 있다.

마키아벨리에 따르면 아직 부패하기 이전의 로마에서는 개인의 비르투가 집정관(Consul) 선출에 가장 큰 기준이 되었으나 일단 부패한 다음에는 능력(비르투)보다는 개인의 권세가 더 큰 기준이 되었고 그 권세를 바탕으로 시민에게 선물이나 기타 호의제공 등으로 아첨하는 사람들이 더 많이 선출되었음을 그는 지적한다. 법의 제정의 경우에도 처음에는 공공의 복지를 위해 민회나 호민관들이 입법을 제청했으나 부패가 물든 후에는 권력자들만이 자신의 권력을 위해 법률제정을 제안했고 이들에 대한 공포심 때문에 아무도 감히 반대하지 못함으로써 법률제정의 제도는 최악의 것이 되었다고 마키아벨리는 말한다.

마키아벨리는 부패의 문제를 그 말이 갖고 있는 보다 일반적 이해방식과 연결해서도 논의하고 있다. 그에 따르면 15세기의 피렌체에서 그러한 부패가 전형적으로 나타났었다. 예컨대 젊은이들은 아무런 자제력도 갖지 못하고 의복이나 잔치 같은 사치에 낭비를 일삼고, 아무런 직업도 없이 도박이나 창녀에게 시간과 돈을 허비했던 상황을 그는 지적한다. 또한 당시 사람들의 야심이 비싼 의복이나 남을 솜씨 있게 꼬집을 수 있는 영악한 말씨 등에서 잘 나타났었다는 점도 부패의 양상으로 그는 말한다(*FH* VII-28).

그러면 왜 이러한 사태가 발생하는가? 마키아벨리에 의하면 그러한 상황은 생업을 갖지 않고 무위도식하면서도 사치를 누릴 수 있는 사람들이 존재한다는 사실, 즉 불평등에서 연유하는 것이다. 아무런 생업도 갖지 않으면서도 토지로부터의 수입을 바탕으로 사치와 낭비를 할 수 있는 사람들이 존재하게 되면 열심히 생업에 종사하면서도 생활이 어려운 사람들은 그러한 불평등에 대해 불만을 갖게 된다. 한편 무위도식자들(귀족)은 그러한 불만에 불안을 느끼게 되어 성(城)을 쌓고 이들을 억압하려고 한다. 어떤 쪽도 공공이익의 도모를 우선시하는 자율적 정치체제로서의 공화정(civiltà)을 원하지 않게 되는 것이라고 그는 지적한다(*D* I-55, I-17). 이렇게 공공이익을 추구하려는 노력보다는 사리사욕을 추구하는 일에 전념하게 되면 자율적 정치체제 안에서 자유를 확보하려는 노력보다는 자신들의 사적 이익을 확장하거나 유지할 목적으로 파당을 만드는 데 더 전념하게 된다고 그는 말한다. 이러한 점은 그가 『피렌체사』 3권 5장에서, 1372년 당시 황제당(the Ghibellines)과 교황당(the Guelphs) 사이의 내란을 종식시킬 목적으로 결성된 시민들의 모임에서 채택된 것으로 설명된 (실제로는 마키아벨리가 작성한) 선언문을 길게 인용하면서 명백히 하고 있다.

그가 자주 예로 들고 있는 당파주의의 해악의 사례(史例)로는 방금 언급한 황제당과 교황당의 예 외에도 그는 로마 공화정 말기에 있었던 술라(Lucius Cornelius Felix Sulla)를 중심으로 하는 귀족당과 마리우스(Gaius Marius)의 평민당 사이의 대립을 자주 말하고 있고, 특히 이 대립이 궁극적으로는 카이사르에 의한 공화국의 붕괴의 원인이 되었음을 강조하고 있다(*D* I-28, 37; *D* III-8, 24).

마키아벨리의 부패의 문제에 관한 대단한 관심은 앞서 지적되었듯이 국가의 비르투를 증진시키는 방법과 관련된 것이었다. 이 점에 관해 그가 모범으로 삼는 로마 공화국의 경험을 바탕으로 논의를 전개한다. 『로마사논고』 1권 4장에서 그는 로마의 성공은 로마 공화국 초기에 발생되었던 심한 내분에도 불구하고 군대와 요행 때문에 이루어졌다고 하는 일반적인 논의를 반박하면서, 내분에도 불구하고가 아니라 바로 그 내분 때문에 이룩된 것이라고 주장한다. 그에 따르면 모든 공화국(국가)에는 평민과 귀족이라는 두 가지의 상이한 성향이 있게 마련인데, 이들 사이의 불화가 로마의 경우 자유에 이로운 법률을 제정하는 계기가 되었다고 그는 말한다. 바로 이러한 훌륭한 법에서 좋은 교육이 나왔고, 이 좋은 교육은 훌륭한 비르투의 전형을 만들어 낸 것이라고 그는 말한다. 그러나 항상 그런 것만은 아니다. 로마가 그러한 내분을 극복함으로써 자유를 수호하고 다시 비르투를 발휘할 수 있었던 것은 오직 공화정 초기의 로마 시민들이 아직 부패하지 않았기 때문이라고 그는 1권 16장에서 말하면서 17장에서는 이 논의를 바로 이어 질료가 부패하지 않으면 소요나 분란은 해롭지 않다고 부언한다.

그러나 정치라는 작업의 질료(재료)가 되는 시민이 부패해 있으면 그 재료가 다시 선량해지지 않는 한 좋은 법률도 큰 도움이 안 된다. 왜냐하면 좋은 관습이 유지되기 위해서는 좋은 법이 필요하지만, 그 법이 준수되기 위해서는 좋은 관습이 필수적인 요건이기 때문이다(1권 17장). 그런데 만일 그 질료의 부패 때문에 쇠퇴한 한 도시(국가)가 다시 일어나게 된다면 그것은 어떤 한 개인의 비르투를 통해서만 가능한 것이다.

> … 질료가 부패되어 있는 곳에서는 잘 조직된 법이라 할지라도 대단히 강력한 힘을 갖춘 한 개인이 그에 대한 준수를 확실히 하여 질료가 착해지게끔 만들어 그 법이 기능하게 만들지 않는다면 별로 도움이 되지 않는다. … 질료의 부패로 인해 몰락하게 된 도시(국가)가 다시 부흥할 수 있는지는 잘 모르겠지만 만일 그렇게 된다면 그것은 시민집합체의 비르투(virtù dello universale)가 아니라 살아 있는 한 개인의 비르투를 통해서 이루어지는 것이다.

이렇게 재료를 다시 선량하게 만드는 데 있어 마키아벨리가 잊지 않고 강조하는 바는 그것이 어떤 극단적인 힘(una estrema forza), 즉 비르투를 갖는 개인에 의해서만 된다는 점이다. 이 '극단적인 힘을 갖는 개인'이라는 표현은 1권 17장에서 나오는 것이지만, 실제 이 문제는 다른 곳에서도 다루어진다. 예컨대 『로마사논고』 1권 9장에서 그는 공화국이든 군주국이든 새롭게 조직되거나 구제도로부터 개혁될 때에는 어떤 한 사람에 의해서 이루어질 때만 제대로 될 수 있다고 강조하고 있다. 부패한 공화국에서 자유를 유지할 수 있는 방안을 다루는 1권 18장에서 "정반대의 질료에 비슷한 형상이 있을 수 없으므로" 나쁜(cattivo), 즉 부패한 백성에게 좋은 백성과 동일한 제도(ordini)와 절차(modi)가 같은 효과를 만들 수 없다고 한다. 부패를 제거하기 위해서는 일순(一瞬)에 제도를 바꿀 필요가 있는데, 이것을 위해서는 폭력이나 무력 같은 비상한 수단의 사용이 필요하며 자신의 방식에 따라 마음대로 행동할 수 있는 군주[28] 같은 존재가 반드시 필요하다고 그는 주장한다. 특히 시민들이 오만해져서 나타난 공화정의 부패상황의 교정은 공화정으로는 불가능한 것이다.[29]

---

28) 여기에서 말하는 '군주(prince, principe)'는 일반적으로 지칭되는 왕(king)과는 구별되는 것이다. 마키아벨리 자신은 이 두 단어를 대부분 구별해서 사용하지만 구별을 흐릴 때도 있다. 왕을 말할 경우에는 대부분 일정한 규칙에 따라 세습되고 권력을 행사하는 일인 지배자를 의미하는 데 비해 마키아벨리가 '군주(principe)'라는 말을 사용할 때 그것은 기존의 규칙을 무시하고 스스로의 힘에 의거하여 지배자의 위치를 차지한 사람을 의미하는 경우가 많다. 이런 점에서 보면 왕도 기존의 규칙을 깨고 더 이상의 권력을 행사하는 principe가 될 수 있는데, 이런 경우 참주(僭主 또는 폭군 tyranny)가 되는 것이다. 『군주론』에서의 군주는 바로 이러한 성격의 기존의 규칙을 깨고 일인 지배자의 위치에 오른 사람을 지칭한다는 점에 대해 다시 의식해 둘 필요가 있을 것이다. 한편 『군주론』에서 마키아벨리는 이렇게 새롭게 일인 지배자의 위치에 오른 사람을 때때로 '신생군주'로 부르기도 한다.

29) 여기에서 흥미 있는 일은 마키아벨리가 부패한 공화국의 개혁을 위해 군주의 등장을 주장하지만, 그것이 반드시 개혁의 성공을 보장하는 것이 아니라는 점을 강조한다는 사실이다. 그에 의하면 그러한 비르투를 갖는 사람의 경우 대부분 좋지 않은 방법으로 권위를 획득한 사람일 텐데 그러한 사람에게 훌륭한 목적으로 그 권위를 사용하기를 기대하기는 어렵다고 그는 말하고 있다(*D* I-18). 뿐만 아니라 장기간에 걸쳐 부패한 시민을 선량하게 만드는 데는 역시 장기간의 시간이 필요한데 그러한 기간 만큼 오래 사는 개인은 없기 때문에도(*D* I-17)

여하튼 마키아벨리에 의하면 부패한 시민을 다시 착하게 만들어 공화정 유지에 도움이 되게 하기 위해서는 극단적인 힘을 갖는 특정 개인, 즉 군주를 필요로 한다. 군주가 이 선량함을 회복시켜 국가의 비르투를 회복하는 구체적 방안으로서 마키아벨리가 제시하는 점은 나라는 부유하게 그리고 시민들은 가난하게 만들라는 것이다. 이러한 권고는 여러 곳에서 이루어지는데,[30] 이러한 방식의 권고는 도덕적 행동의 동기에 관한 당시까지의 주도적 이론이었던 아리스토텔레스의 주장에 대한 도전의 의미를 갖는 것이다. 아리스토텔레스에 있어 도덕적 행동은 일정한 경제적 여유를 바탕으로 하는[31] 자발적(즉, 선택적) 행동으로[32] 이해된다. 이에 반해 마키아벨리는 인간은 기본적으로 게으름을 선호하기 때문에 어떤 필요에 근거한 강박(necessità)에 의하지 않고서는 쉽게 행동을 하지 않는다고 본다. 이러한 점은 『로마사논고』 1권 1장에서 국가를 새로 건설할 때 선택할 입지를 논의하는 자리에서 다루어지는데, 마키아벨리의 인간성에 관한 일관된 견해로서 나타난다. 즉 그에 의하면 비옥한 땅보다는 척박한 땅을 골라야 사람들이 부지런히 일하게 되고 불화도 없이 착하게 된다는 것이다.

이러한 선택은 남을 지배하지 않고 자족만을 원할 때 권할 수 있는 것이지만, 주변으로의 확장을 원하거나 또는 주변으로부터의 위협을 막기 위한다면 비옥한 땅의 선택이 바람직하다고 한다. 이러한 경우에도

역시 개혁은 그리 낙관적인 작업이 될 수 없다.

30) *D* I-37; *D* II-19; *D* III-16, 25.

31) Aristotle, *Nicomachean Ethics*, 1099a.

32) *Nicomachean Ethics*, 1109b. 마키아벨리가 아리스토텔레스에 동의하지는 않지만 그를 상당히 의식하고 있었다는 점은 특기할 필요가 있을 것이다. 특히 시민과 정치질서를 질료와 형상으로 비유하고 있는 점은 그가 아리스토텔레스에 상당한 영향을 받고 있다는 좋은 증거로 말할 수 있을 것이다. 덕성에 관련된 두 사람의 차이에 대해서는 Harvey C. Mansfield, “Machiavelli’s Virtue,” in *Machiavelli’s Virtue*(Chicago: Chicago University Press, 1996), pp. 11-28을 참조.

사람들을 착하고 부지런하게 만들어야 될 필요성은 여전히 남는데 그러기 위해서는 인위적으로 그러한 강박, 즉 네체시타를 만들 필요가 있음을 말하고 이를 위해 법과 종교의 역할을 말하고 있다(*D* I-1).

제10장

폭력과 국가

객관적 사실로서의 폭력의 인식

마키아벨리가 혁신적인 정치사상가로서 평가를 받는 가장 중요한 근거는 그가 비르투의 개념을 바탕으로 정치문제의 핵심적 사항이라고 할 수 있는 폭력 그리고 그것과 관련된 제반 사항을 그 자체로서 정면으로 다루고 있는 점에서 발견된다. 앞서 지적되었듯이 마키아벨리가 사용하는 의미의 비르투는 그가 『군주론』 15장에서 18장에 걸쳐 파괴를 시도했던 당시까지 지배적이던 기독교적 또는 인문주의적 도덕적 이상, 즉 자비, 관용, 겸손, 자기희생과 같이 특정한 내용을 담는 것은 아니었다. 마키아벨리의 비르투는 중세 기독교 사상보다는 오히려 고대적 관념에 복귀한 탈실체화(dehypostatized)된 개념으로 무엇인가를 훌륭히 수행하는 능력, 즉 탁월성을 말하는 것이었다. 마키아벨리가 관심을 갖는 비르투는 당연히 신생군주로 상징되는 정치인의 능력을 말하는 것이고, 이때 그 능력은 우연과 불확실성의 세계로 규정되는 현실 정치 속에서 살아 남아 안정된 정치질서를 조직하고 지휘할 수 있는 능력을 의미한다.

이때 이 능력의 핵심은 군사력의 형태로 구현되고 있는 물리적 폭력이다. 이러한 의미에서 정치질서 수립과 유지에 수반되는 물리적 강제력 또는 폭력의 문제는 정치문제에 관련된 본원적 사실, 즉 그 자신의 표현대로 '사안의 유효한 진실'인 것이다. 바로 이러한 까닭에 그는 전체 26개장으로 구성된 『군주론』에서 3개의 장(12~14)을 군사의 기술적 문제의 토론에 할애하고 있는 것이다. 14장 첫머리에서 군주의 유일한 관심사는 바로 군사의 문제임을 다음과 같이 분명히 말하고 있다:

> 따라서 군주는 자신의 전업(專業)으로서 전쟁, 전쟁의 조직, 기율 외에 다른 어떤 목적이나 생각도 가져서는 안 된다. 왜냐하면 다스리는 사람에게는 그것만이 유일한 기술이기 때문이다. 그러한 기술은 군주로 태어난 사람으로 하여금 그 지위를 유지케 할 뿐 아니라 일반인으로 태어난 사람으로 하여금 그러한 지위에 오르게 할 수 있는 그러한 비르투이다. 반대로 군주가 전쟁 외의 다른 안락함을 생각하면 자신의 국가를 잃게 된다. 군주가 그 지위를 잃게 되는 첫번째 원인은 그(무력의) 기술을 게을리하는 것이고, 군주가 그 지위를 획득하게 해 주는 요인은 그 기술의 전문가가 되는 것이다.

이렇게 군주, 즉 정치가의 기본덕목으로 군사 또는 폭력의 기술을 앞세우는 마키아벨리의 전체 논의 속에서 비르투의 인물로 천거되는 사람들이, 물론 소수의 예외는 있지만, 사실상 전부 군사기술자 또는 전사적 자질의 소유자인 것은 대단히 자연스럽게 여겨진다. 마키아벨리는 로마 왕국의 창건과 관련하여 종교를 도입한 누마 폼필리우스의 공적이 로물루스에 못지않거나 그보다 더 나았음을 말하면서도(*D* I-11) 그의 공적과 관련하여 비르투라는 표현을 사용하지 않는 사실에 주목할 필요가 있을 것이다.

정치에서 폭력의 문제가 중요하게 취급되는 것은 예외적인 비상사태의 경우에만 해당되는 일은 아니다. 마키아벨리에 따르면 일상의 정치는 대단히 쉽게 부패하게 마련이다. 이것은 사람들의 본성인 나태에서 비롯하는 것이다. 이러한 상황을 교정하는 데에는, 즉 상황을 새롭게 하는(즉, 혁신의) 작업에는 엄청난 저항이 따르게 된다. 사람의 천성을 바꾸는 일은 대단히 어려운 일이기 때문이다. 인간의 본성이 게으르다는 바로 그러한 이유 때문에 사람들이 피부로 느끼는 필요성에 바탕을 둔 강박에 의하지 않고서는 사람들의 행동패턴을 변화시키는 일이 쉽지 않은 것으로 그는 말하고 있다. 그가 볼 때 일반적으로 사람들이 가장 급박하게 생각하는 필요(necessità)는 당장 눈앞에 닥쳐 있는 고통과 공포를 피하고자 하는 것이고, 이러한 점은 인간의 본성에서 연유하는 것이다. 사람들의 행동을 일정한 방향으로 몰고 가려고 할 때 사용될 가장 전형적이고 효과적인 강박의 수단으로서 법과 종교가 제시된다. 법은 동료 인간들에 의한 처벌의 공포를, 종교는 신에 의한 검벌(怯罰)의 공포를 가져다주기 때문이다.

이러한 혁신의 작업은 백지상태에 있는 질료에 형상을 새롭게 부여하는 것이 아니라 이미 일정한 형상을 갖고 있는 질료의 모습을 바꾸는 것이기 때문에 더욱 어려운 것이다. 이 작업은 마치 서투른 조각가에 의해 잘못 조각되다가 중단된 대리석을 원석으로 하여 새로운 조각품을 만드는 일에 비유된다(*D* I-11). 질료에 해당되는 시민들이 이미 부패한 상태에서는 시민들의 자발적 행동에 바탕을 두는 공화정의 방식에 의한 혁신은 불가능하다. 시민들이 부패했기 때문에 이들의 자발적 행동은 기대할 수 없기 때문이다. 이러한 까닭에 마키아벨리는 "그 질료의 부패 때문에 쇠퇴한 국가가 다시 일어날 수 있게 된다면 그것은 시민집합체의 비르투가 아니라 살아 있는 한 개인의 비르투를 통해서 이루어지는 것이다"라고(*D* I-17) 단언한다.

상당한 정도의 부패에 물든 사회를 바로잡는 일은 전폭적이고 급격한 제도의 변혁을 수반한다. 제대로 바뀌어진 국가에서는 부자는 가난하게 되고 가난한 자는 부자가 되며 이름이나 관직 등 손이 닿지 않은 부분이 없게 된다고 본다(*D* I-26). 모든 제도가 일순에 바뀌는 이러한 변화는 국가의 창건작업과 거의 같은 일이다. 국가창건과 같은 비상의 상황이 일상적인 절차에 따라 이루어지는 것은 거의 불가능하다. 대신 비상의 수단이 필요한데, 따라서 자신의 방식에 따라 마음대로 행동할 수 있는 군주가 필요한 것이고(*D* I-18), 이러한 의미에서 국가의 창건작업은 비상한 능력을 갖춘 어떤 한 사람에게 맡겨야 한다(*D* I-9)는 주장은 상당한 설득력을 갖게 된다.

이때 비상의 수단이란 폭력의 수단을 말한다. 이미 확립된 관습을 그대로 따르면 되는 세습군주에게 폭력의 사용은 거리가 먼 것이지만 확립된 질서를 깨고 모든 것을 새롭게 조직해야만 하는 신생군주의 경우 불가피한 일이다. 이 때문에 "신생군주는 잔혹하다는 명성을 피할 길이 없는 것"으로 말하는 마키아벨리는 실제 잔혹함을 바탕으로 단합과 평화를 이룩할 수 있다면 의도는 자비로움으로 시작되었지만 결과적으로는 무질서와 방종을 낳는 통치보다 전자가 훨씬 자비로운 것임을 말한다. 따라서 군주는 자신이 명백한 목적만 갖는다면 잔혹하다는 평판을 거리껴 할 필요가 없다고 말한다. 잔혹성은 처단되는 극소수의 범죄자들을 다치게 하겠지만, 자비로움은 공동체 전체를 상하게 할 수도 있기 때문에 위험이 가득한 상황 속에서는 잔혹함이 그 결과에 있어서는 더 자비로울 수 있는 역설이 충분히 현실로 나타날 수 있다는 것이다(*D* I-17). 바로 이러한 역설적 상황의 전형적인 예로 들고 있는 것이 로마냐 지방을 무력으로 통일하여 안정된 질서를 마련해 주었던 체자레 보르자였다.

이와 유사한 또 다른 역사적 예로서 마키아벨리는 한니발의 경우를 들고 있다. 한니발이 다양한 지역 출신의 병사들로 구성된 대규모의 부대를 한 번의 반란도 일으키지 않게 하면서 일사불란하게 지휘한 점에 대해 적지 않은 사람들이 경탄하였으면서도, 다른 한편으로는 한니발이 시행한 대단히 엄한 군기에 대해서는 비판하였던 점과 관련하여 마키아벨리는 이렇게 말한다. 즉 한니발이 그렇게 잔인하다는 평을 받아가면서도 군기를 엄하게 했기 때문에 그러한 일사불란한 지휘가 가능했던 것인데 이 점을 잊고 엄한 군기에 대해 비판하는 것은 경솔한 판단이라는 것이다. 사람들은 좋은 결과 그 자체에 대해서는 칭찬하면서도 그것을 낳게 만든 요인은 비난하는 경우가 많은데 이러한 태도는 정말로 자기모순적인 일로 비판받아 마땅한 일이라고 지적한다.

이렇게 마키아벨리는 일상적 정치에 있어서도 폭력 적용의 필요성을 강조하지만, 그러한 강조 자체에서 폭력의 현상이 결코 일상적인 것은 아니라는 일반적인 인식을 그대로 받아들이고 있다는 점을 알 수 있다. 마키아벨리는 폭력은 국가의 시작 때 전형으로 나타나는 것으로 보고 있다. 그가 말하는 혁신, 즉 새롭게 한다는 말은 시작 또는 원리로 돌아간다는 것을 의미하는 것이고,[1] 이것은 다시 국가가 시작될 당시의 처벌에 대한 공포감을 사람들에게 상기시킨다는 것을 의미하는 것이다. 여기에서 우리는 국가의 시작을 기본적으로 폭력적인 현상으로 보고, 그러한 점을 굳이 또 다른 상위의 원인에 돌려 설명하거나 기성 도덕적 관점에서 윤리적 평가를 시도하지 않고 그 자체를 그대로 객관적 사실로서 받아들이고 있는 마키아벨리를 발견하게 된다. 이렇게 폭력의 문제를 하나의 객관적 사실로서 취급하고 나아가 정치문제 논의의 중심주제로 정면에서 다루고 있는 것은 고전 또는 중세 서양사상의 전통에서는 없었던 일이었고, 바로 이 점에서 마키아벨리의 서양 사상사에서의 혁신적 의미가 발견된다.

물론 마키아벨리 이전의 이론가들이 폭력의 상황에 무관심한 것은 아니었다. 그러나 이들이 주로 관심을 가져온 점은 폭력이라는 추악한 사태를 가능하면 도덕적 관점에서 비판하거나 비정상적인 사태로 규정함으로써 폭력이 갖는 잔혹성이 발휘하는 충격적인 심리적 영향력을 축소시키는 것이었다. 따라서 폭력과 관련된 문제는 '권위', '법률' 등과 같은 완곡표현으로 바뀌어 논의되었고, 그 결과 강제력을 통한 행동의 통제는 단순한 억제 또는 규제로 그 의미가 축소될 수 있었다. 물론 모든 종류의 강제가 극단적 폭력과 동일한 것은 아니지만 극단적 형태의 폭력이 배경에 물러나 있는 한이 있더라도 일단 존재할 때 비로소 다양한 종류의 강제가 그 효과를 발휘할 수 있다는 점을 고려한다면 폭력현

1) 『로마사논고』 3권 1장의 제목은 「교회조직 또는 공화국(국가)이 오래 살아 남기 위해서는 자주 시작으로 복귀될 필요가 있다」인데 이때 시작에 해당되는 principio라는 말은 시작과 함께 원리의 의미를 같이 품고 있음에 유의할 필요가 있을 것이다.

상은 결코 예외적인 현상으로 취급될 수는 없다. 그러나 마키아벨리에 이르기까지의 서양 정치사상의 전통에서는, 그와 정반대의 역사가 주조를 이루었음에도 불구하고, 폭력을 비정상적 또는 예외적 현상으로 보는 관점이 주도적인 시각이 되었다. 물론 폭력현상의 잔혹한 모습에 대한 언급이 없었던 것은 아니지만 강제력, 특히 물리적 폭력의 지속적이고 일관된 적용이 사회 전반에 누적되어 나타난 결과에 대하여 정면으로 언급한 경우는 드물었던 것이 사실이었다.[2)]

폭력의 문제와 관련된 마키아벨리의 논의의 가장 큰 특징은 폭력의 현상에 대한 윤리적 비판이 아니라 그것의 효용성과 효과적/효율적 사용에 더 큰 관심을 보인다는 점이다. 효용성의 문제는 부패와 관련하여 제기된다. 앞서 논의되었듯이 부패상황의 교정은 특정 개인의 비르투를 통해서 이루어지는 것이라고 했을 때 그것은 바로 폭력의 적용을 통한 처벌의 공포를 의미하는 것이었다. 시민의 부패로 인해 시민의식이 사라진 곳에서 시민의식을 부활시키는 데에는 폭력의 사용을 통한 충격요법 외에 다른 방법이 별 소용이 없다는 것이 마키아벨리의 입장이다.

폭력의 효용성은 그 사용방법과도 관련된다. 폭력의 효용성은 그 잔혹함에 대한 사람들의 공포심에 근거하는 것인데, 그 잔혹성에 대해 사람들이 공포심을 넘어 혐오감을 갖게 되면 폭력의 효용성은 감소하게 된다. 마키아벨리에 따르면 폭력현상에 대한 혐오감을 막기 위해서는 잔혹성에 대해 사람들이 지치지 않아야 하고, 지치지 않기 위해서는 잔혹한 폭력행사의 반복이 회피되어야 한다. 폭력현상의 반복을 막기 위해서는 폭력이 일단 사용될 경우 그 적용이 충분하게 이루어져 1회의 폭력사용으로 소기의 목적이 달성됨으로써 또 다른 폭력조치가 불필요하게끔 되어야 한다. 바로 이 점이 마키아벨리가 『군주론』 8장에서 전달하고자 한 기본적 메시지이다. 즉 잔혹함이 잘 사용된다는 평을 듣기 위해서는 잔혹한 폭력의 적용이 합당한 이유를 바탕으로 이루어지되 가

2) 이 점에 대한 보다 자세한 논의로는 Wolin, 1960, pp. 220-221을 참조할 것.

능한 한 짧게, 즉 일거에 이루어져야 하고 반복되지 않아야 하며 또한 백성의 이익을 위한 것으로 전환되어야 한다는 것이다.

이러한 식으로 볼 때 폭력의 효용성과 효과적/효율적 사용방식은 마키아벨리의 전체 논의의 중심적 위치를 갖는 문제로서 취급될 수 있는바 이러한 점을 일러 월린은 '폭력의 경제'라는 말로 축약하고 있다.[3] 마키아벨리가 폭력의 문제를 자신의 논의의 중심으로 삼고 있는 것은 분명하지만, 이러한 점은 폭력의 찬양과는 거리가 멀다. 마키아벨리는 폭력 그 자체를 존경 또는 비난의 대상으로 보지 않는다. 그것이 어떤 목적으로 사용되느냐에 따라 비판도, 칭송도 될 수 있다. 즉 폭력이 무엇인가를 만드는 데가 아니라 파괴하는 데 사용될 경우 마땅히 비난받아야 한다는(*D* I-9) 그의 주장에서 폭력에 대한 그의 태도를 엿볼 수 있다.

마키아벨리에 따르면 정치의 영역에서 폭력의 사용은 불가피한 것이지만 그것이 보다 큰 효용성과 효과를 갖기 위해서는 사용의 목적과 방식에서 일정한 제한이 가해져야 한다. 목적 면에서는 파괴 그 자체로 그치지 않고 창조로 이어져야 한다. 방식과 관련하여 반복되는 폭력사용으로 인한 혐오감의 발생이 방지되어야 한다. 어떤 의미에서 마키아벨리의 궁극적 관심은, 또는 그가 의도하는 새로운 '정치학'의 목적은 구체적인 정치상황에 따라 얻고자 하는 정치적 결과를 달성하기 위해 적용되어야 할 적절한 폭력의 양을 산정하는 데 있다고도 할 수 있다. 구체적인 상황이 주어지지 않는 한 구체적인 답이 주어질 수는 없지만 원론적으로 그가 말할 수 있는 점이 있다면 "그 폭력이 너무 많아도 안 되고 너무 적어도 안 된다"는 점일 것이다.

여기에서 우리가 대단히 흥미롭게 여겨야 할 점이 있다면 다음과 같은 점을 들 수 있을 것이다. 마키아벨리에 있어 폭력의 효용과 효과적

3) Wolin, 1960, pp. 220–224. 월린은 마키아벨리를 다루고 있는 자신의 책 7장의 제목을 「정치와 폭력의 경제」(Politics and the Economy of Violence)로 하고 있다.

사용의 문제는 폭력 그 자체의 규모나 양의 문제로 그치는 것이 아니라 사람들이 그 폭력을 받아들이는 태도와도 밀접히 연결되어 있는 것으로 보인다는 점이다. 이 점은 『군주론』 8장의 아가토클레스의 행적과 관련된 논의 가운데 폭력이 가능한 한 백성의 이익을 위한 것으로 전환된다면 잘 사용된다고 할 수 있다고 하는 마키아벨리의 언명에서 엿볼 수 있는 것이다. 이 말을 약간 더 확대하고 표현을 바꾸면, 폭력사용에 대한 일반화된 동의가 있어야 폭력이 효과적으로 사용될 수 있다는 말로 이해할 수도 있을 것이다.

지배관계로서의 국가

일반적으로 폭력의 효과적 사용은, 어떤 사람이 폭력의 적용을 통해 그 소기의 목적을 달성하고 또한 폭력의 공포를 적절히 심어 놓은 다음 더 나아가서는 (가능하다면) 폭력의 사용을 사회 구성원들의 구체적인 이익의 실현과 연결시킴으로써 다음부터는 폭력의 직접 사용보다는 사용 가능성을 상기시키기만 함으로써도 소기의 의도하는 바를 실현할 수 있게 하는 지속적 관계의 수립을 전제로 하는 것이다. 이것은 월린이 '폭력의 경제'라는 말로 지시하는 폭력의 효율적 사용이 이루어지는 구체적인 정치사회학적 환경을 말하는 것이다. 월린의 이러한 표현이 마키아벨리의 전체 논의를 옳게 축약하는 것이라고 할 수 있다면, 마키아벨리의 주된 관심은 원초적 폭력 그 자체보다는 그것이 제도화되어 지속성과 안정성을 갖게 되고 국가라는 이름의 정치조직을 통해 사회의 집합적 능력을 산출해 내는 문제에 두어져 있었던 것으로 말할 수 있을 것이다.

따라서 마키아벨리에 있어서 원초적 폭력의 문제가 논의의 배면에 항상 떠올라 있어도 그의 주관심사는 국가라는 이름으로 제도화되고 순화된 폭력이 되고 있다고 하겠다. 앞에서 이미 논의되었던 아가토클레스의 문제를 다루고 있는 『군주론』 8장이 우리의 흥미를 끄는 것은 비르투에 대한 마키아벨리의 복합적 사상을 잘 보여 주고 있기 때문이기도 하지만, 어쩌면 그보다 더 중요한 문제는 폭력사용이 지속성을 바탕으로 권력관계로 접어들기 위해서는 최소한의 동의를 바탕으로 한다는 그의 인식이 상당히 분명하게 나타나기 때문이기도 하다. 이러한 인식은 모든 권력의 관계는 일방적인 폭력현상으로 출발하는 경우가 대부분이지만 그래도 지속적인 관계가 되기 위해서는 기본적으로 명령자와 복종자의 양 당사자의 존재를 전제로 하는 양방향적 관계로 발전해야 한다는 점에 대한 인식을 뜻하는 것이다.

일반적으로 지배관계는 일회적 폭력의 단계를 넘어서는 일상화된 또는 제도화된 권력을 매개로 하여 명령과 복종의 관계로서 수립되는 것으로 이해된다.[4)] 지배관계가 수립되었다는 말은 어떤 명령이 내려질 때 그에 대한 복종이 당연히 있을 것으로 예상되는 그러한 인간관계가 성립되었다는 점을 말하는데, 이러한 지배관계의 안정성 또는 지속성은 일상의 현실 속에서는 정치공동체의 모습을 통해 표시된다. 정치공동체의 문제는 물론 마키아벨리 이전에도 이미 여러 사상가들에 의해 다양하게 논의되어 왔다. 사실 정치사상의 전통에서 이 정치공동체의 문제를 뺀다면 별로 남는 것이 거의 없을 것이다. 그러나 정치공동체의 문제를 다루면서 그 기본골격을 이루고 있는 다양한 집단 또는 개인간의 권력관계 또는 지배관계라는 차원에서 논의를 전개한 사람은 마키아벨리 이전에는 사실상 없었다. 서양 정치사상사의 전통에서 마키아벨리가 차지하는 독특한 의의는 바로 이 점에서 찾을 수 있다. 이러한 관점에서 규정되는 정치공동체라는 의미의 국가를 언급할 때 마키아벨리는 전통적으로 사용되던 civitas(città) 또는 res publica(republica)를 사용하는 대신 이와 구별되는 lo stato(the state)라는 말을 사용하고 있다.[5)] 이 stato

4) 권력과 지배의 개념적 차이와 연관성에 대해서는 Weber, 1968, pp. 53-54 및 Raymond Aron, "Macht, Power, Puissance: Democratic Prose or Demoniacal Poetry?" in Steven Lukes (ed.), *Power*(New York: New York University Press, 1986), pp. 253-277을 볼 것.

라는 단어를 사용하면서 그가 염두에 두고 있던 바는 기본적으로 통치권 또는 지배권의 문제였고 따라서 당연히 획득, 탈취, 정복 또는 상실의 대상으로서 이 점은 『군주론』 1장의 첫 문장에서 "사람들에 대하여 지속해서 명령권을 갖고 있는 (영역의) 지배권(dominii che hanno avuto e hanno imperio sopra gli uomini)"이라고 하는 국가의 정의에서 착오의 여지가 없이 대단히 잘 드러난다.

당시까지 서양 정치사상사의 주류를 이루던 국가 또는 정치공동체에 관한 사상은 고전 그리스의 국가이론과 부분적으로는 이에 기초하고 있던 기독교 사상이었다. 고전 정치이론에서 정치공동체는 인간의 완성을 위한 제도적 조건으로서 이해되었고, 따라서 논의의 초점이 그러한 목적에 가장 적합한 형태, 즉 이상적 국가형태에 대한 탐구에 두어졌었다. 이상적 정치공동체의 탐구노력은 기독교가 전파된 이후에도 여전히 지속되어 신국(神國)의 개념을 통해 재현되었다. 현실의 혼돈된 정치상황은 타락한 인간성의 표현으로 이해되면서 현실세계의 국가는 그러한 혼돈을 최소화하기 위한 방편으로 이해되었다. 따라서 이상적인 공동체의 실현은 여전히 추구되었지만 이것은 신의 세계에서만 가능한 것으로 관념되었다. 현실세계의 문제를 탐구하는 정치학은 당연히 신학의 일부로서 그 시녀의 지위를 차지하였다.

그러나 마키아벨리는 르네상스 당시 이탈리아의 각 지역에서 수많은 새로운 도시국가들이 창건되고 또한 멸망해 가는 현실을 육안으로 관찰하면서 국가 또는 정치공동체의 문제를 더 이상 전통적 방식으로 논의할 수 없었다. 왜냐하면 예컨대 무자비한 정책을 바탕으로 인위적으로

5) 엄격하게는 civitas와 res publica는 서로 분명히 구별된다. 이 두 단어는 각각 고전 그리스 사상에서의 polis(도시국가)와 politeia(정체)의 라틴어 번역이었다. Politeia는 물론 polis를 바탕으로 한 단계 더 추상화된 단어로 (도시)국가의 성질, 즉 정치체제의 유형을 지칭하는 말로서 라틴어에서는 각기 civitas와 res publica로 번역되었고, 영어에서는 city와 republic으로 번역되다가 중세에 와서는 구별 없이 state로 번역되기도 하였다.

새로운 국가를 만들어 내고자 한 체자레 보르자나 그와 유사한 인물들의 작업을 염두에 둘 때 정치권력의 현실적 작용을 무시한 채 이상적 정치질서만을 모색하는 전통적 논의들은 현실과는 무관한 상상된 개념에 불과한 것이었다. 현실의 정치 속에서 성공을 거두기 위해 군주는 그리스 신화에 나오는 켄타우로스 같은 반인반수(半人半獸)의 인물이어야 한다고 그는 강조한다. 그리고 그 짐승도 때로는 사자, 또 때로는 여우와 같이 될 만큼 유연해야 함을 말한다. 왜냐하면 정치세계에 있어 사태의 유효한 진실은 국가권력의 획득과 유지 아니면 상실과만 관계가 있기 때문이다.

현실주의자로서 마키아벨리의 관심은 인간의 윤리적 삶이 실현되는 이상적 공동체의 모습을 구상하는 데 있지 않고 현실의 세계에서 안정된 지배관계의 수립, 즉 잘 다스려지는 국가조직의 획득과 유지에 있었다. 이러한 문제의식을 바탕으로 논의되는 국가는 전통적 개념의 civitas(città)로 표기되기 어려웠다. 이에 새로운 stato의 개념을 사용하게 된 것이다. 이에 우리는 마키아벨리에서 stato라는 낱말이 어떻게 사용되고 어떤 의미를 갖고 있는가를, 그리고 마키아벨리 본인은 의식하지 않았지만 서양 정치사 및 정치사상사의 맥락에서 그러한 새로운 논의가 갖는 의미에 대해 살펴보고자 하는 것이다.

마키아벨리와 stato

마키아벨리의 전체 논의는 한마디로 요약한다면 stato에 관한 것이다. 즉 마키아벨리의 논의는 기본적으로 stato라는 이름으로 불리는 공권력의 획득/탈취, 유지 및 상실에 관한 것이다. 이 stato라는 단어는 라틴어의 status의 이탈리아어식 표기인데, 이 status라는 말의 원래의 뜻은 오늘날 영어에서 사용되는 status라는 말과 거의 동일하여 중세 때에는 사회적 지위 또는 법적 지위를 의미하는 것이었다.

중세 후반에 이르면 이 status라는 말은 점차 정치적 함의를 갖게 되었는데 처음에는 통치자의 지위(status regis), 그리고 뒤에는 통치영역의 상태(status regni)라는 두 가지 의미로 사용되었다.[6] 중세 때까지 status라는 말은 독립적으로 사용되지 않았는데, 이것은 아직 지배자나 피지배자와는 분리되어 있고 일정하게 확정된 영토 안에서 최고의 정치적 권위를 구성하는 공권력의 일 형태로서의 국가 또는 독립적인 정부기구라는 근대적 관념이 출현하지 않았다는 점을 말하는 것이다.[7]

Status 및 stato라는 말이 중세적 의미를 벗어나 근대적으로 처음 사용된 것은 이탈리아 안에서 독립적 도시국가라는 새로운 정치조직이 등장하면서 나타난 군주 귀감서에서였다고 설명된다.[8] 특히 이 도시국가들이 선출제에서 일인 독재체제(signori)로 넘어간 후 많이 나타난 귀감서에서 집중적으로 다루어진 문제는 대체로 두 가지였다. 하나는 통치자가 자신의 영광과 백성들의 복지를 달성하는 방법에 관한 것이었고, 다른 하나는 지배자가 자신의 정치적 지위를 유지하는 방법, 즉 영역을 효과적으로 통치하는 지배자로서의 정치적 지위를 유지하는 방법에 관한 것이었다. 따라서 지배자의 정치적 지위(political standing)를 의미하는 stato라는 말의 사용은, 군주들이 stato의 유지를 위해서는 어떻게 행동할 것인가의 토론과 함께 14세기 이탈리아의 정치문헌의 중심주제가 되었다. 이러한 귀감서 전통의 마지막에 속하는 마키아벨리의 논의도 결국은 군주들이 여하히 자신의 stato, 즉 정치적 지위를 유지할 것인가

6) Hexter, 1973, p. 155; Skinner, "The State," in Terence Ball, James Farr and Russell L. Hanson(eds.), *Political Innovation and Conceptual Change*(Cambridge: Cambridge University Press, 1989), pp. 91-95. 한편 이 때의 status는 일반적 상태로 그치는 것이 아니라 안정의 상태 또는 좋은 상태를, 따라서 status regni라 할 경우는 단순히 영역의 상태라기보다는 영역의 번영을 의미하는 것이었다. 이 점에 대해서는 Harvey C. Mansfield, "Machiavelli's *Stato* and the Impersonal Modern State," Mansfield, 1996, p. 285를 볼 것.

7) Skinner, 1989, p. 96.

8) 12세기 이후 이탈리아 내 정치변화에 대해서는 앞의 1장을 볼 것.

에 관한 것이었다.[9)]

지배자가 자신의 지위(standing)를 유지한다는 말은 자신의 기존 정체를 유지한다는 의미인데, 이런 뜻에서 status/stato는 군주의 상태(state, condition)뿐 아니라 어떤 특정의 정체(regime) 또는 정부체제의 존재를 지적하는 말로서도 사용되었다. Status/stato는 다시 정체유형이라는 의미로 사용되었는데, 예컨대 마키아벨리는 『군주론』 5장의 머리에서 과두정이라는 의미로 stato di pochi라는 표현을 쓰기도 하였다.

기존의 state를 유지하는 두 번째의 전제조건에는 이미 주어진 영토를 잃지 않아야 한다는 점이 있다. 이러한 뜻에서 status/stato는 지배자가 통치권을 행사하는 지역을 의미하게 되었다. 예컨대 『군주론』 3장과 24장에서 새로운 stato를 획득했다거나 상실했다는 표현을 쓸 때는 주로 이러한 영토의 의미가 담겨 있다. 귀감서의 저자들이 항상 강조했듯이 stato의 유지를 위한 가장 중요한 전제조건으로 군주는 기존의 권력구조와 정부제도에 대한 자신의 장악을 유지해야 한다. 이로써 stato는 기존의 정체를 지칭하는 것뿐 아니라 정치공동체 안에서 질서를 조직하고 유지하는 데 봉사할 정부의 제도와 강제적 통제의 수단을 의미하게 되었다.[10)]

마키아벨리는 앞서 지적하였듯이 정치공동체의 문제를 논의할 경우 인간의 도덕적 잠재력의 실현을 위한 제도적 조건이라는 관점에서 공동체의 문제를 다루던 고전사상의 문제를 다룰 때에는 고전 이론가들과 같은 용어를 썼지만, 새로운 정치현실의 출현과 관련하여 효과적 권력조직과 그것을 바탕으로 장악되는 영토의 문제를 다룰 경우에는 예외없이 stato라는 말을 사용하였다. 그리고 이 단어의 빈번한 출현이 바로 당시까지의 다른 사상가들과 마키아벨리를 구별지어 주는 가장 큰 특성으로 말할 수 있을 것이다.

---

9) Skinner, 1989, pp. 97–98.

10) Skinner, 1986, pp. 100–101.

헥스터에 의하면 마키아벨리는 stato라는 단어를 『군주론』에서 총 115회 사용하였다.[11] 이 가운데 특별한 정치적 의미를 갖지 않는 5회를 제외하면 나머지 110회는 전부 중세 후기 때의 의미, 즉 통치자의 지위(status regis) 또는 통치영역의 상태(status regni)라는 의미로 사용되고 있는데 이 가운데 주격으로 사용되는 것은 7~8회에 지나지 않고, 나머지는 전부 동사의 목적어로서 사용된다. 이러한 진술의 핵심적 의미는 다음과 같다. 즉 오늘날에 와서 국가는 행동의 주체, 그것도 주권을 행사하는 행동주체로 이해되는 데 비해 마키아벨리 당시만 해도 군주의 정치적 행동의 대상에 불과한 것으로 관념되었다는 것이다. 오늘날 사람들은 국가 속에 포함되어 있는 것으로 관념되는데, 이러한 국가는 당시 patria 또는 città로서 표기되었고 stato는 반대로 사람(정치인, 군주)에게 속하는 사물에 불과하였다.

헥스터가 조사한 바에 따르면 stato를 목적어로 갖는 동사로 가장 빈번하게 사용되는 것에는 획득하다(acquistare), 보유하다(tenere), 유지하다(mantenere), 탈취하다(togliere), 상실하다(perdere)의 5개가 제일 많은데 모두 35회 나온다. 그리고 이 5개의 단어와 유사한 것(예컨대 공격, 점령, 약탈 같은 단어들)을 모두 포함시키면 전체 110번 사용의 70% 이상이 획득과 상실의 대상으로 사용되고 있다.[12]

위에서 지적하였듯이 마키아벨리의 stato 개념은 몇 개의 약간 상이한 의미로 사용된다. 따라서 일관성이 결여되었다는 비판이 제기되기도 하였다. 그러나 stato 개념의 의미를 집중적으로 조사하고 있는 헥스터는 마키아벨리가 엄격한 정의를 바탕으로 그 말을 사용하고 있지 않은 것은 사실이지만 stato를 이용 또는 획득(그리고 반대로 상실)의 대상으로 보고 있다는 점에서는 상당히 일관된 자세를 보이고 있고 바로 이러한 사실, 즉 군주가 자신의 국가를 어떻게 획득하고 유지하는가 또는 어떤

11) 필자가 조사한 바에 따르면 『로마사논고』에서는 300회 가량 사용하고 있다.
12) Hexter, 1973, pp. 156-160.

이유로 상실하게 되는가 등의 문제가 국가문제와 관련된 유효한 진실이라고 말한다.[13] 결국 마키아벨리의 stato 개념의 핵심을 한마디로 요약한다면 그가 사용하고 있는 imperio, 즉 명령권력(지배)의 개념을 들 수 있을 것이다.

마키아벨리의 국가개념의 역사적 성격

마키아벨리가 정치공동체를 지칭하면서 전통적인 civitas(città) 또는 patria라는 말 대신에 stato라는 말을 사용했을 때 그가 지적하고자 했던 점은 정치공동체가 갖고 있는 다양한 측면 가운데 명령권력 또는 명령과 복종관계의 측면이었다. 즉 지배자가 장악하고 있던 군사력이나 기타 관련되는 물질적 권력자원 또는 공권력이 갖고 있는 권위, 그리고 강제력의 조직 등으로 앞서 지적하였듯이 전부가 획득과 탈취 또는 상실의 대상이 되는 것이다. 예컨대 『군주론』 10장의 머리 부분에서 군주국의 성질을 검토할 때 "군주 자신이 지배할 수 있는 충분한(tanto) stato를 갖고 있는지의 여부"를 고려해야 한다고 말하는데, 이 때의 stato는 일반적으로 권력자원으로 이해하고 있다. 또한 18장에서는 국가의 위엄(maestà dello stato)을 말하고 있는데, 이것은 국가라는 공조직이 갖는 권위가 힘의 중요한 기반의 한 부분이 되고 있음을 지적하는 것이다.

정치공동체를 지칭하는 단어로서 stato를 자주 쓰기 시작했다는 것은 그 이전의 논의에서는 별로 잘 다루어지지 않던 정치의 특정 국면, 즉 권력관계의 측면이 새롭게 조명받기 시작했다는 것을 의미한다. 이와 관련하여 우리가 당연히 흥미를 갖고 제기해야 할 문제는 마키아벨리의 stato 개념이 어느 정도 전통적인 성격을 지니고 있고 또 어느 정도 혁신

---

13) 마키아벨리의 stato 개념은 사용될 때마다 영토, 영토와 주민, 자원과 능력 일반, 주민과 별도의 정부, 주민 – 영토 – 정부의 전체를 돌아가면서 의미하고 있다고 헥스터 교수는 지적한다. Hexter, 1973, p. 161.

적인, 즉 근대적인 면모를 갖추고 있는가 하는 점이다. 마키아벨리가 활동하던 당시는 통일왕조국가로서의 새로운 모습을 띠면서 출현한 프랑스와 스페인을 주도로 하는 새로운 근대국가의 정치질서와 봉건적 질서가 교체되던 과도기였는데, 과연 이러한 전환기적 변화가 마키아벨리의 stato 개념에서 어느 정도 반영되고 있는가 하는 문제는 아주 자연스럽게 제기될 수 있다. 왜냐하면 마키아벨리 자신이 그러한 변화를 얼마나 분명하게 의식하고 있었는지는 확실히 말하기 어렵지만, 마키아벨리처럼 stato를 중심적 개념으로 빈번히 사용하면서 정치문제를 다루었던 당대의 인물들은 없었던 관계로 그러한 stato를 중심으로 하는 새로운 방식의 논의가 당시의 역사적 변화를 반영하고 있고, 또 그 논의 속에서 그러한 변화를 반영하는 여러 가지 간접적 증거가 발견될 수 있을 것이라는 점은 전혀 무리한 기대가 아니기 때문이다.

마키아벨리가 사용하는 국가(stato)개념이 어느 정도 근대적 성격의 것인가를 둘러싸고서는 학자들간에 이견이 존재한다. 마키아벨리 사상의 근대성을 강조하고자 하는 학자들은 당연히 그의 stato 개념에서 근대적 성격을 발견하고자 한다. 이러한 논의의 대표적 작업으로서는 이탈리아의 마키아벨리 학자인 키아펠리의 것을 들 수 있다.[14] 마키아벨리의 주요 개념들을 그것들이 사용되는 구체적 맥락 속에서 갖는 의미를 분석하고 있는 키아펠리에 의하면, 마키아벨리의 국가(stato)개념은 그것이 문법적으로 주어로 쓰이든 목적어로 쓰이든 상관 없이 정치적, 민족적 및 영토적으로 완전히 성숙된 의미로 사용되고 있다고 언명한다.[15]

마키아벨리의 stato 개념을 훨씬 자세하게 검토하고 있는 헥스터에 의하면 마키아벨리의 lo stato는 오늘날 우리가 일상적으로 생각하는 그러한 국가는 전혀 아니라고 말한다.[16] 물론 오늘날에도 국가는 권력수단

14) Fredi Chiappelli, *Studi sul linguaggio del Machiavelli*(Florence: F. Monnier, 1952).

15) Chiappelli, 1952, pp. 61-68.

또는 권력장치로서 획득과 탈취의 대상으로 여겨지고 있지만, 마키아벨리에 있어서는 국가를 스스로 주체적으로 행동하는 주체로 또는 사회적 가치의 기반으로서의 정치체(body politic)로 보는 근대적 관점이 전적으로 결여되고 있다는 점이 마키아벨리의 국가관념의 결정적인 특징이라고 지적된다.[17]

키아펠리의 견해에 대해서는 스키너도 회의적이다. 스키너에 따르면 근대적 국가관념은 "일정한 영토 안에서 최고의 정치권위를 이루면서 지배자와 피지배자 모두로부터 분리되어 있는 공권력의 형식"이라는 관점에서 규정되는데, 이러한 관점은 장 보당에서 효시적인 모습으로 나타난다.[18] 국가(stato)를 권력장치로 보는 견해는 물론 상당히 근대적인 시각을 반영하고 있지만, 마키아벨리에서와 같이 국가를 특정 군주 또는 정치인에게 개인적으로 속하는 수단으로 보는 한 이것은 여전히 전통적 견해를 잇고 있는 것으로 그는 말한다.[19]

마키아벨리의 국가(stato)가 인격적 요소를 벗어나지 못하고 있다는 점에 대해서는 맨스필드도 마찬가지의 의견을 보인다.[20] 그러나 맨스필드는 마키아벨리의 국가개념의 근대성 여부를 탈인격화(depersonalization) 여부에서만 찾을 것은 아님을 강조한다. 맨스필드에 따르면 아리스토텔레스적 국가개념에서 드러나는 인격성과 마키아벨리 개념에서 보이는 인격성에는 상당한 변화가 있는 것으로 말한다.

아리스토텔레스의 국가개념에서의 인격성은 그의 정체유형론에서 나

---

16) Hexter, 1973, p. 167.

17) Hexter, 1973, pp. 169-172. 한편 헥스터는 키아펠리의 주장에 대해 세밀한 비판을 가하고 있다. Appendix A, pp. 173-175를 볼 것.

18) Skinner, 1978, II, p. 353.

19) Skinner, 1986, pp. 102-104.

20) Harvey C. Mansfield, "On the Impersonality of the Modern State: A Comment on Machiavelli's Use of *Stato*," *The American Political Science Review* 77, 1983, pp. 849-857. 이 논문은 현재는 Mansfield, 1996, pp. 281-294에 재수록되고 있다.

타나는 것으로 보고 있다. 아리스토텔레스에 따르면, 국가(polis)의 성격은 국가의 질료인 주민과 영토가 아니라 형상인 정체(politeia)에 의해 규정된다. 그런데 국가의 성격은 그 주민에 의해 규정되지 않지만 정체는 주민 속에 있는 것으로 이해된다. 즉 탈인격적이고 중립적인 근대국가와는 달리 아리스토텔레스적 국가는 지배권을 장악하는 사람들(politeuma)의 주장을 반영한다. 즉 지배권을 장악한 사람들의 성격에 따라 군주정, 과두정 또는 민주정이 규정된다. 즉 이들은 이미 주어진 국가의 틀 속에서 각자의 이익을 주장하는 것이 아니라 자신과 반대되는 견해에 맞서 자신의 고유한 정체를 주장하는 것이다. 따라서 정체는 필연적으로 당파적 성격을 띠게 된다.[21)]

맨스필드에 의하면 마키아벨리의 국가개념에서의 인격성은 국가가 누군가의 소유로 되어 있는 권력장치로서 이해되고 있는 점에서 분명히 드러난다. 누군가의 소유가 되기 위해서는 먼저 그 누군가에 의해 획득되어야 한다. 그리고 이 국가는 지속성을 누리기 위해 영광과 안전을 획득해야만 한다. 마키아벨리의 관심사, 즉 사태의 유효한 진실은 군주 또는 정치인이 자신의 국가를 획득하고 또 어떻게 영속할 수 있는가 하는 방법에서 발견된다. 이러한 점에서 마키아벨리에게 더 흥미 있는 군주정과 공화정의 차이는 도덕적 차이보다는 어떤 쪽이 보다 효과적인 획득을 가져올 수 있는가 하는 문제였다. 마키아벨리의 국가개념이 여전히 인격적인 면을 보이고 있기 때문에 전통적 국가개념에 머무른다는 스키너의 주장은 마키아벨리의 근대성의 측면을 놓친다는 것이 맨스필드의 핵심논지이다. 맨스필드는 비인격성의 문제보다는 아리스토텔레스에서 나타나지 않는 효과적 획득의 문제에서 마키아벨리의 특성이 살아나고 있고, 또한 이와 관련하여 나타나는 공화정과 군주정의 상대적 이점에 관한 공리주의적 판단과 도덕적 중립자세 속에서 마키아벨리의 근대성이 추적되어야 함을 강조한다. 왜냐하면 근대국가 속에서 나타나

21) Mansfield, 1996, p. 283.

는 비인격적 합법성이라는 공식은 결국 마키아벨리가 말하고 있는 국가의 (불편부당한) 획득욕구가 표시된 것이기 때문이다.[22)]

마키아벨리의 stato와 근대국가

위에서 검토된 마키아벨리의 stato 개념의 근대성 여부에 관한 논쟁을 통해 우리는 다음과 같은 점을 알 수 있다. 즉 엄격한 텍스트상의 증거를 바탕으로 할 경우 마키아벨리가 사용하는 국가의 개념에서 드러나는 강한 전통적인 성격은 부인하기 어렵다. 또한 마키아벨리가 stato라는 말을 쓰고는 있지만 이것을 바탕으로 그가 우리가 오늘날 근대국가라는 개념으로 이해하고 있는 그러한 점을 논의하고 있다고 주장하기도 쉽지 않다. 그럼에도 이러한 결론을 바탕으로 그를 여전히 중세적 이론가로 말하고 넘어가기에는 석연치 않은 점들이 적지 않다.

우선 마키아벨리가 stato의 개념을 전통적 의미대로 사용하고는 있지만, 사실 그가 공동체에 대한 다른 지칭을 두고 굳이 stato라는 단어를 쓴 것은 정치공동체의 명령권력의 측면을 부각시키기 위한 것이었다. 이러한 명령권력의 측면에 대한 문제의식 자체는 대단히 근대적인 것으로 볼 수 있다. 앞에서 지적되었듯이 전통적 공동체 이론은 고전 철학이든 기독교 사상이든 간에 지배관계의 측면보다는 그 점은 논외로 한 채 이상적 질서의 본질과 그것의 실현 가능성에 초점을 맞추고 있었다. 그러나 마키아벨리에서는 이상적 질서의 논의가 원천적으로 빠지고 대신 권력의 효과적 사용, 지배관계의 성공적 구축 그리고 현실적 효용 등이 주된 관심사로 등장한 것이다. 이 때의 효용은 공동체의 영광과 안정이라는 기본가치의 달성과 관련된다.

이렇게 그의 문제가 근대적 방식으로 구성되고 관심이 근대적 문제에 초점을 두고 있음에도 그의 용어사용방식에서 드러나는 사고와 논의

22) Mansfield, 1966, pp. 293-294.

의 전통적 형식 사이의 간격을 우리는 어떻게 설명할 수 있을까. 그 첫 번째의 가능성으로 다음과 같은 점을 들 수 있을 것이다. 즉 마키아벨리의 문제의식의 참신성이나 사고의 혁신성도 마키아벨리 자신에 의해 의식적으로 시도된 것이라기보다는 의도치 않았던 우연적 결과로 풀이할 수 있을 것이다. 그러나 앞에서 여러 번 인용하였듯이 마키아벨리 자신은 자신의 작업이 전인미답의 작업이기 때문에 상당한 위험을 수반하고 있고, 또한 선인들의 작업을 부인하기 때문에 건방진 것으로 받아들여질 위험도 있다고 말하고 있다. 이러한 점으로 미루어 보아 이러한 설명은 별로 큰 설득력이 없어 보인다.

보다 큰 설득력이 있는 또 다른 설명으로 다음과 같은 점을 들 수 있을 것이다. 모든 종류의 담론이 그렇듯이 정치이론도 기본적으로는 예상되는 청중들에 의해 이해될 수 있어야 하며, 이를 위해서 어떤 논객도 특정의 이론틀과 개념들을 사용할 때는 주어진 어떤 시점에서 논의에 관련하여 확립되어 있는 관행들을 존중해야만 한다. 이런 점을 생각한다면 마키아벨리의 stato 개념이 전통적 이해방식에서 크게 벗어나지 않다고 하는 점은 전혀 이상한 일도 아니고, 따라서 그의 사상의 내용 자체가 전근대적인 성격의 것이라고 주장할 수 있는 근거도 되지 못한다.

전통적 개념을 바탕으로 전통적 사고의 틀을 비판하는 것은 반드시 국가의 개념과 관련되어 나타나는 것이 유일한 것도 또한 제일 큰 것도 아니다. 전통적 담론의 틀을 바탕으로 전통적 담론 자체를 붕괴 또는 전복시키려는 기도는 마키아벨리의 독특한 수사술적 논의전개방식과 관련하여 다른 곳에서도 극적으로 표출되는 것으로 지적된다. 수사술은 마키아벨리의 직접적 지적 원류를 이루고 있는 르네상스 인문주의의 독특한 전통이었다. 출중한 인문주의자로서 마키아벨리는 이 수사술을 완벽하게 구사하는 능력을 발휘하였는데, 그는 이 능력을 다른 것이 아닌 인문주의의 도덕주의적 또는 이상주의적 정치관에 대한 비판에 가장 극적으로 사용하였던바 그 전형의 모습은 『군주론』 15~19장에서 잘 드러

난다.[23)]

이러한 마키아벨리의 토론전술을 고려할 때 그의 텍스트 자체에서 국가개념의 근대성 또는 혁신성이 바로 나타날 것을 기대하기는 어렵다. 그보다는 당시에 진행되던 역사적 변화에 대한 그의 직접적 언급을 바탕으로 그가 전통적 정치질서에서 근대국가질서로의 전환과정을 분명히 의식하고 있었음을 지적하고, 이 점이 어떻게 그가 사용하는 국가개념에 영향을 미치고 있는가를 살펴보는 일이 훨씬 성과 있는 작업으로 여겨진다.

실제 이 작업은 그리 어려운 것이 아니다. 왜냐하면 마키아벨리는 분명하게 당시 소규모 도시국가로 분열되어 있던 이탈리아에 비해 새롭게 통일을 이룬 프랑스와 스페인이 갖는 이점을 논의하고 있기 때문이다. 그의 주된 관심은 당시 백년전쟁 이후 근대적 통일국가로 새롭게 등장한 프랑스와 아랍세력으로부터 국토를 재탈환하고 왕실간의 통혼을 통해 거대 통일국가로 성장하기 시작하던 스페인과 같은 전혀 새로운 정치조직의 경험을 어떻게 이탈리아라는 독특한 정치상황에 이식시킬 수 있는가 하는 문제였다. 특히 이들 두 국가의 성장은 이탈리아 역사전개에 결정적인 영향을 미쳤다. 1494년 샤를 8세의 프랑스 침공과 1512년 스페인의 이탈리아 내정개입 그리고 이탈리아 안에서 벌인 이 두 강대국 사이의 전쟁은 이탈리아가 갖고 있던 정치적, 군사적 약점을 백일하에 드러나게 만들었다.

이미 앞에서 몇 차례 언급된 바와 같이 이 문제는 『로마사논고』 1권 12장에서 로마 교황청에 대한 강한 비판의 맥락에서 논의되고 있다. 마키아벨리에 따르면 로마 교황청은 두 가지 점에서 큰 잘못을 저질렀다. 하나는 로마 교회의 부패로 인해 이탈리아인이 전체적으로 신앙심을 상실케 되었고, 이로 인해 상당한 무질서가 초래하였다고 그는 말한다.

---

23) 원숙한 수사술의 기술자로서 마키아벨리의 측면에 대한 뛰어난 분석으로는 Kahn, 1994, pp. 3-59를 볼 것.

이보다 더 큰 잘못은 이탈리아의 통일을 방해하였다는 점에서 찾고 있다:

> … 진실로 어떤 나라도, 프랑스나 스페인같이, 하나의 공화정이나 군주 밑에 관할되지 않으면 통합되거나 행복한 삶을 누릴 수 없었다. 이탈리아가 같은 소선에 놓이지 못하고 있고 그것을 다스릴 하나의 공화국이나 군주를 갖지 못한 것은 전적으로 교회 때문이다. 로마 교회가 이탈리아 안에서 세속적인 지배권을 유지하여 왔지만 이탈리아 내의 다른 국가들의 권력을 탈취하여 자신이 〔유일한〕군주로 등장할 만큼 강한 힘이나 비르투를 갖지 못했다. 다른 한편 로마 교회는 이탈리아 안에서 어떤 세력이 지나치게 강력해져서 세속사에 대한 자신의 지배권을 상실할 것이 두려울 경우, 다른 세력을 불러들여서라도 자신을 방어하지 못할 만큼 약한 것은 아니었다. 이러한 점은 많은 경험을 통해 드러난다. 즉 롬바르디아 사람들이 거의 전체 이탈리아의 군주가 되었을 때 로마 교회는 샤를마뉴를 불러들여 이를 저지했고, 오늘날에는 프랑스를 불러들여 베네치아의 힘을 탈취하였으며, 또한 스위스의 힘을 빌어 프랑스를 축출하였다. 이렇게 교회는 스스로 전체 이탈리아를 장악할 만큼 강력하지도 못했고 누군가 다른 세력이 그렇게 하는 것을 허용하지도 않았다. 따라서 교회는 이탈리아가 단일 지도자 밑에서 통일되는 것을 막았고 다수의 군주들과 참주들에 의해 분열되도록 함으로써 분열되고 취약해져 야만인들뿐 아니라 누가 공격해 와도 그 먹이가 될 수밖에 없었다.

이 인용문에서 분명히 드러나고 있듯이 프랑스 또는 이탈리아같이 이름으로만 존재해 오던 지리적 단위체가 단일한 권력조직, 즉 국가(stato)에 의해 효과적으로 지배될 때(효과적 지배가 가능한 한 정체의 유형은 문제가 되지 않는다) 비로소 번영이 가능하다는 점에 대해 마키아벨리가 분명히 의식하고 있었고, 나아가 그는 이탈리아도 번영을 바란다면 정치적 통일을 달성한 프랑스나 스페인의 예를 따라야 할 것임을 강조한다.

이러한 통일국가의 염원은 민족주의자로서의 마키아벨리의 이미지를 낳는 데 결정적 기여를 한 바 있다. 역사적으로 마키아벨리의 이러한 '민족주의자' 로서의 면모에 최초로 주목한 사람으로서 헤겔이 지적된다. 1802년 청년 헤겔은 1500년 전후의 이탈리아와 같이 다양한 종류의 봉건적 정치단위체들로 분열되어 있던 독일의 정치현실을 개관하는 『독일헌법론』을 쓰면서 자신의 작업이 300년 전 역시 유사한 정치상황 속에서 분열을 개탄하고 통일국가의 달성을 염원했던 마키아벨리의 문제의식을 재현하는 것으로 보고 있다. 당연히 『군주론』 26장이 길게 직접 인용되면서 지금까지 혐오스럽게 평가되던 마키아벨리가 전혀 새로운 각도에서 이해되어야 한다는 점을 길게 강조하고 있다. 즉 마키아벨리의 의도는 당시 봉건세력들에 의해 사분오열되어 있던 이탈리아에 통일된 정치조직으로서 국가라는 틀을 부여하여 정치적 통일을 달성하고 무정부사태를 극복하고자 하는 것으로 새롭게 평가된다. 이런 각도에서 볼 때 『군주론』은 "최고의 그리고 가장 고결한 감정을 지닌 진정한 정치사상가에 의해 만들어진 탁월하고 진실된 사상"으로 평가되어야 한다는 것이다.[24)]

정치적 통일의 문제는 아니지만 역시 '민족주의자' 로서의 마키아벨리의 모습은 1차 대전 직후 패전 독일의 민족주의적 학자들에게도 상당한 영감의 원천이 되었다. 마이네케에 있어서 마키아벨리는 근대국가의 행동규범으로서 국가이성사상의 기본모습을 분명하게 그려 낸 선구적 사상가로 그 의미가 새롭게 평가되었다.[25)]

---

24) G.W.F. Hegel, *Political Writings*, eds. Lawrence Dickey and H.B. Nisbet(Cambridge: Cambridge University Press, 1999), pp. 79-83. 인용문은 p. 81.

25) 1차 세계대전이 종료된 후 체결된 베르사이유 조약은 전쟁발발의 모든 책임이 독일 및 그 동맹국에 있다는 점을 확인하는 법적 규정이었다. 이 점은 동 조약 231조를 통해 구체화되었는데, 당연히 독일 내의 모든 세력들에 의해 대단한 반발이 야기되었다. 당연히 학계에서도 학계 나름대로의 반론이 제기되었는데, 독일 주류 사학계를 대표하는 마이네케 교수는 국제관계 속에서 모든 국가들이 최선의 노력을 기울여 자신의 이익을 추구하는 일은 유럽 근대 국제관계의 전

국가문제와 관련된 마키아벨리의 역사적 의미에 대한 또 다른 흥미 있는 평가로는 20세기 초엽 이탈리아의 마르크시스트인 안토니오 그람시의 해석을 들 수 있다. 옥중수고의 한 편으로 남겨진 「현대의 군주」(The Modern Prince)는 혁명과 관련한 당의 역할을 마치 마키아벨리의 신군주에 비유하여 이해하고 있는데, 우리에게 흥미 있는 부분은 마키아벨리의 정치이론에 대해 상당히 정통한 평가를 내리고 있는 점이다.[26)]

그람시에 따르면 마키아벨리의 군주는 실제 인물이라기보다는 이론적 추상물로서 지도자를 상징하는 것인데(pp. 126, 129), 통일국가의 보편적 이익이 아닌 특수이익을 대변하는 분권적 봉건세력을 정치적으로 마감시키는 역사적 역할을 수행할 것으로 기대되었다고 말한다(p. 141). 그람시에 따르면 마키아벨리는 이 통일국가의 달성작업을 위해서는 농민 대중이 정치생활에 편입되어야 했음을 인식하고, 이 작업을 위해 시

통 속에서 당연한 일일 뿐 아니라 마땅히 해야 할 규범으로서까지 확립된 점임을 증명하여 1차 대전에서의 독일의 역할이 범죄행위로서 규탄되어야 할 아무런 이유가 없음을 주장하였다. 이러한 문제의식을 바탕으로 저술된 작업이 그의 대표작의 하나로 꼽히는 *Die Idee der Staatsräson in der neueren Geschichte*(Oldenbourg, 1924)이다. 제1장에서 마이네케는 국가이성사상의 원형을 만들어 낸 인물로서 마키아벨리를 다루고 있고, 그 이후의 유럽의 국가이성의 이념은 마키아벨리 사상에 대한 찬반토론을 통해 정착되어 왔다고 말한다. 이러한 점을 바탕으로 1957년에 출판된 영역판은 아예 *Machiavellism*이라는 제목이 붙여졌다. 이러한 결정은 국가이성에 해당되는 영어 표현이 일반적으로 사용되는 말이 아니기도 하고, 또한 마키아벨리의 역할을 부각시키기 위한 것으로 여겨진다. Meinecke, *Machiavellism: The Doctrine of Raison d'Etat and Its Place in Modern History,* tr. Douglas Scott(London: Routledge and Kegan Paul, 1957). 국역: 이광주 역, 『국가권력의 이념사』(민음사, 1990).

26) Antonio Gramsci, "The Modern Prince," eds. and trs. Q. Hoare and G. N. Smith, in *Selections from the Prison Notebooks*(New York: International Publishers, 1971), pp. 123-205. 마키아벨리에 대한 집중적 평가는 pp. 123-143을 볼 것.

민적 방위군의 조직이 필요한 것으로 보았다고 말한다. 마키아벨리가 국내정치상의 반대를 무릅쓰고 농촌지역에서 충원된 병사를 바탕으로 상비 민병대를 설치하였던 점에 대해서는 앞에서 살펴본 바 있지만(3장), 그람시는 이 상비군 조직의 정치적 의미를 바로 그러한 방식으로 해석하고 있다.

실제 그람시의 이러한 이해는 확실한 증거에 입각한 것이라기보다는 정황에 바탕을 둔 마키아벨리의 행적에 대한 의미부여에 불과하지만, 사실에 어긋난다고 가볍게 취급하고 넘어갈 일만은 아닌 것으로 여겨진다. 실제 이러한 그람시의 마키아벨리 해석은 프랑스의 대표적 마르크스주의 철학자였던 알튀세에 의해 보다 분명한 윤곽을 갖는 그림으로 그려지고 있다: "마키아벨리는 명인의 솜씨를 발휘하여 이탈리아 통일이라는 정치적 문제, 말하자면 이탈리아 민족의 형성이라는 정치적 문제의 해결책으로 통일국가라는 처방전을 제시했다"고 말한다.[27]

잠시 전의 인용문에서 보았듯이 마키아벨리의 정치적 관심은 이탈리아가 프랑스나 스페인 같은 통일국가를 이룩하는 방법에 있었는데, 이 문제는 구체적으로 이탈리아가 그것을 달성하지 못하는 원인의 규명과 직결되는 것이다. 그 원인은 당연히 기성의 소규모 도시국가들과 기타 봉건귀족 등의 분권주의적 정치세력들의 기득권 보호에서 찾아야 하는 것이었다. 당연히 해결책은 이것을 타파할 수 있는 통일국가(national state)의 수립이었는데, 이러한 국가는 통일, 방어 및 정복이라는 군사적 기능은 물론이고 이 외에 정치적, 경제적, 사법적 그리고 이데올로기적 기능을 동시에 수행할 수 있어야 한다.[28] 즉 새로운 통일국가는 폭력을 기본수단으로 해야 하면서 동시에 동의를 끌어 낼 수 있는 능력, 그람시적 용어로 말한다면 헤게모니를 장악할 수 있어야 한다는 점이 알튀세와 그람시의 주장의 핵심인데, 이 점은 앞서 논의되었듯이 아가토클

---

27) Louis Althusser, *Machiavelli and Us*, tr. Gregory Elliott(London: Verso, 1999), p. 11.

28) Althusser, 1999, p. 12.

레스를 논의하는 『군주론』의 8장에서 대단히 선명한 모습으로 제시된 바 있다.

이렇게 정치적으로 의미를 가질 수 있는 "단일 민족(국민)의 형성이 오로지 폭력과 동의를 동시에 동원할 수 있는 국가라는 수단에 의해서만 이룩될 수 있는 것이라면 근대국가는 민족적일 수밖에 없다"(외국의 힘으로는 안 된다)는 점이 마키아벨리의 기본논지라는 것이 그람시-알튀세의 주장의 핵심이다.[29] 이 점은 분명한 사실적 증거를 바탕으로 확인되기 어렵지만 그렇다고 간단히 부인될 수 있는 성질의 논지도 아니다. 실제 민족국가의 주제는 마키아벨리의 역사적 상상력을 상당히 앞지르고 있고, 단지 후일의 발전을 바탕으로 마키아벨리의 의미를 역으로 추적하고 있는 논의로 여겨진다. 그러나 이러한 논지를 가볍게 물리치기도 어렵게 느껴지는 것은 마키아벨리가 얘기하고자 하는 부분의 핵심, 즉 '사안의 유효한 진실'은 번영과 안전을 보장할 수 있는 효과적 통일국가의 달성방안이었기 때문이다.[30]

마키아벨리의 작업은 궁극적으로는 이탈리아와 같이 분열된 나라에서 통일국가의 창건의 전제조건이 무엇일까 하는 정치적 질문이었고, 그 답은 구질서의 타파 또는 봉건질서와 연결되어 있는 자유도시국가를 포함한 일체의 정치단위체들의 일소였다고 알튀세는 말한다. 마키아벨리는 그 작업의 효과적 수행을 위한 폭력자원을 동원하고 조직할 수 있는 신군주의 출현만이 그 문제에 대한 효과적 답을 줄 수 있는 것으로 보았다고 알튀세는 말하고 있다. 이렇게 구정치질서의 종말과 신질서의

---

29) Althusser, 1999, pp. 12-13.

30) 여기에서 우리는 민족(국민)국가(nation state)와 통일된 영토국가(national state)를 구분할 필요가 있을 것이다. 시기적으로는 후자가 앞섰는데, 통일국가가 달성된 것은 대체로 절대주의 왕조하에서였고, 이 통일국가를 바탕으로 시민혁명을 거친 뒤 국가의 구성원을 하나의 민족(또는 국민)으로 명백히 의식하게 된 단계에 와서 민족국가를 얘기할 수 있게 된다. 마키아벨리의 문제는 시기적으로 당연히 통일된 영토국가였다.

시작에는 반드시 상당한 양의 폭력이 개재된다는 마키아벨리의 지적을 일컬어서, 마르크스의 유명한 '자본의 시원적 축적'이라는 명제를 빌어 민족국가의 시작에 관련된 '시원적 정치적 축적'의 이론가로서 성격지우고 있다.[31] 즉 국가의 창건과정에 필연적으로 개재되는 폭력을 어떤 이데올로기적 은폐 없이 그대로 보여 줄 수 있었던 최초의 인물로서 그려진다.

이 장에서 우리는 마키아벨리의 사상이 갖는 혁신적 측면을, 폭력을 바탕으로 하는 명령과 복종의 관계로서 국가를 규정하는 그의 현실주의적 시각이라는 관점에서 검토하였다. 그 결과로 나타나는 논의가 대단히 흥미를 끄는 것은 정치문제의 논의가 실제 정치현장에서 정치의 업무를 수행하는 정치인의 입장에서 그에게 주어진 고민과 그 고민의 극복이라는 문제, 즉 권력관계 속에서의 자신의 지위를 유지하거나 개선하기 위한 구체적 방책이라는 문제에 바로 질러 들어가기 때문이다. 즉 마키아벨리의 논의가 제삼자적 입장에서의 정치현실에 대한 이론적 또는 개념적 이해가 아니라 당사자의 실천문제라는 각도에서 다루어지기 때문에 독자들에게 대단히 박진감 있게 다가오는 것이다. 너무 실천문제에 근접해 있는 데다가 거시이론적 변동개념이 결여된 구식의 역사이해방식 때문에 마키아벨리 당시에 진행되던 근대국가의 출현과 관련된 변화를 그가 제대로 포착하지 못했을 것이라는 우려도 충분히 있을 수 있다. 그러나 프랑스나 스페인이라는 새로운 형태의 국가가 이미 이탈리아 내의 도시국가들로서는 감히 대적하기 어려운, 전적으로 새로운 정치조직이라는 점을 그는 이미 분명히 감지하고 있었다. 이러한 감각은 그가 이론가로서 훈련받은 결과가 아니라 현실정치인의 시각에서 권력자원의 동원이라는 문제를 중심으로 정치를 관찰하였던 덕분에 길러진 것이었다.

여기에 덧붙여 우리는 다음과 같은 사항들도 마키아벨리를 당시까지

---

31) Althusser, 1999, p. 125.

의 지배적인 지적 전통의 구속으로부터 상대적으로 자유롭게 해 주었던 점을 지적할 수 있을 것이다. 우선 기독교 사상은 당시 기독교의 중심이던 이탈리아에서 교회가 대단히 부패했고 또한 정치현실에 너무 깊이 그리고 노골적으로 간여했던 까닭에 최소한 이탈리아 내부에서는 정신적 또는 지적 지주로서의 역할을 상실하고 있었다. 한편 로마 교회의 정치간여를 자극했고 또한 기회를 제공한 이탈리아의 소규모 정치단위, 즉 도시국가들 사이의 지속적 갈등상태는 현실정치를 육안으로 관찰할 수 있는 좋은 기회가 되었다. 비록 강한 인문주의의 전통 속에서 지적으로 성장하였지만, 마키아벨리의 경우 인문주의의 사회적 기반인 상류층에 대한 강한 반감도 갖고 있었고[32] 또한 기질적으로도 인문주의의 도학자적 자세에 반발하고 있었기 때문에 인문주의 교육은 인문주의를 다시 공격하는 기술을 개발하는 데 더 큰 기여를 하였다. 이렇게 전통으로부터 상대적으로 자유로웠기 때문에 전통의 용어로는 설명될 수 없었던 새로운 정치현상을 목도하면서 마키아벨리는 새로운 언어를 쉽게 구사할 수 있었던 것으로 보인다.

---

32) 르네상스 인문주의의 사회적 성격에 관해서는 Martines, 1988, pp. 210–214를 볼 것.

제11장

공화주의 사상의 전통과 애국심

공화주의의 기원

우리는 앞서 인문주의 전통과 마키아벨리의 사상의 연결에 관해 논의한 제8장에서 인문주의의 충실한 후계자로서 마키아벨리의 모습을 자세히 살펴보았다. 이러한 인문주의자로서의 마키아벨리의 모습이 가장 뚜렷이 나타나는 부분은 공화제에 대한 마키아벨리의 강한 애착심에서 찾을 수 있다. 공화제에 대한 강한 애착심이란 그와 대조되는 귀족정 또는 군주정에 대한 비판을 전제로 하는 것인데, 이것은 일반적으로 공화주의(republicanism)란 이름으로 불린다.

공화주의는 법치, 시민적 자유, 공동선의 추구, 동의에 바탕을 둔 통치, 시민적 덕성, 부패의 추방 등을 기본적 가치로 하는 정치사상으로서 이 사상은 이미 고대 그리스·로마의 도시국가의 전통을 바탕으로 유래한 것으로 지적된다.[1] 마키아벨리 사상의 기초가 되는 르네상스 공화주의도 직접적으로는 고대 공화주의 사상을 바탕으로 하고 있지만, 그 사상의 발전은 중세 말부터 이탈리아에서 자라난, 역사적으로 전혀 새로운 자치도시국가의 출현을 현실적 배경으로 한다.

1) Skinner, 1990, pp. 121-134.

11세기 말부터 이탈리아 중북부지방에서 생겨난 자치도시들은 앞서 보았듯이 기존의 공적 권위가 무력화된 상황에서 방어와 사법 등의 구체적 필요성과 관련하여 개인적으로는 무력한 시민들이 자발적으로 단결하여 만들어 낸 새로운 정치질서였다. 이 새로운 정치질서는 두 가지 점에서 기존 질서와 마찰되었다. 기존의 행정은 신성로마 제국 황제를 대신하는 행정관(comes) 또는 교황을 대신하는 교구 주교에 의해 이루어졌는데, 새로운 자치도시의 출현은 이러한 구질서의 대체를 의미하는 것이었다. 또한 정치질서의 면에서 자치도시는 당시 중세사회의 기본적 질서인 봉건적 지배체제와는 원리적으로 배치되는 것이었다.[2)] 즉 이 자치도시에서 나타난 새로운 질서는 단기 재임의 집정관(consul)과 집정관이 통치과정에서 협의하도록 되어 있던 심의기구를 중심으로 짜여졌는데, 이 두 기관 모두 선출직이었다. 이 점은 세습의 원리를 기초로 하던 봉건 지배질서에 대한 부정을 의미하는 것이었다.

따라서 자신의 존재의의와 정당성을 설명할 논리적 근거가 필요했었는데, 이러한 작업을 위한 이론적 자원은 두 가지 면에서 찾아졌다. 그 하나는 1260년대에 와서 뫼르베크의 윌리엄(William of Moerbeke)에 의해 라틴어로 번역되어 널리 보급되었던 아리스토텔레스의 『정치학』이었고, 다른 하나는 키케로 같은 철학자나 살루스트 같은 역사학자들에 의해 소개된 시민적 덕성의 관념 그리고 로마법의 전통이었다.[3)]

---

2) 봉건적 정치원리와 13세기 이탈리아에서 새로 출현한 정치이론의 차이에 대해서는 J. Catto, "Ideas and Experience in the Political Thought of Aquinas," *Past and Present* 71, 1976를 볼 것.

3) 중세 말 이탈리아 자치도시의 출현에 있어서 아리스토텔레스의 『정치학』이 갖는 의미에 대해서는 N. Rubinstein, "Political Theories in the Renaissance," A. Chastel, ed. in *The Renaissance: Essays in Interpretation*(London: Methuen, 1982), p. 153. 아리스토텔레스의 폴리스 정치이론이 르네상스 이탈리아 도시국가의 정체이론의 핵심을 이루게끔 된 이론적 맥락에 대한 심층적 분석으로는 Pocock, 1975, pp. 66-80을 볼 것. 시민적 덕성, 로마법 및 아리스토텔레스 사상의 부활 등 세 가지 연원

13세기 후반에 출현했던 대표적 공화주의 이론들은 당시 서한문 작성술 또는 연설문 작성술의 교사로 활동하던 수사학자들을 중심으로 제시되었다. 대체로 13세기 중엽부터 수사술의 연구는 자치도시의 정치적 정체성의 문제를 다루게 되었고, 이 과정에서 서한문 작성술은 정치문제에 대한 직접적 논평의 기술로 바뀌게 되었다. 이러한 정치논평은 대체로 자치도시의 역사서술과 통치자에 대한 조언서라는 두 가지 형식으로 나타났다.

이러한 계통의 대표적 논객으로는 브루네토 라티니(c. 1220~1295)와 루카의 프톨레미(1236~1327) 같은 사람들을 들 수 있는데 이들의 정치적 주장은 정의, 공동선, 시민적 평화, 법 앞의 평등 같은 용어들을 통해 표출되었다. 라티니에 따르면 정치의 목적은 이성과 정의에 따라 국가를 다스리는 일로 이해된다.[4] 특히 프톨레미는 법에 입각한 통치의 중요성을 다른 무엇에 앞서 강조하였다.[5] 마키아벨리 이전의 시기에서 가장 중요한 정치이론가로 평가되는 파도바의 마르실리우스(c. 1275~1342)는 인민주권설을 주장한 최초의 인물 가운데 한 사람으로 기억된다. 그는 인민을 최고입법자로 보고, 다스리는 일을 담당하는 정부는 입법자에 의해 만들어진 법에 종속되어야 함을 강조하였다. 그에게 있어 올바르게 수립된 정부는 백성의 자발적 동의를 바탕으로 백성의 이익을 위해 다스리는 것이고, 따라서 선출로 구성된 정부가 그렇지 않은 정부보다 우월한 것이라고 주장하였다.[6]

에 대한 비교분석으로는 Maurizio Viroli, *From Politics to Reason of State: The Acquisition and Transformation of the Language of Politics 1250-1600*(Cambridge: Cambridge University Press, 1992), pp. 11-70을 볼 것.

4) Viroli, 1990, p. 148.

5) Skinner, 1978, I, p. 54.

6) Skinner, 1978, I, pp. 60–65.

'시민적 인문주의'와 공화주의

공화정의 도덕적 우월성에 대한 신념은 14세기에 출현한 인문주의자들에 의해서 계승되었다. 파도바의 정치인인 콜라 디 리엔초(Cola di Rienzo, 1314~1354)는 고대 로마에 열중했던 사람으로 이 자치도시의 귀족정에 대항하여 공화정의 회복을 가져온 인물이었다. 이탈리아 인문주의의 창시자로 일컬어지는 페트라르카는 스키피오 시대의 로마를 칭송하는 장편 서사시 『아프리카』에서 콜라의 행동을 로마의 자유를 위해 투쟁한 두 사람의 브루투스(로마 공화국의 창건자 루키우스 및 카이사르의 암살자 안토니우스)에 비유하여 그를 제3의 브루투스로서 칭송하였다. 이렇게 그는 공화정의 자유를 최고의 정치적 가치로서 평가하였다.

피렌체는 1375년에서 1378년 사이 로마 교황국과 전쟁을 치르게 되었다. 이때 피렌체 시는 페트라르카에 큰 영향을 받았던 인문주의자 살루타티를 행정청의 서기장에 임명하는 한편, 그로 하여금 이탈리아 자치도시들을 상대로 하여 피렌체의 입장을 옹호하고 지지를 호소하는 글을 쓰게 하였다. 이 글 속에서 살루타티는 공화제적 자유야말로 모든 법의 기초와 덕성의 교사가 된다는 점을 강조하고, 공화국 안에서만 자유가 가능하다는 점을 역설하였다.

그러나 일부의 학자들은 공화제적 자치도시의 존재의의를 천명하는 분명한 이데올로기로서의 공화주의의 시작은 15세기의 새로운 부류의 인문주의자들의 출현과 함께 탄생하였다고 보고 있다. 앞서 인문주의의 장에서 논의된 바 있는 한스 바론의 '시민적 인문주의'의 논지가 가장 대표적인 주장이다. 바론의 경우 자신이 제시한 '시민적 인문주의'의 논지를 강조하기 위해 14세기까지의 정치담론은 압도적으로 중세적 제국적 왕국사상을 지향했던 것처럼 사실을 왜곡하는 경우도 없지 않았다.[7] 여하튼간에 바론이 강조하는 '시민적 인문주의자'들은 정치의 문제를 논의의 중심주제로 하였고, 특히 자유의 문제를 초미의 관심사로 삼고 있었다. 이들은 자유의 개념을 대외적 독립과 대내적(전체 시민의 정치참여가 보장되는) 개방체제라는 두 가지 관점에서 이해하고 있었는데, 이러한 관념은 이들의 독창적 이해라기보다는 13세기 이래의 공화정 사상을 계승하는 것으로 여겨진다.

바론에 의해 중심적 '시민적 인문주의자'로 꼽히는 레오나르도 브루니의 경우 자유를 그 자체로서 최고의 가치를 지니는 것으로 보는 것으로 그치지 않고 자치도시국가의 위대성을 달성하는 수단으로서도 보고 있는 점에서 그의 독창적인 면이 발견된다. 즉 브루니는 모든 사람들이 법 앞에서 평등하고 공직에의 참여가 허용되는 피렌체 같은 자유로운 도시국가만이 강력하고 효과적 국가체제를 만들어 낼 수 있다고 본다. 왜냐하면 이러한 자유로운 체제에서만 사람들이 도시(국가)의 명예를 획득하기 위해 자신의 재능을 개발하는 데 모든 노력을 기울이기 때문이다. 자유로운 정치체제에서만 사람들이 재능의 개발을 위해 노력하는 것은 그러한 체제에서만 재능을 개발하는 모든 사람들에게 결과에 따라 공평하게 보상하는 것이 보장되기 때문이다. 즉 공적 명예의 보상이 기대될 때 비로소 사람들은 열심히 노력하게 되고, 그러한 노력이 바로 국가의 위대성을 위한 밑거름이 된다는 것이다. 그렇지 않은 곳에서 사람들은 게을러지고 따라서 재능을 낭비하게 된다고 그는 주장하였다.[8)]

브루니는 공화정의 이상형을 그려 내기는 했으나 이러한 그림은 당시 피렌체 정치의 현실적 모습을 정확히 재현하는 것이라기보다는 이상형을 바탕으로 화합과 단결을 호소하는 현실정치적 목적도 지녔던 것으로 언급된다. 예컨대 피렌체는 공식적으로는 공화정을 누리고 있었으나 정치현실은 소수 엘리트 가문에 의한 과두정이었다. 따라서 당시 정치현실의 참모습은 가부장제 형태의 공화정이었는데, 이러한 상황에서 공

7) Baron, 1966, pp. 160-166.

8) Baron, 1966, pp. 419-420.

동체를 가정에 비유하는 가부장적 공화주의의 담론도 나타나기 시작했다. 이에 따르면 엘리트 지배자들은 공동체라는 가정의 선의의 가부장에 비유되고, 따라서 의견의 화합이 강조되며, 반대의견의 제시는 공동체에 대한 반역 또는 불충으로 이해되었다. '시민적 인문주의'의 공화정 사상은 이러한 색채를 점차 강하게 갖게 되었는데 이러한 점은 브루니에서, 특히 그의 『피렌체 시민의 역사』(*Historiarum florentini populi libri XII*)에서 잘 드러난다고 지적된다.[9)]

마키아벨리와 공화주의

마키아벨리 사상의 지적 기반이 인문주의에 있다는 점에서 우리는 그가 '시민적 인문주의자'들의 공화주의 사상을 대부분 그대로 받아들이고 있을 것이라는 점을 쉽게 짐작할 수 있다. 실제 자치도시국가의 위대성과 공화제적 자유의 획득 및 유지가 그의 『로마사논고』를 구성하는 두 개의 기둥이 되고 있고, 또한 이러한 사상은 레오나르도 브루니 같은 대표적 '시민적 인문주의자'의 입장을 충실히 잇고 있다는 점에 관해서는 이미 앞에서 자세히 언급한 바 있다.

이러한 점은 명백한 사실이나, 실제 흥미로운 점은 마키아벨리의 논

9) 레오나르도 브루니에 의해 대단히 부정적으로 그려지는 분열과 대립 그리고 대단히 중요한 정치적 가치로 제시되는 화합과 통일의 문제는 John M. Najemy, *Corporatism and Consensus in Florentine Electoral Politics, 1280–1400*(Ithaca, N.Y.: Cornell University Press, 1982)의 "Introduction"과 "Epilogue"에서 자세히 다루어지고 있다. 특히 브루니는 피렌체의 역사를 쓰면서 뒤에 마키아벨리에 의해서는 사실상 중심문제로서 취급되는 길드의 문제에 대해서는 거의 언급을 회피하고 있는데, 이러한 점은 길드가 사회적 갈등과 사회경제적 차이에서 유래하는 정치적 대결의 제도화 또는 정당화를 의미하는 것이기 때문이었다고 나제미는 설명한다. Najemy, "'Arti' and 'Ordini' in Machiavelli's 'Istorie'," in *Essays Presented to Myron Gilmore*, vol. 1: *History*, eds. Sergio Bertelli and Gloria Ramakus(Florence: La Nuova Italia, 1978), pp. 167–168.

의가 단순히 그 곳에서 머물러 있지 않다는 사실에서 발견된다. 앞의 제10장에서 보았듯이 마키아벨리에 있어 국가의 문제는 공동체(città 또는 res publica)의 문제이면서 동시에 권력장치(stato)의 문제였다. 자유의 중요성을 말할 때는 분명히 전자, 즉 res publica에 관한 논의이지만, 공동체의 위대성을 말하는 경우 이것을 달성할 수 있는 수단의 문제가 고려되어야 하기 때문에 자연스럽게 stato의 문제가 나타나지 않을 수 없다. 따라서 이 장의 목적은 마키아벨리의 글에서 강조되는 공화주의의 문제를 그의 현실주의적 정치관과의 연관 속에서 검토하는 것이다. 우선 마키아벨리의 저작 전체 속에서 공화주의가 어떤 모습으로 나타나고 있는가 하는 문제부터 검토한다.

이미 앞에서 언급되었듯이 공화주의자로서의 마키아벨리의 모습은 주로 『로마사논고』에서 집중적으로 나타나고 있고, 이외에 『피렌체사』와 『전쟁술론』에서도 잘 드러난다. 마키아벨리의 공화주의 사상은 vivere civile 또는 vivere politico에 대한 그의 신념에서 가장 잘 표현된다.[10] 마키아벨리는 폴리스적 생활양식(vivere politico)을 말할 때 우선

---

10) 이 두 개의 단어 중 전자의 civile는 라틴어의 civitas의 파생어이고, 후자의 politico는 그리스의 polis의 파생어인데 civitas가 polis라는 말의 라틴어 번역어임을 생각한다면 이 두 개는 동일한 것이다. 따라서 이 말들을 굳이 우리말로 옮긴다면 '공동체적 생활'이라고 직역할 수 있겠으나 이 말의 정확한 의미가 전달되는 번역어는 아니다. 국가 또는 공동체에 대한 초기 인문주의자들의 대표적 정의로는 키케로를 바탕으로 하는 브루네토 라티니의 것을 들 수 있는데, 그에 따르면 키비타스는 "같은 법률 밑에서 살고 있는 사람들의 연합체"이다. 아리스토텔레스의 『정치학』이 1260년대에 라틴어로 처음 번역되면서 polis는 civitas라는 말로 번역되었는데, 이것은 단순히 사람들이 모여 사는 공동체를 뜻하는 것으로 그치지 않고 사람이 사람답게 살 수 있는 필수조건으로서의 공동체를 의미하는 것이었다. 이것이 곧 폴리스적 삶이라는 뜻에서의 정치적 생활양식(vivere politico; political way of life)이 의미하는 바였고, 그 기초적 조건은 법의 지배였다. 즉 폴리스적 생활 또는 정치생활은 법의 지배하에서 사는 것인데, 이 폴리스적 생활이란 표현은 폴리스라는 말의 라틴어 번역어인 키비타스의 파

절대적, 즉 법에 구속되지 않는 권위(autorità assoluta)를 의미하는 전제정(tyranny)과 대비되는 것으로 말한다(*D* I-25). 이러한 전제정 또는 독재(unica autorità)와 대비되는 체제에 대한 이름으로 그는 키비타스적 생활양식(vivere civile)이라는 표현을 사용하기도 한다(*FH* VIII-1). 전제정과 키비타스(폴리스)적 생활양식의 대비는 『로마사논고』에서도 이루어지는데(I-9), 흥미 있는 점은 이러한 키비타스적 생활양식은 동시에 자유로운 양식(vivere civile e libero)으로서도 표기된다는 점이다. 한편 폴리스적 생활양식은 폭력적 방식에 의해 지배자(principe)가 되는 일과도 대비된다(*D* I-18). 이 폴리스적 생활양식은 부패되지 않은 생활양식과 병기되어(vivere politico e incorroto) 무위도식의 귀족계층이 존재하는 곳에서는 발생될 수 없는 것으로도 지적된다(*D* I-55).

이러한 점들을 바탕으로 우리는 다음과 같은 결론을 끌어 낼 수 있을 것이다. 우선 키비타스적 생활양식(vivere civile)과 폴리스적 생활양식(vivere politico)은 완전히 동일한 것이고, 이것들은 모두 자유로운 생활양식(vivere libero)이기도 한 것이다. 이때 자유로운 생활양식은 부패되지 않은 체제를 말하는데, 이것은 다시 법에 의해 구속되는 그러한 체제로서 절대적 일인 중심의 권위체제와 대비되는 것이다.

마키아벨리에 있어서 이러한 생활양식은 공화정 또는 군주정 같은 특정의 정체를 지칭하는 것은 아니다. 권력행사가 법에 의해 구속되는 한 공화정이나 군주정 모두에서 자유로운 생활양식은 가능한 것으로 말하고 있다(*D* I-25).[11] 그러나 대부분의 경우 자유는 공화정체에서만 가

생어인 civile와 함께 vivere civile라는 말로서도 표기되어 같은 의미로 사용되기도 했다. 마키아벨리도 이 두 말을 같은 뜻으로 사용하였는데 그 의미는 모두 법치하에서의 삶을 말하는 것이다.

11) 좁은 의미의 정체(政體)에 해당되는 말로 마키아벨리는 stato라는 용어를 사용하는데(*D* I-2), 이것을 넘어서는 폴리스적 생활양식인가 아니면 전제정인가를 말하는 체제를 지적하는 용어로는 ordini가 사용되고 있다. 이 ordini의 개념에 대해서는 J.H. Whitfield, *Discourses on Machiavelli*(Cambridge: Cambridge University

능한 것으로 얘기된다. 이러한 이해는 자유로운 체제가 아닌 것에 대한 언급을 통한 소극적 규정과 자유가 무엇인가를 말하는 적극적 규정 두 가지 방식으로 이루어진다.

우선 그는 많은 경우 군주정 또는 일인 지배체제(principato)의 부재를 자유와 동일시한다. 이러한 점은 『피렌체사』에서 피렌체가 한때 흑백당의 대결로 양분되었을 때의 일화(*FH* II-18)와 비스콘티 가문이 끊겼을 당시 밀라노 시에서의 논쟁의 일화(*FH* VI-13, 24)와 관련하여 군주정과 자유를 대비시킬 때 잘 나타난다. 또한 새로운 정복국가의 통치방식과 관련하여 자유체제와 군주정 체제를 대비하기도 하며(*D* I-16), 또 다른 곳(*D* III-3)에서는 자유로운 체제를 지키기가 어렵다면 군주정도 지키기 어려운 것이라고 말함으로써 두 개를 대조적인 것으로 말하고 있다. 또한 베니스 주변의 도시들에 관해 언급하는 자리에서(*D* III-12) 마키아벨리는 이 도시들이 오랜 일인 지배자의 통치에 익숙해 있기 때문에 자유롭지 않다고도 말하고 있다. 이러한 점들로 미루어 볼 때 자유로운 생활양식을 말할 때 특별한 경우가 아니면 대부분 공화정을 의미하는 것으로 볼 수 있다.[12)]

위와 같은 간접적인 방식이 아니라 직접적으로 자유로운 체제를 공화정 체제와 동일시하는 경우도 적지 않다. 이러한 점은 로마 왕정을 무너뜨리고 공화정을 수립하는 데 중심적인 역할을 수행한 루키우스 브루투스를 자유의 아버지로, 또한 백성의 해방자로 부르는 대목(*D* III-1,

---

Press, 1969), pp. 141-162를 볼 것.

12) 마키아벨리는 republica라는 말을 사용할 경우 두 가지의 의미로 사용한다. 하나는 공화정이라는 좁은 의미로 사용하고 있는가 하면, 때로는 라틴어 respublica의 의미 그대로 국가라는 뜻으로도 사용한다. 군주정을 republica라고 부르는 경우도 적지 않은데, 이 때는 공화정이 아니라 일반적인 국가의 의미로 사용한 것이다. 그런가 하면 피렌체는 오랫동안 메디치 가문의 지배하에서 혼합정의 형태로 존재해 왔기 때문에 200년간 republica가 아니었다고 하는데, 이 때는 분명히 공화정의 의미로 사용한 것이다.

2, 3, 6)에서 대단히 잘 드러난다. 『군주론』 5장에서는 공화국을 언급하면서 자유와 연관시켜 설명하고 있고, 『로마사논고』에서는 또한 임명이 아닌 선거에 의한 관리의 충원방식과 연결시켜 말하기도 한다(*D* I-40, 46, 49).

마키아벨리에게 공화정이 중요한 이유는 무엇보다도 공화정에서만 공동선이 제대로 추구된다는 점이다(*D* II-2). 공동선이란 특정의 개인이 아닌 공동체 전체가 누리는 권력 또는 부를 말하는 것으로, 바꾸어 말하면 그것은 도시의 위대성(grandezza)이다. 이것은 자유, 즉 개방적 정부체제가 보장될 때 달성될 수 있는 것으로 마키아벨리는 말한다. 이러한 점은 사람들이 자신의 자식들이 능력만 갖추고 있으면 지배자가 될 수 있다는 점에 대해 확신하고 일인 지배체제에서는 그렇지 않다는 점을 알고 있는 까닭에 공화정의 조건하에서 많은 사람들은 덕성의 개발을 위해 열심히 노력하기 때문이라고 그는 말한다. 그리고 그러한 예로 로마가 위대해진 것도 왕국에서 공화정으로 바뀐 후이고, 고대 아테네의 경우도 피지스트라투스(Pisistratus)에 의한 참주정이 끝난 후 100년간의 일임을 상기시킨다. 그러한 이유 때문에 다른 나라에 대한 예속 가운데에서도 공화국에 대한 예속이 가장 고약한 형태의 것임을 그는 강조하는 것이다.

마키아벨리는 공화정만이 제공하는 자유의 이점을 여러 가지 면에서 언급하면서, 바로 그러한 이유 때문에 자유를 침해하는 대내외적 위협으로부터 수호되어야 할 필요성을 역설한다. 대내적 위협과 관련하여서는 부패한 관행을 처벌할 수 있는 법적 장치를 마련하여 자유를 지켜야 할 필요성을 역설한다(*D* I-49). 공화정에 대한 대외적 위협으로부터의 보호를 위한 장치로 마키아벨리는 강력한 시민군의 필요성을 강조한다. 국내적인 자유는 대외적인 독립파괴의 위협으로부터 지켜져야만 한다는 뜻에서 "평화를 사랑하고 동시에 전쟁을 수행할 줄 알아야만 된다"고 그는 강조한다. 이미 앞서 언급되었듯이 이 시민군의 관념도 '시민적 인문주의'의 공화정 사상의 일부로서 성장해 왔다는 점에서 마키아벨리의 시민군의 사상도 공화주의 전통을 계승하는 것으로 볼 수 있다.[13] 공화주의 이론가로서 마키아벨리의 모습은 그가 시민군의 중요성을 강조하는 기술적인 것 외의 또 다른 이유에서도 잘 엿보인다. 즉 그가 시민군을 강력히 권장하는 것은 그것이 단순히 효과 면에서 직업병사들보다 우수하기 때문에서만이 아니라 시민적 덕성을 강화해 주고, 따라서 폴리스적 생활양식 또는 자유로운 체제에 도움이 되기 때문이다. 이 점은 그가 1503년 3월 상비군의 필요성에 관련한 문제를 놓고 의회를 설득하기 위한 논리를 제공할 목적으로 작성한 「예산확보에 관련하여 언급될 논지」라는 제명의 짧은 글 속에서 선명하게 천명되고 있는 논지인데 그의 공화주의적 입장을 잘 엿볼 수 있는 글이다.[14]

마키아벨리와 조국애

마키아벨리가 복막염으로 갑작스럽게 세상을 뜨기 약 두 달 전인 1527년 4월 16일 그의 오랜 친우 베토리에게 보낸 편지의 한 구절에서 그는 "나 자신의 영혼보다 조국을 더 사랑했었노라"고 흉금을 털어놓았다. 한편 이보다 약 7년 전에 저술을 마친 『피렌체사』에서 그는 교황 그레고리우스 11세의 압제에 맞서 싸우던 피렌체의 여덟 성인을 "자신들의 영혼보다 조국을 더 중요시 여긴 인물"들로 평가한 바 있다(*FH* III-7). 이러한 애국자로서의 면모는 19세기에 접어들면서 민족주의자로서 해석되어 권모술수 같은 정치적 악덕의 교사로서의 마키아벨리의 나쁜 평판을 중화시키는 데 상당한 기여를 하였다. 더 나아가 이러한 조국애에 대한 높은 평가와 함께 『군주론』 26장에서 보이는 통일을 위한 간절

13) 마키아벨리 이전의 가장 대표적 시민군 사상을 편 사람으로는 레오나르도 브루니를 들 수 있다. 그의 시민군 사상과 마키아벨리까지 이어져 내려오는 시민군의 관념에 대해서는 Bayley(1961)을 볼 것.

14) *CW* III, pp. 1439-1443.

한 기원은 19세기 이후 근대적 민족주의 열정으로 과장 해석되어 통일을 열망하던 19세기 독일에서, 그리고 패전의 충격에서 벗어나지 못하던 20세기 독일에서 민족주의의 상징으로서 새로운 삶을 얻게 되기도 하였다.

이러한 '민족주의자'로서의 마키아벨리의 면모는 패전의 충격 속에서 민족주의적 열정이 국민적 사기를 진작시키는 유일한 정신적 자원으로 파악하고 있던 막스 베버에 의해서도 놓치거나 외면될 수 있는 소재가 아니었다. 그는 결과적으로 자신의 마지막 강연이 된 『직업으로서의 정치』의 마지막 부분에서 "자신의 영혼의 구제보다 조국의 위대성을 더욱 중요시하였던" 피렌체 지도자들에 대한 마키아벨리의 언급을 인용함으로써 '민족주의자'로서의 마키아벨리의 성격규정을 부동의 것으로 만들기도 하였다.

아직 근대적 민족의 개념이 제시되어 있지 않은 16세기의 상황을 고려하면 마키아벨리를 민족주의와 연결하여 논의하는 것은 상당히 시대착오적일 수 있지만, 만일 민족주의 대신에 조국애 또는 애국심이라는 표현을 쓰면 사정은 상당히 달라질 수 있다. 왜냐하면 이 조국애의 관념은 이미 고대 도시국가에서부터 나타났던 것이기 때문이다. 즉 이 조국애의 관념은 키케로 같은 사상가를 대표로 하는 고대 공화주의 이론가들의 작업에서 유래하는 이데올로기적 전통으로서 지적된다.[15] 키케로에 따르면 조국애는 자신의 친족과 조국을 돌보고 봉사하게끔 만드는 감정으로서 (그에 의해) 정의되는 충성심(pietas)의 일부에 속하는 것이다. 그리고 이 조국애는 공화국, 즉 평등하고 자유로운 시민들로 구성되는 공동체에 대한 귀속감에 의해 유지되는 애정으로 규정된다.[16]

이러한 조국애의 관념은 스콜라 철학에서는 부분적으로 잊혀졌다가 인문주의의 성장과 함께 부활된 것으로 이해된다. 초기 인문주의자의

15) Maurizio Viroli, *Machiavelli*(Oxford: Oxford University Press, 1998), p. 149.

16) Viroli, 1998, p. 150.

한 사람인 루카의 프톨레미는 조국애란 시민들로 하여금 동료 시민을 사랑하고 따라서 공동선에 봉사하게 만드는 자비로운 사랑이라고 말함으로써 조국과 공화국 사이에 아무런 구별을 두지 않는 고대사상을 재천명하였다.

피렌체에서 조국애에 대한 관념이 대단히 명백하게 형체를 갖추게 된 것은 앞서 마키아벨리에서 언급된 그레고리우스 11세 교황을 상대로 한 팔성인(八聖人) 전쟁 때로 여겨진다. 이 당시 시민회의(Consiglio del Popolo)는 자신들의 재산과 신체뿐 아니라 영혼과 신까지도 희생하여 교황에 맞서 싸울 것을 결의하였는데, 이 때부터 "자신의 영혼보다 조국을 더 사랑한다"라는 표현이 일반화된 것으로 여겨진다. 또한 초기 인문주의자였던 퐂죠 브라촐리니는 이 당시의 상황을 두고 피렌체인들은 조국에 대한 사랑과 종교에 대한 두려움 가운데 하나를 선택했어야만 했다고 말하였다.

피렌체인들의 조국애는 선조, 자손, 친척 및 동료 시민들에 대한 사랑이라는 일반적 내용 외에도 자신의 국가가 갖는 역사적 우월성에 대한 자존심이 포함되었다. 이러한 점은 대표적 '시민적 인문주의자'로 손꼽히는 레오나르도 브루니가 쓴 『피렌체 시 찬양문』(1403~1404)이나 『난니 스트로치 장례식사』(1427)에서 잘 드러나는 점이다. 그는 특히 피렌체가 갖는 우월성을 피렌체가 주변에 정복지를 가질 수 있는 도덕적 근거로서 제시하고도 있다.[17]

조국애에 대한 마키아벨리의 관념도, 앞서 보았듯이, 인문주의적 공화정 사상을 충실히 계승하는 것이다. 마키아벨리의 조국애 관념에서 특이한 점은 그가 부패의 핵심으로 지적하고 있는 당파주의의 해독제로서 조국애를 말하고 있다는 점이다. 이러한 점은 『피렌체사』 3권 3~6장에서 소개되고 있는, 1360년대 후반부 피렌체 시에서 있었던 교황당과

17) 마키아벨리 이전 인문주의자들의 조국애에 대한 관념은 Viroli, 1998, pp. 150-156을 볼 것.

황제당 사이의 파쟁의 에피소드를 통해 잘 나타나고 있다. 이들 파쟁의 당사자들은 오랜 투쟁 끝에 이 파쟁으로 인해 피렌체 공화국이 파괴될 수 있다는 점에 인식을 같이하고서는 드디어 한 곳에 모여 정쟁을 중단할 것을 합의 보았는데, 마키아벨리의 설명에 의하면 이들이 이러한 합의를 보게 만든 것은 다름이 아닌 조국에 대한 사랑이었다고 말한다. 이렇게 조국애는 사람들로 하여금 야심을 없애게 함으로써 포르투나의 악의를 극복할 수 있게 했다는 것이다. 결국 조국애는 비르투의 중요한 원천이 된다. 왜냐하면 마키아벨리의 논의구조에 있어서 부패를 제거함으로써 포르투나의 활동여지를 없애는 것이 비르투의 작업이기 때문이다.

무엇을 위한 공화정인가

지금까지의 논의를 통해 우리는 마키아벨리의 공화주의 사상은 아무런 의심의 여지가 없는 것임을 보았다. 그러면 여기에서 우리가 당연히 가져 볼 수 있는 의문은 전통적 인문주의자들과의 차별성을 애써 부각하고자 한 마키아벨리가 이 공화주의의 문제에 관해서는 인문주의자들의 입장을 왜 아무런 수정 없이 그대로 받아들이고 있는가 하는 점이다. 아니면 자신만의 고유한 색깔을 공화주의 사상에 입히고 있는가, 만일 그렇다면 어떠한 색깔일까 하는 점에 대해 당연히 궁금하게 여길 수 있는 것이다. 인문주의자들과는 구별되는 마키아벨리의 공화주의의 독특한 성격은 무엇인가?

마키아벨리의 논의방식의 특징 가운데 하나로 우리는 그가 탐구하고자 하는 사물 또는 사태의 형이상학적 본질을 찾고자 하는 시도를 거의 찾아볼 수 없다는 점을 들 수 있을 것이다. 그리고 이러한 점은 그가 '사물의 효과적 진실'을 찾는 일이 자신의 관심사임을 토로하는 자리에서 잘 나타나고 있다고 하겠다. 이러한 점은, 예컨대 자유 같은 정치적 가치에 대한 그의 '실용주의적' 태도에서도 잘 드러난다. 앞서 보았듯이 마키아벨리의 깊은 조국애에서 우리는 자유 또는 공화정에 대한 그의 애착이 단순히 도구적인 것 이상의 것임을 충분히 느낄 수 있으나, 일단 그가 공화정 또는 공화제적 자유의 중요성을 언급할 때 그는 그러한 주제에 관한 철학적 논의를 애써 피하려는 듯이 보인다. 대신 그는 누구나 동의할 수 있는 객관적 근거를 바탕으로 자신이 옹호하는 정치적 가치의 중요성을 주장하는데, 그 객관적 근거는 대부분 효용과 관련되는 것이다.

구체적으로 공화정의 효용은, 마키아벨리에 따르면, 그 체제에서만 다양한 계급의 공존이 보장될 수 있는 점에서 발견된다. 왜 다양한 계급이 공평한 정치참여의 기회를 가져야만 하는가? 이에 대한 해답은 로마 공화국의 경험을 배워야 한다는 마키아벨리의 주장의 근거를 이루는 것이다.

마키아벨리에 의하면, 한 나라가 강해지기 위해서는 공동체 내의 모든 세력들의 힘이 결집되어야 한다. 그러나 한 공동체 내의 주요 집단을 이루는 귀족세력과 평민세력의 이해관계는 갈등될 수밖에 없는데, 이러한 대립으로 인해 양 세력의 힘은 상쇄됨으로써 공동체 전체가 무력화될 수 있다. 로마의 위대성은 적절한 제도의 설치를 통해 그러한 대립적인 이해관계가 공동체 속에서 전부 반영되게 함으로써 각 계급의 힘이 전부 공동체의 힘의 기반이 될 수 있도록 만든 데 있다. 즉 다양한 계급의 지위가 공평하게 보장될 경우에만 각 계급의 힘이 모두 공동체의 힘의 기반이 될 수 있다는 것이다. 그리고 이것은 공화정의 체제에서만 가능하다는 것이 마키아벨리의 주장이다. 로마의 성공비결은 내부 갈등이 공개적으로 토론되는 것이 허용될 뿐 아니라 장려되는 정치체제의 승리로서 판단되는 것이다.[18]

이러한 논의는 결국 평민들의 정치참여가 배제되는 제한참정권을 바탕으로 한 스파르타/베니스 모델에 대한 로마 모델의 우위성에 관한 논

18) 이 점에 관해서는 앞의 제6장 중 '계급갈등의 효용' 항을 참조할 것.

지를 말하는 것으로서 이 점은 르네상스 시민적 인문주의자들에 의해 강조되는 합의의 중요성에 대한 정면적인 반대를, 따라서 시민적 인문주의로부터의 마키아벨리의 이탈을 상징하는 것이다. 특히 화합의 강조의 바닥에 깔려 있는 타산적 성격을 간파하고 있는 마키아벨리에게 있어서는 아마도 그러한 점을 비판하기 위해서라도 로마 모델의 우위성을 강조하고 싶었는지도 모를 일이다.

비록 공화주의의 가치가 전적으로 효용이라는 각도에서 강조됨으로써 그 수단적 가치가 강조되고 있지만, 사람들이 희망한다고 해서 공화제적 정치과정이 마키아벨리가 그리고 있는 것처럼 바로 전개될 수 있는 것은 결코 아니다. 즉 일정한 조건이 충족될 경우에만 공동체 내의 대립적 이해관계들이 보다 큰 공동체적 힘의 생산을 위한 기반으로서 작용할 수 있는 것이다. 이러한 조건들 가운데 마키아벨리가 가장 중요하게 강조하는 것은 사람들이 아직 부패하지 않았어야 한다는 점이다. 즉 계급갈등이 사적 이익의 실현을 목표로 하는 당파투쟁적 갈등으로 이어지지 않고 있어야 한다고 그는 강조한다.

따라서 공화주의의 가치는, 앞서 지적한 것과 같이, 국내적으로는 당파투쟁의 발발을 막을 수 있는 법적 장치가 마련되어 있거나 이미 부패된 사회에서는 사회를 혁신할 수 있는 기회가 주어질 때 지켜질 수 있는 것이다. 그리고 대외적으로는 독립을 저해하는 세력을 퇴치시킬 수 있는 독자적 군사력이 마련되어 있을 때 비로소 지킬 수 있는 것이다. 이 두 가지는 모두가 전략적 행동을 필요로 하는 작업이다.

이미 부패된 공동체를 원래의 모습대로 돌려놓아 새롭게 하는 작업은 사람들의 본성이 근본적으로 악행으로 흐를 경향이 강하기 때문에, 기성 도덕기준으로는 악한 행동을 수반하지 않으면 안 되는 경우가 많다. 따라서 이러한 혁신의 작업을 담당할 독재 통치자는, 인문주의자들에 의해 진정으로 선한 사람들이라면 당연히 추구해야 할 가치가 있는 목표로 설정된 바를 달성하기 위해서는 착하지 않게 되는 방법을 배워야만 하는 것이다. 왜냐하면 주변의 상황에 무관하게 항상 착하게 행동하고자 하는 사람은 악인들로 가득한 세계 속에서는 반드시 망하기 때문이다. 즉 통치자는 비도덕적 행동이 필요한 경우라면 비도덕적으로 행동할 준비를 해야만 하는 것임을 마키아벨리는 애써 강조한다(*P* 15). 바로 이러한 전략적 행동의 기술이 그가 "경세지술(arte dello stato)"이라고 지적하는 바로 그의 선배 정치사상가들에 의해 배타적으로 다루어진 공동체 문제의 논의, 즉 고전적 의미의 정치학(politica)과는 구별되는 것이다.[19] 마키아벨리가 고전 사상가 또는 르네상스 인문주의자 같은 선배들과 구별되는 점은 공동체 삶의 논의는 당연히 그 전략적인 면이 고려되어야만 한다는 인식을 분명히 하고 있고, 이 두 가지 문제를 동시에 고려하는 일이 결코 쉽지 않은 작업임을 다음과 같은 구절에서 잘 보여 주고 있다:

> 한 나라를 공동체적 삶의 상태로 재건하는 작업은 착한 사람을 전제로 하지만, 폭력에 의해 한 나라의 독재 통치자(principe)가 되는 일은 악한 사람을 전제로 한다. 따라서 어떤 착한 사람이, 비록 그 목적이 좋은 것이라고 할지라도, 악한 방식으로 독재 통치자가 되기를 바란다는 것은 드문 일이다. 그리고 독재 통치자가 된 어떤 악한 사람이 어떤 사악한 방

19) 잘 알려져 있듯이 '국가의 술(術)' 또는 통치술이라는 말로도 번역될 수 있는 arte dell stato라는 말은 마키아벨리가 1513년 12월 10일 친구 베토리에게 보낸 편지에서 나오는 말이다. 이 곳에서 마키아벨리는 자신이 지난 15년간 공직생활을 해 오는 도중에 게으름을 피지 않고, 또한 다른 것을 다 포기한 채 "통치술을 익혀 왔노라"고 자부하고 있다. 한편 그는 같은 해 4월 9일자로 베토리에게 보낸 편지에서도 자신은 "견직업이나 양모업 또는 이익과 손실에 관해서는 알지 못하기 때문에 정치에 관해서 말하지 않으면 안 되겠다"고 말하는데, 이 때의 정치는 stato라는 말로 표현하고 있다. 따라서 마키아벨리가 관심을 두고 있었던 문제는 전통적인 정치의 논의와는 구별되는 것이다. 마키아벨리가 거리를 두고자 하는 전통적 정치의 논의는 바람직한 또는 이상적인 공동체의 창건, 유지 또는 개혁의 문제를 다루는 것임에 비해 그의 논의는 효과적 권력 또는 지배질서를 유지하는 데 필요한 현실적 방안의 문제에 집중되어 있다. 이러한 두 가지 논의방안의 차이에 관한 더 자세한 논의는 Viroli, 1998, pp. 42-72를 볼 것.

> 법으로 얻은 권위를 훌륭하게 사용하게끔 마음먹고 훌륭하게 일하는 것도 드문 일이다(*D* I-18).[20]

이렇게 마키아벨리의 경우 공화제적 가치에 대한 애착은 그 자체로 그치는 것이 아니라 그것을 구체적으로 획득하고 지킬 수 있는 방안에 대한 고려를 수반해야 하는 것이다. 즉 전통적 인문주의의 논의가 이상적 공동체의 외양에 집중되었다면, 마키아벨리는 모든 공동체의 현실적 기반이 되는 효과적 권력체의 창건에서 유지에 이르는 실질적 문제를 인문주의적 담론과 동일한 비중으로 다루어야 한다고 보고 있다. 이러한 권력문제의 담론이 마키아벨리가 말하는 경세지술(arte dello stato)의 핵심인바 이것이 바로 마키아벨리의 정치학이다. 이러한 점에서 공화제적 가치에 대한 애착이라는 같은 문제에서 출발하고 있지만 마키아벨리의 정치학은 재래식 정치학(politica)과 전혀 다른, 즉 통치기술의 면을 특별히 강조하는 '현실주의적' 또는 '기술주의적' 정치학의 모습을 하고 있다. 그러나 기술주의에 치우치는 듯한 마키아벨리의 담론의 진정한 의의는 그러한 담론이 딛고 있는 이상주의적 측면을 배경으로 놓고 관찰하지 않으면 제대로 이해될 수 없는 것으로 여겨진다. 단순한 권모술수의 이론가로서 정형화되어 있는 그의 모습은 바로 이러한 데에서 연유하는 것이다.

공화정을 지키는 데 있어 전략적 측면의 중요성에 대한 마키아벨리의 강조는 독립에 대한 대외적 위협의 격퇴를 자력으로 해야 한다는 그의 간곡한 호소를 통해서 잘 드러난다. 이러한 호소는 단순한 호소로 그치는 것이 아니라 전쟁수행의 기술적 측면에 대한 상세한 논의로까지

---

20) 흔히 『군주론』은 군주정의 문제, 『로마사논고』는 공화정의 문제를 다루고 있는 작업으로 설명하고 있지만 사실 군주정과 공화정의 문제는 정체구분의 문제가 아니다. 대신 이 두 개의 저술은 목적과 수단에 관한 하나의 문제를 다루고 있는 두 개의 저술로 보아야 한다는 주장이 설득력을 갖는 것은 바로 이러한 맥락에서임을 기억해 둘 필요가 있다.

연결되고 있음은 주지의 사실이다. 『전쟁술론』을 단행본으로 출간하였고, 또한 『로마사논고』의 제2권이 압도적으로 전쟁과 외교의 문제를 다루고 있고, 『군주론』에서도 3개장을 이 주제에 할애하고 있다는 점은 단순히 마키아벨리의 관심이 군사 쪽으로도 향해 있다는 점을 말하는 것만이 아니라 정치문제를 생각할 때 항상 전략적 방책을 필수적으로 고려하는 그의 사고습관을 반영하는 것으로 보아야 할 것이다. 이런 뜻에서 마지막 장인 다음 장에서는 전쟁과 군사문제에 관련된 마키아벨리의 생각을 집중적으로 추적하고자 하는 것이다.

제12장

마키아벨리의 군사사상

군사문제의 중심성

앞의 10장에서 지적하였듯이 정치사상가로서 마키아벨리의 독창성은 그에 의해 역사상 최초로 국가의 강제력 또는 폭력의 측면이 정치적 담론의 중심주제로 채택하고 있다는 점에서 발견된다. 그는 단순히 폭력의 문제가 정치담론의 중심주제로 되어야 한다는 점을 강조하는 것으로 그치지 않고 국가에 의해 독점적으로 사용되는 폭력, 즉 군사력에 관한 전문적 기술적 사항들에 관해 상세히 논의하고 있다. 군사문제의 기술적 사항에 관한 그의 심도 있는 논의가 따르고 있기 때문에 폭력의 문제가 정치담론의 중심주제가 되어야 한다는 그의 주장이 단순히 우발적인 것으로 그칠 가능성이 원천적으로 제거되고 있다. 바로 이러한 까닭에 군사문제에 관한 그의 논의는 단순히 기술적인 논의로서만이 아니라 그의 정치담론의 한 부분으로 취급될 때 비로소 그 의미가 제대로 파악될 수 있는 것으로 여겨진다.

군사문제의 세부 기술적 사항과 관련하여서는 적지 않은 오류가 있는 것으로 지적되기도 하지만 정치와 그 필수적 수단으로서 전쟁/군사와의 관계에 관한 그의 개념적 이해는 결코 가볍게 취급될 수 있는 것이 아니라고 지적된다. 특히 훌륭한 군대와 훌륭한 정치제도의 필연적 관계, 민간 및 군사영역의 재연결의 필요성, 정치영역의 핵심문제로서 이해되는 군사/전쟁의 논의, 시민적 덕성 및 애국심의 함양을 위한 수단으로서 군사훈련의 필요성에 대한 강조 등은 마키아벨리의 독창성을 잘 드러내는 부분으로서 언급되기도 한다.[1)]

군사문제에 대한 집중적인 논의는 실현수단의 고려 없이 단순히 바람직한 정치체제에 대한 논의만으로 일관되는 고대와 중세의 정치이론과 잘 대비된다. 바로 이 점에서 근대 사상가로서의 마키아벨리의 면모를 잘 엿볼 수 있는 것이기도 하다. 군사문제가 정치의 수단이라는 측면에서 논의된다고 해서 그것이 부차적으로 취급되는 것이 아니다. 단순한 이론가가 아니라 실질적 효과를 중시하던 외교관/군사행정가로서 마키아벨리에 있어서 정치의 영역에서는 군사라는 수단의 문제가 다른 어떤 것에 비해 더 중요한 것으로 취급된다. 이러한 문제의식은 앞에서 이미 인용된 바 있듯이,[2)] 그가 1504년 가을에 완성한 전체 550행으로 구성된 삼행련구 『십년기』의 마지막 2행의 "군신(軍神)의 사원의 문을 다시 연다면/갈 길은 쉽고 짧아질 텐데"라는 구절에서 잘 표현되고 있다.

마키아벨리의 시각에서 볼 때 구체적 목표를 달성하고자 하는 정치행위가 그 실현수단을 갖지 않으면 처음부터 실패는 예정되어 있는 것

---

1) 마키아벨리의 군사논의가 포함하고 있는 오류는 대부분 그의 과장된 논의방식과 관련되는 것이 많다. 예컨대 기마병과 화포의 중요성에 대한 그의 부정적 태도 및 이와 대비되는 보병의 중요성에 대한 강조와 민병대의 효과성에 관한 그의 강조는 상당히 시대착오적인 면이 많이 있다고 흔히 지적되는 부분이다. 이러한 점들은 그가 고대 로마의 군사적 관행을 거의 맹목적이라고 할 정도로 숭상했기 때문이었다고 지적된다. 아마도 마키아벨리의 이러한 측면에 관한 가장 비판적 견해로는 중세 군사사가였던 오먼의 논의를 들 수 있을 것이다. Charles Oman, *A History of War in the Sixteenth Century*(London: Methuen, 1937). 마키아벨리의 군사이론의 긍정적인 측면에 관해서는 Michael Mallet, "The Theory and Practice of Warfare in Machiavelli's Republic," in Bock, Skinner and Viroli, 1990, p. 174.

2) 제3장의 주 6).

이다. 이러한 점의 전형적인 경우로서 마키아벨리는 비무장의 예언가로 명명하고 있는 사보나롤라 수사의 예를 들고 있다(*P* 12). 따라서 정치 문제에 대한 그의 논의는 그 속에서 군사 또는 전쟁의 문제가 무게 있게 다루어질 수 있게끔 그 기본개념들을 독특하게 사용하는 것을 알 수 있다. 이러한 경우의 가장 대표적 예로서 그의 정치이론의 핵심적 지위를 차지하고 있는 비르투의 문제는 압도적으로 군사적 자질로 다루어지고 있음을 우선 지적할 필요가 있을 것이다.[3] 또한 『로마사논고』 2권의 서문에서 그는 "세상의 비르투는 여러 나라를 이동하는" 것으로 설명하고 있는데, 그 비르투는 각 나라를 강국으로 존재할 수 있게 하는 군사적 능력의 다른 표현에 불과하다. 그의 정치이론에 있어서 군사문제가 차지하는 중심적 지위에 관한 문제는 『군주론』 12장에서 훌륭한 군대(buone armi)가 훌륭한 법률(제도)(buone leggi)의 기반이 된다는 언명에서 대단히 명백히 이루어지고 있다.[4] 바로 이러한 뜻에서 "마키아벨리는 군사사상가였기 때문에 정치사상가가 되었던 것"이라는 길버트 교수의 언명이 이루어질 수 있는 것이다.[5]

『전쟁술론』과 기타 군사관련 저술

전쟁과 군사의 문제가 마키아벨리의 정치사상의 불가결한 일부분을 이루고 있는 만큼 전쟁과 군사의 문제는 그의 주요 저작 전체에 걸쳐서 논의되고 있다. 우선 『군주론』의 경우 12장에서 14장까지 군사의 문제가 집중적으로 다루어지고 있고, 전체 제3권으로 구성된 『로마사논고』

---

3) 앞의 제9장 및 Wood(1967)를 참조할 것.

4) *D* I-4에서도 훌륭한 군대(buona milizia)가 있는 곳에 훌륭한 제도(buono ordine)가 있다고 함으로써 같은 견해를 반복하고 있다.

5) Felix Gilbert, "Machiavelli: The Renaissance of the Art of War," in *Makers of Modern Strategy from Machiavelli to the Nuclear Age,* ed. Peter Paret(Princeton: Princeton University Press, 1986), p. 11.

의 제2권에서는 군사 및 대외정책 일반이 집중적으로 논의되고 있다. 『피렌체사』 제6권 1장에서도 마키아벨리는 용병을 고용하는 전쟁에 대해 승자와 패자 모두가 잃는 전쟁으로 비판함으로써 그는 자신의 주된 관심사를 기회가 있을 때마다 강조하고 있다.

이러한 모든 논의는 대화형식으로 저술하여 1521년 가을에 출판한 『전쟁술론』(*Arte della Guerra*) 속에 종합되고 있다. 이 『전쟁술론』은 대체로 1520년 가을까지는 저술이 완료되었던 것으로 추측되지만 출판은 다음해에 이루어졌는데 그의 주요 저작 가운데 유일하게 생전에 출판된 작품이다. 이 책은 출판된 직후 이탈리아 안에서 바로 인기를 얻어 21판까지 출간되었으며, 1546년에는 프랑스어로 그리고 1562년에는 영어로 번역되었다. 그리고 뒤에는 독일어와 라틴어로도 번역되었다.[6] 17세기에 들어오면서 새로운 전법이 도입되면서 마키아벨리의 군사이론은 그의 다른 저작에 비해 덜 중요한 것으로 취급되기 시작하였는데, 19세기에 와서야 비로소 그의 『전쟁술론』이 다른 저작과 긴밀한 관계가 있는 것으로 새롭게 인식되기에 이르렀다.

마키아벨리의 『전쟁술론』이 다른 저작에 비해 상대적으로 덜 중요하게 취급되기는 하였지만 그래도 이 책은 꾸준히 논의의 대상이 되었다. 예컨대 몽테뉴(Michel de Montaigne)는 그의 『수상록』에서 군사문제의 권위로서의 마키아벨리를 알렉산더 대왕, 크세노폰, 카에자르, 폴리비우스 등의 인물들과 거의 같은 반열에 놓기도 하였다.[7] 한편 18세기 프랑스의 전쟁이론가였던 삭스 원수(Maurice de Saxe)는 그의 주저인 『전쟁술에 관한 명상』(*Rêveries sur l'Art de la Guerre*, 1757)을 쓸 때 마키아벨리에 상당히 의존한 것으로 알려지고 있고, 독일의 프리드리히 대왕의 전술도 마키아벨리에서 배운 바가 많았다는 주장도 제기된 바 있다.[8] 또한 1812년 미국과 영국 사이의 전쟁이 발발하면서 미국 내에서

6) Gilbert, 1986, p. 27; Anglo, 1969, p. 129.

7) Montagine, 『수상록』 Bk 2, ch. 34.

전쟁 일반에 대한 관심이 높아지면서 『전쟁술론』의 미국 특별판이 발간되기도 하였다.[9)]

군사기술과 관련하여 마키아벨리가 『전쟁술론』이나 다른 저술에서 일관되게 강조하는 바는 공화국 로마의 관행으로 복귀해야 한다는 점이다. 이 점은 로마의 공화제적 정치관행을 배워야 한다는 주장과 표리를 이루는 것으로 보아야 할 것이다. 훌륭한 군대가 있는 곳에 훌륭한 제도가 있게 된다는 그의 언명은 바로 로마의 경험을 바탕으로 하는 것인데, 따라서 훌륭한 제도를 마련코자 하는 사람이라면 당연히 훌륭한 군사제도의 도입부터 관심을 가져야 한다는 것이다. 그는 고대의 비르투를 회복하는 일이 고대의 군사관행을 바탕으로 할 때 비로소 가능한 것으로 보고 있다.

마키아벨리에게 강한 영향력을 미친 로마 시대의 군사이론가로서는 기원후 1세기 말의 프론티누스(Sextus Julius Frontinus)와 4세기의 베게티우스(Flavius Vegetius Renatus)가 언급되는데, 특히 베게티우스가 전개하고 있는 시민개병제의 사상은 중세 및 르네상스 시대의 표준적 사고로 고착되었다. 특히 15세기 전체에 걸쳐 인문주의자들은 모두가 용병제에 반대하고 시민병제와 평화시의 군사훈련안을 주장한 바 있는데, 이것은 베게티우스에서 기원하는 것이라고 지적된다.

르네상스기 이탈리아에 와서 건국 당시의 로마의 군사관행에 대해 특별히 주목하고 이것의 장점을 강조한 사람은 레오나르도 브루니였다. 브루니가 특히 주목한 문제는 로마에서 처음 출현하였다고 그가 주장한 기사군이 당대의 피렌체에서 완전히 사라진 점이었다. 기사군의 로마 기원설에 관해서는 당대에도 이미 비판되었지만,[10)] 브루니가 특히 관심을 가진 문제는 피렌체의 군사조직이 로마의 관행에서 상당히 벗어나

8) Gilbert, 1986, p. 27.

9) Gilbert, 1986, p. 27.

10) Bayley, 1961, p. 216.

있었다는 점이었다.

군사문제에 있어 당대 피렌체의 관행이 로마의 전범에서 벗어나 있다는 점에서 당시 피렌체의 문제점을 제기한 브루니의 논의는 당시 초기 로마에 대한 열렬한 숭배자들 사이에서 큰 반향을 일으켰는데, 군사문제와 관련하여 가장 중요한 계승자로서는 밀라노 출신의 플라비오 비온도(Flavio Biondo)가 지적된다. 그는 브루니에 의해 자극되어 리비우스, 키케로, 베게티우스 같은 고전 저술가들을 다시 연구하여 원래의 로마 공화국의 군사조직과 특히 시민군제도에 관심을 집중하였다. 그는 모든 제도란 시간이 지나면 부패하기 마련인데, 이러한 부패의 과정에 맞서 제도들을 원래의 원리에 맞게 회복시키는 것이 정치가의 임무라고 말하였다. 특히 가장 완성된 형태로 발전했던 초기 로마의 군사제도를 기준으로 하여 당대의 제도가 만들어져야 함으로 역설하였다.

따라서 초기 로마의 제도가 정확히 어떠했는지에 관한 학술적 연구가 필수임을 강조한 그는 현학적이라는 비판에 개의치 않고 그러한 연구작업에 열중하였다. 고대 로마의 군사관행이 탁월하였던 근거로 우선 보편적 의무에 바탕을 둔 시민병제도와 전시에 대비한 지속적 훈련이었음을 강조한다. 특히 군대를 지칭하는 exercitus라는 라틴어 단어가 훈련을 지칭하는 exercitatio에서 왔음을 지적함으로써 훈련의 중요성을 대단히 강조하였다. 그리고 이와 함께 그는 용병제에 대한 대단히 강한 부정적 태도를 보였다.[11)]

비온도 이후 마키아벨리에 이르기까지 상당한 수의 인문주의자들에 의해 용병제의 폐해와 시민군의 우월성에 관한 논의가 일관되게 이루어졌었다.[12)] 또한 메디치 가문이 피렌체에서 추방되고 공화국이 선포된 1494년 이후 피렌체에서는 시민군제가 일부 실험되기도 하였다. 따라서 반용병제와 시민군에 대한 찬양을 기조로 하는 마키아벨리의 군사사상

11) Bayley, 1961, pp. 219-225.

12) 이러한 인문주의자들의 논의전통에 관해서는 Bayley, 1961, pp. 225-238을 볼 것.

은 우선 이러한 전통을 염두에 두면서 이해해야 할 필요가 있다.

이러한 인문주의 학자들의 시민군 찬양론은 때로는 지나치다 싶을 정도로 시종일관하고 있기 때문에 때로는 이들의 주장이 단순히 수사술의 연습으로 이루어진 것이 아닌가 하는 의심을 낳기도 하였지만, 최소한 마키아벨리의 시민군론과 반용병론은 생생한 현장교육의 결과로 이루어진 절실한 문제제기였다. 마키아벨리는 공직취임 직후부터 전시에만 설치되는 대외정책을 담당하는 10인 위원회의 비서관으로서 활동하면서 금전으로 사는 외국 지원병이나 용병의 폐해를 직접 육안으로 관찰할 기회를 가졌었다. 또한 체자레 보르자와의 면담은 용병군의 무력함과 직할 상비군의 중요성을 배울 수 있는 또 다른 기회가 되기도 하였다. 이러한 까닭에 시민군과 관련된 정치적 주장이 그의 핵심적 논지를 이루지만, 특히 『전쟁술론』에서는 군사의 기술적 사항에 대한 상세한 논의가 뒷받침되고 있는데, 구체적으로 다루고 있는 사항을 권별로 보면 다음과 같다.

1권: 민병대와 전문 직업군대의 비교; 충원의 방법과 병사의 필수적 자질

2권: 무기와 갑옷; 보병과 기병의 상대적 이점; 훈련과 기율의 중요성; 다양한 군사적 기동유형

3권: 로마, 그리스 및 스위스의 전투대형의 비교; 이상적 전투대형

4권: 군지휘관의 문제: 지휘관의 전투장소 선택, 전술, 부하통솔방식, 일반적 자질

5권: 적지에서의 행군질서; 보급; 전리품; 급료; 매복; 도하

6권: 야영; 보급

7권: 축성; 농성방어; 전투와 관련된 격언, 근대의 부패 개탄

용병폐해론

마키아벨리의 정치적 관심은 생존을 위해 끊임없이 상호 투쟁을 벌

이고 있는 국가들간의 관계 속에서 한 국가가 과연 어떻게 살아 남을 수 있는가 하는 문제에 초점이 맞추어지고 있다. 전쟁문제를 항상 염두에 두고 있는 그의 논의에서 자연스럽게 도출될 수 있는 점이지만, 국가는 생존하기 위해서는 무엇보다도 강해야 한다는 것이 그의 기본적 논지이다. 이러한 논의는 일반론이 아니라 당대 이탈리아, 특히 피렌체의 정치상황이라는 구체적 문제에 대한 토론을 중심으로 구성되고 있다. 마키아벨리가 보기에 당시의 가장 큰 문제점은 이탈리아 내 모든 도시국가들이 독자적 군대를 갖지 못하고 용병에 자신의 군사적 안위를 걸고 있다는 사실이었는데, 따라서 이 문제가 가장 집중적으로 거론되고 있다.

이러한 용병의 문제에 관련된 마키아벨리의 깊은 우려는 위에서 언급된 그의 주요 저작들 속에 그대로 반영되고 있다. 용병에 대한 그의 지극히 부정적인 판단과 직설적인 언명은 그를 유명하게 만든 논의 가운데 하나이다. 반용병의 입장은 『군주론』(12장)에서 오해의 여지 없이 대단히 분명하고 단호하게 언명되고 있다. 용병군이 전장에 붙어 있는 것은 애정(amore)이나 대의명분(cagione)이 아니라 얼마 안 되는 임금 때문인데 이것만으로는 고용주를 위해 죽으려고 하지 않는다는 것이다.[13] 이러한 용병은 야심만 많지 기율도 충성심도 없고 또한 조직도 제대로 되어 있지 않아 우군들 속에서는 용맹스럽지만 적군을 만나서는 겁쟁이가 된다고 그는 말한다. 또한 신에 대한 두려움을 갖지 않기 때문에[14] 사람들에 대해서는 신의가 없어 적군의 경우 전시에만 행하는

---

13) 급료가 아니라 명예 또는 지도자에 대한 애정을 갖는 군대만이 승리할 수 있다는 이 논지는 『로마사논고』 I-43에서도 로마 공화국의 예를 바탕으로 반복되고 있다.

14) 이 신에 대한 두려움은 마키아벨리의 종교관의 핵심이다. 즉 그는 서약의 중요성을 강조한다. 군사와 관련한 신에 대한 두려움의 강조는 *AW* 128, pp. 208-209에서 중심화자로서 사실상 마키아벨리를 대신하는 파브리치오 콜론나의 입을 빌어 다시 이루어지고 있다. 신에 대한 두려움이 모든 제도가 제대로 기능하게

노략질을 이들은 평시에도 한다. 한마디로 이들 용병대는 전쟁이 없을 때는 군인으로 열심히 복무하려고 하다가도 일단 전쟁이 터지면 도망친다고 마키아벨리는 말한다.[15] 샤를 8세의 이탈리아 침공과 관련하여 용병군에만 의존하던 당시 도시국가들의 군비태세를 비판하는 그는 그러한 준비부족상태를 거의 도덕적 죄악으로까지 생각한다.

용병군이 자신의 생명을 걸고 싸우지 않는다는 점에 대한 마키아벨리의 논의는 분노로까지 이어지는데, 이 점은 피렌체-베니스와 밀라노 사이에 (물론 용병군을 바탕으로) 벌어졌던 1440년의 안기아리(Anghiari) 전투의 상황을 기술하는 자리에서 잘 표시되고 있다. 그에 따르면,

> 두 시에서 여섯 시까지 계속되었던 이 긴 전투와 큰 패배에서 겨우 한 사람만이 죽었는데 그것도 부상이나 어떤 명예로운 타격 때문이 아니라 말에서 떨어졌다가 말에 밟힌 때문이었다. 당시의 전투는 그렇게 대단히 안전하게 진행되었는데, 왜냐하면 모두가 말을 탄 채 갑옷을 입고 싸웠고 일단 항복하면 목숨은 건질 수 있었다. 따라서 그들은 죽을 이유가 없었던 것이다(*FH* V-33).[16]

만드는 기초임은 그의 『로마사논고』에서 누마(Numa)의 역할에 대한 높은 평가에서 잘 드러난다. *D* I-11 참조.

15) 이러한 주장은 『군주론』 17장에서 인간성 일반과 관련하여 사람들은 필요가 없는 경우에는 군주에게 피와 재산과 목숨을 바쳐서라도 도우려고 하지만 정작 필요가 있는 경우에는 돕지 않으려 한다는 그의 독특한 진술방법과 대단히 유사하게 전개된다.

16) 여기에 인용된 구절은 르네상스 이탈리아의 전쟁이 대체로 무혈(無血)의 것이었다는 마키아벨리의 주장을 가장 잘 보여 주는 예인데, 역사가들에 의하면 이러한 주장과 실제의 사정은 많이 다른 것으로 지적된다. 예컨대 안기아리 전투의 경우 참전 양측의 사망자는 900명에 이르렀다고 지적된다. 이 점에 대해서는 Michael Mallet, *Mercenaries and Their Masters: Warfare in Renaissance Italy*(London: Bodley Head, 1974), p 197을 볼 것.

그런데 만일 용병군이 실제로 큰 비르투, 즉 전투능력을 발휘한다고 해도 별로 나을 것이 없다고 마키아벨리는 말한다. 그 이유는 일단 전쟁에 승리하게 되면 고용주를 위협하는 위험한 존재가 될 것이기 때문이다. 간단히 말해 군주국이든 공화국이든 독자적인 군대를 가져야 한다는 것이 그의 일관된 주장이다. 용병군이 무능하다면 당연히 그러한 용병을 고용하는 국가는 멸망할 것이고, 유능하다면 승리 후 고용주 위에 군림할 위험이 있다는 것이다. 따라서 군주국이라면 군주 자신이 직접 지휘관직을 맡아야 하고, 공화국이라면 자신의 시민을 전장에 보내되 법으로써 그의 행동을 통제해야 한다는 것이다.

한 공동체가 군주정을 택하든 공화정을 택하든 간에 독립을 유지하기 위해서는 반드시 용병이 아닌 독자적 군대를 가져야 한다는 생각은 물론 인문주의 사상가들의 논의전통을 그대로 이어받은 것이기는 하지만, 그에 못지않게 마키아벨리 자신의 현실경험을 바탕으로 한 논의였기도 한 것이다. 우선 1484년 프랑스의 샤를 8세가 이탈리아를 침공해왔을 때 그가 사용한 것은 칼이나 창이 아니라 단지 (병사들의 숙소로 사용할 집을 표시하기 위한) 백묵뿐이었다고 하는 경멸적인 언명은(*P* 12) 정작 필요한 때에 와서는 용병군이 변변히 저항 한번 해 보지 못했던 점에 대한 분노의 다른 표현으로 볼 수 있을 것이다.

용병군에 대한 그의 또 다른, 보다 직접적인 개인적 경험은 피사 시의 재탈환을 위해 피렌체 정부가 고용했던 용병대장 파올로 비텔리(Paolo Vitelli)와 관련된 사건이다. 1498년 4년간의 종교적 독재정치로 인해 인기를 상실한 사보나롤라가 처형당한 후 새로 수립된 피렌체 정부 제2서기국의 장으로 취임한 청년 마키아벨리가 처음 경험한 시련이었다.[17)]

17) 파올로 비텔리의 처형과 관련된 사건의 전말에 대해서는 앞의 제2장(pp. 32-33)을 볼 것. 이 문제는 바로 마키아벨리가 관장하던 업무분야인데, 그는 그 당시(10월 5일) 썼던 편지(Letter 11)에서 피렌체 정부 조치의 정당성을 역설한 바 있다.

시민군의 사상

위에서 지적된 바와 같이 마키아벨리에 있어서 군대가 능력을 발휘하기 위한 가장 중요한 조건은 병사들이 죽을 각오가 되어 있어야 한다는 점이다. 생명을 바칠 수 있는 각오는 급료만으로는 생기지 않고 '애정과 대의명분'을 필요로 하는 것인데, 이것은 병사들이 소속되어 살고 있는 공동체에 대해 그들이 만족할 때에만 생겨나는 것으로 그는 보고 있다.[18)]

이러한 기본적 사상을 바탕으로 하는 독자적 군대확보의 구체적 작업은 1503년부터 실행에 옮겨지기 시작하였다. 당시 피렌체는 피사의 탈환 같은 자신의 해묵은 대외정책상의 문제를 갖고 있었다. 이러한 대외정책상의 숙원사업을 해결하는 데 있어 독자적 정책수단, 즉 군대를 갖고 있지 않았던 피렌체가 할 수 있었던 일은 용병을 사거나 프랑스 또는 체자레 보르자 같은 외국 군대에 의존하는 방법밖에 없었다. 그러나 이들의 피렌체 지원은 자신들의 외교정책상의 확장욕구를 충족시키기 위한 수단으로서만 고려된 것이고, 이 점은 피렌체도 뼈저리게 느끼고 있었다. 용병의 어려움은 이미 앞에서 지적되었지만 외국 군대의 도움을 얻는 일도 용병에 못지않은 위험을 내포하고 있었는데, 이 점은 『군주론』의 13장에서 대단히 잘 설명되고 있다. 그의 주장의 요점은 그가 인용하고 있는 타키투스의 다음 구절로 웅변적으로 대변된다: "자신의 힘에 의해 지탱되지 않은 권력의 명성만큼 허약하고 불안정한 것은

18) 이 점은 "스스로 만족해 있고 자신의 명예를 위해 싸우는 군대와 불만에 차 있으며 남의 이익을 위해 싸워야 하는 군대 사이에는 큰 차이가 있다"라는 『로마사논고』 I-43의 첫 구절에서 잘 엿볼 수 있다. 또한 마키아벨리는 병사들이 싸우는 이유가 되는 지도자 또는 군주에 대해 애정을 갖지 않으면 강하지 않은 적을 상대해 싸울 경우에도 충분한 비르투를 발휘하지 못한다고 같은 곳에서 말하고 있다.

없다.”

이러한 상황하에서 당시 피렌체 정부의 수반 소데리니는 피렌체 독자 군대의 수립을 생각하기 시작했고, 이 안은 마키아벨리에 의해 구체적으로 짜여지기 시작했다. 당시 독자적 상비군안은 ‘ottimati(귀족)’ 라고 불리던 피렌체 상류 지배층에 의해 두 가지 이유에서 강력히 반대되었다. 하나는 하층민들을 무장시키는 데 대한 두려움이었고, 또한 이 군대가 정부 수반의 전제화의 수단으로 사용될 것도 두려워했던 점이다. 다른 하나는 결국에는 유산층에게 돌아갈 재정부담이었다. 이 문제와 관련하여 마키아벨리는 새로운 세금의 부과와 관련하여 「재정부담에 관련하여 연설될 논지」(Parole da dirle sopra la provvisione del denaio, 1503)라는 제목으로 의회를 설득할 연설문을 작성하기도 하였다. 여기에서 그는 “항상 남의 무력에 의존할 수 없으므로 적이 아직 멀리 있을 때 자신의 힘을 마련하는 것이 필요하다”는 점을 역설하고 있는데 뒤에 『군주론』, 『로마사논고』 등에서 발견되는 사상이 여기에서 이미 명백히 나타나고 있음을 알 수 있다.[19)]

의회 내 반대파의 의견을 물리칠 목적으로 마키아벨리는 피렌체 군대조직문제를 다룬 글(“Discorso dell’ ordinare lo stato di Firenze alle armi”, 1506)을 써서 지지파 사이에 회람하기도 하였는데, 소데리니는 의회를 설득하는 데 성공하여 12월 6일 법을 통과시키고 민병대 업무를 담당할 새로운 기구인 9인 위원회를 설치하였다. 마키아벨리는 1507년 1월 이 위원회의 서기로 임명되어 병사의 충원 및 훈련, 지휘관의 선발 등 실제업무 추진의 책임자가 되었다.[20)]

---

19) “Words to be spoken on the law for appropriating money,” in *CW* III, pp. 1439-1443.

20) 마키아벨리는 당시 민병대의 지휘관으로 미켈레 데 코렐라(Don Michele de Corella)를 임명하려 했는데, 그는 한때 체자레 보르자의 심복으로서 악명 높은 세니갈리아 학살사건(1502)의 실제 지휘자였다. 이에 귀족들은 대단히 부정적인 반응을 보였는데, 그 까닭은 소데리니가 민병대를 사병(私兵)으로 만들고 자신은 전제군주가 되려고 하는 의도를 비쳤기 때문이라고 보았기 때문이다.

1509년 5월 피렌체가 군사적으로 피사를 재정복한 것은 바로 마키아벨리에 의해 창설된 민병대의 역할을 바탕으로 한 것이었고, 그러한 의미에서 마키아벨리의 공이 압도적으로 컸던 것으로 평가된다. 그러나 1512년 8월 29일 스페인 군이 피렌체 시에 진격해 왔을 때 충분히 훈련받지 못한 병사들로 채워진 민병대는 아무런 저항도 보이지 않은 채 피렌체의 외곽인 프라토(Prato)에서 맥없이 무너져 버림으로써 직업적 병사들로 구성된 기성 군대조직에 맞서 민병대가 실제로 별로 효과적인 전투력을 만들지 못하는 것으로 인식되기에 이르렀고, 따라서 군사이론가로서 마키아벨리의 명성을 훼손시키는 요인이 되기도 하였다.

이 점에 대해서 마키아벨리 자신은 『전쟁술론』에서 주인공인 파브리치오의 입을 빌어 간접적으로 변호한다. 즉 어떤 군대도 군사적 패배를 면할 수는 없다고 말하면서, 예로서 로마 군단도 자주 패배를 당했고 한니발의 부대도 결국에는 정복되었던 사실을 들고 있다. 따라서 어떤 특정의 방식으로 창설된 군대가 한 번의 전투에서 패배했다고 해서 그 방식을 바로 쓸모없는 것이라고 말하는 것은 너무나 독단적인 일이라고 한다. 패배의 요인을 찾아보면 그것이 군대의 결함 자체 때문이 아니고 지휘관의 결점일 수도 있는데 중요한 것은 그러한 결점을 비난하는 것이 아니라 확인하여 교정하려고 노력하는 일임을 그는 강조한다.[21]

민병대가 경험부족에 따른 전문성의 결여로 인해 전투력이 떨어진다는 비난에 대해 파브리치오=마키아벨리는 경험부족으로 인해 병사들이 겁에 질릴 가능성을 인정하면서, 그러나 이것은 무장, 훈련 및 조직(기율의 강화)을 통해 극복될 수 있는 것임을 강조한다(*AW*, p. 29).

이 문제를 둘러싸고 학자들간에 이견이 존재하는데, 마키아벨리의 의도를 순수하게 보려는 입장에서는 미켈레의 강도 높은 훈련방식을 마키아벨리가 높이 평가했기 때문이라고 본다. 이 점에 관련된 논쟁과 몇 가지 문제점에 대해서는 Black, "Machiavelli, Servant of Florentine Republic," in Bock, Skinner and Viroli, 1990, p. 89를 볼 것.

21) *AW*, p. 30.

한편 민병대가 지원병이 아닌 강제징집병으로 구성되기 때문에 병사들의 불만이 높고 따라서 전투력이 떨어질 수 있다는 지적에 대해서도 어느 정도는 동의하면서 답변하기를, 완전히 강제방식에 따른 징집이나 완전한 지원병 어느 것도 바람직하지 않은 것으로 말한다. 왜냐하면 전자의 경우는 높은 불만 때문에 전투력의 산출이 어렵고, 후자의 경우는 군사를 직업으로 삼고자 하는 사람들이 지원할 것이기 때문에 정권찬탈에 관심을 가질 가능성이 높게 된다.[22] 따라서 마키아벨리는 중간방식을 권유하는바, 약간의 불편을 감수하고서라도 군사복무를 의무적인 것으로 생각하는 사람들을 선발할 필요가 있다고 권고한다.

군사영역에서의 비르투와 부패

지금까지 보았듯이 군대의 조직, 무장 및 훈련 등에 관련된 구체적인 기술적 사항들이 『전쟁술론』에서 그 기본주제로 상세히 다루어지고 있다. 이러한 논의에서 마키아벨리가 채택하고 있는 기준은 당연히 로마 공화국이다. 마키아벨리가 로마 공화국을 기준으로 당대의 군사문제를 논의하는 것은 단순히 고대의 군사기술이 마키아벨리 당대의 그것에 비해 더 우수했다는 기술적인 이유에서보다는 로마 공화국이 대단히 많은

22) *AW*, p. 28. 마키아벨리는 전쟁이란 사람들이 명예로운 삶을 영위해 나갈 수 있는 직업이 아니기 때문에, 군주나 통치자를 제외하고서는, 누구에 의해서든 업으로 삼아서는 안 된다고 강조한다. 또한 선한 사람이라면 남을 강탈하고 속이며 또한 남에게 잔인한 일을 해야만 하는 일을 직업으로 삼지 않는다고 말함으로써 군사의 업무가 본질적으로 악할 수밖에 없는 사정을 잘 요약하고 있다. 따라서 이러한 일을 직업으로 하고 있던 당대의 용병대장(condottieri)들이 인간적으로 신뢰할 만한 사람들이 아님을 강하게 암시하고 있다. *AW*, pp. 14-15. 흥미로운 것은 『군주론』 14장에서 마키아벨리는 군주들은 오로지 전쟁과 군사의 문제만 생각해야 한다고 권유하고 있는데, 이 점은 앞의 지적과 잘 연결된다. 그리고 이러한 까닭에 군주나 통치자는 기성의 윤리에 입각해 볼 때 착한 인물이 될 수 없다는 점도 암시되고 있다.

양의 비르투를 생산해 냈다고 그가 판단하는 점과 관련된다. 즉 로마 공화국에서 훌륭한 비르투가 많이 생산된 것은 훌륭한 정치제도 때문인데 이것은 다시 훌륭한 군대의 덕으로 만들어진 것이다. 따라서 병사의 충원, 무기, 전술 등 로마의 군사적 관행의 다양한 측면을 연구하고, 그것을 바탕으로 그가 부패로 규정하고 있는 당대의 군사적 관행을 비판하고 그 대안을 제시하는 작업이 마키아벨리의 군사론의 핵심사항이다. 이런 점으로 미루어 볼 때 그의 작업은 전술 같은 기술적인 문제에 국한되는 것이 아니라 공동체의 정치이상의 달성이라는 보다 넓은 의미의 정치적 작업이 된다. 고대의 어떤 점을 모방할 것인가에 대한 물음에 대해 파브리치오, 즉 마키아벨리는 다음과 같은 명료한 답을 주고 있다:

> 비르투를 존중하고 상을 주며, 가난을 경멸하지 않고 군대 내의 훌륭한 질서와 기율을 높이 평가하며, 시민들을 서로 사랑하게 만들고, 당파행위를 거부하고 개인의 이익보다는 공공의 선을 더 선호하는 것입니다 (*AW* 12).

이러한 의미에서 『전쟁술론』에서 집중적으로 다루어지는 군사문제의 논의는 단순히 기술적 문제로 그치는 것이 아니라 『로마사논고』나 『피렌체사』 같은 그의 다른 저술과의 연결선상에서 이해되어야 하는 것이다. 즉 『로마사논고』에서 다루어지는 고대적 비르투와 『피렌체사』에서 논의되는 당대의 부패의 대비는 군사적인 측면과 연결되어 『전쟁술론』에서 반복되고 있다.

마키아벨리가 볼 때 군사문제와 관련된 부패의 전형은 용병에서 그 전형적 모습이 발견된다. 즉 금전의 요소가 군사영역에 침투한 결과로서 부패가 발생하게 된 것인데, 이 점은 당대의 피렌체의 주도세력이 상업계급이었다는 점과 연관시켜 설명하고 있음을 우리는 이미 앞의 제7장에서 살펴본 바 있다. 정치의 주도계층이 군사업무를 게을리하고 대신 돈으로 무력을 고용하였기 때문에 자신의 무력을 돈으로 팔고자 하는, 즉 무력을 전업으로 하는 부류의 사람들이 나타난 것으로 그는 보고 있다. 마키아벨리는 공동체의 통치자 또는 군주가 아닌 사람들이 이러한 무력을 전업으로 하게 해서는 안 된다는 것이 그의 핵심적 주장이다. 무력을 전업으로 삼을 경우 반드시 탐욕적이고 속임수를 써야 하며 잔혹해야만 하는데, 돈을 벌기 위해 이러한 일을 하는 사람은 결코 좋은 또는 착한 사람일 수가 없다는 것이다. 또한 평화시에는 이러한 사람들이 일할 기회를 갖지 못할 것이기 때문에 이들은 반드시 평화를 막으려고 노력하거나 전시에는 전쟁이 끝난 이후에도 자신을 유지할 수 있는 물자를 마련하려고 애쓸 것이라고 마키아벨리는 말한다. 결국 이러한 사람들은 아무런 가책도 없이 나라 전체를 약탈할 것이라는 것이다(*AW* 14-15).[23]

용병군의 대안으로 제시되는 시민군의 이상은 인문주의의 전통의 일부로 계승된 것인데, 이 이상은 아리스토텔레스적 시민의 관념을 바탕으로 하는 것으로 지적된다.[24] 이러한 시민의 관념은 다음과 같은 추론을 낳게 된다. 자신의 생업에만 관심을 둠으로써 공공선에 무관심한 사람은 완전한 시민이 될 수 없다. 그런데 현실에 있어 대부분의 사람들은 자신의 특수한 직업과 관련된 이익을 공동의 이익으로 만들고자 하는 경향이 있다. 이것은 단지 자신의 일에만 열중하는 사람에 비해 더 나쁜 일이다. 그러나 그 특수한 직업이 무력의 행사라면 그것은 사회 전체를 파괴하는 대단히 위험한 일이 될 수 있다. 따라서 그러한 업무는 공동체 전체가 장악해야 하고 구체적으로는 공동체의 일반적 이익에

23) 여기에서 사용되는 '전업(專業)'이라는 표현은 arte의 번역이다. 마키아벨리가 자신의 책의 제목을 *Arte della Guerra*라고 붙였을 때 그는 arte라는 말이 갖고 있는 이중적 의미를 모두 살리고자 한 것으로 보인다. 즉 기술이라는 의미로서 전쟁술과 전쟁 또는 무력의 전문업이라는 두 가지의 의미를 동시에 표출하고자 한 것으로 여겨진다. 즉 그는 전쟁의 기술적 측면을 다루면서 동시에 무력의 전업이 개인이 아닌 국가의 차원에서 확보되어야 한다는 점도 동시에 강조하고자 한 것으로 보인다. 이 점에 대해서는 Pocock, 1975, pp. 199-200을 볼 것.

24) Pocock, 1975, p. 200.

봉사할 시민들에게 맡겨져야 한다. 이러한 논지는 인문주의 전통에 일관되는 시민군 사상의 기본가정인바 마키아벨리도 같은 맥락에 놓여 있다.

마키아벨리의 논의는 실제로는 단순히 인문주의의 시민군 사상을 그대로 반복하는 것이 아니다. 그에게 있어 그의 이상을 실현시킬 수 있는 시민군 사상은 충분한 (국가)권력을 장악하고 있는 군주들이 자신의 백성들 가운데에서 1만 5천~2만 명 정도 규모의 군대를 고대의 방식에 따라 조직하는 일이 된다(*AW* 207). 이러한 작업은 주어진 목적에 고무되어 있고 또한 백성들을 고무시킬 수 있는 지도자에 의해서만 가능한 것이다. 바로 이러한 의미에서 마키아벨리의 『전쟁술론』은 『군주론』으로 다시 이어지는 것으로 얘기된다.

당시의 이탈리아의 상황이 무척 안 좋은 상태에 있었던 것은 분명하지만, 희망이 전혀 없는 것은 전혀 아니라고 말한다. 적절한 사람들을 선발하여 무장시키고 기율을 부과하고 훈련만 시키면 어떤 나라에서도 훌륭한 군인을 만들 수 있다. 비록 본성적으로 갖고 있는 약점도 인위적 노력을 통해 고쳐질 수 있고 본래적으로 갖는 우수성보다 더 효과적인 군인을 만들 수 있다는 것이 파브리치오, 즉 마키아벨리의 주장이다(*AW* 24-25).

마키아벨리 군사사상의 평가

군사문제에 관한 마키아벨리의 논의는, 전투기술에 관련된 한에서는, 상당한 약점을 지니고 있다. 가장 대표적인 것으로는 그 당시 발전되고 있던 화기의 중요성에 대한 그의 저평가를 들 수 있을 것이다. 이러한 점 때문에 그는 상당히 부정적으로 평가되기도 하였다. 가장 대표적인 경우로는 20세기 전반의 대표적 중세 군사사가였던 오먼(Charles Oman)의 경우를 들 수 있다. 그에 따르면 마키아벨리는 당대까지 이루어졌던 군사기술의 발전의 역사적 의의를 전혀 파악하지 못했고, 따라서 그가 제시한 권고안들은 그 이후의 발전에 아무런 영향을 미치지 못했다. 이와 마찬가지 문맥에서 앵글로(Sidney Anglo)는 『전쟁술론』이 미래에 대한 전망을 전혀 보이지 않기 때문에 기껏해야 다만 중세까지의 전쟁이론들의 가장 잘된 집성이라고 말할 수 있을 뿐이라는 평가를 내리고 있다.[25)]

아마도 군사기술에 관한 이론서라는 좁은 의미에서는 이러한 부정적 판단이 그것과는 정반대되는, 즉 근대적 '군사혁명'을 알리는 첨병적인 의의를 갖는 문헌으로 보는 우드(Neal Wood)의 견해[26)]보다는 더 정확할지 모른다. 그러나 앞서 지적하였듯이 마키아벨리의 군사이론은 군사기술적인 면 그 자체보다는 정치적 함의 때문에 중요성을 갖는다.

우선 마키아벨리는 군사문제뿐 아니라 정치 일반을 논의함에 있어 거의 전적으로 로마 공화국의 경험을 바탕으로 하고 있다. 그런데 로마 공화국의 성장과정은 주변 국가들과의 지속적 전쟁과 정복의 과정이었기 때문에 로마의 경험을 바탕으로 전쟁의 문제를 다루는 마키아벨리의 논의는 근대국가체제에 있어서 전쟁이 차지하는 중심적 위치에 관해 남다른 대단히 탁월한 통찰을 보여 주고 있다. 그에 따르면 모든 정치공동체는 자신을 유지하기 위해서 (전쟁을 불가피하게 수반하는) 팽창정책을 취하지 않을 수 없다고 말한다. 특히 평민의 수적 증대와 정치참여의 확대를 허용하는 경우 그러한 정책은 불가피하게 여겨진다(*D* I-6). 이러한 지적은 결국 국가들은 자신의 내부체제에 무관하게 경쟁적 복수국가의 체계 속에서는 전쟁지향적 정책을 불가피하게 취할 수밖에 없다는 논지의 기초가 되는 것이다. 그는 물론 아직 근대국가체제가 성숙한 단계에서 이러한 관찰을 한 것은 아니지만, 조국 이탈리아의 난국을 개탄하고 또 극복하려는 실천적 노력 덕분에 당시 프랑스와 스페인

---

25) Charles Oman, 1937, pp. 93-94; Anglo, 1969, p. 157.

26) 우드가 『전쟁술론』의 영역판에 수록한 안내문에서는 마키아벨리의 군사이론의 선구적 성격을 약간 과장되게 평가하고 있다. *AW*, pp. xxxvi-xlvii을 볼 것.

에 의해 주도되던 근대국가 형성작업의 역사적 의의를, 달리 표현하면 근대 국제체제의 경쟁적 본성을 개념적으로 가장 먼저 파악한 선각자 그룹에 끼게 될 수 있었다. 그리고 이러한 상황에서 한 국가가 취할 수 있는 정책의 선택은 자신의 권력지위의 유지 내지는 확대만으로 사실상 대단히 제한되어 있다는 점을 명백히 한 것도 그의 사상에서 비롯하는 바 크다. 바로 이러한 점에서 마키아벨리는 근대 서양의 국가이성사상의 시조로서 지적될 수도 있을 것이다.[27)]

한편 궁극적으로는 개병제로 연결되는 시민군의 관념과 제도를 마키아벨리가 강조했다는 사실은 그의 숭배자들의 입장에서는 클라우제비츠에 의해 3세기 후에 비로소 국민전이라는 개념하에 포착할 수 있었던 민족주의적 전쟁자원의 동원이라는 근대사적 경험을 그가 미리 예견한 것으로 평가될 수 있을 것이다. 그의 정치이론에는 확실히 참정권의 확대가 국가권력의 비상한 증가의 전제조건이 된다는 점에 대한 문제의식이 포함되고 있다.[28)] 물론 마키아벨리 자신이 직접 시도한 시민군의 조직은 아직은 피렌체라는 도시국가의 수준에서 이루어진 것이었고, 또한

---

27) 마키아벨리에 대한 이러한 해석은 마이네케에서 비롯한다. Meinecke(1957). 그러나 유의해야 할 점은 17세기 이후 서유럽에서 정착된 국가이성의 관념은 마키아벨리의 국가(stato)개념과 상당히 거리를 두고 있다. 즉 마키아벨리에서는 아직도 국가가 독자적 판단기준이나 가치를 주장할 수 있을 정도의 주체로서 파악되고 있지 않다. 따라서 마키아벨리에게서 국가이성의 관념을 찾는 일은 시대착오적으로도 보일 수 있다. 이러한 문제점은 Hexter, 1973, pp. 167-171에서 설득력 있게 지적되고 있다. 그러나 마키아벨리의 논의가 기본적으로 경쟁적 국제관계체제 속에서 개별 국가들이 살아 남기 위해 당연히 취해야 할 행동의 원칙에 관한 것이라는 점에서 그에게서 국가이성사상의 원형을 찾는 일이 그렇게 무리한 일은 아니라고 여겨진다.

28) 『로마사논고』 1권의 앞 부분에서 시도되는 로마와 스파르타/베니스의 비교는 바로 이 문제, 즉 국력의 신장과 주민의 정치참여 허용 사이의 상관관계를 다루는 것이다. 마키아벨리의 논의의 근대성에 관한 추가의 논의로는 Wolin, 1960, pp. 228-235를 볼 것.

그의 논의도 대부분 로마나 스파르타 같은 도시국가의 경우를 바탕으로 하고 있기 때문에 그의 논의를 근대적 국민국가의 관념으로 바로 연결시키는 데에는 상당한 무리가 따른다. 그러나 그가 그토록 애타게 호소했던 무장의 필요성은 이미 근대국가로 성장한 프랑스와 스페인의 경험을 관찰하면서 느껴진 것이었고, 그에 대응하여 이탈리아의 통일을 호소했다는 점에서 미루어 볼 때 그는 이미 단순히 중세적 도시국가의 이론가 수준을 넘어서고 있었던 것으로 볼 수 있다.

군사문제와 관련한 마키아벨리의 논의의 출발점이자 귀착점은, 모든 정치제도의 조직은 반드시 군사조직의 원활한 기능에 대한 우선적인 고려를 바탕으로 해야 한다는 점이다. 바로 이러한 문제의식은 정치에 관한 그의 논의의 틀 속에서 항상 수단으로서의 강제력 또는 군사의 문제가 다루어질 수 있게끔 되어 있다는 사실에서 잘 엿보인다. 이렇게 폭력 또는 강제력의 문제를 항시 염두에 두면서 진행되는 정치담론의 특성이 마키아벨리를 고대적 또는 중세적 정치사상에서 벗어난 근대 정치이론의 창도자 또는 첨병으로 보게 만드는 결정적인 근거가 되고 있는 것이다.

제13장

맺는 말

지금까지 우리는 개인적 전기, 주요 저작 그리고 중심개념이라는 세 가지 측면에서 접근하여 마키아벨리의 정치사상이 갖는 혁신적 성격의 이해를 시도하였다. 앞에서도 여러 번 강조하였듯이 마키아벨리는 직업적 학자 또는 저술가는 아니었다. 이러한 점은 그의 사상을 형성하는 데 있어 장점으로도 단점으로도 작용하였다. 우선 단점이라는 점에서 볼 때 그의 사상을 담고 있는 그릇인 논의의 틀은 높은 정도의 체계성 또는 탄탄한 논리적 구성력을 보이지 않고 있다. 마키아벨리는 인상적인 표현에 대단히 능하지만 동시에 가끔 과장된 표현도 즐겨 사용하고 있어 '정확한' 기술과는 제법 거리가 있는 듯이 보인다. 의도적인 것으로 여겨지기도 하지만 때로는 아무런 설명도 없이 모순되는 듯한 논지를 별 거리낌도 없이 전개함으로써 독자를 어리둥절하게 만들기도 한다. 그리고 특정 용어를 사용할 경우 정확한 정의를 내리지 않은 채 혼란스럽게 사용하는 경우도 적지 않다.

그러나 그가 전문적으로 훈련된 학자가 아니었다는 점은 그가 전통적 이론이나 관념의 구속을 덜 받으면서 새로운 정치현실을 직시할 수 있는 기회를 제공했다는 점에서 장점으로 작용한 면도 또한 적지 않다. 마키아벨리는, 다른 모든 사상가들과 마찬가지로, 자신이 물려받고 있는 당대의 지적 전통을 바탕으로 사고하고 발언하였다. 즉 그는 르네상스 이탈리아의 인문주의의 사고틀을 충실히 계승하고 있다. 그러나 동시에 그는 직업적 인문주의 학자들과 달리 인문주의 전통이 부과하는 여러 가지 구속에서 상대적으로 자유로운 위치에 있었다.

마키아벨리는 인문주의를 통해 기독교 전래 이전의 고대 로마의 정치전통을 직접 관찰하는 계기를 가질 수 있었다. 그러나 평민이라는 그의 신분적 지위와 관련하여 르네상스 인문주의의 독특한 보수적 이데올로기적 한계를 벗어날 수 있었다. 이러한 점 가운데 가장 중요한 부분은 공동체 생활에 있어서 갈등과 화합에 대한 평가와 관련해서 나타난다. 이미 지적되었듯이 르네상스 인문주의는 르네상스 이탈리아의 도시국가체제의 대내외적 정당화와 직결된다. 르네상스 인문주의는 대외적으로는 신성로마 제국을 상대로 한 도시국가의 정치적 독립의 정당화, 일인 독재체제에 맞선 공화제의 옹호 그리고 대내적으로는 가부장적 공화제의 정당화의 작업과 관련되면서 성장하였다. 인문주의에 대한 마키아벨리의 거부는 가부장적 공화주의 사상이 강조하는 화합의 이데올로기를 반박하고 갈등의 효능을 주장하는 부분에서 가장 선명하게 드러난다.

마키아벨리에 있어서 공화국 로마는 이상적 정치체제를 상징하는 것이었다. 그 곳에서는 공화제적 자유가 보장되었다. 그 자유는 스파르타/베니스와는 달리 사회적 갈등을 효과적으로 활용한 동태적 개방적 공화정 속에서 달성된 것이었고 또한 그러한 공화제적 동태성을 항구화하는 역할을 수행하였다. 이 동태성은 로마가 단순히 도시국가로 머물지 않고 세계적 제국으로 성장할 수 있었던 밑거름이었다. 마키아벨리의 정치이상은 그 자신도 계승하고 있는 인문주의의 기초가 되는 잘 통합된, 그러나 정태적인 도시국가의 틀 속에서는 이미 달성될 수 없는 것이었다.

이러한 점은 1494년의 위기의 경험을 바탕으로 하면서 학자가 아니라 외교 및 군사 실무관리로서 현실 국제정치를 경험한 마키아벨리의 절실한 현실인식의 결과로 나타난 것이었다. 이 문제도 기본적으로는 정치공동체의 문제였다. 그러나 이상적 정치체제를 탐구하는 전통적 공동체의 논의방식으로는 그의 기본적 관심사, 즉 시민들의 정치참여에 대한 제약의 부재와 정치공동체의 대외적 독립, 나아가서는 위대성의 달성이라는 두 가지 의미에서의 자유를 확보할 수 있는 전략의 문제가 제대로 다루어질 수 없는 것이었다.

이러한 문제는 상상된, 즉 이상적 정치공동체에 대한 고찰을 통해 대답될 수 있는 것이 아니었다. 그에게 있어서는 대신 사물의 효과적 진실에 바로 접근하는 것이 무엇보다도 중요한 일이었다. 정치문제와 관련된 효과적 진실은 과연 무엇인가?

마키아벨리의 정치이론의 핵심적 문제는 비르투의 문제이다. 즉 자신이 필요로 하는 바를 달성할 수 있는 공동체의 집합적 능력이다. 이 공동체의 능력은 시민 전체의 능력의 집합이다. 그러나 시민은 기본적으로 귀족과 평민이라는 서로 이해관계를 달리하는 양대 세력으로 갈라져 있다. 이러한 귀족과 평민 사이의 갈등은 효과적으로 이용할 경우 공동체의 비르투와 내부적 자유를 신장시킬 수 있다. 로마 공화국에서 이러한 가능성의 전형적 모습을 발견할 수 있다는 것이 마키아벨리의 주장이다. 그러나 그의 입장에서 볼 때 당시의 피렌체 공화국은 로마와 달리 그러한 갈등을 통해 세력간의 능력이 증진되기는커녕 상쇄되었기 때문에 갈등은 공동체적 비르투를 신장시키지 못하고 오히려 상쇄시킴으로써 공동체의 비르투를 현격히 저하시켰다.

왜 동일한 계급간의 갈등이 고대 로마 공화국과 당대의 피렌체에서 정반대의 결과를 낳았는가? 이 문제가 마키아벨리의 전체 논의에서 중심적인 위치를 차지하는데, 그 답은 부패라는 관점에서 주어진다. 마키아벨리에 있어서 부패는 기본적으로 갈등관계에 있는 다양한 사회세력들이 공동선, 즉 공동체의 집합적 이익보다는 자신들의 사적 이익을 앞세우는 것을 의미한다. 동일한 갈등이 로마와는 정반대로 피렌체에서는 공동체의 비르투를 최소화하는 쪽으로 유도되는 것은 결국 질료로서 시민들의 타락한 자질 때문인 것이다. 결국 이 문제에 대한 마키아벨리의 해결책은 간단하다. 이것을 고칠 수 있는 비르투를 갖춘 혁신적 지도자의 등장 외에 다른 방법이 없다.

이 문제는 이미 도덕이나 윤리의 영역을 떠난 기술적 또는 공학적 차원의 문제이다. 즉 효과적 권력을 만드는 방법의 문제이다. 따라서 마키아벨리에 있어서 효과적 권력의 구성문제가 정치공동체의 핵심문제가 된다. 이 문제를 다루지 않는 어떤 논의도 정치학적으로는 아무런 의미를 가질 수 없는 것이 된다. 바로 이러한 관점에서 그가 사물의 유효한 진실을 말할 때 그것은 곧 변혁을 효과적으로 추진할 수 있는 효과적 정치권력의 조직의 문제라고 얘기될 수 있다. 이러한 점에서 마키아벨리의 국가문제의 논의는 이미 polis(civitas) 또는 politeia(res publica)의 문제가 아니라 stato의 문제였다. 즉 이상적 공동체에 대한 윤리학적 논의가 아니라 권력조직체로서의 국가조직에 대한 현실적 논의였다.

이러한 정치문제에 대한 권력이론적 접근은 그 이전까지의 지배적인 정치사상의 전통, 즉 그리스 · 로마의 고전 정치이론 및 중세 기독교 사상에 대한 정면적인 도전이라는 의미를 지니는 것으로서 이러한 관점에서 마키아벨리의 논의가 갖는 혁신성 또는 근대성의 의의가 얘기될 수 있는 것이다. 이러한 결론은 어찌 보면 자칫 진부하게 들릴 수도 있다. 그러나 마키아벨리의 그러한 혁신적 논의는 단순히 마키아벨리 또는 어떤 다른 이론가나 사상가 자신의 개인의 천재성 또는 날카로운 관찰력만을 갖고 되는 것이 아니라 당시 유럽에서 나타난 역사적으로 전혀 새로운 정치실험을 바탕으로 한 것이라는 점을 염두에 둔다면, 마키아벨리의 문제는 현실주의의 시조라는 진부한 상투적 지적으로 그칠 문제가 아니라 근대사의 새로운 정치실험에 대한 최초의 심층적 성찰이라는 관점에서 재음미될 수 있을 것이다.

이제 막 언급된 새로운 정치실험이란 당시까지 경험해 보지 못했던 근대국가의 등장을 의미한다. 이미 본문에서 몇 차례 지적되었듯이 당시 스페인과 프랑스 왕국의 출현은 그 이전의 제국이나 도시국가 또는 봉건 영주체제와도 전혀 다른 새로운 정치조직이었고, 이 조직의 강점은 전국적 규모에서의 자원의 효과적 동원을 기반으로 하는 것이었다. 따라서 당시까지는 경험할 수 없었던 가장 효율적인 권력자원의 동원이라는 관점에서 포착될 때 이러한 새로운 정치조직의 역사적 특성이 가장 훌륭하게 포착될 수 있는 것으로 보인다. 마키아벨리는 피렌체라는 소규모 도시국가의 외교관으로 국가의 안전문제를 다루는 과정에서 이러한 문제를 절실히 느끼게 되었고, 이와 관련된 모든 문제 — 외교, 군사, 재정, 계급갈등 등 — 는 비르투라는 하나의 개념 속에 압축되었다.

사실 근대국가의 경험과 무관하게 권력의 논리에 관한 '현실주의적' 논의는 마키아벨리 이전에도 많은 사람들, 예컨대 고대 그리스의 투키디데스, 고대 중국의 한비자(韓非子), 고대 인도의 카우틸리야(Kautilya) 등에 의해서 충분히 개진된 바 있다. 그러나 마키아벨리를 이들과 구별지어 주는 특성은 그의 논의가 권력행위의 탈도덕성이라는 철학적 문제에 국한된 것이 아니라 근대국가의 출현을 바탕으로 새로운 국가관념을 제시하는 역사적 논의라는 점에서 발견된다. 즉 그의 정치문제에 대한 권력이론적 논의는 근대국가의 출현을 바탕으로 하는 정치이론의 새로운 패러다임의 출현을 알리는 작업으로서 그 의미를 지닌다. 이러한 점에서 근대국가에 관한 보다 체계적 논의를 시도한 바 있는 장 보댕(Jean Bodin)이나 토마스 홉스(Thomas Hobbes) 모두가 마키아벨리의 논의를 출발점으로 하고 있다는 사실은 결코 우연이 아닌 것이다.[1)]

---

1) 마키아벨리와 보댕은 여러 가지 면에서 많은 차이를 드러내고 있지만 이들 모두가 새로운 현상으로서 국가(stato)의 문제를 집중적으로 거론한다는 점에서 보댕은 마키아벨리의 첫번째의 사상적 계승자로 이해될 수 있다. 이 두 사람의 상호 관련성에 대해서는 John Plamenatz, *Man and Society*, vol. 1 (London: Longman, 1963), pp. 89-92를 볼 것. 마키아벨리와 토마스 홉스 사상의 내적 연관성에 대한 간결하면서도 분명한 지적으로는 레오 스트라우스의 논의를 들 수 있을 것이다. 그에 따르면 토마스 홉스가 건립해 놓은 큰 (이론적) 건조물은 위대한 탐험가로서 마키아벨리가 발견한 신대륙 위에 만들어진 것이다. 또한 토마스 홉스

에 의해 복원이 시도된 정치의 도덕적 원리, 즉 자연법은 마키아벨리의 현실주의라는 수준에서 이루어진 것이다. 바로 이러한 과정에서 자연법 사상이 원래 포함하고 있던 도덕적 함의가 증발하게 되었고, 대신 현실 정치 속에서 발견되는 기계적 법칙의 의미를 지니게 된 것이라고 스트라우스는 말하고 있다. Leo Strauss, *Natural Right and History*(Chicago: University of Chicago Press, 1953), pp. 177-180. 보댕에 비해 홉스의 경우는 자신의 작업이 마키아벨리의 연장선에 있음을 더욱 분명히 의식하는 것으로 보인다. 예컨대 그는 자신의 *Leviathan* 15장에서 "국가를 창건하는 일에 있어서 발휘되는 악(惡)은 덕(德)이라는 이름을 얻게 되었다"라고 냉소적인 언명을 하고 있는데, 이 점은 (정치적 행위의 수준에서) 악덕을 실천할 수 있는 능력마저도 비르투로 규정하는 마키아벨리의 역설적 논의를 패러디하는 것처럼 보이기도 한다. Thomas Hobbes, *Leviathan*, ed. C.B. Macpherson(Harmondsworth: Penguin Books, 1968), p. 203.

참고문헌

A. 마키아벨리 저작[1)]

『군주론』. 박상섭 역. 서울대학교출판문화원, 2011.

『마키아벨리와 君主論』. 金榮國 역. 서울대학교출판부, 1992.

The Art of War. Ellis Farneworth. tr. New York: Da Capo., 1990. (*AW*)

The Chief Works and Others. 3 vols., Allan Gilbert. tr. Durham, N.C.: Duke University Press, 1965. (*CW*)

The Discourses. Bernard Crick. ed. Harmondsworth: Penguin, 1970.

The Discourses of Niccolo Machiavelli. 2 vols. Leslie Walker. ed. and tr. London: Routledge & Kegan Paul, 1975(1950).

The Discourses on Livy. Harvey C. Mansfield and Nathan Tarcov. trs. Chicago: University of Chicago Press, 1996. (*D*)

Florentine Histories. Laura F. Banfield and Harvey C. Mansfield, Jr. trs. Princeton. N.J.: Princeton University Press, 1998.(*FH*)

Legazioni e commissarie. 3 vols. Sergio Bertelli. ed. Milano: Feltrinelli, 1964. (*LC*)

Machiavelli and His Friends: Their Personal Correspondence. James B. Atkinson and David Sices. eds. & trs. Dekalb: Northern Illinois University Press, 1996. (*Letters*)[2)]

The Prince. Harvey C. Mansfield, Jr. tr. Chicago: University of Chicago Press, 1985. (*P*)

The Prince. Peter Bondanella. tr. New York: Oxford University Press.

The Prince. Quentin Skinner and Russell Price. eds. Cambridge: Cambridge University Press, 1988.

Discorsi sopra la prima deca di Tito Livio, Dell'arte della guerra e altre opere, R. Rinadli, ed. 2 vols, Torino: UTET, 1999.

Il Principe. Milano: Feltrinelli, 1979.

1) 마키아벨리의 일부 저작 중 책명의 끝부분에 보이는 괄호 속의 약어는 이 책에서 사용되는 약어임을 밝혀 둔다.

2) 개별 편지는 Letter ○○○으로 표시됨.

Il Principe by Niccolo Machiavelli. L. Arthur Burd. ed. Oxford: Clarendon, 1968(1891).

Tutte le opere storiche e litterarie. Guido Mazzoni and Mario Casella. eds. Florence: G. Barbera, 1969(1929).

B. 2차 문헌

陳元淑. 『마키아벨리와 국가이성』. 신서원, 1996.

스키너, 퀜틴 외. 『마키아벨리의 이해』. 강정인 편역. 문학과지성사, 1993.

Althusser, Louis. *Machiavelli and Us*. Gregory Elliott. tr. London: Verso, 1999.

Anglo, Sydney. *Machiavelli: A Dissection*. New York: Harcourt, Brace & World, 1969.

Aron, Raymond. *Machiavelli et les tyrannies modernes*. Paris: Fallois, 1993.

Ascoli, A.R. and Kahn, Victoria(eds.). *Machiavelli and the Discourse of Literature*. Ithaca, N.Y.: Cornell University Press, 1993.

Ball, Terence, James Farr and Russell L. Hanson(eds.). *Political Innovation and Conceptual Change*. Cambridge: Cambridge University Press, 1989.

Baron, Hans. *The Crisis of the Early Italian Renaissance: Civic Humanism and Republican Liberty in an Age of Classicism and Tyranny*. Princeton: Princeton University Press, 1966.

____. *In Search of Florentine Civic Humanism: Essays on the Transition from Medieval to Modern Thought.* 2. vols. Princeton: Princeton University Press, 1988.

____. "Leonardo Bruni: 'Professional Rhetorician' or 'Civic Humanist'?" *Past and Present* 36. 1967, pp. 21-37.

____. "Machiavelli the Republican Citizen and Author of 'The Prince'," *The English Historical Review* 76. 1961, pp. 217-253.

____. "The *Principe* and the Puzzle of the Date of Chapter 26," *Journal of Medieval and Renaissance Studies* 21. 1991, pp. 83-102.

Becker, M. "Individualism in the Early Italian Renaissance: Burden and Blessing," *Studies in the Renaissance* XIX. 1972, pp. 273-297.

Berlin, Isaiah. "The Originality of Machiavelli," in *Studies on Machiavelli*. Myron P. Gilmore. ed. Florence: Sansoni, 1972, pp. 147-206.

Black, R. "Florentine Political Traditions and Machiavelli's Election to the Chancery," *Italian Studies* 40. 1985, pp. 1-16.

Bock, Gisela, Quentin Skinner and Maurizio Viroli(eds.). *Machiavelli and Republicanism*. Cambridge: Cambridge University Press, 1990.

Bonadeo, Alfred. *Corruption, Conflict and Power in the Works and Times of Niccolo Machiavelli*. Berkeley: University of California Press, 1973.

Brown, Alison. *Bartolomeo Scala 1430～1497 Chancellor of Florence: The Humanist as Bureaucrat*. Princeton: Princeton University Press, 1979.

Brucker, Gene A. *Renaissance Florence*. Paperback. ed. Berkeley: University of California Press, 1983.

Bullard, Melissa M. *Filippo Strozzi and the Medici; Favor and Finance in Sixteenth-Century Florence and Rome*. Cambridge: Cambridge University Press, 1980.

____. "Marriage Politics and the Family in Florence: The Strozzi-Medici Alliance of 1508," *American Historical Review* LXXXIV. 1979, pp. 668-687.

Butterfield, Herbert. *The Statecraft of Machiavelli*. London: G. Bell, 1940.

Butters, H.C. *Governors and Government in Early Sixteenth-Century Florence, 1502～1519*. Oxford: Clarendon, 1985.

Cassirer, Ernst. *The Myth of the State*. Garden City, N.Y.: Doubleday, 1955.

Chabod, Federico. *Machiavelli and the Renaissance*. New York: Harper, 1958.

Chiapelli, Fredi. "Machiavelli as Secretary," *Italian Quarterly* 14. 1970, pp. 27-44.

Clark, Richard C. "Machiavelli: Bibliographical Spectrum," *Review of National Literatures* 1. 1970, pp. 93-135.

Cochrane, Eric. "Machiavelli: 1940～1960," *The Journal of Modern History* 33. 1961, pp. 113-136.

Colish, M. "Cicero's *De Officiis* and Machiavelli's Prince," *Sixteenth Century Journal* 9. 1978, pp. 81-94.

____. "The Idea of Liberty in Machiavelli," *Journal of the History of Ideas* 32. 1971, pp. 323-350.

Danel, Adam D. *A Case for Freedom: Machiavellian Humanism*. Lanham, M.D.: University Press of America, 1977.

De Grazia, Sebastian. *Machiavelli in Hell*. Princeton: Princeton University Press, 1989.

Donaldson, Peter S. *Machiavelli and the Mystery of State*. Cambridge: Cambridge University Press, 1988.

Feld, Maury D. "Machiavelli's Militia and Machiavelli's Mercenaries," In *The Military,*

Militarism and the Polity. M.L. Martin and E.S. McCrate. eds. New York: Free Press, 1984.

Fink, Zera S. *The Classical Republicans*. Evanston, Ill.: Northwestern University Press, 1945.

Fleischer, Martin(ed.). *Machiavelli and the Nature of Political Thought*. New York: Atheneum, 1972.

Fontana, Benedetto. *Hegemony and Power: On the Relation between Gramsci and Machiavelli*. Minneapolis: University of Minnesota Press, 1993.

Garin, Eugenio. *Italian Humanism: Philosophy and Civic Life in the Renaissance*. Peter Munz. ed. Oxford: Oxford University Press, 1965.

Garver, Eugene. *Machiavelli and the History of Prudence*. Madison: University of Wisconsin Press, 1987.

Geerken, John H. "Homer's Image of the Hero in Machiavelli: A Comparison of Arete and Virtù," *Italian Quarterly* 14. 1970, pp. 45–90.

____. "Machiavelli Studies Since 1969," *Journal of the History of Ideas* 37. 1976, pp. 351–368.

Geronimo, Dante. "Second Thoughts on Leo Strauss's Machiavelli," *Journal of Politics* 28. 1966, pp. 794–817.

Gilbert, Allan H. *Machiavelli's* Prince *and its Forerunners*. Durham, N.C.: Duke University Press, 1938.

Gilbert, Felix. *History, Choice and Commitment*. Cambridge, Mass.: Harvard University Press, 1977.

____. *Machiavelli and Guicciardini: Politics and History in Sixteenth-Century Florence*. New York: Norton, 1984(1965).

____. "Machiavelli in Modern Historical Scholarship," *Italian Quarterly* 14. 1970, pp. 9–26.

____. "Machiavellism," *Dictionary of the History of Ideas*, II. New York, 1973, pp. 116–126.

____. "Machiavelli: The Renaissance of the Art of War," in *Makers of Modern Strategy from Machiavelli to the Nuclear Age*. Paret. ed. Princeton: Princeton University Press, 1986.

____. "The Concept of Nationalism in Machiavelli's Prince," *Studies in the Renaissance*

1. 1954, pp. 38-48.

____. "The Humanist Concept of the Prince and *The Prince* of Machiavelli," *The Journal of Modern History* 11. 1939, pp. 449-483.

Gilmore, Myron P(ed.). *Studies on Machiavelli.* Florence: Sansoni, 1972.

Goldthwaite, Richard. *Private Wealth in Renaissance Florence: A Study of Four Families*. Princeton: Princeton University Press, 1968.

____. *The Building of Renaissance Florence: An Economic and Social History*. Baltimore: Johns Hopkins Press, 1980.

Hale, John R. *Florence and the Medici: The Pattern of Control*. Plymouth, 1977.

____. *Machiavelli and Renaissance Italy*. New York: Collier, 1960.

Hannaford, I. "Machiavelli's Concept of Virtù in *The Prince* and *The Discourses* Reconsidered," *Political Studies* 20. 1972, pp. 185-189.

Hexter, J.H. *The Vision of Politics on the Eve of the Reformation*. New York: Basic Books, 1973.

Hulliung, Mark. *Citizen Machiavelli*. Princeton: Princeton University Press, 1983.

Jensen, De Lamer(ed.). *Machiavelli: Cynic, Patriot or Political Scientist?* New York: Heath, 1960.

Jones, Rosemary Devonshire. *Francesco Vettori, Florentine Citizen and Medici Servant*. London: Athlone, 1972.

Kahn, Victoria. *Machiavellian Rhetoric: From the Counter-Reformation to Milton.* Princeton, N.J.: Princeton University Press, 1994.

____. *Rhetoric, Prudence, and Skepticism in the Renaissance*. Ithaca, N.Y.: Cornell University Press, 1985.

Kristeller, Paul Oskar. *Renaissance Thought and Its Sources.* New York: Columbia University Press, 1979(국역: 『르네상스의 사상과 그 원천』. 진원숙 역. 대구: 계명대학교 출판부, 1995).

____. *Renaissance Thought: The Classic, Scholastic, and Humanist Strains*. New York, 1961.

Lefort, Claude. *Le Travail de l'Œvre Machiavel*. Paris: Gallimard, 1972.

Mallet, Michael. *Mercenaries and Their Masters: Warfare in Renaissance Italy*. London: Bodley Head, 1974.

Mansfield, Harvey C. Jr. *Machiavelli's New Modes and Orders: A Study of the*

Discourses on Livy. Ithaca, N.Y.: Cornell University Press, 1979.

____. *Machiavelli's Virtue*. Chicago: University of Chicago Press, 1996.

Martines, Lauro. *Lawyers and Statecraft in Renaissance Florence*. Princeton: Princeton University Press, 1968.

____. *Power and Imagination: City-States in Renaissance Italy*. Paperback. ed. Baltimore: Johns Hopkins University Press, 1988.

____. *The Social World of the Florentine Humanists, 1390～1460*. Princeton, N.J.: Princeton University Press, 1963.

Masters, Roger D. *Fortune is a River*. New York: Free Press, 1998.

____. *Machiavelli, Leonardo, and the Science of Power*. Notre Dame: University of Notre Dame Press, 1996.

Mattingly, Garrett. "Machiavelli's *Prince*: Political Science or Political Satire?" *The American Scholar* 27. 1958, pp. 482-491.

McCanles, Michael. *The Discourse of Il Principe*. Malibu: Undena Publications, 1983.

Meinecke, Friedrich. *Machiavellism: The Doctrine of Raison d'Etat and Its Place in Modern History*. London: Routledge & Kegan Paul, 1957(국역: 『국가권력의 이념사』. 이광주 역. 민음사, 1990).

Merleaux-Ponty, Maurice. "A Note on Machiavelli," in *Signs*. Evanston, Ill.: Northwestern University Press, 1964, pp. 211-223.

Molho, A. *Florentine Public Finance in the Early Renaissance*. Cambridge, Mass.: Harvard University Press, 1971.

Münkler, Herfried. *Machiavelli: Die Begründung des politischen Denkens der Neuzeit aus der Krise der Republik Florenz*. Fanrkfurt a.M.: Europäische Verlaganstalt, 1982.

Najemy, John M. "'Arti' and 'Ordini' in Machiavelli's 'Istorie'," in *Essays Presented to Myron Gilmore*. vol. 1; *History*. Sergio Bertelli and Gloria Ramakus. eds. Florence: La Nuova Italia, 1978.

____. *Between Friends: Discourses of Power and Desire in the Machiavelli-Vettori Letters of 1513～1515*. Princeton, N.J.: Princeton University Press, 1993a.

____. *Corporatism and Consensus in Florentine Electoral Politics, 1280～1400*. Ithaca, N.Y.: Cornell University Press, 1982.

____. "Machiavelli and Geta: Men of Letters," in Ascoli and Kahn. 1993b, pp. 53-79.

Newell, W.R. "How Original Is Machiavelli? A Consideration of Skinner's Interpretation of Virtue and Fortune," *Political Theory* 15. 1987, pp. 612–634.

Parel, Anthony J(ed.). *The Machiavellian Cosmos*. New Haven: Yale University Press, 1992.

____. *The Political Calculus: Essays on Machiavelli's Philosophy*. Toronto: University of Toronto Press, 1972.

Pitkin, Hanna F. *Fortune is a Woman: Gender and Politics in the Thought of Niccolo Machiavelli*. Berkeley: University of California Press, 1984.

Pocock, J.G.A. "Custom and Grace, Form and Matter: An Approach to Machiavelli's Concept of Innovation," in Fleischer. 1972, pp. 153–174.

____. *The Machiavellian Moment*. Princeton: Princeton University Press, 1975.

Price, Russell. "Ambizione in Machiavelli's Thought," *History of Political Thought* 3. 1982, pp. 382–445.

____. "The Senses of Virtù in Machiavelli," *European Studies Review* 3. 1973, pp. 315–345.

____. "The Theme of Gloria in Machiavelli," *Renaissance Quarterly* 30. 1977, pp. 588–641.

Raab, Felix. *The English Face of Machiavelli: A Changing Interpretation 1500~1700*. London: Routledge & Kegan Paul, 1964.

Rebhorn, Wayne A. *Foxes and Lions: Machiavelli's Confidence Men*. Ithaca: Cornell University Press, 1988.

Ridolfi, Roberto. *The Life of Girolamo Savonarola*. New York: Alfred A. Knopf, 1959.

____. *The Life of Niccolo Machiavelli*. Cecil Grayson. tr. Chicago: University of Chicago Press, 1963(국역: 『마키아벨리 평전』. 곽차섭 역. 아카넷, 2000).

Rubinstein, Nicolai. "Politics and Constitution in Florence at the End of the Fifteenth Century," in *Italian Renaissance Studies*. E.F. Jacob. ed. New York: Barnes and Nobles, 1960, pp. 140–183.

____. "Political Theories in the Renaissance," in *The Renaissance: Essays in Interpretation*. A. Chastel. ed. London: Methuen, 1982, pp. 153–200.

____. "The Beginnings of Niccolò Machiavelli's Career in the Florentine Chancery," *Italian Studies* 11. 1956, pp. 72–91.

____. *The Government of Florence under the Medici 1434~1494*. Oxford: Clarendon,

1966.

____ (ed.). *Florentine Studies*. Evanston, Ill.: Northwestern University Press, 1968.

Sarolli, Gian Roberto. "The Unpublished Machiavelli," *Review of National Literatures* 1. 1970, pp. 78–92.

Sasso, Gennaro. *Niccolò Machiavelli*. rev. ed. Bologna: Il Mulino, 1980.

Seigel, Jerrold E. "'Civic Humanism' or Ciceronian Rhetoric? The Culture of Petrarch and Bruni," *Past and Present* 34. 1966, pp. 3–48.

____. *Rhetoric and Philosophy in Renaissance Humanism: The Union of Eloquence and Wisdom, Petrarch to Valla*. Princeton: Princeton University Press, 1966.

Skinner, Quentin. *Machiavelli*. New York: Hill and Wang, 1981.

_____. *The Foundations of Modern Political Thought*. Cambridge: Cambridge University Press, 1978.

Strauss, Leo. *Thoughts on Machiavelli*. Glencoe, Ill.: Free Press, 1958.

Struever, Nancy S. *Theory as Practice*. Chicago: University of Chicago Press, 1992.

Sullivan, Vickie B. *Machiavelli's Three Romes: Religion, Human Liberty, and Politics Reformed.* DeKalb: Northern Illinois Univ. Press, 1996.

Viroli, Maurizio. *From Politics to Reason of State: The Acquisition and Transformation of the Language of Politics 1250~1600*. Cambridge: Cambridge University Press, 1992.

____. *Machiavelli*. Oxford: Oxford University Press, 1998.

____. *Niccolò's Smile: A Biography of Machiavelli*. New York: Farrar, Straus and Giroux, 2000.

Weber, Max. *Economy and Society: An Outline of Interpretive Sociology*. G. Roth and C. Wittich. eds. New York: Bedminster Press, 1968.

Whitfield. J.H. *Discourses on Machiavelli*. Cambridge: Cambridge University Press, 1969.

____. *Machiavelli*. New York: Russell & Russell, 1965.

Wilcox, Donald J. *The Development of Florentine Humanist Historiography in the Fifteenth Century*. Cambridge, Mass.: Harvard University Press, 1969.

Wolin, Sheldon. *Politics and Vision: Continuity and Innovation in Western Political Thought*. Boston: Little, Brown, 1960.

Wood, Neal. "Machiavelli's Concept of Virtù Reconsidered," *Political Studies* 15, 1967.

찾아보기

ㅅ

ㅇ

ㅈ

ㅊ

ㅋ

ㅌ

ㅍ

ㅎ

국가와 폭력: 마키아벨리의 정치사상연구

초판 1쇄 발행 2002년 12월 5일
초판 6쇄 발행 2018년 9월 15일

지은이 박상섭
펴낸이 성낙인
펴낸곳 서울대학교출판문화원

출판등록 제15-3호

주소 08826 서울 관악구 관악로 1
대표전화 02-880-5252 | 팩스 02-888-4148
홍보마케팅팀(주문 상담) 02-889-4424, 02-880-7995
이메일 snubook@snu.ac.kr
홈페이지 www.snupress.com

ISBN 978-89-521-1579-9 93340